イラストで見る 全単元・全時間の授業のすべて 体育

小学校 2 年

藤﨑 敬・北村幸江 編著

東洋館出版社

はじめに

●体育の学習を楽しく、子供が達成感のもてる授業にする

体育の授業研究会の指導案の「児童の実態」を見ると、クラスの多くの子供が体育を「好き」と答えているが、高学年になるにしたがい、体育が「嫌い」と答える子供が増える。この原因は学習する運動内容の技能の上でのつまずきや、子供同士の人間関係によるものではないかと思われる。このような現状を改善するために、授業において子供一人一人が能力に応じた課題をもって学び、「できた」という達成感をもつことが大切である。また、学習がより楽しくなるために協力し合えるペアやトリオ、チーム等、学ぶ組織を生かして、認め合い・励まし合い・協力し学び合う授業にしたい。

●学習指導要領の解説に示されている目標・内容

今回の改訂において、体育科の目標・学年の目標・内容は「知識及び技能」「思考力、判断力、表現力等」「学びに向かう力、人間性等」の資質・能力で示されている。「学びに向かう力、人間性等」の解説の内容では、今までの「態度」と同じように示されている。目標・内容・例示から、子供自身が学習課題をもてる授業となるよう、本書では具体的に書かれている。

●年間計画から単元の展開までを具体化

本書の年間指導計画は各学校に活用しやすいように示しているが、単元計画では学校・子供の実態に応じ、時数の増減に対応できるように考えた。例えば、第一段落で時数を増減したり、第二段落で増減してもよく、何よりも子供の学習課題が解決しやすいように二段階で示し、子供が学びの過程で課題を解決できるようにした。

●主体的・対話的で深い学びの実現に向けて

これからの時代に求められる資質・能力を身に付け、生涯にわたって能動的に学び続けることができるようにするため、主体的・対話的で深い学びの実現に向けた授業改善が求められている。そこで、授業改善に役立つ具体策や事例を示し、主体的・対話的で深い学びの学習が展開することに役立つようにした。

●子供への配慮「運動の苦手な子供」「意欲的でない子供」への対応

解説では知識及び技能に「運動の苦手な子供」、学びに向かう力、人間性等に「意欲的でない子供」の配慮が示されている。配慮を要する子供に教師が寄り添うヒントを提供した。その積み重ねが豊かなスポーツライフにつながることを期待した。

●体育指導の情報源としての活用を期待して

週案の記入例、本時の目標やポイント、展開例、評価の具体化など指示上で欠かせない内容が、見やすく、簡潔に示してある。指導する子供の実態に合わせてご活用いただき、子供が進んで学び、子供が学習を通して自信をもち、子供一人一人が自己肯定感のもてる授業となることを願っている。

令和２年２月　　藤﨑　敬

本書活用のポイント

各単元のはじめに新学習指導要領に基づく指導・学習の見通しを示し、それ以降の頁は、１時間毎の授業の展開、学習活動の進め方、指導上の留意点がひと目で分かるように構成している。

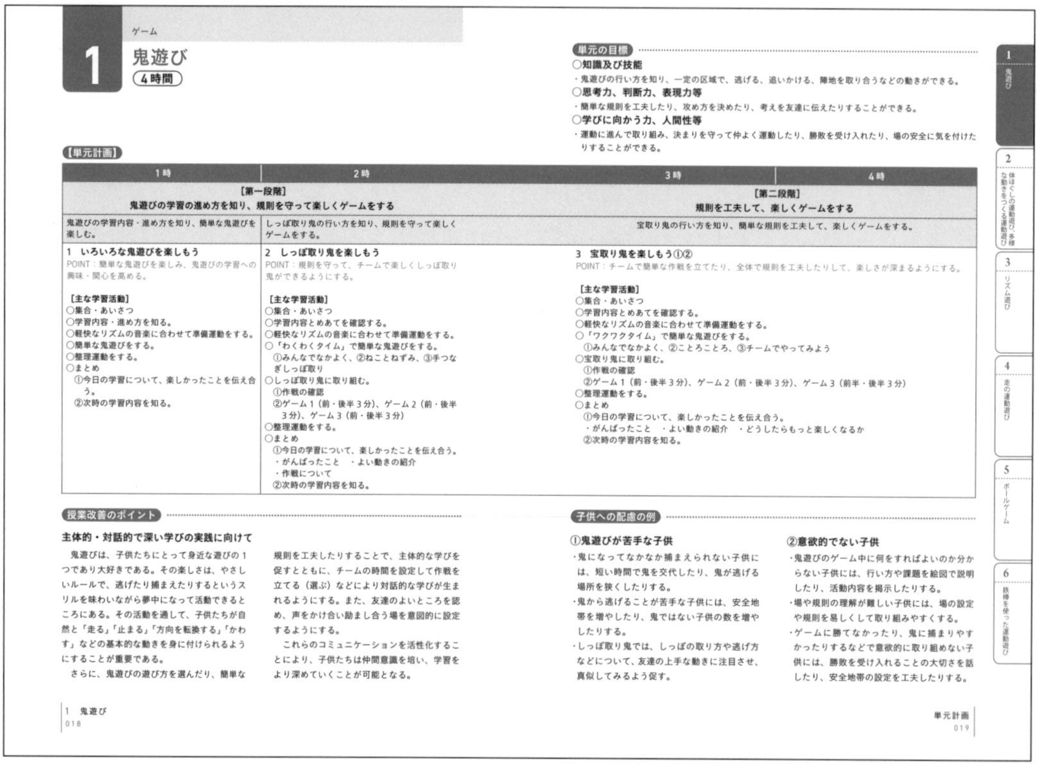

ゲーム

1 鬼遊び

（4時間）

単元の目標

○知識及び技能
・鬼遊びの行い方を知り、一定の区域で、逃げる、追いかける、陣地を取り合うなどの動きができる。
○思考力、判断力、表現力等
・簡単な規則を工夫したり、攻め方を決めたり、考えを友達に伝えたりすることができる。
○学びに向かう力、人間性等
・運動に進んで取り組み、決まりを守って仲よく運動したり、勝敗を受け入れたり、場の安全に気を付けたりすることができる。

【単元計画】

1時	2時	3時	4時
[第一段階] 鬼遊びの学習の進め方を知り、規則を守って楽しくゲームをする		[第二段階] 規則を工夫して、楽しくゲームをする	
鬼遊びの学習内容・進め方を知り、簡単な鬼遊びを楽しむ。	しっぽ取り鬼の行い方を知り、規則を守って楽しくゲームをする。	宝取り鬼の行い方を知り、簡単な規則を工夫して、楽しくゲームをする。	
1 いろいろな鬼遊びを楽しもう POINT：簡単な鬼遊びを楽しみ、鬼遊びの学習への興味・関心を高める。 ［主な学習活動］ ○集合・あいさつ ○学習内容・進め方を知る。 ○軽快なリズムの音楽に合わせて準備運動をする。 ○簡単な鬼遊びをする。 ○整理運動をする。 ○まとめ ①今日の学習について、楽しかったことを伝え合う。 ②次時の学習内容を知る。	2 しっぽ取り鬼を楽しもう POINT：規則を守って、チームで楽しくしっぽ取り鬼ができるようにする。 ［主な学習活動］ ○集合・あいさつ ○学習内容とめあてを確認する。 ○軽快なリズムの音楽に合わせて準備運動をする。 ○「わくわくタイム」で簡単な鬼遊びをする。 ①みんなでなかよく、②ねことねずみ、③手つなぎしっぽ取り ○しっぽ取り鬼に取り組む。 ①作戦の確認 ②ゲーム１（前・後半３分）、ゲーム２（前・後半３分）、ゲーム３（前・後半３分） ○整理運動をする。 ○まとめ ①今日の学習について、楽しかったことを伝え合う。 ・がんばったこと　・よい動きの紹介 ・作戦について ②次時の学習内容を知る。	3 宝取り鬼を楽しもう①② POINT：チームで簡単な作戦を立てたり、全体で規則を工夫したりして、楽しさが深まるようにする。 ［主な学習活動］ ○集合・あいさつ ○学習内容とめあてを確認する。 ○軽快なリズムの音楽に合わせて準備運動をする。 ○「ワクワクタイム」で簡単な鬼遊びをする。 ①みんなでなかよく、②ことろことろ、③チームでやってみよう ○宝取り鬼に取り組む。 ①作戦の確認 ②ゲーム１（前・後半３分）、ゲーム２（前・後半３分）、ゲーム３（前半・後半３分） ○整理運動をする。 ○まとめ ①今日の学習について、楽しかったことを伝え合う。 ・がんばったこと　・よい動きの紹介　・どうしたらもっと楽しくなるか ②次時の学習内容を知る。	

授業改善のポイント

主体的・対話的で深い学びの実践に向けて

鬼遊びは、子供たちにとって身近な遊びの１つであり大好きである。その楽しさは、やさしいルールで、逃げたり捕まえたりするというスリルを味わいながら夢中になって活動できるところにある。その活動を通して、子供たちが自然と「走る」「止まる」「方向を転換する」「かわす」などの基本的な動きを身に付けられるようにすることが重要である。

さらに、鬼遊びの遊び方を選んだり、簡単な規則を工夫したりすることで、主体的な学びを促すとともに、チームの時間を設定して作戦を立てる（選ぶ）などにより対話的な学びが生まれるようにする。また、友達のよいところを認め、声をかけ合い励まし合う場を意図的に設定するようにする。

これらのコミュニケーションを活性化することにより、子供たちは仲間意識を培い、学習をより深めていくことが可能となる。

子供への配慮の例

①鬼遊びが苦手な子供

・鬼になってなかなか捕まえられない子供には、短い時間で鬼を交代したり、鬼が逃げる場所を狭くしたりする。
・鬼から逃げることが苦手な子供には、安全地帯を増やしたり、鬼ではない子供の数を増やしたりする。
・しっぽ取り鬼では、しっぽの取り方や逃げ方などについて、友達の上手な動きに注目させ、真似してみるよう促す。

②意欲的でない子供

・鬼遊びのゲーム中に何をすればよいのか分からない子供には、行い方や課題を絵図で説明したり、活動内容を掲示したりする。
・場や規則の理解が難しい子供には、場の設定や規則を易しくして取り組みやすくする。
・ゲームに勝てなかったり、鬼に捕まりやすかったりするなどで意欲的に取り組めない子供には、勝敗を受け入れることの大切さを話したり、安全地帯の設定を工夫したりする。

1 鬼遊び
018

単元計画
019

1 鬼遊び
2 体ほぐしの運動遊び 多様な動きをつくる運動遊び
3 リズム遊び
4 走の運動遊び
5 ボールゲーム
6 鉄棒を使った運動遊び

単元・指導時間

年間計画をベースに、単元の領域・単元・指導時間が示されている。

単元の目標

単元の目標は学習指導要領に基づき、単元に合った「知識及び技能」「思考力、判断力、表現力等」「学びに向かう力、人間性等」の内容で示している。

単元の計画

単元の指導時間・段階・段階の内容・具体的な学習内容や活動が書いてある。また、この単元の学習過程も示しているものであり、子供の学びの過程との関連もあるようにした。

子供への配慮の例

①運動が苦手な子供

子供の個々の運動経験や技能の程度に応じた、指導を工夫する手立て等が示されている。運動学習の場合、子供一人一人の能力に応じた内容で取り組むことが、運動嫌いにならないと考えた。その子供に応じた取組の具体的な例等が紹介されている。

②意欲的でない子供

運動を楽しむ経験が足りなかったり、運動での失敗を恐れての積極的な行動をとれない等、運動を楽しく行うことや友達と一体感がもてる経験ができるような工夫例が紹介されている。

主体的・対話的で深い学びの実現に向けて

主体的な学びとは運動学習や保健学習で興味・関心を高め、学習課題の解決に自ら粘り強く取り組む、また、学習を振り返り課題の修正や新しい課題に取り組む学習とする。運動学習では、自己の能力に適した学習課題をもち、達成感がもてる学習の仕方のヒントが書かれている。対話的な学びでは、子供同士や他の資料からの情報で対話し、思考を深め、判断したことを、伝えることができる例などが書かれている。

本時案

タイトルと授業の実施時間

子供が目指す方向とタイトルを示している。単元の時数が分母、その何時間目を示すのが分子になっている。

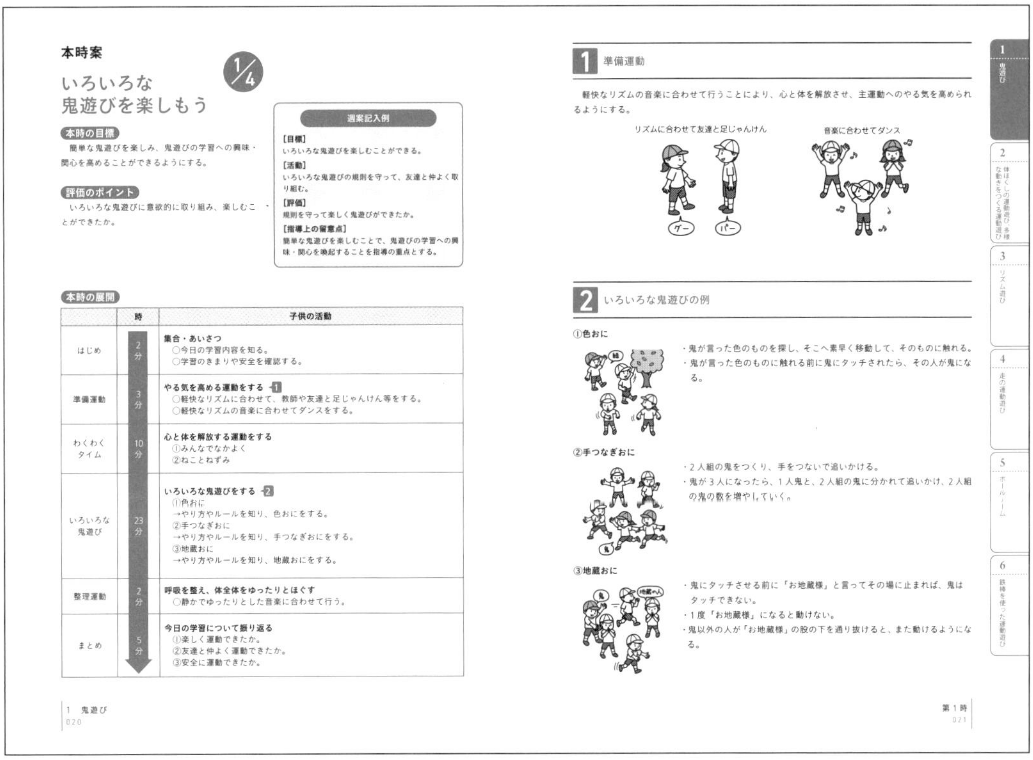

本時案

いろいろな
鬼遊びを楽しもう

1/4

本時の目標

簡単な鬼遊びを楽しみ、鬼遊びの学習への興味・関心を高めることができるようにする。

評価のポイント

いろいろな鬼遊びに意欲的に取り組み、楽しむことができたか。

週案記入例

[目標]
いろいろな鬼遊びを楽しむことができる。

[活動]
いろいろな鬼遊びの規則を守って、友達と仲よく取り組む。

[評価]
規則を守って楽しく鬼遊びができたか。

[指導上の留意点]
簡単な鬼遊びを楽しむことで、鬼遊びの学習への興味・関心を喚起することを指導の重点とする。

本時の展開

	時	子供の活動
はじめ	2分	**集合・あいさつ** ○今日の学習内容を知る。 ○学習のきまりや安全を確認する。
準備運動	3分	**やる気を高める運動をする** 1 ○軽快なリズムに合わせて、教師や友達と足じゃんけん等をする。 ○軽快なリズムの音楽に合わせてダンスをする。
わくわくタイム	10分	**心と体を解放する運動をする** ①みんなでなかよく ②ねことねずみ
いろいろな鬼遊び	23分	**いろいろな鬼遊びをする** 2 ①色おに →やり方やルールを知り、色おにをする。 ②手つなぎおに →やり方やルールを知り、手つなぎおにをする。 ③地蔵おに →やり方やルールを知り、地蔵おにをする。
整理運動	2分	**呼吸を整え、体全体をゆったりとほぐす** ○静かでゆったりとした音楽に合わせて行う。
まとめ	5分	**今日の学習について振り返る** ①楽しく運動できたか。 ②友達と仲よく運動できたか。 ③安全に運動できたか。

1　鬼遊び
020

1 準備運動

軽快なリズムの音楽に合わせて行うことにより、心と体を解放させ、主運動へのやる気を高められるようにする。

2 いろいろな鬼遊びの例

①色おに

・鬼が言った色のものを探し、そこへ素早く移動して、そのものに触れる。
・鬼が言った色のものに触れる前に鬼にタッチされたら、その人が鬼になる。

②手つなぎおに

・2人組の鬼をつくり、手をつないで追いかける。
・鬼が3人になったら、1人鬼と、2人組の鬼に分かれて追いかけ、2人組の鬼の数を増やしていく。

③地蔵おに

・鬼にタッチさせる前に「お地蔵様」と言ってその場に止まれば、鬼はタッチできない。
・1度「お地蔵様」になると動けない。
・鬼以外の人が「お地蔵様」の股の下を通り抜けると、また動けるようになる。

第1時
021

1 鬼遊び
2 体ほぐしの運動遊び、多様な動きをつくる運動遊び
3 リズム遊び
4 走の運動遊び
5 ボールゲーム
6 鉄棒を使った運動遊び

本時の目標・評価のポイント

本時の目標は単元の目標・内容からその時間内で、どの子供にも共通して学ぶ内容を示している。また、評価のポイントは、その授業で「本時の目標」を達成するための評価の視点が示されている。

週案記入例

実際の授業の展開をイメージして、その授業のねらいや学習活動・指導上の留意点などが書かれているが、週案簿のスペース等もあるので、この欄を参考にする場合は、授業の展開を想定し、安全への配慮等を記載してほしい。

本時の展開

授業の流れに沿って、本時の展開が、具体的に示されているので、本書を活用するとき具体的な授業のイメージができると考えている。

これを参考に子供の主体的・対話的な学びとなる展開にしてほしい。

展開に関わる資料・イラスト等の解説

参考となるイラストは、コピーして子供に提供してもよく、資料によっては拡大したりして添付したり、情報ツール（タブレット等）と併用することで、対話的な学びに役立てることができる。DVDには単元で使用する学習カード等も収録されている。

評価

評価の観点は3つで「知識・技能」は基本的な動きや技能が身に付いているか、「思考・判断・表現」は課題解決の工夫を他者に伝えることができるか、「主体的に学習に取り組む態度」は進んで学習に取り組んでいるかを把握する視点を示している。単元を通してこれらの観点を評価し、子供のよい点や可能性、進歩の状況等を評価できるようにしている。

イラストで見る　全単元・全時間の授業のすべて

小学校体育 2年
もくじ

1

第２学年における
指導のポイント

学習過程を明確に設定し、「子供の実態」「子供の学び」を踏まえた単元づくりを！

1 内容について

第２学年の内容は、第１学年と同様に以下のように構成されている。

A　体つくりの運動遊び：「体ほぐしの運動遊び」「多様な動きをつくる運動遊び」
B　器械・器具を使っての運動遊び：「固定施設を使った運動遊び」「マットを使った運動遊び」「鉄棒を使った運動遊び」「跳び箱を使った運動遊び」
C　走・跳の運動遊び：「走の運動遊び」「跳の運動遊び」
D　水遊び：「水の中を移動する運動遊び」「もぐる・浮く運動遊び」
E　ゲーム：「ボールゲーム」「鬼遊び」
F　表現リズム遊び：「表現遊び」「リズム遊び」

2 単元づくり

２年生の単元づくりに当たっては、全ての子供が運動遊びを楽しく行うことができるよう、課題や活動の場などを工夫した易しい運動遊びを行ったり、各種の運動遊びの楽しさに触れることができるように運動の取り上げ方の弾力化を図ったりすることが大切である。

年間指導計画作成等に当たっては、以下の点に留意することが必要である。

○体つくりの運動遊びでは、自己の心と体の関係に気付くことと仲間と交流することをねらいとし、誰もが楽しめる手軽な運動遊びを通して運動が好きになることを目指す。さらに、易しい運動に出会い、伸び伸びと体を動かす楽しさや心地よさを味わわせることを重視する。
○器械・器具を使っての運動遊びでは、回転、支持、逆さ姿勢、ぶら下がり、振動、手足の移動などの基本的な動きができるようになったり、遊びを工夫したりすることが課題になる。
○走・跳の運動遊びは、走る・跳ぶについて友達と競い合う楽しさや、調子よく走ったり跳んだりする心地よさを味わわせるようにする。
○水遊びでは、水に慣れる遊びや、移動する、もぐる・浮く遊びの行い方を知り、水に親しむ楽しさや喜びを味わわせる。また、水遊びの心得を守って安全に気を付けて行うようにする。
○ゲームでは、個人対個人で競い合ったり、集団対集団で競い合ったりする楽しさに触れ、その行い方を知る。簡単なボール操作と攻めと守りの動きによって易しいゲームをしたり、一定の区域で鬼遊びをしたりすることができるようにし、中学年のゲームにつなげていく。
○表現リズム遊びでは、表現遊びとリズム遊びの両方の遊びを豊かに経験することにより、即興的な表現力やリズムに乗って踊る能力、コミュニケーション能力を身に付け、友達と楽しく踊ることが大切である。子供が親しみやすい題材やリズム・音楽を取り上げるとよい。

育成する資質・能力と
授業づくりのポイント

体育科で目指す資質・能力を子供たちに育てる授業を目指して！

1 育成する資質・能力

体育科では、生涯にわたって心身の健康を保持増進し、豊かなスポーツライフを実現するための資質・能力を育成することが求められている。この資質・能力は、今回の改訂で、「①知識及び技能」「②思考力、判断力、表現力等」「③学びに向かう力、人間性等」の 3 つの柱として示された。

①知識及び技能

運動遊びの楽しさに触れ、その行い方を知るとともに基本的な動きを身に付ける。

運動遊びの楽しさに触れるようにすることを大切にしながら、基本的な動きを身に付ける。低学年においても運動遊びの課題、行い方のきまり、用具の使い方、場の安全確保、各種の運動遊びの行い方を知ることが、基本的な動きの習得や学習課題の解決、友達との関わり合いなどをしやすくする。

また、各種の運動遊びの楽しさに触れ、活発に運動遊びを行っていく中で、基本的な動きを幅広く身に付け、結果として体力の向上を図る。

②思考力、判断力、表現力等

運動遊びの行い方を工夫するとともに、考えたことを他者に伝える力を育てる。

運動遊びをする場や練習の仕方などを自らの力に応じて工夫したり、選択したりすることができるようにする。教師から提案した楽しみ方や、自己や友達が考えた楽しみ方から、自己に合った楽しみ方を選択することも経験させたい。

③学びに向かう力、人間性等

運動遊びに進んで取り組み、きまりを守り誰とでも仲よく運動したり、健康・安全に留意したりして、意欲的に運動する態度を養う。

2 年生の運動遊びをする際に、良好な人間関係が運動遊びの楽しさに大きな影響を与える。また、友達と共に進んで意思決定に関わることが運動やスポーツの意義や価値等を知ることにつながる。

さらに、2 年生の運動遊びでは、順番やきまりを守り誰とでも仲よく運動遊びをしたり、友達と協力したり、公正な態度で競ったりする態度を育てることが大切である。同時に、運動遊びをする場所や器械・器具の安全に気を付けるなど、健康・安全に留意する態度も育てていく。

2 授業づくりのポイント

子供の実態を把握し、運動遊びの楽しさに触れ、楽しい体育の授業を展開する。

低学年では、全ての子供が運動遊び楽しく行うことができるように授業を展開することが重要である。そのためには、子供の運動遊びに対する興味・関心は何か、つまずきは何か、子供の実態を把握し、一人一人の理解を図ることが授業の根幹となる。

単元を見通して、主体的・対話的で深い学びの視点から授業を改善する！

学習指導要領の改訂で主体的・対話的で深い学びの実現に向けた授業改善が示された。体育科における主体的な学びは、発達の段階に応じた内容から子供たちが自己に適した学習課題をもち、学習過程を通して解決していくことである。対話的な学びは学習する仲間と協力し合って課題解決のための学び合いをすることであり、その結果が深い学びとなり豊かなスポーツライフへとつながる活動と考える。

1 第２学年における主体的・対話的で深い学び

①主体的な学び

ア　運動遊びの楽しさを知ること

１年生の学習経験を生かしながら、各種の運動遊びの特性を知り、各種の運動遊びに応じた基本的な動きを身に付けるとともに、仲間と一緒に運動する楽しさや喜びを味わう。

イ　運動遊びに興味や関心をもつこと

各種の運動遊びに触れ、仲間と関わったりすることにより、運動遊びの楽しさを味わい、意欲的に運動遊びに取り組むことができる。

ウ　運動遊びの行い方を工夫すること

各種の運動遊びの特性に触れ、その行い方を知り、様々な基本的な動きを楽しく経験することにより、動きの幅を広げ、中学年の運動の学習につなげていくことができる。

②対話的な学び

様々な対話を通して、自己の考えを修正し、新たな発見につなげることができるようにする。

○**仲間との対話**：できたときの喜びを仲間と共有し合う
○**教師との対話**：子供の気付きを広げ、価値付け、達成感をもたせる
○**自分との対話**：自分の学習を振り返り、単元を通した成長や変化を２年生なりに自己評価する
○**資料や ICT 機器との対話**：どのようにして課題を解決するか、２年生なりに資料等を見て考える

③深い学び

ア　授業改善

２年生の子供に対しては、今後中学年や高学年を見通して深い学びの実現に向けての基礎づくりを意識していくことが大切である。そのためには、指導方法や学習の場等を工夫して基礎的な知識や基本的な動きの習得を図ることが重要となる。２年生では、具体的に、子供の思考を深めるために発言を促したり、子供が気付いていない視点を提示したりするなど、学びに必要な指導の在り方を追求し、必要な学習環境を積極的に設定していくことが大切である。

イ　他教科等や幼児教育との関連

低学年の学習上の特性や傾向を考慮し、他教科等の関連を積極的に図ることが必要である。また、

1年生のときや幼児教育との関連を図ることも必要となる。

これら3つの資質・能力の学びの過程をそれぞれ別々に取り上げるのではなく、相互に関連を図りながら学習を展開し、「知識及び技能」「思考力、判断力、表現力等」「学びに向かう力、人間性等」をバランスよく育成していくことが求められる。

2 ICTを活用した体育授業の在り方

文部科学省は「教科指導におけるICT活用とは、教科の学習目標を達成するために教師や児童生徒がICTを活用すること」とし、以下の3つに分けて示している。

①学習指導の準備と評価のための教師によるICT活用
②授業での教師によるICT活用
③児童によるICT活用

体育授業においては、指導する教師も運動についての得意・不得意があるが、「よい示範」をゆっくり見ることのできるICT機器の活用は有効である。

運動分野の得意な教師による示範を動画で撮影し共有したり、タブレット端末で再生アプリを使い大型モニターで説明したりすることも効果的である。教師個人の能力に関係なく運動の内容理解をどの学級でもできることがICT活用における効果である。

また、子供同士が互いに教え合い、学び合う授業づくりにつながる可能性は大きいと言える。2年生の発達の段階に応じて活用していきたい。

ICT機器の例として、タブレット端末とパソコンの特徴等は以下の通りである。

【タブレット端末】

最近は幼児の頃からタブレット端末を使って写真を撮っている子供もいる。一人一人にタブレット端末をもたせる時代なので、使用することで学習の確保や意欲付けに活用したい。

1 携帯性にすぐれ、持ち運びが容易である。
2 起動の時間が短く、バッテリー持続時間が長い。
3 動画の撮影をして提示ができる。
4 子供が手軽に行い確認できる。
5 画面と同じものを大画面に表示できる。
6 アプリケーションソフトを簡単に入れることができる。
7 インターネットやメールができる。

○遅延再生機能：自分の動きをすぐに確認する。
○スローモーション再生機能：動きの流れを1つずつ確認する。
○連続再生機能：手本となる動きを常に確認できるようにする。
○技のポイントとなる部分に焦点を当てて撮影することができる。

【コンピュータ】

○タブレット端末と同様の機能を使用することができる。
○机等で固定する必要があるが、両手が空くため、学習カード等と照らし合わせながら教え合いをすることができる。
○大型画面の場合、複数人で見合い、教え合うことができる。

子供たち一人一人に適切な支援を行い、「楽しい」体育を実現する！

２年生の子供に、学習についての強い印象を与えるのは、多くの場合、教師のよく準備された計画や工夫がなされているときである。「今日の授業、とても楽しかった」「この次は○○に挑戦するぞ」「この次までにみんなで練習しておこう」などという気持ちをもたせる。

また、全ての子供に運動遊びの楽しさや喜びを味わわせ、安心して運動遊びに取り組むことを何よりも優先させなければならない。体育学習の基本的なことを心得ておくことが大切である。

1　２年生の体育授業の心得を事前に指導する

○**安全な体育学習のために**：①子供の動きが見渡せる位置に立つ。②健康状態など把握しておく。③けんかや小ぜり合いは早めに対応する。

○**２年生の集団行動で必要なこと**：①順番を守った方が早い、運動遊びがたくさんできるなど集団行動の意義を教える。②並ばせたり、号令は教師がよい。③並び方、待ち方のパターンを決める。

○**授業の約束事を決める**：①チャイムが鳴ったら、すぐに集合する。②話をしている人の方を向く。③合図の種類を決め、運動を始めたり、動きを止めたりする。

○校庭で授業する場合と体育館で運動する場合とでは、環境が異なるので、留意すべきことを事前に把握しておく（例：ステージには許可があるとき以外は上がらない。校庭で運動してよい範囲を決める）。

○２年生の準備運動と整理運動は部位の運動だけでなく、全身運動も含まれる。また、変身したりリズムに乗ったりして、音楽をかけて楽しく遊びの動きを取り入れて行うようにするとよい。

2　運動が苦手な子供や意欲的でない子供への配慮をする

①手で体を支えることが苦手、移動することが苦手な子供には、手足を移動する場所や目先にマークを置く、高さを低くする、手前に台を置いてやりやすいようにするなどして教具や場の設定を工夫する。器具の下にマットを敷くなどして安心感をもたせることも大切である。

②少しでもできたことを取り上げて称賛する。

③運動遊びに取り組む際に、自己のペースでできるようにしたり得意なやり方でできるようにしたりするなど、無理のないようにする。

④友達のやり方を見て真似をしながら運動したり、仲間に気付いたことを言ってもらったりしながら取り組めるようにする。

第２学年における年間指導計画

月	時	領域・内容	時間
4月（9時間）	1 2 3 4	**ゲーム** ○鬼遊び	4時間
	5 6 7 8 9	**体つくりの運動遊び** ○体ほぐしの運動遊び ○多様な動きをつくる運動遊び （バランス）	5時間
5月（9時間）	10 11 12 13	**表現リズム遊び** ○リズム遊び	4時間
	14 15 16 17 18	**走・跳の運動遊び** ○走の運動遊び	5時間
6月（12時間）	19 20 21 22 23	**ゲーム** ○ボールゲーム （手を使ったゴール型ゲーム）	5時間
	24 25 26 27 28	**器械・器具を使っての運動遊び** ○鉄棒を使った運動遊び	5時間
	29 30	**水遊び** ○水の中を移動する運動遊び ○もぐる・浮く運動遊び	9時間
7月（7時間）	31 32 33 34 35 36 37		
9月（12時間）	38 39 40 41 42	**体つくりの運動遊び** ○多様な動きをつくる運動遊び （移動と用具）	5時間
	43 44 45 46 47	**表現リズム遊び** ○表現遊び	5時間
	48 49	**走・跳の運動遊び** ○走の運動遊び （低い障害物）	5時間
10月（12時間）	50 51 52		
	53 54 55 56 57	**器械・器具を使っての運動遊び** ○マットを使った運動遊び	5時間

月	時	領域・内容	時間
	58 59 60 61	**走・跳の運動遊び** ○跳の運動遊び	5時間
11月（11時間）	62		
	63 64 65 66 67	**ゲーム** ○ボールゲーム （ベースボール型ゲーム）	5時間
	68 69 70 71 72	**器械・器具を使っての運動遊び** ○跳び箱を使った運動遊び	6時間
12月（7時間）	73		
	74 75 76 77 78 79	**表現リズム遊び** ○表現遊び	6時間
1月（8時間）	80 81 82 83	**体つくりの運動遊び** ○多様な動きをつくる運動遊び （移動と力試し）	4時間
	84 85 86 87	**ゲーム** ○ボールゲーム （ネット型ゲーム）	6時間
2月（11時間）	88 89		
	90 91 92 93 94	**器械・器具を使っての運動遊び** ○跳び箱を使った運動遊び	5時間
	95 96 97 98	**ゲーム** ○ボールゲーム （足を使ったゴール型ゲーム）	6時間
3月（7時間）	99 100		
	101 102 103 104 105	**器械・器具を使っての運動遊び** ○マットを使った運動遊び	5時間

2

イラストで見る
全単元・全時間の授業のすべて
小学校体育 2 年

ゲーム

1 鬼遊び

4時間

【単元計画】

1時	2時
[第一段階] 鬼遊びの学習の進め方を知り、規則を守って楽しくゲームをする	
鬼遊びの学習内容・進め方を知り、簡単な鬼遊びを楽しむ。	しっぽ取り鬼の行い方を知り、規則を守って楽しくゲームをする。
1 いろいろな鬼遊びを楽しもう POINT：簡単な鬼遊びを楽しみ、鬼遊びの学習への興味・関心を高める。 **[主な学習活動]** ○集合・あいさつ ○学習内容・進め方を知る。 ○軽快なリズムの音楽に合わせて準備運動をする。 ○簡単な鬼遊びをする。 ○整理運動をする。 ○まとめ ①今日の学習について、楽しかったことを伝え合う。 ②次時の学習内容を知る。	**2 しっぽ取り鬼を楽しもう** POINT：規則を守って、チームで楽しくしっぽ取り鬼ができるようにする。 **[主な学習活動]** ○集合・あいさつ ○学習内容とめあてを確認する。 ○軽快なリズムの音楽に合わせて準備運動をする。 ○「わくわくタイム」で簡単な鬼遊びをする。 ①みんなでなかよく、②ねことねずみ、③手つなぎしっぽ取り ○しっぽ取り鬼に取り組む。 ①作戦の確認 ②ゲーム1（前・後半3分）、ゲーム2（前・後半3分）、ゲーム3（前・後半3分） ○整理運動をする。 ○まとめ ①今日の学習について、楽しかったことを伝え合う。 ・がんばったこと　・よい動きの紹介 ・作戦について ②次時の学習内容を知る。

授業改善のポイント

主体的・対話的で深い学びの実践に向けて

鬼遊びは、子供たちにとって身近な遊びの1つであり大好きである。その楽しさは、やさしいルールで、逃げたり捕まえたりするというスリルを味わいながら夢中になって活動できるところにある。その活動を通して、子供たちが自然と「走る」「止まる」「方向を転換する」「かわす」などの基本的な動きを身に付けられるようにすることが重要である。

さらに、鬼遊びの遊び方を選んだり、簡単な規則を工夫したりすることで、主体的な学びを促すとともに、チームの時間を設定して作戦を立てる（選ぶ）などにより対話的な学びが生まれるようにする。また、友達のよいところを認め、声をかけ合い励まし合う場を意図的に設定するようにする。

これらのコミュニケーションを活性化することにより、子供たちは仲間意識を培い、学習をより深めていくことが可能となる。

単元の目標

◯知識及び技能
・鬼遊びの行い方を知り、一定の区域で、逃げる、追いかける、陣地を取り合うなどの動きができる。

◯思考力、判断力、表現力等
・簡単な規則を工夫したり、攻め方を決めたり、考えを友達に伝えたりすることができる。

◯学びに向かう力、人間性等
・運動に進んで取り組み、決まりを守って仲よく運動したり、勝敗を受け入れたり、場の安全に気を付けたりすることができる。

3時	4時
[第二段階] 規則を工夫して、楽しくゲームをする	
宝取り鬼の行い方を知り、簡単な規則を工夫して、楽しくゲームをする。	

3　**宝取り鬼を楽しもう①②**

POINT：チームで簡単な作戦を立てたり、全体で規則を工夫したりして、楽しさが深まるようにする。

[主な学習活動]

◯集合・あいさつ
◯学習内容とめあてを確認する。
◯軽快なリズムの音楽に合わせて準備運動をする。
◯「ワクワクタイム」で簡単な鬼遊びをする。
　①みんなでなかよく、②ことろことろ、③チームでやってみよう
◯宝取り鬼に取り組む。
　①作戦の確認
　②ゲーム１（前・後半３分）、ゲーム２（前・後半３分）、ゲーム３（前半・後半３分）
◯整理運動をする。
◯まとめ
　①今日の学習について、楽しかったことを伝え合う。
　・がんばったこと　・よい動きの紹介　・どうしたらもっと楽しくなるか
　②次時の学習内容を知る。

子供への配慮の例

①鬼遊びが苦手な子供
・鬼になってなかなか捕まえられない子供には、短い時間で鬼を交代したり、鬼が逃げる場所を狭くしたりする。
・鬼から逃げることが苦手な子供には、安全地帯を増やしたり、鬼ではない子供の数を増やしたりする。
・しっぽ取り鬼では、しっぽの取り方や逃げ方などについて、友達の上手な動きに注目させ、真似してみるよう促す。

②意欲的でない子供
・鬼遊びのゲーム中に何をすればよいのか分からない子供には、行い方や課題を絵図で説明したり、活動内容を掲示したりする。
・場や規則の理解が難しい子供には、場の設定や規則を易しくして取り組みやすくする。
・ゲームに勝てなかったり、鬼に捕まりやすかったりするなどで意欲的に取り組めない子供には、勝敗を受け入れることの大切さを話したり、安全地帯の設定を工夫したりする。

本時案

いろいろな鬼遊びを楽しもう

1/4

本時の目標

簡単な鬼遊びを楽しみ、鬼遊びの学習への興味・関心を高めることができるようにする。

評価のポイント

いろいろな鬼遊びに意欲的に取り組み、楽しむことができたか。

週案記入例

[目標]

いろいろな鬼遊びを楽しむことができる。

[活動]

いろいろな鬼遊びの規則を守って、友達と仲よく取り組む。

[評価]

規則を守って楽しく鬼遊びができたか。

[指導上の留意点]

簡単な鬼遊びを楽しむことで、鬼遊びの学習への興味・関心を喚起することを指導の重点とする。

本時の展開

	時	子供の活動
はじめ	2分	**集合・あいさつ** ○今日の学習内容を知る。 ○学習のきまりや安全を確認する。
準備運動	3分	**やる気を高める運動をする** 1 ○軽快なリズムに合わせて、教師や友達と足じゃんけん等をする。 ○軽快なリズムの音楽に合わせてダンスをする。
わくわくタイム	10分	**心と体を解放する運動をする** ①みんなでなかよく ②ねことねずみ
いろいろな鬼遊び	23分	**いろいろな鬼遊びをする** 2 ①色おに →やり方やルールを知り、色おにをする。 ②手つなぎおに →やり方やルールを知り、手つなぎおにをする。 ③地蔵おに →やり方やルールを知り、地蔵おにをする。
整理運動	2分	**呼吸を整え、体全体をゆったりとほぐす** ○静かでゆったりとした音楽に合わせて行う。
まとめ	5分	**今日の学習について振り返る** ①楽しく運動できたか。 ②友達と仲よく運動できたか。 ③安全に運動できたか。

1 準備運動

軽快なリズムの音楽に合わせて行うことにより、心と体を解放させ、主運動へのやる気を高められるようにする。

リズムに合わせて友達と足じゃんけん

音楽に合わせてダンス

2 いろいろな鬼遊びの例

①色おに

・鬼が言った色のものを探し、そこへ素早く移動して、そのものに触れる。
・鬼が言った色のものに触れる前に鬼にタッチされたら、その人が鬼になる。

②手つなぎおに

・２人組の鬼をつくり、手をつないで追いかける。
・鬼が３人になったら、１人鬼と、２人組の鬼に分かれて追いかけ、２人組の鬼の数を増やしていく。

③地蔵おに

・鬼にタッチさせる前に「お地蔵様」と言ってその場に止まれば、鬼はタッチできない。
・１度「お地蔵様」になると動けない。
・鬼以外の人が「お地蔵様」の股の下を通り抜けると、また動けるようになる。

本時案

しっぽ取り鬼を楽しもう

2/4

本時の目標

規則を守って、しっぽ取り鬼を楽しむことができるようにする。

評価のポイント

規則を守って、チームで協力してしっぽ取り鬼を楽しむことができたか。

週案記入例

[目標]
チームで協力して、しっぽ取り鬼を楽しむことができる。

[活動]
チーム対抗で、しっぽ取り鬼をする。

[評価]
チームで協力してゲームができたか。

[指導上の留意点]
規則を守り、チームで協力して運動することを、指導の重点とする。

本時の展開

	時	子供の活動
はじめ	2分	**集合・あいさつ** ○今日の学習内容を知る。 ○学習のきまりや安全を確認する。
準備運動	3分	**やる気を高める運動をする** ○軽快なリズムに合わせて、教師や友達と足じゃんけん等をする。 ○軽快なリズムの音楽に合わせてダンスをする。
わくわくタイム	10分	**心と体を解放する運動をする** 1 ①みんなでなかよく ②ねことねずみ ③手つなぎしっぽ取り
しっぽ取り鬼	24分	**チーム対抗のしっぽ取り鬼をする** 2 3 ゲーム①（ゲーム前半３分、後半３分） ゲーム②（ゲーム前半３分、後半３分） ゲーム③（ゲーム前半３分、後半３分）
整理運動	2分	**呼吸を整え、体全体をゆったりとほぐす** ○静かでゆったりとした音楽に合わせて行う。
まとめ	4分	**今日の学習について振り返り、学習カードに記入する** ①楽しく運動できたか。 ②友達と仲よく運動できたか。 ③安全に運動できたか。

1 わくわくタイムの例

①みんなでなかよく

・5〜6人で手をつなぎ輪をつくる。
・教師の笛の合図で、回ったり、止まったり逆回りをする。

②ねことねずみ

・ねことねずみに分かれる。
・アナウンサーが「ねーねーねこ」と言ったらねこがねずみを追いかける。ねずみと言ったらねずみがねこを追いかける。

③手つなぎしっぽ取り

・2人組で片方の手で手をつなぎ、空いている方の手で相手のしっぽを取り合う。

2 鬼遊びの例：しっぽ取りおに

・チーム対抗で腰に付けたしっぽを取り合う。
・しっぽを取られても、新たなしっぽを付けてゲームに参加できる。
・取ったしっぽの数で勝敗を決める。

3 安全面の配慮と用具の工夫

○取ったしっぽは、コートの外に置くようにする。
○ぶつかり合いを避けるため、コートの大きさとチームの人数を考慮する。
○しっぽを取る際に突き指をすることがあるので、十分注意を喚起する。また、手の指の爪が伸びていないか確認する。

しっぽ（タグ）は、取りやすいものが市販されているが、数がたくさん必要なため、予算が十分とれない場合は、たすきなどを適当な長さ（30〜40㎝）に切って自作することも可能である。なお、スズランテープなどは、軽すぎて少しの風でもなびくため、取りづらい。

本時案

宝取り鬼を楽しもう①

3/4

本時の目標

簡単な規則を工夫して、宝取り鬼を楽しむことができるようにする。

評価のポイント

攻め方や守り方を考えながら、逃げたり捕まえたりして、宝取り鬼を楽しむことができたか。

週案記入例

[目標]
チームで協力して、ゲームを楽しむことができる。

[活動]
チームで作戦を立てて、ゲームを行う。

[評価]
チームで協力してゲームができたか。

[指導上の留意点]
チームで協力して楽しむこと、友達のよい動きの発見を指導の重点とする。

本時の展開

	時	子供の活動
はじめ	2分	**集合・あいさつ** ○今日の学習内容を知る。 ○学習のきまりや安全を確認する。
準備運動	3分	**やる気を高める運動をする** ○軽快なリズムに合わせて、教師や友達と足じゃんけん等をする。 ○軽快なリズムの音楽に合わせてダンスをする。
わくわくタイム	10分	**心と体を解放する運動をする** ①みんなでなかよく ②ことろことろ ③手つなぎしっぽ取り
宝取り鬼	24分	**チームで作戦を立てて宝取り鬼をする** 1 2 ゲーム①（作戦確認1分、ゲーム前半3分、攻守交代、後半3分） ゲーム②（作戦確認1分、ゲーム前半3分、攻守交代、後半3分） ゲーム③（作戦確認1分、ゲーム前半3分、攻守交代、後半3分）
整理運動	2分	**呼吸を整え、体全体をゆったりとほぐす** ○静かでゆったりとした音楽に合わせて行う。
まとめ	4分	**(1)今日の学習について振り返り、学習カードに記入する** ①楽しく運動できたか。 ②友達と仲よく運動できたか。 ③安全に運動できたか。 **(2)友達のよい動きやうまくいった作戦を発表し合う**

1 鬼遊びの例：宝取り鬼

〈規則〉

・しっぽを取られずに宝を取れたら１点。
・しっぽを取られたらスタートに戻る。
・時間内は、何度しっぽを取られてもスタートから始めることができる。

2 場の設定の工夫

チームの人数を 5〜6 人とするとコートは、バドミントンコート程度の広さがちょうどよく、体育館にあればそれを利用する。安全地帯の大きさや数は、はじめは宝物がたくさん取れるように設定し、動きの高まりとともに安全地帯の数を減らしたり、大きさを小さくしたりしていく。また、安全地帯をどこに配置するかをチームごとに考えさせるようにすることで、対話的な学びにつながる。

（薄い灰色の四角）は、安全地帯（攻め側は１人だけは入れるが、守り側は入れない）。

（濃い灰色の四角）は、安全地帯（攻め側は３人まで入れるが、守り側は入れない）。

本時案

宝取り鬼を楽しもう②

4/4

本時の目標

前時の学習に応じて規則を工夫し、宝取り鬼を楽しむことができるようにする。

評価のポイント

前時の学習をもとに攻め方や守り方を考えながら、逃げたり捕まえたりして、宝取り鬼を楽しむことができたか。

週案記入例

[目標]
チームで協力して、宝取り鬼を楽しむことができる。

[活動]
チームで作戦を立てて、ゲームを行う。

[評価]
チームで協力してゲームができたか。

[指導上の留意点]
前時の学習を生かして作戦を立てたり、友達のよい動きを取り入れたりして、楽しさを深めることを指導の重点とする。

本時の展開

	時	子供の活動
はじめ	2分	**集合・あいさつ** ○今日の学習内容を知る。 ○学習のきまりや安全を確認する。
準備運動	3分	**やる気を高める運動をする** ○軽快なリズムに合わせて、教師や友達と足じゃんけん等をする。 ○軽快なリズムの音楽に合わせてダンスをする。
わくわくタイム	10分	**心と体を解放する運動や作戦の練習をする** ①みんなでなかよく ②ことろことろ ③チームでやってみよう
宝取り鬼	24分	**チームで作戦を立てて宝取り鬼をする** 1 2 ゲーム①（作戦確認１分、ゲーム前半３分、攻守交代、後半３分） ゲーム②（作戦確認１分、ゲーム前半３分、攻守交代、後半３分） ゲーム③（作戦確認１分、ゲーム前半３分、攻守交代、後半３分）
整理運動	2分	**呼吸を整え、体全体をゆったりとほぐす** ○静かでゆったりとした音楽に合わせて行う。
まとめ	4分	**⑴今日の学習について振り返り、学習カードに記入する** ①楽しく運動できたか。 ②友達と仲よく運動できたか。 ③安全に運動できたか。 **⑵前時と比べてさらによかったことなどを発表し合う**

1 作戦について

(1)ミニホワイトボードの活用

攻め方や守り方の作戦が立てやすくなるように、コート図を描いたミニホワイトボードを各チームで使用する。

(2)作戦の例示

作戦については、低学年の発達の段階を考慮し、はじめの段階は、例示された作戦から選ばせ、徐々に自分たちで考えた作戦を取り入れられるようにする。

【作戦例】

まもり	せめ
A：だれがどこをまもるかきめる	a：だれかがたたかっているうちに行く。
B：マンツーマンでまもる	b：行くじゅんばんをきめる。
C：コート外においだす	c：あんぜんちたいにいて、よそみをしたら走る。
D：あんぜんちたいの前でまもる	d：あんぜんちたいをつかわず、いっきに走る。
E：自分たちが考えた作せん	e：自分たちが考えた作せん

2 友達のよい動きを見付けさせる教師の言葉かけ

宝取り鬼を楽しむために、攻め方として「どのようにして、しっぽを取られないように走ったらよいか」、守り方として「どのようにして、宝を取られないように防いだらよいか」を考えられるよう、本時の指導のポイントに気付かせる発問を用意したり、簡単な「攻める、防ぐ」動き方を例示したりする。

・相手をかわす動きはどんな動き？
・守りがいないところを見付けて素早く走り抜けよう！
・仲間との連携プレーってどんな動き？
・しっぽを取らなくても防ぐ方法はあるの？

DVD
収録資料

「鬼遊び」学習カード＆資料

使用時 **第2～4時**

既習経験に応じて学習カード（2-1-1）と学習ノート（2-1-2）を使い分ける。学習カードは、既習経験が少ない子供用として、書くことを限定して書きやすいようにしてある。学習ノートは、なるべく自由に書けるようにしている。

収録資料活用のポイント

①使い方

ゲーム前に、「今日の作戦」を確認したり、まとめの時間にうまくいった作戦、友達のよい動きについて話し合ったりするために使用する。裏面に作戦例や動きのポイントなどを印刷し、資料と一体化して活用できるようにする。

②留意点

作戦を確認する際には、作戦板（ミニホワイトボード等）を活用し、視覚的に作戦を理解できるようにする。また、学習経験が少ない場合は、教師が積極的によい作戦や動きについて、価値付けすることが必要である。

学習カード 2-1-1（2～4時）

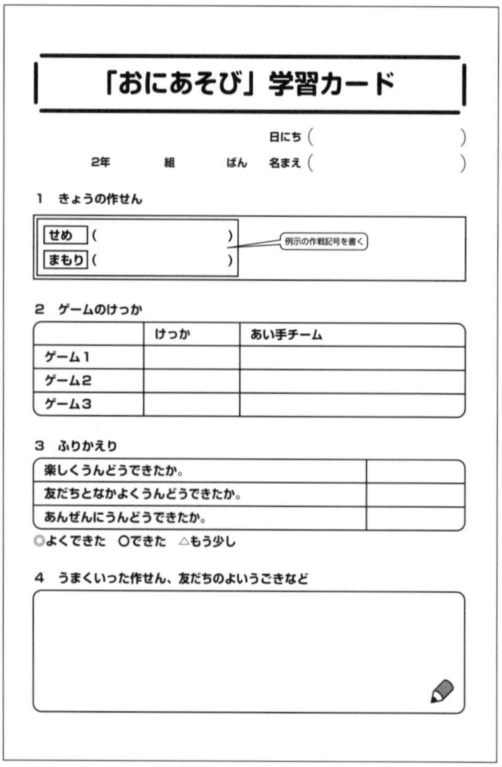

「おにあそび」学習カード

日にち（　　　　）
2年　　組　　ばん　名まえ（　　　　）

1　きょうの作せん

せめ（　　　　）
まもり（　　　　）
例示の作戦記号を書く

2　ゲームのけっか

	けっか	あい手チーム
ゲーム1		
ゲーム2		
ゲーム3		

3　ふりかえり

楽しくうんどうできたか。	
友だちとなかよくうんどうできたか。	
あんぜんにうんどうできたか。	

◎よくできた　○できた　△もう少し

4　うまくいった作せん、友だちのよいうごきなど

学習カード 2-1-2（2～4時）

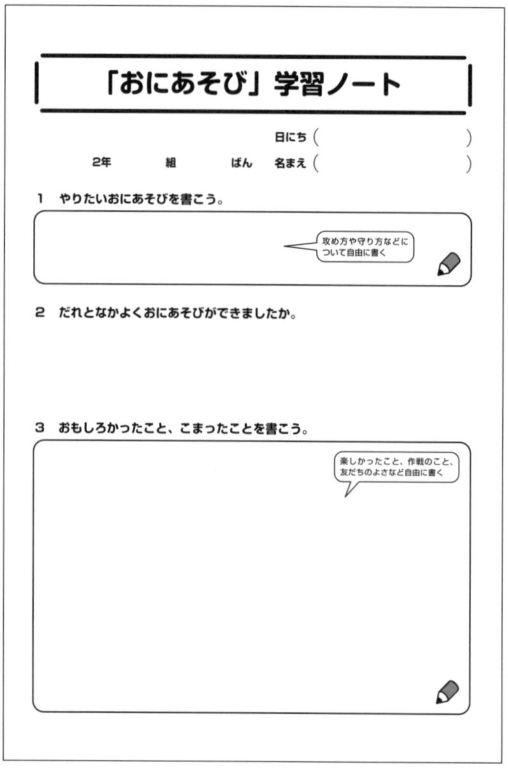

「おにあそび」学習ノート

日にち（　　　　）
2年　　組　　ばん　名まえ（　　　　）

1　やりたいおにあそびを書こう。

攻め方や守り方などについて自由に書く

2　だれとなかよくおにあそびができましたか。

3　おもしろかったこと、こまったことを書こう。

楽しかったこと、作戦のこと、友だちのよさなど自由に書く

おにあそび　うごきのポイント

うごきのポイント

しっぽをとられないようにするためには、どんなうごきをしたらいいかな？

①フェイントをかける

いっぽうにうごくと見せて、
すばやくぎゃくにうごこう！

②いっきに走りぬける

あいてのすきをみつけよう！

③くるくるまわる

なめらかにかわそう！

④ジグザグに走る

うごきのポイント

しっぽをとるコツは、どんなうごきがあるかな？

①りょうてをひろげて、体を大きく見せる

②見ていないふりをする

③こしをひくくする

2 体ほぐしの運動遊び、多様な動きをつくる運動遊び

(5時間)

【単元計画】

[第一段階] 体ほぐしの運動遊びの行い方を知り、体を動かす心地よさを味わう	
体ほぐしの運動遊びを行い、心と体の変化に気付いたり、みんなで関わり合ったりして楽しむ。	
1 体ほぐしの運動遊びをやってみよう① POINT：学級開きの時期なので、体を動かす心地よさを存分に味わわせることを大切にする。 [主な学習活動] ○集合・あいさつ ○次の運動を行う。 ・後出しじゃんけん ・スキップで仲間集め（2人→4人→6人） ・みんなで輪になって　・人間いす ○まとめ ①クラス全体で今日の学習について振り返る。 ②次時の学習内容を知る。	2 体ほぐしの運動遊びをやってみよう② POINT：体を動かす心地よさとともに、友達と運動することの楽しさを味わわせることを大切にする。 [主な学習活動] ○集合・あいさつ ○次の運動を友達と交流しながら行う。 ・フラフープ回し ・人工衛星 ・風船バレー ○まとめ ①クラス全体で今日の学習について振り返る。 ②次時の学習内容を知る。

授業改善のポイント

主体的・対話的で深い学びの実践に向けて

多様な動きをつくる運動遊びを工夫し、学習を進める。

自分の心と体の変化に気付いたり、みんなで関わったりすることをねらいとしている。そのため、手軽な運動を通して、以下の2点に気を付けて指導していきたい。

①体を動かすと気持ちがよいことや力一杯動くと汗が出たり心臓の鼓動が激しくなったりすることなどを気付かせることができているか。

②人それぞれに違いがあることを知り、誰とでも仲よくしたり協力したり助け合ったりして運動遊びを行い、友達と一緒に体を動かすと楽しさが増すことや、つながりを体験させることができているか。

体ほぐしの運動遊びについては、運動の楽しさや心地よさを友達との交流を通して体感することがとても重要である。運動に対して進んで取り組む子供の育成を目指し、子供の発達の段階に応じた教材を選び、偶然的にたくさんの友達と交流しながら運動を楽しむことができる授業計画を立てていくことが大切である。

単元の目標

◯知識及び運動

・体ほぐしの運動遊びや多様な動きをつくる運動遊び（体のバランスをとる運動遊び）の楽しさに触れ、その行い方を知り、体を動かす心地よさを味わうことができる。

◯思考力、判断力、表現力等

・体をほぐしたり多様な動きをつくったりする遊び方を工夫するとともに、考えたことを友達に伝えることができる。

◯学びに向かう力、人間性等

・運動遊びに進んで取り組み、きまりを守り誰とでも仲よく運動をしたり、場の安全に気を付けたりすることができる。

[第二段階]
多様な動きをつくる運動遊び（体のバランスをとる運動遊び）を楽しむ

体のバランスをとる運動遊びの学習内容を知り、様々な動きをつくりながら運動を楽しむ。

3〜5　体のバランス遊びをしよう①②③

POINT：体のバランスをとる運動遊びの方法を知り、それぞれの運動を工夫しながら楽しませるようにする。

[主な学習活動]
◯集合・あいさつ
◯準備運動
　第３時：「回るなどの動き」「寝転ぶ、起きるなどの動き」の仕方を知り、運動を楽しむ。
　第４時：「座る、立つなどの動き」の仕方を知り、運動を楽しむ。
　第５時：「バランスを保つ動き」の仕方を知り、運動を楽しむ。
　（第 3〜5 時の後半は、それぞれの動きをゲーム化して楽しむ）
◯整理運動
◯まとめ

子供への配慮の例

①運動が苦手な子供

体のバランスをとる運動遊びを行う際は、様々な動きの中から１つでも多くの成功体験を経験させていくことが大切である。よって、それぞれの動きをより簡単なところから工夫して行うよう支援していくことが望まれる。

・回るなどの動きでバランスをとることが苦手な子供には、できそうなところに目印を置いて回ったり、軸になる足の位置に輪や紙皿等を置いたりする。
・足の裏を合わせて座った姿勢のまま転がって起きることが苦手な子供には、補助を受けながら、体の重心をゆっくりと移動する動きを身に付けるようにする。
・２人組になって同時に座る、立つなどの動きが苦手な子供には、補助を受けながら単独での動きを試みるようにする。
・体のバランスを保つ動きが苦手な子供には、個別に行い方を説明したり、友達の行い方を見ながら真似をしたりするよう促す。

本時案

体ほぐしの運動遊びをやってみよう①

1/5

本時の目標

きまりを守り誰とでも仲よく運動をして、安全に運動することができるようにする。

評価のポイント

体ほぐしの運動遊びに取り組み、きまりを守り友達と仲よく安全に運動することができたか。

週案記入例

[目標]
きまりを守り誰とでも仲よく運動をして、安全に運動することができる。

[活動]
様々な手軽な運動遊びに取り組む。

[評価]
きまりを守り友達と仲よく安全に運動することができたか。

[指導上の留意点]
安全に運動するためのきまりや約束をしっかりと確認させる。

本時の展開

	時	子供の活動
はじめ	5分	**集合・あいさつ** ○本時の学習内容を知る。 ○生活班（5～6人）ごとに整列する。
準備運動	5分	**心と体がスイッチオンできるようにする。** ○リズムに乗る音楽に合わせて、首、手首、足首等の運動をする。 ○軽いジョギング、スキップ、ジャンプなどの運動をする。
体ほぐしの運動遊び①	20分	**小グループでの体ほぐしの運動遊びに取り組む** 1 2 ①教師と後出しじゃんけん：教師と同じ→教師勝ち→教師負け→体でじゃんけん等 ②体育館をスキップ＋仲間集め：すれ違った友達とは「ヘイ！」と声をかけてハイタッチ。途中でリズム太鼓を叩き、仲間集めをして集まった友達と次の運動をする（運動後は、再びスキップ）。 ☆仲間集めは、2人組→4人組→6人組とする。 ○2人組：握手で膝タッチ　○4人組：背中合わせで立つ ○6人組：ことろ鬼
体ほぐしの運動遊び②	10分	**クラス全員での体ほぐしの運動遊びに取り組む** ①みんなで輪になって ②みんなで人間いす
整理運動	2分	**運動で使った部位をゆったりとほぐす**
まとめ	3分	**⑴クラス全体で本時の学習について振り返り、学習カードに記入する** ①進んで楽しく運動できたか。 ②友達と仲よく運動できたか。 **⑵次時の学習内容を確認する**

1 後出しじゃんけんで心も体もスイッチオン

準備運動後、教師と後出しじゃんけんをする。順番としては①教師と同じものを出す、②教師が勝つ、③教師が負けるという順番にする。はじめから体じゃんけんで行うと盛り上がる。

【後出しじゃんけんとは】
教師がじゃんけん「ホイ」と出した後、1テンポ遅らせて「ホイ」と出すじゃんけん

2 小グループでの体ほぐしの運動遊びの例

今できる体ほぐしの運動遊びをする。→運動遊びを十分にさせて楽しさを味わわせる。

① 2人組

握手で膝タッチ

相手と左手で握手をして「よーいドン」で相手の膝をタッチする。

押し相撲

立って行う

相手と 50cm 程度離れ、相手の手を押したり、よけたりする。

② 4人組

人間振り子

1人の体を倒しながら振り子のようにし、体をあずける。

背中合わせで立つ

4人組で背中合わせに座り、「せーの」で立つ。

③ 6人組

ことろ鬼

1人が鬼で、つながっている友達の一番後ろの子供にタッチする。

風船バレー

みんなで手をつなぎ、その手を離さないで風船を落とさない。

④クラス全員

みんなで輪になって

教師を先頭に全員が手をつないで渦をつくって円になる。

人間いす

みんなで同じく方向を向いて後ろの子に「せーの」で座る

本時案

体ほぐしの運動遊びをやってみよう②

2/5

本時の目標

進んで楽しく誰とでも仲よく運動することができるようにする。

評価のポイント

様々な手軽な運動遊びや伝承遊びに取り組み、進んで楽しく取り組み、誰とでも仲よく運動することができたか。

週案記入例

[目標]
進んで楽しく誰とでも仲よく運動することができる。

[活動]
様々な手軽な運動遊びや伝承遊びに取り組む。

[評価]
進んで楽しく誰とでも仲よく運動することができたか。

[指導上の留意点]
安全に運動するためのきまりや約束をしっかりと確認させる。

本時の展開

	時	子供の活動
はじめ 準備運動	8分	**集合・あいさつ** ○本時の学習内容を知る。 ○生活班（5〜6人）ごとに整列する。 **心と体がスイッチオンできるようにする** ○リズムに乗る音楽に合わせて、首、手首、足首等の運動をする。 ○軽いジョギング、スキップ、ジャンプなどの運動をする。
体ほぐしの 運動遊び① 伝承遊び	5分	**仲間集め「もうじゅう狩りに行こうよ」** 1 ○いろいろな友達とグループをつくる。 ○すばやく友達を見付けて、手をつないで輪になって座る。
体ほぐしの 運動遊び② 伝承遊び	10分	**あんたがたどこさ** 2 ①歌に合わせて両足で前にジャンプする。 ②「さ」のところだけ、後ろにジャンプする。 ③できるようになったら、つながって行う。
体ほぐしの 運動遊び③	17分	**グループでの体ほぐしの運動遊びに取り組む** 3 ①人工衛星 ②フラフープ回し ③風船バレー ※子供の実態に応じたグループで行う体ほぐしの運動遊びを選択する。
整理運動	2分	**運動で使った部位をゆったりとほぐす**
まとめ	3分	**(1)今日の学習について振り返り、学習カードに記入する** ①進んで楽しく運動できたか。 ②友達と仲よく運動できたか。 **(2)次時の学習内容を確認する**

1 仲間集め「もうじゅう狩りに行こうよ」

※何回か行ったら、次の活動につながる5人組をつくっておく。

3人で集まって座る

ヒグマ（3人）
♪もうじゅうがりに行こうよ

4人で集まって座る

ライオン（4人）
♪もうじゅうがりに行こうよ

5人で集まって座る

マントヒヒ
「マ・ン・ト・ヒ・ヒ」

2 あんたがたどこさ

①歌に合わせて両足で前にジャンプする。
②「さ」のところだけ、後ろにジャンプする。

あんた・がた・どこ・(さ)
(前) (前) (前) (後)
ひご・(さ) ひご・どこ・(さ)
(前) (後) (前) (前) (後)
※横に進むなど工夫して遊ぶとよい

3 グループでの体ほぐしの運動遊びの例

グループで誰とでも仲よく進んで運動に取り組むことがねらいなので、手軽でルールが分かりやすいものを取り扱うこと、友達と声をかけ合いながら楽しく運動に取り組めるものなどを選んで、様々な運動に取り組ませるようにする。

①人工衛星

【人工衛星とは】
5～6人で手をつないで回る。「人工衛星、人工衛星」と歌い、「と・ま・れ」と言ってピタッと止まる。その状態で、手を引き合い、足が動いたら負け。

②フラフープ回し

【フラフープ回しとは】
5～8人ぐらいのグループをつくり、横に並んで手をつなぐ。1番目の人から手を離さず、最後の人までフラフープを通す。

③風船バレー

【風船バレーとは】
みんなで手をつなぎ、その手を離さないで風船を落とさないようにする。慣れてきたら、風船を2個に増やす。

本時案

体のバランス遊びをしよう①

3/5

本時の目標

体のバランスをとる運動遊びの仕方を知り、楽しく遊ぶことができるようにする。

評価のポイント

いろいろな回り方や寝転び方、起き方が分かり、安全に楽しく遊ぶことができたか。

週案記入例

[目標]
体のバランスをとる運動遊びの仕方を知り、楽しく遊ぶ。

[活動]
体のバランスをとる運動遊び(「回るなどの動き」「寝転ぶ・起きるなどの動き」)を楽しむ。

[評価]
体のバランスをとる運動遊びの仕方を知り、楽しく遊ぶことができたか。

[指導上の留意点]
動きのポイントやこつを分かりやすく助言し、できている子供をクラス全体に広く知らせる。

本時の展開

	時	子供の活動
はじめ 準備運動	8分	**集合・あいさつ** ○本時の学習内容を知る。 ○生活班（5〜6人）ごとに整列する。 **心と体がスイッチオンできるようにする** ○リズムに乗る音楽に合わせて、首、手首、足首等の運動をする。 ○軽いジョギング、スキップ、ジャンプなどの運動をする。
体のバランスをとる運動遊び①	10分	**体のバランスをとる運動遊び①：「回るなどの動き」** 1 ○いろいろな回り方で遊ぶ。 →片足で・お尻で・背中で。 →くるっとじゃんけんをする。
体のバランスをとる運動遊び②	10分	**体のバランスをとる運動遊び②：「寝転ぶ・起きるなどの動き」** 2 ○寝転んだり、起きたりして遊ぶ。 →だるま転がり、ゆりかごじゃんけん。
体のバランスをとる運動遊び③	12分	**体のバランスをとる運動遊び③：「体のバランスランドⅠ」** 3 ①ゆりかごじゃんけん・片足くるっとじゃんけん ②だるま転がり ③平均台渡り ※3つの場と3つの移動の場を準備する。
整理運動	2分	**運動で使った部位をゆったりとほぐす**
まとめ	3分	**(1)今日の学習について振り返り、学習カードに記入する** ①進んで楽しく運動できたか。 ②友達と仲よく運動できたか。 **(2)次時の学習内容を確認する**

1 体のバランスをとる運動遊び①：「回るなどの動き」

片足で
つま先で回るように
いろいろな部位で
お尻や反対の足で
姿勢や回り方を変えて
腕を組んで
手を上げて
くるっとじゃんけん
ポンッ
最初はグー・ジャンケン・ポン
紙皿を使って
回りやすくなる。スピードが出て面白い

2 体のバランスをとる運動遊び②：「寝転ぶ・起きるなどの動き」

だるま転がり
ゆりかごじゃんけん

3 体のバランスをとる運動遊び③：「体のバランスランド」で楽しもう！

本時以降、３時間を通して「体のバランスランド」を楽しむ。経験した動きを繰り返し行うことで、動きがスムーズになるようにする。

「体のバランスランドⅠ」

【体のバランスランドとは】
今まで経験した動きを繰り返し行ったり、さらに工夫して行ったりして動きを広げることをねらいとした時間。３時間通して行うことで動きの量と質の向上をねらう。

くるっとじゃんけん
体を小さくして回る
足の裏を合わせて座り、両手で足を持って背中を床に接触させながら回る
くるっとじゃんけん
平均台を渡る
ゆりかごじゃんけん

本時案

体のバランス遊びをしよう②

4/5

本時の目標

体のバランスをとる運動遊びの仕方を知り、楽しく遊ぶことができるようにする。

評価のポイント

いろいろなバランスのとり方が分かり、安全に楽しく誰とでも仲よく遊ぶことができたか。

週案記入例

[目標]
体のバランスをとる運動遊びの仕方を知り、楽しく遊ぶ。

[活動]
体のバランスをとる運動遊び(「座る・立つなどの動き」)を楽しむ。

[評価]
体のバランスをとる運動遊びの仕方を知り、楽しく遊ぶことができたか。

[指導上の留意点]
動きのポイントやこつを分かりやすく助言し、できている子供をクラス全体に広く知らせる。

本時の展開

	時	子供の活動
はじめ 準備運動	8分	**集合・あいさつ** ○本時の学習内容を知る。 ○生活班（5〜6人）ごとに整列する。 **心と体がスイッチオンできるようにする** ○リズムに乗る音楽に合わせて、首、手首、足首等の運動をする。 ○軽いジョギング、スキップ、ジャンプなどの運動をする。
体のバランスをとる運動遊び①	12分	**体のバランスをとる運動遊び①：「座る・立つなどの動き」** 1 ○座ったり、立ったりして遊ぶ。 →手を合わせて。 →背中合わせて。 →手をつないで。
体のバランスをとる運動遊び②	20分	**体のバランスをとる運動遊び②：「体のバランスランドⅡ」** 2 ①ゆりかごじゃんけん・片足くるっとじゃんけん。 ②だるま転がり。 ③平均台渡り。 ④手をつないで立つ、背中合わせで立つ。 ※４つの場と４つの移動の場を準備する。
整理運動	2分	**運動で使った部位をゆったりとほぐす**
まとめ	3分	**(1)今日の学習について振り返り、学習カードに記入する** ①進んで楽しく運動できたか。 ②友達と仲よく運動できたか。 **(2)次時の学習内容を確認する**

1 体のバランスをとる運動遊び①：「座る・立つなどの動き」

横向きで
肩を組んで
動きを合わせて
背中で合わせて
背中をぐっと押して
友達を変えて
やろうよ
誰とでも
グループで
声をかけ合って

2 体のバランスをとる運動遊び②：「体のバランスランドⅡ」で楽しもう！

前時の「体のバランスランド」から「座る・立つなどの動き」を加え、動きの種類を増やす。

【順番の例】

①くるっとじゃんけん…2 人組で行い、勝った子供が矢印の方向に進む。
②体を小さくして回る…できるだけ体を小さくして回る。
③背中合わせで立つ…2 人組になって背中合わせで立つ。できたら、矢印の方向へ。
④平均台を渡る…前向き、後ろ向き、片足等、様々な方法で渡る。
⑤ゆりかごじゃんけん…2 人組で行い、勝った子供が矢印の方向に進む。
⑥あぐらの状態で回る…バランスを取りながらマットの上を移動する。
⑦両手を合わせて立って座る…2 人組で行い、立って座ることができたら矢印の方向へ。
⑧平均台を渡る…前向き、後ろ向き、片足等、様々な方法で渡る。

「体のバランスランドⅡ」

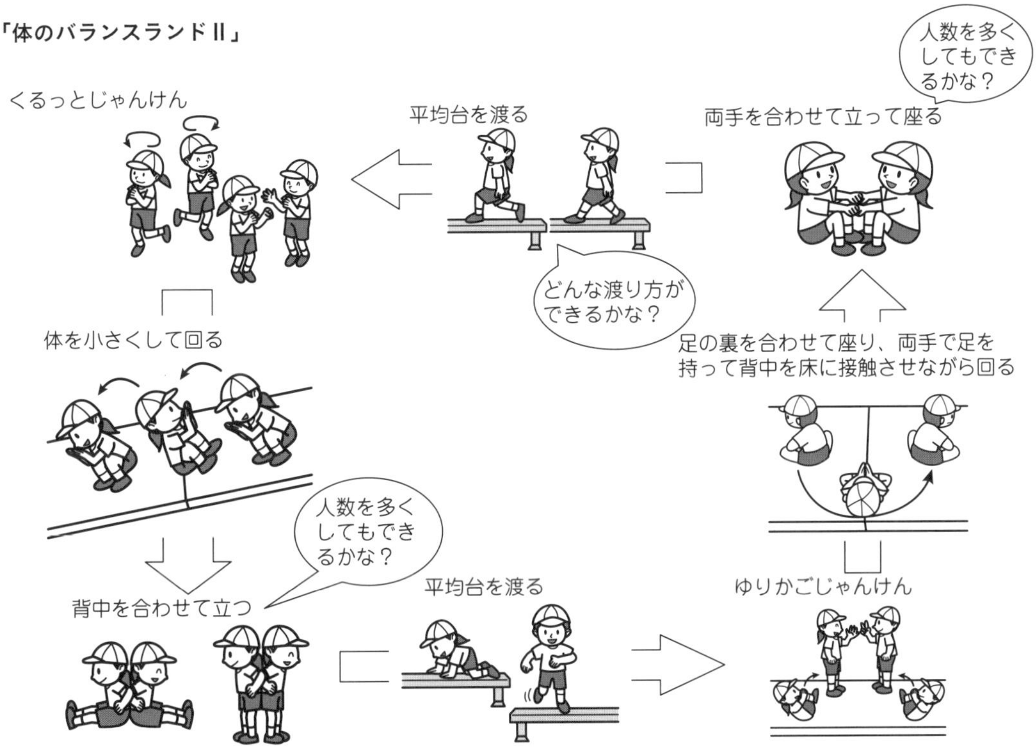
人数を多くしてもできるかな？
くるっとじゃんけん
平均台を渡る
両手を合わせて立って座る
どんな渡り方ができるかな？
体を小さくして回る
足の裏を合わせて座り、両手で足を持って背中を床に接触させながら回る
人数を多くしてもできるかな？
背中を合わせて立つ
平均台を渡る
ゆりかごじゃんけん

本時案

体のバランス遊びをしよう③

5/5

本時の目標

体のバランスをとる運動遊びの仕方を知り、楽しく遊ぶことができるようにする。

評価のポイント

いろいろなバランスのとり方が分かり、友達のよいところを見付けながら誰とでも仲よく楽しく遊ぶことができたか。

週案記入例

[目標]
体のバランスをとる運動遊びの仕方を知り、楽しく遊ぶ。

[活動]
体のバランスをとる運動遊び (「バランスを保つ動き」) を楽しむ。

[評価]
体のバランスをとる運動遊びの仕方を知り、楽しく遊ぶことができたか。

[指導上の留意点]
友達のよい動きを見付けたり、真似したりするなど、仲間と運動することの楽しさを実感させる。

本時の展開

	時	子供の活動
はじめ 準備運動	8分	**集合・あいさつ** ○本時の学習内容を知る。 ○生活班（5～6人）ごとに整列する。 **心と体がスイッチオンできるようにする** ○リズムに乗る音楽に合わせて、首、手首、足首等の運動をする。 ○軽いジョギング、スキップ、ジャンプなどの運動をする。
体のバランスをとる運動遊び①	12分	**体のバランスをとる運動遊び①：「バランスを保つ動き」** 1 ○バランス崩し等をして遊ぶ。 →立って。 →座って。 →片足で。
体のバランスをとる運動遊び②	20分	**体のバランスをとる運動遊び②：「体のバランスランドⅢ」** 2 ①だるま転がり。 ②平均台渡り。 ③手をつないで立つ、背中合わせで立つ。 ④バランス崩し。 ⑤片足ケンケン相撲。 ※4つの場と4つの移動の場を準備する。
整理運動	2分	**運動で使った部位をゆったりとほぐす**
まとめ	3分	**(1)今日の学習について振り返り、学習カードに記入する** ①進んで楽しく運動できたか。 ②友達と仲よく運動できたか。 **(2)単元を通してよかったこと、楽しかったことを話し合う**

1 体のバランスをとる運動遊び①:「バランスを保つ動き」

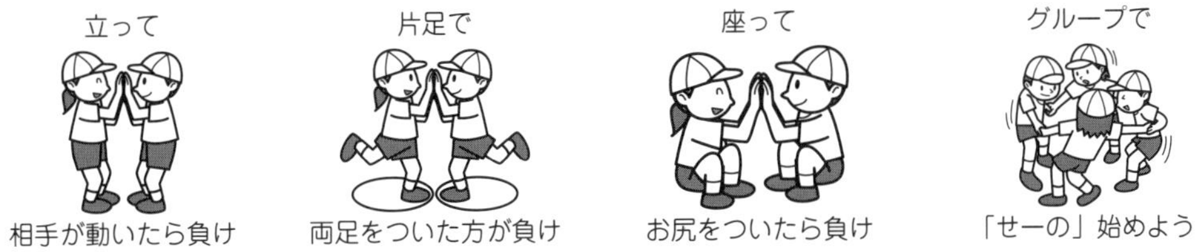

2 体のバランスをとる運動遊び②:「体のバランスランドⅢ」で楽しもう！

前時の「体のバランスランドⅡ」から「バランスを保つ動き」を加え、動きの種類を増やす。姿勢や人数、方向など様々な工夫を促す声かけをして、子供の動きが広がるようにする。

【順番の例】

①片足ケンケンバランス崩し…2人組で行い、勝った子供が矢印の方向へ進む。
②体を小さくして回る…できるだけ体を小さくして回る。
③背中合わせで立つ…2人組になって背中合わせで立つ。できたら、矢印の方向へ。
④平均台を渡る…前向き、後ろ向き、片足等、様々な方法で渡る。
⑤バランス崩し…2人組で行い、勝った子供が矢印の方向に進む。
⑥あぐらの状態で回る…バランスを取りながらマットの上を移動する。
⑦両手を合わせて立って座る…2人組で行い、立って座ることができたら矢印の方向へ。
⑧平均台を渡る…前向き、後ろ向き、片足等、様々な方法で渡る。

「体のバランスランドⅢ」

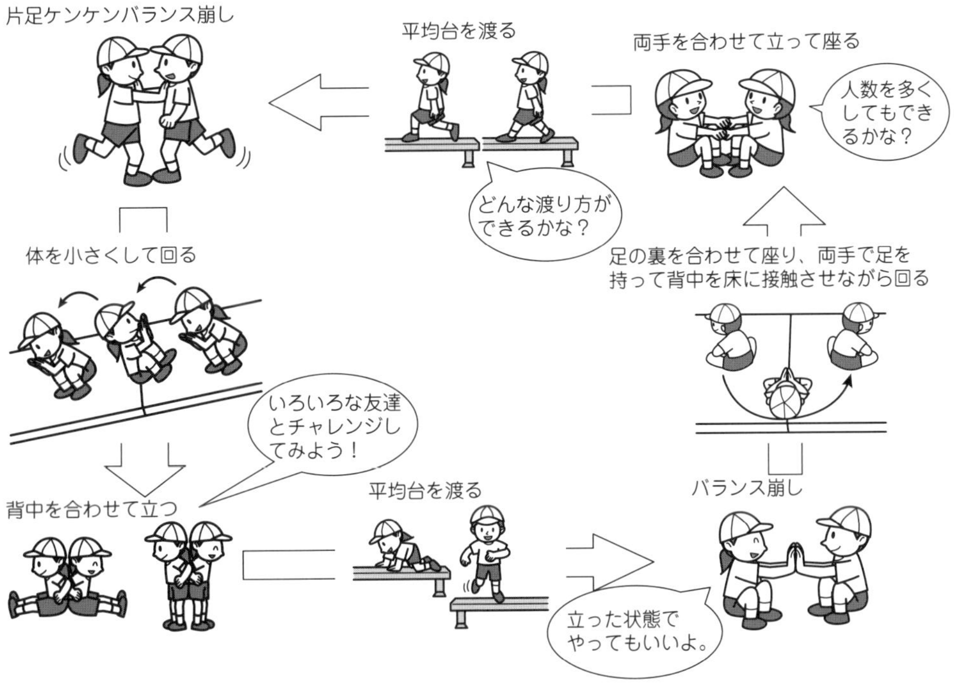

DVD 収録資料

「体つくりの運動遊び」学習カード＆資料

使用時 **第１～５時**

本カードは、第１時から第２時の「体ほぐしの運動遊び」と第３時から第５時の「多様な動きをつくる運動遊び」を通して使用する。本単元は運動遊びの中で動きの向上を目指し、結果的に体力向上を図ることを目的としている。そのため、子供一人一人が運動の楽しさ、心地よさをつくる運動遊び十分に味わうことができているかどうかを常に把握するよう努めていきたい。

収録資料活用のポイント

①使い方

まず、単元のはじめに本カードを子供一人一人に色画用紙とセットで配布する。カード①を２枚、カード②を３枚配布し、それぞれを順番に貼っておく（表紙等は色画用紙に印刷をして配布するとよい）。次に、1時間目終了後、カードの記入の仕方を説明し、その後は、授業の終了時に記入することを伝えておく。

②留意点

本カードは、子供一人一人が運動の楽しさ心地よさを体感するだけでなく、記録することで実感させていく。そのため、あまり記述を多くしないで、感じたことを短時間で記せるような形式にしている。記入するために時間を多く設けることはせず、できるだけ多くの運動時間を保障させたい。

学習カード 2-2-1（1～2 時）

カード①

体ほぐしのうんどうあそびを楽しもう

2年　　組　　ばん　名まえ（　　　　　　　）

◎：とても思った　○：思った　△：あまり思わなかった

	体ほぐしのうんどうあそびをやってみて、気がついたことをチェックしよう！	◎、○、△を書きましょう
1 回目	うんどうしたあとは、とても気もちよかったよ。	
	友だちとうんどうすると楽しかったよ。	
	たくさんうごいたあとは、あせをかいたよ。	
月　日 （　）	うんどうすると、いきがはずんだり、心がドキドキしたりすることがわかったよ。	
	また、うんどうしたいと思ったよ。	
	〈今日のかんそう〉	
2 回目	うんどうしたあとは、とても気もちよかったよ。	
	友だちとうんどうすると楽しかったよ。	
	たくさんうごいたあとは、あせをかいたよ。	
月　日 （　）	うんどうすると、いきがはずんだり、心がドキドキしたりすることがわかったよ。	
	また、うんどうしたいと思ったよ。	
	〈今日のかんそう〉	

学習カード 2-2-2（3～5 時）

カード②

多ようなうごきをつくるうんどうあそびを楽しもう

2年　　組　　ばん　名まえ（　　　　　　　）

／	多ようなうごきをつくるうんどう遊び	体のバランス　用ぐを使って　体のいどう　力だめし

☆今日楽しかったことは？

☆ふりかえり

①おもいきりあそぶことができましたか	
②いろいろなあそびができましたか	
③友だちとなかよくあんぜんにできましたか	
④いろいろなうごきを工ふうすることができましたか	
⑤友だちのよいうごきを見つけられましたか	

☆自分と友だちのよいところ見つけたよ！

（　　　）さんの（　　　　　　）がすごい！

わたし、ぼくは（　　　　　　）ができたよ！

☆先生より

多ようなうごきをつくるうんどうあそびを楽しもう

☆いろいろなうごきにチャレンジしてみよう！
→じょうずにできたら♡をぬりましょう！！

♡の数をたくさんあつめよう！！

〈回るなどのうごき〉

かた足をじくにして
（右回り・左回り）

♡♡♡

くるっとじゃんけん

♡♡♡

とび上がって回る

♡♡♡

せ中やおしりをじくにして

♡♡♡

〈ねころぶ、おきるなどのうごき〉

足のうらを合わせてすわり、
りょう手で足先をもち、
ころがっておきること

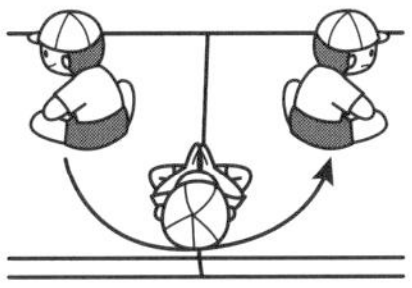

♡♡♡

ゆりかごじゃんけん

♡♡♡

体を小さくして回る

♡♡♡

〈すわる、立つなどのうごき〉

友だちとかたを組んだりせ中
を合わせたりして、立ったり
すわったりすること

♡♡♡

人数をふやして

♡♡♡

むかい合わせで

♡♡♡

かた足を上げて

♡♡♡

〈バランスをたもつうごき〉

かた足でバランス

♡♡♡

立ってバランスくずし

♡♡♡

しゃがんでバランスくずし

♡♡♡

ケンケンでバランスくずし

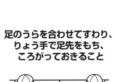

♡♡♡

3 リズム遊び

4時間

【単元計画】

1時	2時
［第一段階］ フォークダンスの踊り方を知り、楽しむ	
フォークダンスに親しみながら、リズムに乗る心地よさを味わう。	
1　リズムに乗ってフォークダンスを楽しく踊ろう POINT：リズムに乗って踊って楽しむ。 **［主な学習活動］** ○集合・あいさつ・準備運動をする。 ○「ジェンカ」を音楽に乗って楽しく踊る。 ○「ジェンカ」のステップに乗ったり、じゃんけん列車を楽しんだりする。 ○「キンダーポルカ」（「タタロチカ」と順番を変えてもよい）を、教師の声かけや口伴奏に合わせてゆっくり一緒に踊る。 ○ステップを知って、みんなで踊る。 ○音楽に合わせて、みんなで楽しく踊る。 ○まとめ：本日の学習を振り返りカードに記入し、次時の学習内容を知る。	**2　フォークダンスで世界めぐりを楽しもう** POINT：いろいろな国のフォークダンスの楽しさを味わう。 **［主な学習活動］** ○集合・あいさつ・準備運動をする。 ○「キンダーポルカ」と同様に、「タタロチカ」を教師の声かけや口伴奏に合わせてゆっくり一緒に踊る。 ○ステップを知って、みんなで踊る。 ○音楽に合わせて、みんなで楽しく踊る。 ○みんなで、「ジェンカ」「キンダーポルカ」「タタロチカ」をメドレーで踊り、フォークダンスの世界めぐりを楽しむ。 ○まとめ：本日の学習を振り返りカードに記入し、次時の学習内容を知る。

授業改善のポイント

主体的・対話的で深い学びの実践に向けて

低学年のリズム遊びは、軽快なリズムに乗って踊る楽しさに触れることができる運動遊びである。低学年の子供は、歌や音楽を聞くとじっとしていられず、自然と体が弾み出すほど体を動かすことが好きである。

単元の前半に軽快なリズムと易しいステップの繰り返しで構成されるフォークダンスを取り入れ、友達と一緒に踊ったり、声をかけたりすることにより、主体的で対話的な学びとなる。

さらに、友達と様々な動きを見付けて踊ったり、みんなで調子を合わせて踊ったりすることができ、対話を繰り返し、関わりながら取り組むことができる学習でもある。

本単元は、2人組や3～4人のグループ、学級全員で調子を合わせて踊る楽しさを味わうことができ、言葉はもちろん、目・心・体で感じ合えるコミュニケーション能力を培うことができる。

さらに、友達や他のグループのよい動きを見付けたり、見てよかった動きを取り入れたりしながら、自分やグループの動きを高めていくことで、主体的で対話的な学びにつながっていく。

単元の目標

○知識及び技能

・リズム遊びの行い方を知り、軽快なリズムの音楽に乗って弾んで踊ったり、友達と調子を合わせたりして、楽しく踊ることができる。

○思考力、判断力、表現力等

・気に入った動きを見付けたり、友達の動きを取り入れたりして、動きを工夫し、伝えることができる。

○学びに向かう力、人間性等

・進んで取り組み、誰とでも仲よく踊ったり、場の安全に気を付けたりすることができる。

3時	4時
[第二段階] いろいろな動きを見付けて楽しむ	
軽快なリズムの音楽に乗って弾んで踊り、工夫して踊りを楽しむ。	
3　弾んで楽しく踊ろう POINT：リズムに乗り体のいろいろな部位を使って全身で踊る楽しさを味わう。 **[主な学習活動]** ○集合・あいさつ・準備運動をする。 ○本時の軽快なリズムの音楽Aで楽しむ。 ・教師の動きの真似をしてリズムに乗って踊る。 ・自分の好きな動きで自由にリズムに乗って踊る。 ・2～3人組になって、リーダーを決め交代で動きを真似して踊る。 ・へそをリズムに乗せてスキップで弾んで踊る。 ○違う感じの曲Bで同様に楽しむ。 ○楽しかった動きを見せ合う。 ○まとめ：本日の学習を振り返りカードに記入し、次時の学習内容を知る。	**4　動きを工夫してのりのりで踊ろう** POINT：いろいろな動きを工夫したり、見せ合ったりして全身で踊る楽しさを味わう。 **[主な学習活動]** ○集合・あいさつ・準備運動をする。 ○前時の音楽AやBで踊る。 ○へそが弾む動きを中心に、ねじる、回る、移動するなどの動きを取り入れ、工夫しながら全身で楽しく踊る。 ○のりのりパーティーをやって、工夫した動きを紹介し合い、みんなで楽しく踊る。 ○友達と一緒に回ったり、かけ声や手拍子を入れたりして楽しい雰囲気で踊る。 ○まとめ：本日の学習を振り返りカードに記入し、本単元をまとめる。

子供への配慮の例

①運動が苦手な子供

リズムに乗って踊ることが苦手な子供には、友達や教師の動きの真似をしながら、リズムに合わせてスキップで弾んだり、かけ声や手拍子を入れたりして踊るなどの配慮をする。

題材の特徴を捉えて踊ることが苦手な子供には、手をつないでステップを一緒にやったり、特徴を捉えている友達の動きを見て、真似することから始める。また、友達と関わって踊ることが苦手な子供には、教師を含めた数人で手をつなぎ、簡単な動きで弾んだり、回ったり、移動したりして一緒に踊るなどの配慮をする。

②意欲的でない子供

リズムに乗って踊ることに意欲的でない子供には、その子供にとって身近で関心があり、自然に体を弾ませたくなるような曲を選ぶなどの配慮をする。

また、かけ声を促したり、手拍子を入れたりして、楽しく乗れる雰囲気をつくる。少しでもその子供が動き始めたときは、ほめて自信をもたせることが大切である。日頃の遊びや活動の中で、歌や音楽を伴ったリズム遊びを取り入れることにより、自然とリズムに乗ることの楽しさを感じることができる。

本時案

リズムに乗って フォークダンスを 楽しく踊ろう

1/4

本時の目標

リズム遊びの学習内容を知り、リズムに乗ってフォークダンスに親しんで楽しく踊ることができるようにする。

評価のポイント

ジェンカのリズムを思い出したり、キンダーポルカの踊りを知ったりして踊ることができたか。

週案記入例

[目標]
フォークダンスに親しむ。

[活動]
踊り方を知る。

[評価]
誰とでも仲よくフォークダンスに親しんでいたか。

[指導上の留意点]
次々と相手を変えて誰とでも仲よく踊ることができるよう配慮する。

本時の展開

	時	子供の活動
はじめ	3分	**集合・整列・あいさつ** ○リズム遊びの単元や学習の進め方を知る。 ○本時の学習内容を確認する。
準備運動	3分	**楽しい雰囲気をつくり準備運動をする** ○リズム太鼓に合わせて、首、手首、足首等の運動をする。 ○スキップ、ジャンプなどの運動をする。
リズム遊び	33分	**(1)ジェンカを楽しく踊る** 1 ○１年生で学習したジェンカを楽しく踊る。 ○ジェンカをしながらじゃんけん列車を楽しむ。 **(2)キンダーポルカを踊る** 2 ○曲を聞いて、曲に合わせて手拍子したり、歩いたりしてリズムを知る。 ○リズム太鼓や口伴奏で、ステップを確認しながら踊る。 ○難しいステップや、相手を変えるところなどは、２人組やグループで練習して一人一人ができるようにする。 ○音楽に乗って、手拍子や声をかけながら、みんなで楽しく踊る。 （学級の実態によってタタロチカと順番を変えてもよい）
整理運動	3分	**運動で使った部位をゆったりとほぐす** ○伸びたり縮んだりして全身の筋肉をほぐす。
まとめ	3分	**(1)今日の学習について振り返り、学習カードに記入する** ○楽しく運動できたか。 ○友達と仲よく運動できたか。 ○リズムに乗って楽しく踊ることができたかを確認する。 **(2)楽しかったこと、友達のよかったことを発表し合う**

1 ジェンカの踊り方

○ジェンカはフィンランドのフォークダンスで、いつでも誰とでも楽しく踊ることができる。
・最初は、声で動きを知らせる口伴奏やリズム太鼓を使って、ステップを確認する。
・1年生で学習している子供は、すぐに音楽をかけて踊ってよい。

①左足を前に出す　②そろえる
③④：①②をもう1回繰り返す
⑤右足を前に出す　⑥そろえる
⑦⑧：⑤⑥をもう1回繰り返す
⑨前にジャンプする
⑩後ろにジャンプする
⑪前に3回ジャンプする

・ジェンカを踊りながら、大きな円隊形にすることもできるので、運動会のときの入場などにも生かせる。さらに、曲が止まったら、近くの人やグループとじゃんけんをして、負けたら後ろに付くなどの「じゃんけん列車」として踊っても楽しい。

2 キンダーポルカの踊り方

○ドイツの最も優しいフォークダンスの1つであり、17世紀頃ヨーロパ全土に広められたものである。
・キンダーは子供の意味であり、お互いに指でパートナーを指し合う動作が特色である。
・子供の興味・関心や学級の実態で、タタロチカと順番を変えて取り組んでもよい。

⑴円内と円外へスライドと足踏み
①円心に向かって、スライドを2回行いその場で足踏みを3回し、1回休む（1〜8）。
②円外に向かい同じ動作をする（1〜8）。

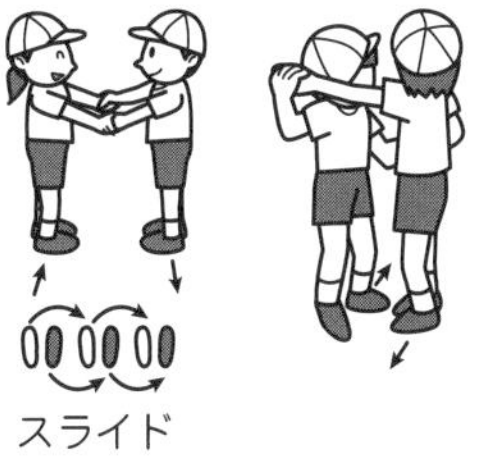

⑵もう1度①と②を繰り返す（1〜16）

⑶膝打ちと拍手
①両手で膝を1回たたく（1〜2）。
②自分で拍手を1回する（1〜2）。
③相手と両手を合わせて3回たたき、1回休む（1〜4）。

⑷指差し
①左足で跳んで、右かかとを前につく。右手人さし指で相手を指しながら3回振る。1回休む（1〜4）。
②同じ動作を右足で跳び、左手人さし指を振りながら行う（1〜8）。

⑸相手を変える
①ランニングステップ4つで、右肩すれ違いで通り抜ける（1〜4）。
②新しい相手と向かい合い、足踏み3回1回休む（1〜4）。

本時案

フォークダンスで世界めぐりを楽しもう 2/4

本時の目標

リズムに乗ってフォークダンスを踊ったり、メドレーで楽しく踊ったりできるようにする。

評価のポイント

タタロチカの踊り方を知り、前時の曲と合わせてメドレーで楽しく踊ることができたか。

> **週案記入例**
>
> **[目標]**
> 新しい曲の踊りを知り、前時の曲と合わせてメドレーで楽しく踊る。
>
> **[活動]**
> ステップや踊り方を知り、メドレーで踊る。
>
> **[評価]**
> 誰とでも仲よく踊ることができたか。
>
> **[指導上の留意点]**
> 手拍子やかけ声を入れて、みんなで楽しく踊る雰囲気をつくる。

本時の展開

	時	子供の活動
はじめ	3分	**集合・整列・あいさつ** ○本時の学習内容を確認する。
準備運動	3分	**楽しい雰囲気をつくり準備運動をする** ○リズム太鼓に合わせて、首、手首、足首等の運動をする。 ○スキップ、ジャンプなどの運動をする。
リズム遊び	33分	**(1)タタロチカの踊り方を知る** 1 ○曲を聞いて、曲に合わせて手拍子したり歩いたりしてリズムを知る。 ○リズム太鼓や口伴奏で、ステップを確認しながら踊る。 ○音楽に乗って、手拍子や声をかけ合いながら、みんなで楽しく踊る。 (学級の実態によってキンダーポルカと順番を変えてもよい) **(2) 3曲繰り返してフォークダンスを楽しむ** 2 ○誰とでも仲よく、声をかけ合いながらリズムに乗って踊りを楽しむ。 ○いろいろな国のフォークダンスを楽しむ。
整理運動	3分	**運動で使った部位をゆったりとほぐす** ○伸びたり縮んだりして全身の筋肉をほぐす。
まとめ	3分	**(1)今日の学習について振り返り、学習カードに記入する** ○楽しく運動できたか。 ○友達と仲よく運動できたか。 ○リズムに乗って楽しく踊ることができたかを確認する。 **(2)楽しかったこと、友達のよかったことを発表し合う**

1 タタロチカの踊り方

・昔から伝わるロシアのフォークダンスであることを知らせる。
・みんなで動きを合わせて踊ることを楽しむことが大切である。導入は音楽を聞かせて手拍子から始めるのもよい。最初は口伴奏やリズム太鼓に合わせて踊る。
・かけ声は「ヤクシー」と皆で元気な声を出すと一体感を味わえる。

①右で１回、左で１回、顔の横で手をたたく（1 ～ 4）
②手を下に向けて右に回る（5 ～ 8）
③左で１回右で１回顔の横で手をたたく（1 ～ 4）
④手を下に向けて左に回る（5 ～ 8）
⑤　①と同じ（1 ～ 4）
⑥手を上げて足を伸ばす（5 ～ 8）
⑦　③と同じ
⑧手を下にして足を後ろけり上げる（5 ～ 8）
⑨膝を６回たたいて「ヤクシー」と声を出す（1 ～ 8）
⑩　⑨と同じ（1 ～ 8）
⑪全員手をつないで右足から 16 歩ランニングで進む（1 ～ 16）
①止まったところで手を放し最初の踊りに戻る

2 フォークダンスについて

フォークダンスは、それぞれの国の文化遺産であり、地域の住民が受け継いで伝えてきたものである。日本にもそれぞれの地方に伝えられている民踊がある。誰とでも一緒に踊ることができ、生涯学習や国際理解の視点からも大切なものである。

<ポイント>

○踊りの由来や意味、国・地方について、学年に応じて理解できるようにする。
○音楽に合わせて手拍子したり、歩いたりしてリズムに慣れる。
○一番楽しそうなところを先に覚え、少しずつ全体の踊り方を覚える。
○難しいステップがあるときや相手を変えるところは、２人組やグループで繰り返したり、教師が助言したりして、一人一人ができるようにする。
○あいさつと拍手などは、踊るときに大切なことであることを伝える。

本時案

弾んで楽しく踊ろう！

3/4

本時の目標

いろいろなリズムの音楽に乗って、弾んで楽しく踊ることができるようにする。

評価のポイント

へそを中心にリズムに乗って、弾む動きを楽しく踊ることができたか。

週案記入例

[目標]
リズム遊びの学習内容を知り、楽しく踊る。

[活動]
いろいろなリズムを楽しんで踊る。

[評価]
楽しく踊ることができたか。

[指導上の留意点]
リズムに合わせて踊ることが苦手な子供には、教師や友達と一緒に踊って声をかける。

本時の展開

	時	子供の活動
はじめ	3分	**集合・整列・あいさつ** ○本時の学習内容を確認する。
準備運動	3分	**楽しい雰囲気をつくり準備運動をする** ○リズム太鼓に合わせて、首、手首、足首等の運動をする。 ○スキップ、ジャンプなどの運動をする。
リズム遊び	33分	**(1)教師と一緒に、軽快なリズムの音楽Aに乗って楽しく踊る** ○教師の動きを真似してリズムに乗って踊る。 1 ○自分の好きな動きを自由にリズムに乗って踊る。 ○へそを中心に弾む感じで踊ることを意識する。 ○2〜3人組で動きを真似して、リズムに乗って踊る。 **(2)教師と一緒に、軽快なリズムの音楽Bに乗って楽しく踊る** ○音楽Aと同様に楽しく踊る。 ○手や足、首などいろいろな体の部位が動くように声をかける。 ○弾む、回る、ねじる、スキップする、移動するなどの動きを取り入れる。 ○動きのカードを活用してもよい。 2
整理運動	3分	**運動で使った部位をゆったりとほぐす** ○伸びたり縮んだりして全身の筋肉をほぐす。
まとめ	3分	**(1)今日の学習について振り返り、学習カードに記入する** ○楽しく運動できたか。 ○友達と仲よく運動できたか。 ○リズムに乗って楽しく踊ることができたかを確認する。 **(2)楽しかったこと、友達のよかったことを発表し合う** **(3)次時の予定を伝える**

1 いろいろな動き

へそを動かし全身で弾む　スイングやツイスト。腰を突き出す感じで　いろいろな方向にジャンプする　スキップやランニングで動く

ねじったり、回ったり　リズムに乗って指パッチン　座って踊る手をたたいたり　両手を伸ばしたり縮めたり腰を伸ばしたり

手や腕を動かして　腰やお尻を動かして　友達と声をかけたりハイタッチしたり　急にストップ

2 いろいろな動きのカード

手や腕を動かして 	手や足を使って 	回って 	お尻や背中でタッチ 
へそを弾ませて 	ツイスト 	並んで動く 	交互に動く 
座って動く 	高さを変えながら 	早い動きで 	急に止まって 

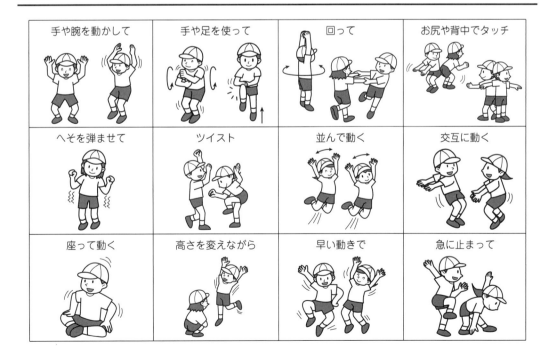

本時案

動きを工夫して のりのりで踊ろう

4/4

本時の目標

動きを工夫して、のりのりパーティーを楽しむことができるようにする。

評価のポイント

工夫してのりのりになって、楽しく踊ることができたか。

週案記入例

[目標]
動きを工夫し、のりのりで踊りを楽しむ。

[活動]
変化を付けて、のりのりで踊りを楽しむ。

[評価]
変化を付けて、のりのりで楽しく踊ることができたか。

[指導上の留意点]
のりのりに踊って楽しむことができるよう言葉かけをする。

本時の展開

	時	子供の活動
はじめ	3分	**集合・整列・あいさつ** ○本時の学習内容を確認する。
準備運動	3分	**楽しい雰囲気をつくり準備運動をする** ○リズム太鼓に合わせて、首、手首、足首等の運動をする。 ○スキップ、ジャンプなどの運動をする。
リズム遊び	33分	**(1)動きに変化を付けて軽快なリズムに乗って楽しく踊る** 1 ○グループで前時の音楽AとBの動きを工夫する。 ○弾む、回る、ねじる、スキップする、移動するなどの動きを工夫する。 ○他のグループの動きを見てよい動きを見付ける。 ○よい動きを取り入れて動きに変化を付ける。 **(2)のりのりパーティーを開き、かけ声を入れたり、手拍子をしたり、スキップで一緒に回ったりしてみんなで楽しく踊る** 2 ○全員で1つのグループの動きを次々と楽しく踊る。
整理運動	3分	**運動で使った部位をゆったりとほぐす** ○伸びたり縮んだりして全身の筋肉をほぐす。
まとめ	3分	**(1)今日の学習について振り返り、学習カードに記入する** ○楽しく運動できたか。 ○友達と仲よく運動できたか。 ○リズムに乗って楽しく踊ることができたかを確認する。 **(2)楽しかったこと、友達のよかったことを発表し合う** **(3)単元のまとめをする**

1 工夫した動き：動きに変化を付けて楽しく踊る

教師が助言する４つのポイント

●動きに変化を付けるポイント
○「ねじる、回る、転がるなどいろいろな動きをしよう」
○「へそを動かして」「へそを中心に全身で弾んで動こう」
○「高くしたり、低くなったり、高さを変えてみよう」
○「上や下を向いたり、右や左を見たり、向きを変えてみよう」

●リズムに変化を付けるポイント
○「だんだん強く、とても強くなどリズムを変えてみよう」
○「弱く、だんだん弱くコマ送りや早送りもやってみよう」
○「ゆっくり、だんだん、もっとゆっくり」
○「アクセントも付けてみよう」
○「急にストップしてみよう」

●隊形や移動
○「友達と一緒に真似して、反対向きになったり、交互にずらしてみよう」
○「２人やグループで固まったり、離れたり、バラバラになったり、変えてみよう」

●その他
○「手拍子を付けて」
○「声を出して」「ヘイッ」「ヤーッ」「レッツ・ゴー」
○「友達と向かい合って、体や言葉や目で合図してみよう」

2 「弾んでのりのりパーティーをしよう！」

○ロックやサンバなど曲調が違う曲で、自由にのりのりに踊ろう。
○ジェンカでじゃんけん列車も楽しもう。
○仲よく踊って、グループで見せ合おう。
○全員で丸くなって楽しく踊ろう。
○楽器も入れてもいいよ、楽しく踊ろう！
○全員でラストのかっこいいポーズ！

手を振って　へそで弾む感じ　手を組んで　ツイスト大きく　お尻をや背中をつけて

集まって はい　タッチ　後ろに下がって　皆で輪になって　手拍子して　ラストを決めて！

DVD 収録資料

「リズム遊び」学習カード＆資料

使用時 **第１〜４時**

本単元は第１・２時の「フォークダンス」と第３・４時の「リズムに乗って踊る」学習の２種類の学習カードを作成した。リズム遊びの学習の行い方や単元の見通しをもつことができるようにするためのカードである。また、資料は主として、軽快な音楽に乗って踊ることの楽しさや予想される動きの例を提示し、踊ることに興味・関心をもつようにするために提示したい。

収録資料活用のポイント

①使い方

授業の導入で学習カードと資料を子供一人一人に板目紙とセットで配布する。この学習カードと資料によって、単元の見通しを理解できるよう説明する。授業の終わりに学習の振り返りを行い、学習を深めていくことを確認する。

②留意点

この学習カードは、「フォークダンス」と「リズムに乗って踊る」の２種類を用意している。学習カードや資料には、動きのポイントの例を挙げて提示した。２年生の子供が自分で学習情報として活用できるよう配慮したい。

学習カード 2-3-1（1〜2 時）

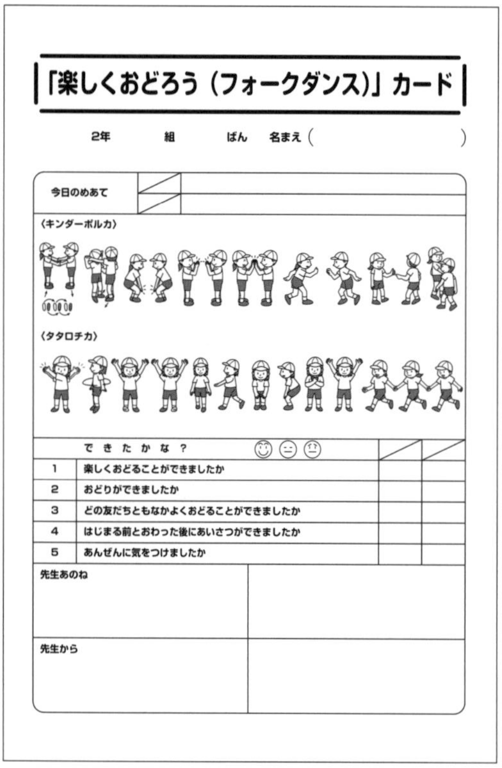

「楽しくおどろう（フォークダンス）」カード

2年　組　ばん　名まえ（　）

今日のめあて

〈キンダーポルカ〉

〈タタロチカ〉

	できたかな？		
1	楽しくおどることができましたか		
2	おどりができましたか		
3	どの友だちともなかよくおどることができましたか		
4	はじまる前とおわった後にあいさつができましたか		
5	あんぜんに気をつけましたか		

先生あのね

先生から

学習カード 2-3-2（3〜4 時）

「楽しくおどろう（リズムにのって）」カード

2年　組　ばん　名まえ（　）

今日のめあて

	できたかな？		
1	楽しくおどることができましたか		
2	へそをうごかすことができましたか		
3	体をぜんぶつかっておどることができましたか		
4	友だちとなかよくおどることができましたか		
5	友だちのよいおどりを見つけることができましたか		
6	あんぜんに気をつけましたか		

先生あのね

先生から

はずんで　はずんで　のりのりにおどってみよう！

へそをうごかして
回したり

うでをつかったり

足もつかって

頭がうごいて

友だちといっしょに、
はずむかんじで

右や左にステップや
ツイスト

しりやせ中を
つけておどって

いろいろなところ
ではく手

手をつないだり回ったり
はずんだり引っぱったり

早くうごいたり

「ヘイッ」「ハイッ」「ヤーッ」
などとこえを出し、友だちと
うごきやかんじを合わせる

きゅうにとまったり

スライド2回して足ぶみ
（キンダーポルカ）

手を上げる　ひざをたたく
（タタロチカ）

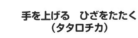

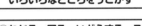

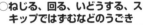

〈リズムあそびのポイント〉

- ○へそをうごかす
- ○はずむかんじで
- ○手や足、こしやしりなど、体のいろいろなところをうごかす
- ○ねじる、回る、いどうする、スキップではずむなどのうごき
- ○前や後ろ、右や左、上や下などむきをかえる
- ○友だちと手をつなぎ、スキップしながら回ったり、ねじったり、手をたたき合ったり
- ○友だちと目や体で合図や話をするかんじで合わせて

〈フォークダンスのポイント〉

- ○だれとでもなかよく組んで、えがおで
- ○はじめとおわりのあいさつを

4 走の運動遊び

5時間

【単元計画】

1・2時
[第一段階] **いろいろなかけっこを楽しむ**
走の運動遊びの行い方を知り、いろいろなコースを走りながら、走る楽しさを味わう。
1・2　かけっこを楽しもう①② POINT：1年生で経験した「いろいろなかけっこ」を行い、走る楽しさを感じる。
[主な学習活動] ○集合・あいさつ ○準備運動・感覚づくりの運動 ○いろいろなかけっこ 第1時：くねくねコース・ぐるっとコース・じぐざぐコースを走る。 第1・2時：好きなコースを選んだり、用具の位置を変えて工夫したりする。 第2時：いろいろなコースで友達と競走する。 ○整理運動 ○まとめ 進んで運動に取り組めたか、ねらいに合ったよい動きができたかについて、友達のよさも含めて振り返る。

授業改善のポイント

主体的・対話的で深い学びの実践に向けて

主体的・対話的で深い学びを実現するためには、運動への興味や関心をもち、意欲的に取り組むことが必要不可欠である。そのために、「走る」ことが楽しいと感じること、走の運動遊びを工夫して学習を進めることが大切である。

「走る」楽しさを感じるために味わわせたいポイントが以下の4つである。

①動き自体の楽しさや心地よさを味わうこと。
②いろいろな場で、できなかった動きができるようになる楽しさを味わうこと。
③友達と一緒に走ったり、友達の動きを模倣したりする楽しさを味わうこと。
④自己に適した運動遊びの場を選ぶ楽しさを味わうこと。

学習を通して、このような経験を積み重ねることによって、意欲的に取り組むことができるようになってくる。

授業の中で教師と子供、子供同士が関わり合う場面を意図的に設け、「自信」をもち「安心」して活動できる雰囲気を構築するように仕向ける。また、低学年段階から「学習カード」を活用して、学びを振り返らせることも重要である。

単元の目標

◯知識及び技能

・走の運動遊びの行い方を知り、いろいろな方向に走ったり、折り返しのあるリレー遊びを楽しみながら走ったりすることができる。

◯思考力、判断力、表現力等

・自己に適した運動遊びの場を選んだり、考えたことをもとに友達のよい動きを伝えたりすることができる。

◯学びに向かう力、人間性等

・順番やきまりを守り、場の安全に気を付けながら、仲よく進んで運動することができる。

<table>
<tr><th>3時</th><th>4時</th><th>5時</th></tr>
<tr><td colspan="3">[第二段階]
いろいろな折り返しリレー遊びを楽しむ</td></tr>
<tr><td colspan="3">折り返しリレーの行い方を知り、いろいろなコースの折り返しリレー遊びをしながら、走る楽しさを味わう。</td></tr>
<tr><td>3　折り返しリレー遊びを楽しもう
POINT：いろいろなコースで折り返しリレー遊びを楽しむ。

[主な学習活動]
◯集合・あいさつ
◯準備運動・感覚づくりの運動
◯いろいろな折り返しリレー遊び
・簡単なリレー、くねくねリレー
じぐざぐリレー、ぐるっとリレー
◯整理運動
◯まとめ
折り返しリレー遊びの行い方や場の準備が理解できたか、友達の動きや態度面のよさも含めて振り返る。</td><td colspan="2">4・5　工夫して折り返しリレー遊びを楽しもう①②
POINT：コースを工夫して折り返しリレー遊びを楽しむ。

[主な学習活動]
◯集合・あいさつ
◯準備運動・感覚づくりの運動
◯コースを工夫した折り返しリレー遊び
第４時：用具の数や位置を変えたり、いろいろなコースを組み合わせたりする。
第５時：相手チームと用具を決めて、互いにつくったコースを使って折り返しリレー遊びを楽しむ。
◯整理運動
◯まとめ
コースを工夫して折り返しリレー遊びができたか、友達の動きや考えのよさも含めて振り返る。</td></tr>
</table>

子供への配慮の例

①運動が苦手な子供

リズムよく走ることが苦手な子供には、一定のリズムで走れるように「トン・トン・トン」と太鼓を叩いたり、一定間隔に目印を置いたりして、動きを引き出すようにする。

また、いろいろなリズムを経験させることによって、動きを広げながら、一定のリズムの獲得につながるようにすることが大切である。

リレー遊びでバトンの受け渡しが苦手な子供には、手や背中へのタッチや受け渡しの簡単なバトンを使うなど、行い方やルールに配慮する。

②意欲的でない子供

競走を好まない子供には、易しいコースや難しいコースなど、場を工夫して、いろいろな走り方を経験させ、走る楽しさを味わえるようにする。

また、リレー遊びにおいても、勝敗だけでなく、子供の動きの変化に目を向け、称賛することで一人一人の成長を学級全体で共有し、達成感を味わわせるようにする。その際に、うまく友達と関わることができない子供には、まず教師が意図的にその子のよさを称賛して、友達のよさにも目を向けられるように支援していく。

本時案

かけっこを楽しもう①

1/5

本時の目標

走の運動遊びの内容を知り、いろいろなコースを走りながら、走る楽しさを味わうことができるようにする。

評価のポイント

いろいろなコースで、かけっこを行い、友達と仲よく楽しく走ることができたか。

週案記入例

[目標]
いろいろなコースや工夫したコースを走って楽しむ。

[活動]
好きなコースを選んだり、用具の位置を変えて工夫したりして楽しむ。

[評価]
進んで学習に取り組み、友達と仲よく運動できているか。

[指導上の留意点]
安全に運動するためのきまりや約束をしっかりと確認する。

本時の展開

	時	子供の活動
はじめ	5分	**集合・あいさつ** ○今日の学習内容を知る。 ○走の運動遊びの学習の進め方を知る。
準備運動	5分	**主運動につながり、やる気を高める運動をする** 1 ○音楽に合わせて、楽しく体を動かす。 ○いろいろスタート、新聞紙ダッシュなどの運動をする。
かけっこ①	15分	**今までやったことのある遊び方をする** 2 3 ○くねくねコース、ぐるっとコース、じぐざぐコースを走る。
かけっこ②	15分	**遊び方を工夫する** ○好きなコースを選んだり、用具の位置を変えて工夫したりして楽しむ。
整理運動	2分	**運動で使った部位をゆったりとほぐす** ○足首やふくらはぎ、太ももなど、主に使った部位を中心にストレッチ運動をする。
まとめ	3分	**(1)今日の学習について振り返り、学習カードに記入する** ①友達と楽しく学習できたか。 ②力いっぱい運動できたか。 ③学習の仕方が分かったか。 ④友達のよい動きを見付けることができたか。 **(2)楽しかったこと、友達のよかったことを発表し合う**

1 感覚づくりの運動の例

○主運動につながる運動を通して、力いっぱい走るための感覚を養う。

①いろいろスタート

・低い姿勢からスタートする感覚を養うことがねらい。
・素早く立って、走り始めるように声をかける。

長座　　体育座り　　うつ伏せ

②ねことねずみ

・呼ばれた方が逃げる。
・ラインより手前でタッチされたら負け。
・呼ばれた方が追いかけるように変更してもよい。

③新聞紙ダッシュ

・新聞紙を体に当て、落ちないように全力で走る。
・いろいろな方向に走ることで、巧みな動きが身に付く。

2 工夫する際の配慮事項

○友達の意見も聞いて、全員が楽しめるように指導する。
○時間を決め、何回かに分けて工夫する時間と走る時間をはっきりさせる。
○用具の数や位置など、工夫する視点を決める。

3 スタートダッシュの仕方

①前足を決める　　②歩幅のめやすは、片膝立ち　　③体重は7：3

右か左か倒れそうなときに前に出る足と伝える。

手は前足と逆側を前に出す。

本時案

かけっこを楽しもう②

2/5

本時の目標

遊び方を工夫して、友達との競走を楽しむことができるようにする。

評価のポイント

遊び方を工夫しながら、友達との競走を楽しむことができたか。

週案記入例

[目標]
いろいろなコースで友達との競走を楽しむ。

[活動]
選んだり、工夫したりしたコースで友達と競走する。

[評価]
工夫して競走を楽しむことができたか。

[指導上の留意点]
工夫や競走の仕方のきまりを確認し、競走する時間を確保できるように配慮する。

本時の展開

	時	子供の活動
はじめ	5分	**集合・あいさつ** ○今日の学習内容を知る。 ○走の運動遊びの学習の進め方を知る。
準備運動	5分	**主運動につながり、やる気を高める運動をする** 1 ○音楽に合わせて、楽しく体を動かす。 ○いろいろスタート、新聞紙ダッシュなどの運動をする。
かけっこ①	15分	**遊び方を工夫する** 2 ○好きなコースを選んだり、用具の位置を変えて工夫したりして楽しむ。
かけっこ②	15分	**いろいろなコースで友達と競走する** 3 ○対戦相手を決めて、コースを選んで競走する。
整理運動	2分	**運動で使った部位をゆったりとほぐす** ○足首やふくらはぎ、太ももなど、主に使った部位を中心にストレッチ運動をする。
まとめ	3分	**(1)今日の学習について振り返り、学習カードに記入する** ①友達と楽しく学習できたか。 ②力いっぱい運動できたか。 ③工夫して遊ぶことができたか。 ④友達のよい動きを見付けることができたか。 **(2)楽しかったこと、友達のよかったことを発表し合う**

1 準備運動

○しっかり運動できるように、体全体を動かし、体と心のスイッチを入れる。

ラディアン

肘を下げず、膝を近付ける

スキップ

速く・高く

真似っこジョギング

楽しみながら

2 安全面の配慮

○前の順番の人がゴールした後、「ハイ」と言って挙手してからスタートするよう指導する。
○コース内に入らないように、ゴールした後の動線を指導する。
○用具の準備や後片付けの仕方を指導する。

3 かけっこのコースの例

○１年生で経験した活動に取り組む→たくさん運動させて走る楽しさを味わわせる。

①くねくねコース

②ぐるっとコース

③じぐざぐコース

コースをつくるための用具

○コーン

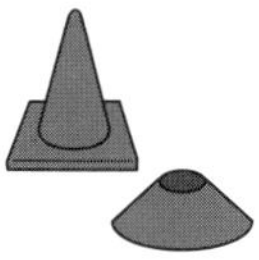

○フラフープ

○ケンステップ

○紅白玉

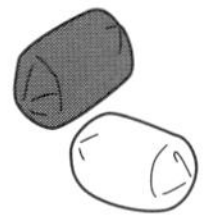

○ペットボトル

○ロープ　　など

本時案

折り返しリレー遊びを楽しもう

3/5

本時の目標

折り返しリレー遊びの行い方を知り、いろいろな折り返しリレー遊びをしながら、走る楽しさを味わうことができるようにする。

評価のポイント

いろいろなコースで、折り返しリレー遊びを行い、友達と楽しく競走することができたか。

週案記入例

[目標]
折り返しリレー遊びの行い方を知り、友達と楽しむ。

[活動]
いろいろなコースで、折り返しリレー遊びで競走する。

[評価]
きまりを守って、折り返しリレー遊びを楽しむことができたか。

[指導上の留意点]
折り返しリレー遊びを楽しむために、必要なきまりについて確認しておく。

本時の展開

	時	子供の活動
はじめ	5分	**集合・あいさつ** ○今日の学習内容を知る。 ○折り返しリレー遊びの行い方を知る。
準備運動	5分	**主運動につながり、やる気を高める運動をする** ○音楽に合わせて、楽しく体を動かす。 ○いろいろスタート、新聞紙ダッシュなどの運動をする。
折り返しリレー遊び①	15分	**かけっこの動きを生かしてやってみる** 1 ○シンプルリレー、くねくねリレー、じぐざぐリレー、ぐるっとリレーに取り組む。 →チームで各コースをローテーションするとよい。
折り返しリレー遊び②	15分	**友達のよい動きをまねしてやってみる** 2 ○よい走り方やタッチまたはバトンパスの仕方を意識して、折り返しリレー遊びに取り組む。
整理運動	2分	**運動で使った部位をゆったりとほぐす** ○足首やふくらはぎ、太ももなど、主に使った部位を中心にストレッチ運動をする。
まとめ	3分	**(1)今日の学習について振り返り、学習カードに記入する** ①友達と楽しく学習できたか。 ②力いっぱい運動できたか。 ③学習の仕方が分かったか。 ④友達のよい動きを見付けることができたか。 **(2)楽しかったこと、友達のよかったことを発表し合う**

1 折り返しリレー遊びの例

①シンプルリレー

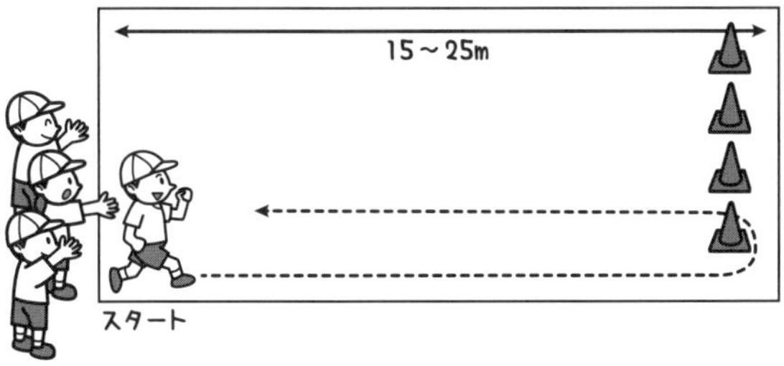

○途中の障害物がない、単純な折り返しのリレー。
○子供たちの実態に合わせて、15～25 mの場をつくる。

②くねくねリレー

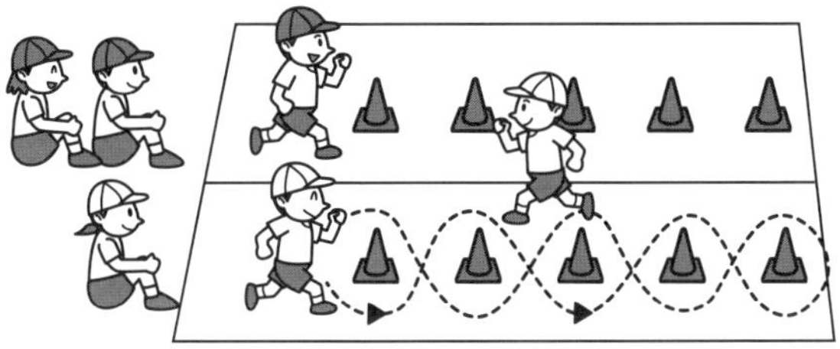

○コーンの間を走り抜けるリレー。
○子供たちの実態に合わせて、コーンの数を増やしたり、減らしたりする。

③じぐざぐリレー

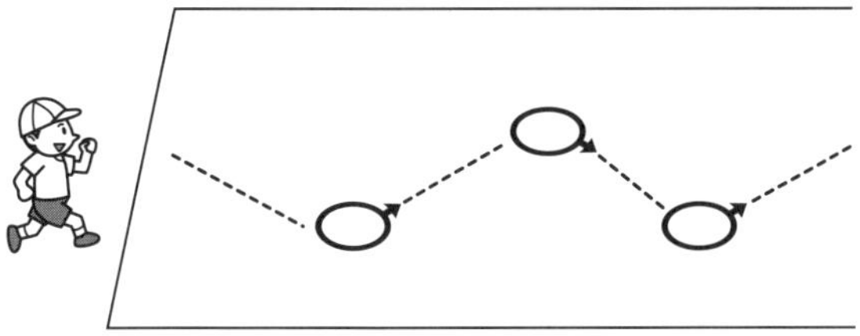

○フラフープの障害物を通ってジグザグに走るリレー。
○素早く方向を変えて走る感覚を味わわせる。

④ぐるっとリレー

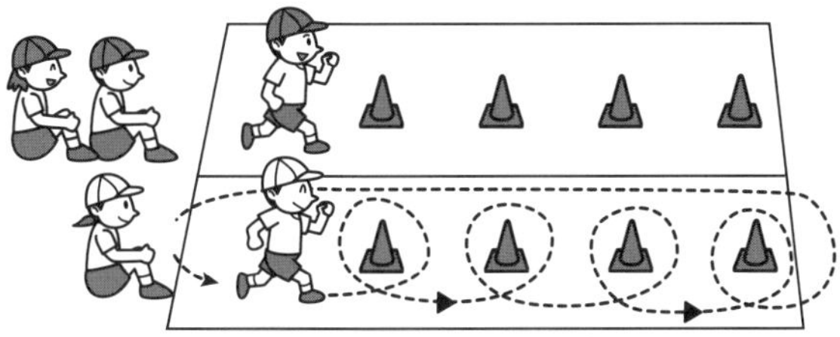

○コーンのまわりをぐるっと回って走り抜けるリレー。
○子供たちの実態に合わせて、コーンの数を増やしたり、減らしたりする。

2 タッチやバトンパスの仕方について

○バトンの使用については、子供たちの実態に合わせて選択するとよい。

①手・背中タッチ

②紅白玉

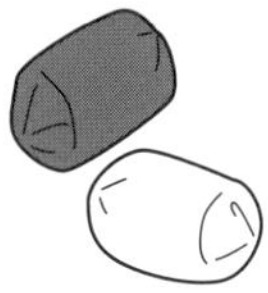

③ボール

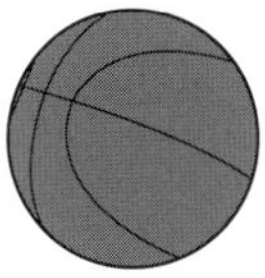

④リング

本時案

工夫して折り返しリレー遊びを楽しもう①

4/5

本時の目標

コースを工夫して、折り返しリレー遊びを楽しむことができるようにする。

評価のポイント

コースを工夫しながら、折り返しリレー遊びを楽しむことができたか。

週案記入例

[目標]
コースを工夫して、折り返しリレー遊びを楽しむ。

[活動]
用具の数や位置を変えたり、組み合わせたりして、工夫したコースで折り返しリレー遊びに取り組む。

[評価]
コースを工夫することができたか。

[指導上の留意点]
工夫のきまりを確認し、競走する時間を多く取れるように配慮する。

本時の展開

	時	子供の活動
はじめ	5分	**集合・あいさつ** ○今日の学習内容を知る。
準備運動	5分	**主運動につながり、やる気を高める運動をする** ○音楽に合わせて、楽しく体を動かす。 ○いろいろスタート、新聞紙ダッシュなどの運動をする。
折り返しリレー遊び①	15分	**コースを工夫して折り返しリレー遊びに取り組む** 1 ○用具の数や位置を変えたり、いろいろなコースを組み合わせたりする。
折り返しリレー遊び②	15分	**他のグループのよい工夫を生かす** 2 ○よい走り方やタッチまたはバトンパスの仕方を意識して、折り返しリレー遊びに取り組む。
整理運動	2分	**運動で使った部位をゆったりとほぐす** ○足首やふくらはぎ、太ももなど、主に使った部位を中心にストレッチ運動をする。
まとめ	3分	**(1)今日の学習について振り返り、学習カードに記入する** ①友達と楽しく学習できたか。 ②力いっぱい運動できたか。 ③工夫して遊ぶことができたか。 ④友達のよい動きを見付けることができたか。 **(2)楽しかったこと、友達のよかったことを発表し合う**

1 コースの工夫例

①用具の数

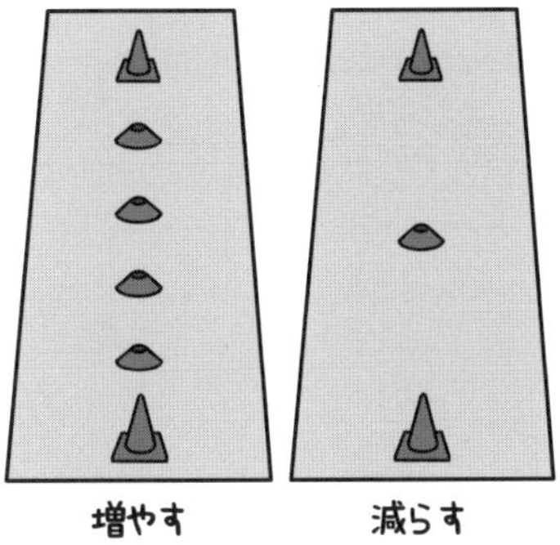

②用具の位置

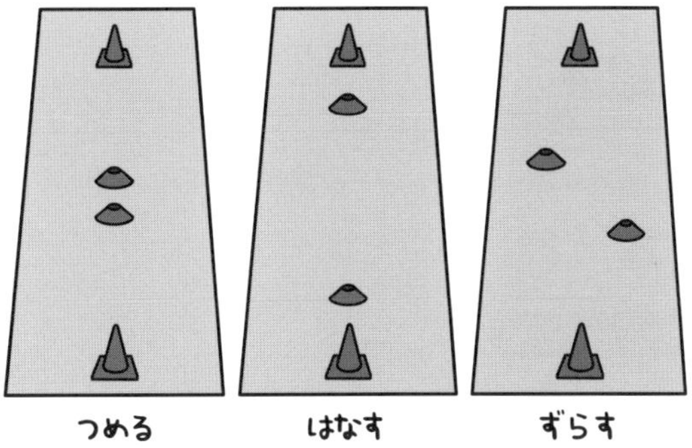

③組み合わせ

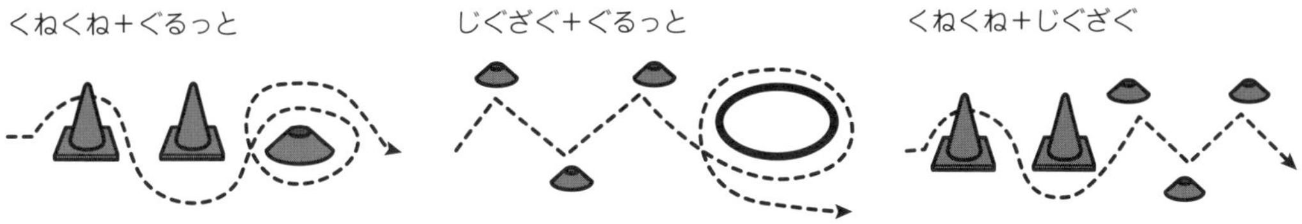

※用具の数や組み合わせについては、最小限、最大限の数を決めておく。
※工夫したコースを記録しておける学習カードなどを用意しておく。
※記録したコースの中から、お気に入りのコースを選べるようにしておく。

2 よい動きや工夫を全体に広げるために

授業で互いの動きや考えのよさに気付き、共有することで学習は深まっていく。1単位時間の中で意図的に考えを共有する場面を設け、教師が価値付けることが重要である。その際、その時間で特に学ばせたい内容を共有できるように、事前に発問を精選しておくことが大切である。

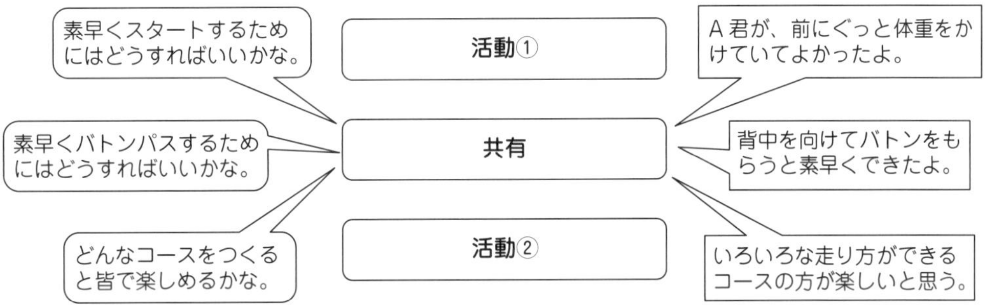

素早くスタートするためにはどうすればいいかな。
素早くバトンパスするためにはどうすればいいかな。
どんなコースをつくると皆で楽しめるかな。
活動①
共有
活動②
A君が、前にぐっと体重をかけていてよかったよ。
背中を向けてバトンをもらうと素早くできたよ。
いろいろな走り方ができるコースの方が楽しいと思う。

本時案

工夫して折り返しリレー遊びを楽しもう②

5/5

本時の目標

コースの工夫について相手チームと話し合い、決まったコースで折り返しリレー遊びを楽しむことができるようにする。

評価のポイント

相手チームと話し合ってコースを決め、折り返しリレー遊びを楽しむことができたか。

週案記入例

[目標]
相手チームと話し合ったコースで折り返しリレー遊びを楽しむ。

[活動]
相手チームと話し合ってコースを決め、折り返しリレー遊びに取り組む。

[評価]
相手チームとの話合いを通して、コースを工夫することができたか。

[指導上の留意点]
前時の工夫したコースの中から選択できるようにする。

本時の展開

	時	子供の活動
はじめ	5分	**集合・あいさつ** ○今日の学習内容を知る。
準備運動	5分	**主運動につながり、やる気を高める運動をする** ○音楽に合わせて、楽しく体を動かす。 ○いろいろスタート、新聞紙ダッシュなどの運動をする。
折り返しリレー遊び①	15分	**相手チームとコースを決めて競走する** 1 2 ○前時に共有したことをもとにコースを決めて競走する。
折り返しリレー遊び②	15分	**他のグループの工夫を参考にコースを決めて競走する** 3 ○対戦相手を変えたり、増やしたりしながら競走する。
整理運動	2分	**運動で使った部位をゆったりとほぐす** ○足首やふくらはぎ、太ももなど、主に使った部位を中心にストレッチ運動をする。
まとめ	3分	**(1)今日の学習について振り返り、学習カードに記入する** ①友達と楽しく学習できたか。 4 ②力いっぱい運動できたか。 ③工夫して遊ぶことができたか。 ④友達のよい動きを見付けることができたか。 **(2)楽しかったこと、友達のよかったことを発表し合う**

1 話合いがスムーズに進む３つのポイント

〈ポイント〉

①各チームの工夫したコースを参考に話し合わせる。
②互いのよいところを組み合わせるように助言する。
③話合いの時間に制限を設け、十分に競走を楽しめるようにする。

2 チーム決めの３つのポイント

チームで活動する運動において、チーム決めはとても重要である。学び方によって考え方は様々だが、いろいろな考え方を知り、実態やねらいに沿って選択できるようにしておきたい。

ポイント①：男女均一

ポイント②：走力均等

ポイント③：人間関係及びリーダー性

3 学習を広げるために

単元の最後では、学びの集大成として達成感を味わわせたい。そのための１つの手立てとして、学級全体で同じコースで競走して楽しく終えるというような、同一の課題を全員で取り組んだり、解決したりすることが考えられる。そのためにも、学習の中で、徐々に集団の人数を多くしたり、対戦相手の数を増やしたりするとよい。

4 振り返りは次の学習のスタート

各時間の振り返りも共有する時間と同様に大切である。その時間で「何を学び」「どのように学び」「何が身に付いたのか」、そして、次の時間に向けての課題は何かをじっくりと考え表現する時間である。そのため、低学年段階から学習カードを活用し、少しずつ自分の学習を振り返ることができる力を養っていくことが必要不可欠である。

DVD
収録資料

「走の運動遊び」学習カード＆資料

使用時 **第１～５時**

本カードは第１時から第５時まで、単元全体を通して使用する。かけっこや折り返しリレー遊びに対する興味・関心や思考力・判断力・表現力の変容を見取るカードである。自分だけで楽しんで学習が終わることがないように、自分で見付けたこつや考えだけでなく、友達のよい動きや考えについてもしっかりと記述できるように指導する。

収録資料活用のポイント

①使い方

まず、授業のはじめに本カードを子供一人一人に板目紙とセットで配布する。カードの裏面には、かけっこや折り返しリレー遊びのコースの工夫を記録できるプリントを用意しておくとよい。次に、学習の進め方を補説し、裏面のプリントの使い方もそのときに合わせて説明する。授業の終わりに学習の振り返りを書き、発表させる。

②留意点

本カードは、工夫したコースで友達と楽しく競走することができているかを見取ることができる内容となっている。したがって、運動する時間とは別に子供に考えたり話し合ったりする時間を設定する必要がある。話合いの時間が短すぎて、競走が盛り上がらなかったり、長すぎて競走する時間が少なくなったりしないように、時間配分に配慮したい。

学習カード 2-4-1（1～2 時）

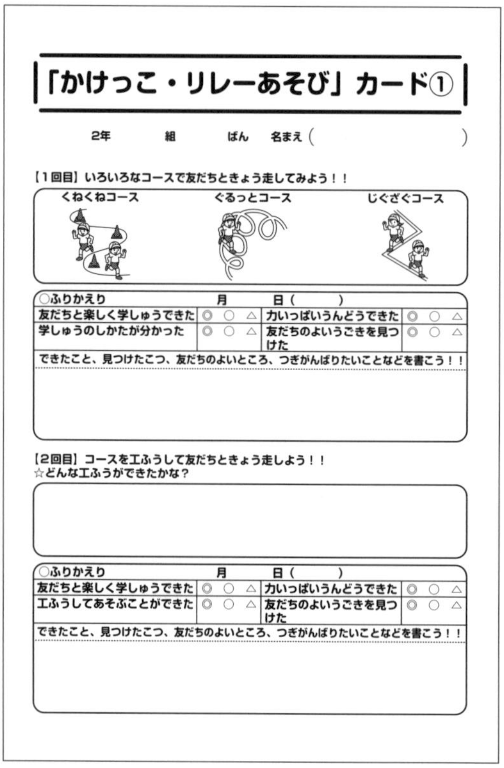

「かけっこ・リレーあそび」カード①

2年　組　ばん　名まえ（　　　　）

【1回目】いろいろなコースで友だちときょう走してみよう！！

くねくねコース　ぐるっとコース　じぐざぐコース

○ふりかえり　月　日（　　）

友だちと楽しく学しゅうできた	◎　○　△	力いっぱいうんどうできた	◎　○　△
学しゅうのしかたが分かった	◎　○　△	友だちのよいうごきを見つけた	◎　○　△

できたこと、見つけたこつ、友だちのよいところ、つぎがんばりたいことなどを書こう！！

【2回目】コースを工ふうして友だちときょう走しよう！！
☆どんな工ふうができたかな？

○ふりかえり　月　日（　　）

友だちと楽しく学しゅうできた	◎　○　△	力いっぱいうんどうできた	◎　○　△
工ふうしてあそぶことができた	◎　○　△	友だちのよいうごきを見つけた	◎　○　△

できたこと、見つけたこつ、友だちのよいところ、つぎがんばりたいことなどを書こう！！

学習カード 2-4-2（3～5 時）

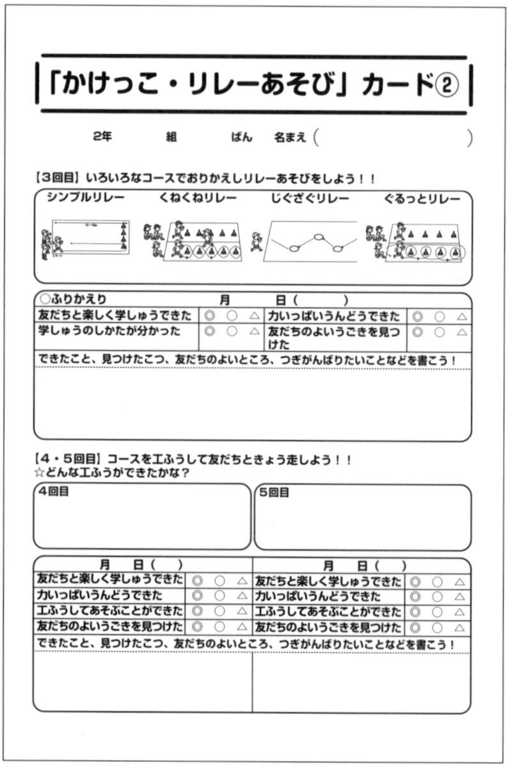

「かけっこ・リレーあそび」カード②

2年　組　ばん　名まえ（　　　　）

【3回目】いろいろなコースでおりかえしリレーあそびをしよう！！

シンプルリレー　くねくねリレー　じぐざぐリレー　ぐるっとリレー

○ふりかえり　月　日（　　）

友だちと楽しく学しゅうできた	◎　○　△	力いっぱいうんどうできた	◎　○　△
学しゅうのしかたが分かった	◎　○　△	友だちのよいうごきを見つけた	◎　○　△

できたこと、見つけたこつ、友だちのよいところ、つぎがんばりたいことなどを書こう！

【4・5回目】コースを工ふうして友だちときょう走しよう！！
☆どんな工ふうができたかな？

4回目　5回目

月　日（　）		月　日（　）	
友だちと楽しく学しゅうできた	◎　○　△	友だちと楽しく学しゅうできた	◎　○　△
力いっぱいうんどうできた	◎　○　△	力いっぱいうんどうできた	◎　○　△
工ふうしてあそぶことができた	◎　○　△	工ふうしてあそぶことができた	◎　○　△
友だちのよいうごきを見つけた	◎　○　△	友だちのよいうごきを見つけた	◎　○　△

できたこと、見つけたこつ、友だちのよいところ、つぎがんばりたいことなどを書こう！

かけっこ・リレーあそびのポイント

○はやく走るためには？？

スタートダッシュは
ひくいしせいから

うでをふって、
ひざを前にビュンビュン

顔を上げて
走る方こうを見る

カーブや方こうてんかん
は体をかたむけ、外がわ
のうでを大きくふる

コーンぎりぎりを回る
ようにする

○コースを工ふうして楽しむためには？？

用ぐをふやす

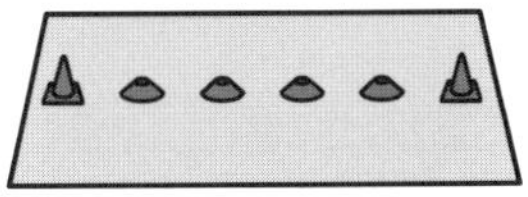

用ぐをへらす

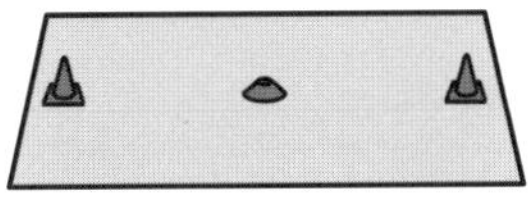

用ぐを組み合わせる

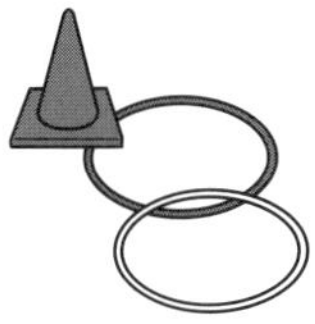

用ぐをつめる

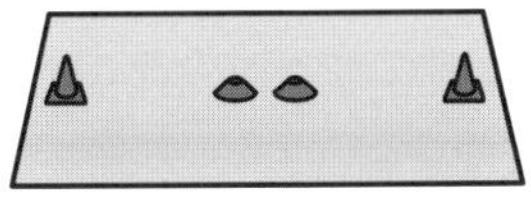

用ぐをはなす

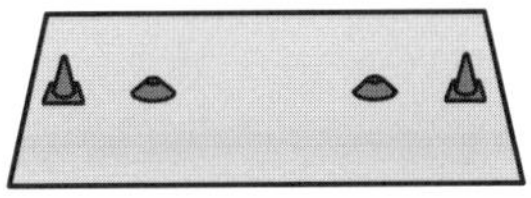

用ぐをずらす

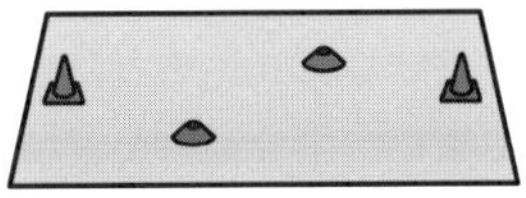

オリジナルのコースがつくれると楽しさが広がるね！！

ゲーム

5 ボールゲーム

5時間　[手を使ったゴール型ゲーム]

【単元計画】

1・2時
[第一段階] シュートゲームの仕方を知り、ゲームを楽しむ
いろいろなチームとシュートゲームをしてゲームの仕方を知り、今もっている力で楽しむ。
1　シュートゲームをやってみよう①② POINT：簡単な動きでできるボール投げゲームをして、ゲームの仕方を知る。 **[主な学習活動]** ○集合・あいさつ ○シュートゲームの仕方を聞く。 ○今日の運動につながる準備運動をする。 ○シュートゲームをする。 ○運動で使った部位をゆっくりほぐす。 ○まとめ

授業改善のポイント

主体的・対話的で深い学びの実践に向けて

ゲームでは、今自分ができることから工夫して学習を進めることが大切である。

ゲームはチームで勝つために協力して攻めたり、得点されないように守ったりして、競い合う楽しさや喜びに触れることができる運動である。

「ゲームに勝つ」ということが子供にとっては大きなめあてになる。ゲームに勝つためには、得点をとらなければならない。どうしたら得点がとれるのか。どのように攻めていったらいいか、一人一人はどのように動いたらいいかについて、2年生でも順を追って考えさせることで分かりやすく進めていくことができる。

チームワークを高めるために「チームタイム」を設定する。「チームタイム」では、メンバーが集まってゲームについて話し合うことでチームとしての意識を高める。また、作戦についても話し合わせる。気を付けたいのは、チームタイムに、運動が苦手なメンバーを攻撃するようなことをさせないことである。互いに励まし合ったり、助け合ったりするような話合いになるよう各チームを観察し、指導を行うようにする。その際には、学習カードや作戦板などを活用させるとよい。

単元の目標

○知識及び技能

・ボールゲームの行い方を知り、ねらったところにボールを投げたり、ボールの来るコースに動いたりしてゲームができる。

○思考力、判断力、表現力等

・楽しくゲームができるよう場や規則を選び、友達によい動きやゲームについて考えたことを伝えることができる。

○学びに向かう力、人間性等

・進んでゲームに取り組み、規則を守り、誰とでも仲よくボールゲームができる。

3～5時

[第二段階]
楽しくゲームができるように規則や場を選んでゲームを楽しむ

規則や場を選んでシュートゲームを楽しむとともに、簡単な作戦を立ててシュートゲームを工夫して楽しむ。

3～5　シュートゲームを工夫して楽しもう①～③

POINT：シュートゲームの場や規則を選んだり、作戦を立てたりして楽しむ。

[主な学習活動]

○集合・あいさつ
○今日の運動につながる準備運動をする。
○より楽しいゲームになるように場や規則を選んでシュートゲームをする。
○運動で使った部位をゆっくりほぐす。
○まとめ

子供への配慮の例

①運動遊びが苦手な子供

ボール遊びに慣れておらず、ボールの勢いに怖さを感じたり、ボールを捕ったりすることが苦手な子供がいる場合には、柔らかいボールを用いるなどの配慮をする。

また、ボールを片手で投げられない子供には、片手投げの練習を、ボールが飛んでくるコースに入ることが苦手な子供には、柔らかいボールを用いて練習するなどの配慮をする。練習は、準備運動を全体で行うときに個別指導したり、チームで得意な子供と真似したり協力して行ったりする。

②意欲的でない子供

動き方が分からず意欲的に取り組めない子供には、活動内容や動き方を絵図で示したり、チームに入ってゲームをしたりするなどの配慮をする。

ゲームに勝てずに意欲的に取り組めない子供には、勝敗を受け入れることの大切さを話したり、作戦を一緒に考えたりするなどの配慮をする。

友達とうまく関われないために意欲的に取り組めない子供には、チーム編成を工夫するなどの配慮をする。

本時案

シュートゲームをやってみよう①

1/5

本時の目標

シュートゲームの内容を知り、ゲームを行うことができるようにする。

評価のポイント

シュートゲームの行い方を理解し、楽しくゲームをすることができたか。

週案記入例

[目標]
シュートゲームの行い方を理解する。

[活動]
シュートゲームの行い方を知り、ゲームをする。

[評価]
シュートゲームの行い方を理解し、ゲームを楽しむことができたか。

[指導上の留意点]
ゲーム内容の理解とボール操作の状況を観察する。

本時の展開

	時	子供の活動
はじめ	5分	**集合・あいさつ** ○今日の学習内容を知る。 ○チーム編成をする。 1
準備運動	10分	**ゲームにつながる運動をする** ○ストレッチ運動やボールを使った運動をする。 ○２人やチームでキャッチボールをする。
シュートゲーム	5分	**シュートゲームの行い方を知る** 2 ○シュートゲームの内容を理解する。 →絵図やきまりを書いたものを用意し、どの子供も分かるように説明する。 →実際にコートや動きを示してもよい。
	16分	**シュートゲームをする** ○シュートゲームをする。 →ゲームの準備をする（的・得点板・ボール）。 →１ゲーム：３分（攻守交代して６分）。 →用具の片付けをする。
整理運動	2分	**運動で使った部位をゆったりとほぐす**
まとめ	7分	**(1)勝敗を確認し、勝敗表に記入する** **(2)今日の学習について振り返り、学習カードに記入する** ①シュートゲームが分かったか。 ②楽しく運動できたか。 ③規則を守って運動できたか。 **(3)楽しかったことなどを発表し合う** ①楽しかったこと、よかったことを発表する。 ②分からなかったこと、困ったことを話し合う。

1 チーム編成

できる限り均等なチーム編成をする。そのために、子供の実態を把握しておく。

○実態把握のポイント

・ボールを扱う技能はどうか（投げる・捕る）。
・日常の遊び（休み時間・放課後）は何をしているか。
・運動の経験はどうか（継続してスポーツをしているか）。
・ボールを持たないときにも意識して移動できるか。
・チーム会議に参加できるか、作戦を考えたり実行したりできるか。
・友達との関わりはどうか、など。

2 シュートゲームの例

①規則

○１チーム：４人（人数が多い場合は、得点係などを設けてもよい）。
○攻めのチームは４人。守りは３人（守りは攻めより１名少なくし、数的優位を攻めにもたせる）。守り１名は適宜交代する。
○攻めチームは１人１個ボールを持ち、外側の円から的に当てる。的に当てたら１点。全部の的が落ちたら、攻めチームが的を立ててゲームを続ける。
的に当てたら、当てた人が得点を入れる（得点板や紅白玉など）。
○攻めチームはボールを持って動いてよい。パスをしてもよい。
○守りチームは、外側の円と内側の円の間に位置し、的にボールを当てられないように防ぐ。ボールは捕ってもよい。捕ったら、転がして攻めチームに渡す。
○３分で攻守交代して、得点の多いチームが勝ち。
○得点は、「当てたら１点」「倒したら２点」「台から落としたら３点」など、得点方法を工夫してもよい。

②場の設定

○外円の直径：4～5 m。
内円の直径：3 m。
○内円の中に的を３つぐらい置く。
○的は、台の上にのせる。

③用具

○ボールは柔らかいものを使う。大きさは子供が扱いやすい大きさを選ぶ。
○的はポートボール台などの上に段ボール箱、コーン、ペットボトルなどを置く。
的の高さは、投げられたボールが子供の顔に当たらないように配慮する。
※意欲を高めるために、的にチームで絵を描いて貼り付けてもよい。
※ペットボトルは、2～3 本を束ねてもよい。
○得点板または玉入れの紅白玉を用意する。

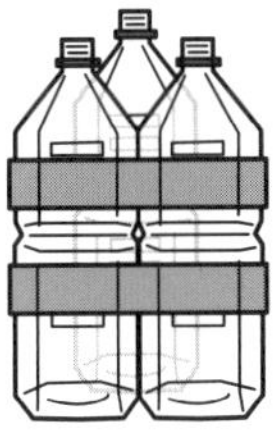

本時案

シュートゲームを やってみよう② 2/5

本時の目標

シュートゲームの行い方を知り、ゲームを楽しんで行うことができるようにする。

評価のポイント

シュートゲームの行い方を理解して、楽しくゲームをすることができたか。

週案記入例

[目標]
シュートゲームの行い方を理解し、ゲームができる。

[活動]
シュートゲームの総当たり戦をする。

[評価]
シュートゲームを楽しむことができたか。

[指導上の留意点]
規則や動き方が分からず参加できない子供がいないようにする。

本時の展開

	時	子供の活動
はじめ	5分	**集合・あいさつ** ○ビブスをつけてチームで整列する。 ○シュートゲームの規則を確認する。 ○今日の学習内容を知る（対戦相手・コート）。
準備運動	10分	**ゲームにつながる運動をする** 1 ○ストレッチ運動やボールを使った運動をする。 ○２人やチームでキャッチボールをする。 ○的当てをする。
シュートゲーム	21分	**シュートゲームをする** ○総当たり戦でシュートゲームをする。 →ゲームの準備をする（的・得点板・ボール）。 ①１ゲーム：３分（攻守交代して６分）。 ②勝敗を確認し、勝敗表に記入する。 →①②を繰り返す。 →用具の片付けをする。
整理運動	2分	**運動で使った部位をゆったりとほぐす**
まとめ	7分	**(1)今日の学習についてチームで振り返る** **(2)個人で学習カードに記入する** ①楽しくシュートゲームができたか。 ②規則を守って運動できたか。 ③得点することができたか。 **(3)楽しかったこと、困ったことなどを発表し合う** ①楽しかったことや友達のよかったことを発表する。 ②分からなかったこと、困ったことを話し合う。

1 準備運動（ゲームにつながる運動例）

①ボールを持って運動

ボール遊びの経験の少ない子供にとっては、ボールを持つこともうまくできない場合もある。1人1個ボールを持たせて運動を行い、ボールの扱いに慣れさせる。

○投げ上げキャッチ

1回転してキャッチ。

拍手してキャッチ。

頭や肩に触ってキャッチ。

○2人組でボールタッチ

ボールを持って体を後ろへ反らす

ボールを持って体をひねる

ボールを持って体を左右に倒す

②チームで運動

声をかけ合って円陣パス

③的当て

壁当て

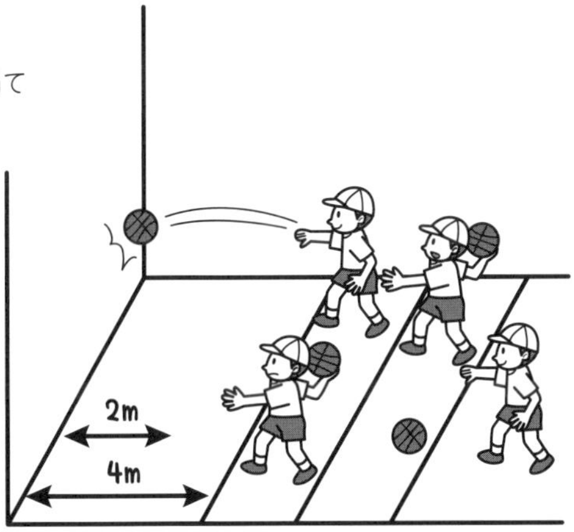

2mごとに線を引く

的当て

ゲームで使う的にボールを当てる。

本時案

シュートゲームを工夫して楽しもう①

3/5

本時の目標

シュートゲームの規則を選んだり、作戦を考えたりして、楽しむことができるようにする。

評価のポイント

シュートゲームの規則を工夫して、楽しくゲームをすることができたか。

週案記入例

[目標]
シュートゲームを楽しむ。

[活動]
工夫してシュートゲームをする。

[評価]
的をねらって進んでボールを投げることができたか。

[指導上の留意点]
意欲が低い子供に関わるようにする。

本時の展開

	時	子供の活動
はじめ	5分	**集合・あいさつ** ○ビブスをつけてチームで整列する。 ○規則を確認する。 ○今日の対戦相手・コートを知る。
準備運動	10分	**ゲームにつながる運動をする** 1 ○ストレッチ運動やボールを使った運動をする。 ○2人やチームでキャッチボールをする。 ○的当てをする。
シュートゲーム	21分	**シュートゲームをする** 2 ○作戦を立ててシュートゲームをする。 →ゲームの準備をする（的・得点板・ボール）。 →作戦の確認をする。 →ゲームをする（例：3分で攻守交代して6分）。子供の様子から時間を変えてもよい。 →チームタイム（チームで作戦を見直したり、練習したりする）。 →ゲームをする。 →用具の片付けをする。
整理運動	2分	**運動で使った部位をゆったりとほぐす**
まとめ	7分	**(1)今日の学習についてチームで振り返る** ①作戦は成功したか。 ②力を合わせてできたか。 ③きまりを守れたか。 **(2)個人で学習カードに記入する** **(3)クラス全体で勝敗を確認し、勝敗表に記入する** **(4)楽しかったこと、友達のよかったことなどを発表し合う**

1 ゲームにつながる運動例 2

体の前でボールを上げ下げする。（腕・肩の運動）

体の前で腕を伸ばしてボールを回す。（腕・肩の運動）

体の前でボールを前後左右に倒す。（手首の運動）

ボールを前に出したり上げたりしながら足を踏み出す。（足の運動）

2 シュートゲームを楽しむ

○規則の工夫例

第 2 時の終末に、困ったことや変えたいという意見があれば、規則について話し合う。低学年の場合、規則が変わると分からなくなることもあるので、規則の工夫については配慮が必要な場合がある。どの子供も分かり、運動に支障が出ないようにして規則を工夫する。

○的の数を変える（増やす・減らす）。
○いろいろな的を置き、種類によって得点を変える（段ボール箱 1 点、コーン 2 点など）。
○コートの大きさを変える。
○守備の人数を変える。
○攻撃のボールの数を変える。
○攻撃がボールを持って歩く歩数を決める。
○守備にも得点が入るようにする（例：ボールを捕ったら 1 点）。

○教師の関わり①（カードで関わる）

学習カードには子供が主体的に学習をするための役割がある。そのため、個人の学習カードには「めあて」や「振り返り」を書かせる。その際、自由記述の欄も設けておきたい。子供の思いを把握するために学習カードを活用する。

文章力は個人差があるので、書かれた内容や書いた文字の様子、言葉などとその日のプレーで印象に残っている様子から子供の思いをくみ取り、カードへコメントを書く。励まし、助言など、その子供に合わせて記入する。状況によっては、休み時間などに個別に声をかけることも行う。

なお、書かれた内容によっては、クラス全体に紹介する。どんなことを書くのか分からない子供もいる。そのために書かせたい内容の実例を紹介することもよい（2 年生でも書いた本人の了解は取りたい。教師との秘密だから書くという子供も中にはいるからである）。

本時案

シュートゲームを工夫して楽しもう②

4/5

本時の目標

シュートゲームの規則を選んだり、作戦を考えたりして、楽しむことができるようにする。

評価のポイント

チームで作戦を考えてシュートゲームを楽しむことができたか。

週案記入例

[目標]
工夫してシュートゲームを楽しむ。

[活動]
作戦を立ててシュートゲームをする。

[評価]
作戦を考えてシュートゲームができたか。

[指導上の留意点]
作戦を意識して運動することに重点を置く。

本時の展開

	時	子供の活動
はじめ	5分	**集合・あいさつ** ○ビブスをつけてチームごとに整列する。 ○規則を確認する。 ○今日の学習内容を知る（対戦相手・コート）。
準備運動	10分	**ゲームにつながる運動をする** ○ストレッチ運動やボールを使った運動をする。 ○２人やチームでキャッチボールをする。 ○的当てをする。
シュートゲーム	21分	**シュートゲームをする** 1 ○作戦を立ててシュートゲームをする。 →ゲームの準備をする（的・得点板・ボール）。 →作戦の確認をする。 →ゲームをする。 →チームタイム（チームで作戦を見直したり、練習したりする）。 →ゲームをする。 →用具の片付けをする。
整理運動	2分	**運動で使った部位をゆったりとほぐす**
まとめ	7分	**(1)今日の学習についてチームで振り返る** **(2)個人で学習カードに記入する** ①楽しくシュートゲームができたか。 ②作戦を実行できたか。 ③得点することができたか。 **(3)クラス全体で勝敗を確認し、勝敗表に記入する** **(4)楽しかったこと、友達のよかったことなどを発表し合う**

1 シュートゲームを楽しむ

①作戦を立てる

学習指導要領には、低学年で「作戦」という言葉は出てこないが、⑵思考力・判断力・表現力等に「攻め方を選んだり」という表現がある。これは中学年の「作戦を選ぶ」ことにつながる内容である。そこで、2年生でも「作戦」という言葉を使って気持ちを高めてゲームに取り組ませる。作戦は、提示して選ばせていくが、子供たちが考えた作戦を大事にするのもよい。その際、作戦に名前を付けると盛り上がる。

②チームカード

単元の後半は、個人カード以外にチームカードを用意し、作戦の話合いに活用する。キャプテンに記入させると、キャプテンのリーダー意識を育てることにもつながる。書くことには得意・不得意があるので、キャプテンにこだわる必要はない。負担にならない程度にしたい。

作戦板

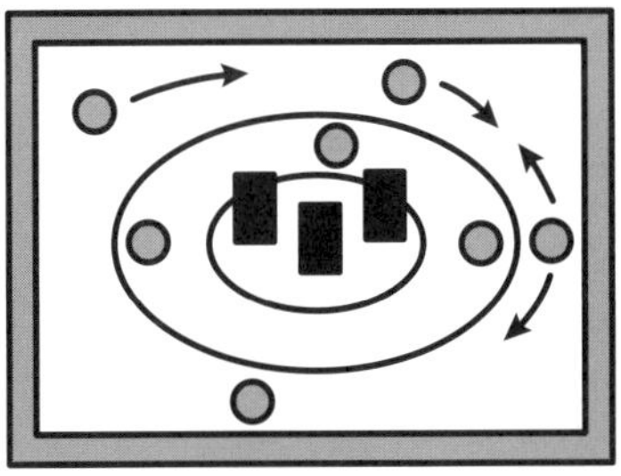

書かせることが負担ならば、作戦板を用意したい。ミニホワイトボードにコートを書いておき、的の置き方やチームメンバーの動きなどを作戦板の上で自由に動かしながら、チームで話合いをさせる。メンバーはマグネットを使う。視覚を使うので、作戦の理解が進み、チームの話合いも集中する。

③ゲーム学習の必需品

ゲーム学習を行う上で準備するものは、①ゲームの説明資料、②対戦表、③勝敗表、④タイマー、⑤ビブスである。

①ゲーム説明資料

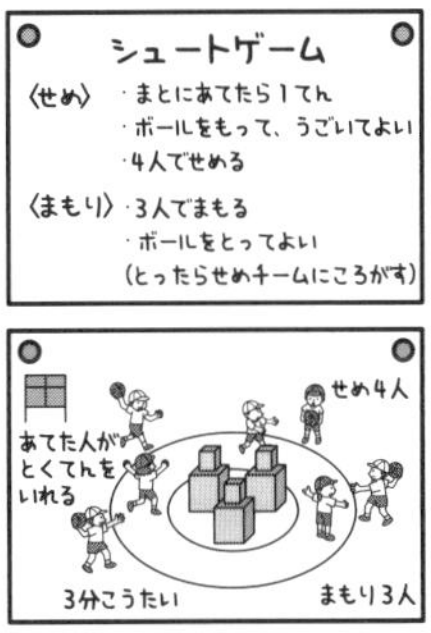

規則とコートを分かりやすく

②対戦表

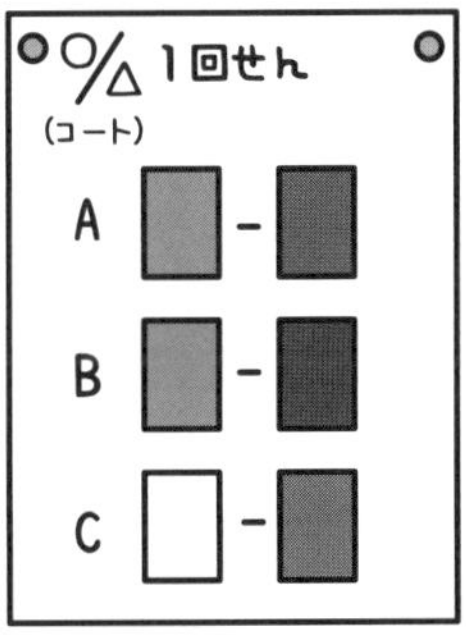

対戦チームはビブスの色で表す

③勝敗表

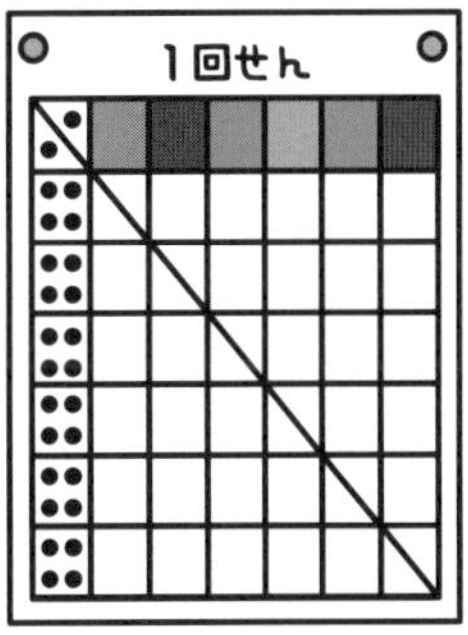

単元前半の総当たり戦用

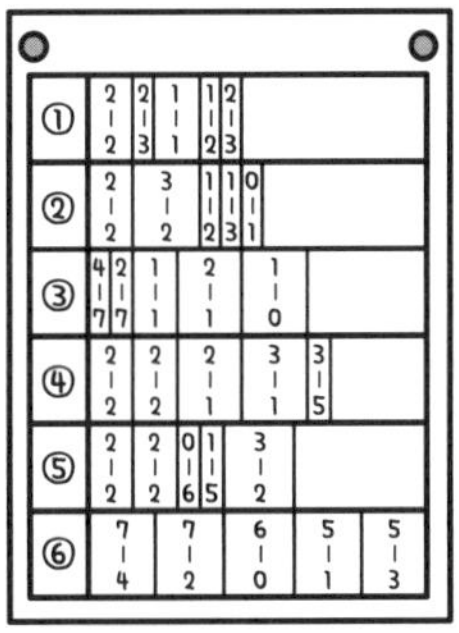

単元後半の対抗戦用グラフ型。
勝ち…3、負け…1、
引き分け2。
数字は得点。

本時案

シュートゲームを工夫して楽しもう③

5/5

本時の目標

シュートゲームの作戦を工夫して、楽しくゲームをすることができるようにする。

評価のポイント

チームで作戦を工夫してシュートゲームを楽しむことができたか。

週案記入例

[目標]
作戦を工夫してシュートゲームを楽しむ。

[活動]
作戦を意識してシュートゲームをする。

[評価]
作戦を意識してシュートゲームを楽しむことができたか。

[指導上の留意点]
一人一人のよさや伸びを励ますようにする。

本時の展開

	時	子供の活動
はじめ	5分	**集合・あいさつ** ○ビブスをつけてチームごとに整列する。 ○規則を確認する。 ○今日の学習内容を知る（対戦相手・コート）。
準備運動	10分	**ゲームにつながる運動をする** ○ストレッチ運動やボールを使った運動をする。 ○２人やチームでキャッチボールをする。 ○的当てをする。
シュートゲーム	21分	**シュートゲームをする** 1 ○作戦を立ててシュートゲームをする。 →ゲームの準備をする（的・得点板・ボール）。 →作戦の確認をする。 →ゲームをする。 →チームタイム（チームで作戦を見直したり、練習したりする）。 →ゲームをする。 →用具の片付けをする。
整理運動	2分	**運動で使った部位をゆったりとほぐす**
まとめ	7分	**(1)今日の学習についてチームで振り返る** **(2)個人で学習カードに記入する** **(3)勝敗を確認し、勝敗表に記入する** **(4)単元を通してよかったこと・楽しかったことなどを発表し合う**

1 教師の関わり②（直接的な関わり）

単元のはじめは、チームの話合いなどができているかを確認するために、どのチームにも声をかけるようにする。単元が進むと、チームによる勝敗の差や動きの個人差が見られるようになる。その際は、負けたチームや運動を苦手としている子供に関わることを心がける。

①ゲーム前

○チーム

作戦を把握しておく。作戦がチームに合っていないときは助言する。

負けが続いているチームに重点的に関わり、作戦と動きの確認をする。

○個人

得点ができずに、意欲的に活動できない子供には、

「守りが来る前に、素早く投げるといいよ」

「あせらず、的をよく見て投げよう」など声をかける。的に当てることができたら、一緒に喜ぶ。

②ゲーム中

○チーム・個人

よいプレーは積極的に称賛する。

「いい動き！　素早く動いたから、パスをもらえたね」

「ナイスパス！　味方の動きをよく見ていたね。いいパスだったよ」

「ナイスシュート！パスをもらって、すぐ的に向かって投げたから、得点できたね」

大きな声で、短くよさを褒め、その後、具体的によいところを言葉で表現して、本人だけでなく、全体にも分かるようにする。

○個人

うまく動けない子供には、その子だけへのアドバイスも必要である。

重点的に動きを観察し、直接的なアドバイスを行う。

「右に動いて！」

「シュートして！」

「○○まで走って、パスをもらおう」

③チームタイム

○負けが続いているチームに対して重点的に関わる

作戦は適切か、作戦が実行できていたか、チームプレーでできていたことはどんなことか、改善するとよいことはどんなことか（改善点はすぐに変えられることを伝える。難しいことを伝えて混乱させないようにする）。

④振り返り

○チーム

負けたチームを中心に話合いに参加する。子供たちの考えていることを尊重しつつ、助言していく。

DVD
収録資料

「ボールゲーム」学習カード＆資料

使用時 **第１～５時**

本カードは個人カードとチームカードである。個人カードは、個人のめあてと振り返り、思いを見取るカードである。そのため単元を通して使う。ただし評価項目は学習目標に合わせて前半と後半は変えたい。めあて例も同様である。チームカードは単元の後半に、作戦を視覚化するために使う。

収録資料活用のポイント

①使い方

個人カードは、学習のはじめにめあてを書かせる（または、前時の最後に書かせてもよい）。まとめの時間に振り返りと感想を書かせる。めあては例を載せてある。考えがもてない子供には選ばせて書かせる。チームカードは、第３時間目から各チーム１時間に１枚使う。

②留意点

書くことに時間がかかる場合は、めあてをカードに印刷し、○を付けるだけにしてもよい。なお、単元後半は３時間なので、個人カードは２枚必要となる。

学習カード 2-5-1（1～2 時）、2-5-2（3～5 時）

「シュートゲーム」学しゅうカード２

2年　組　ばん　名まえ（　）

	③　月　日	④　月　日
★めあて ・作せんをじっこうする ・まとをねらってボールをなげる ・強いボールをなげる ・うごいてせめる ・まとに当てないようにボールにさわる ・うごいているボールをとる	★今日のめあて	★今日のめあて
楽しくシュートゲームができた	◎　○　△	◎　○　△
なかよくうんどうができた	◎　○　△	◎　○　△
作せんどおりできた	◎　○　△	◎　○　△
めあてをたっせいできた	◎　○　△	◎　○　△
きまりをまもってゲームができた	◎　○　△	◎　○　△
★今日の学しゅうで思ったことを先生に教えてね。 ・楽しかったこと ・がんばったこと ・すごいと思ったこと ・こまったこと ・聞きたいこと　など	★かんそう	★かんそう

学習カード 2-5-3（3～5 時）

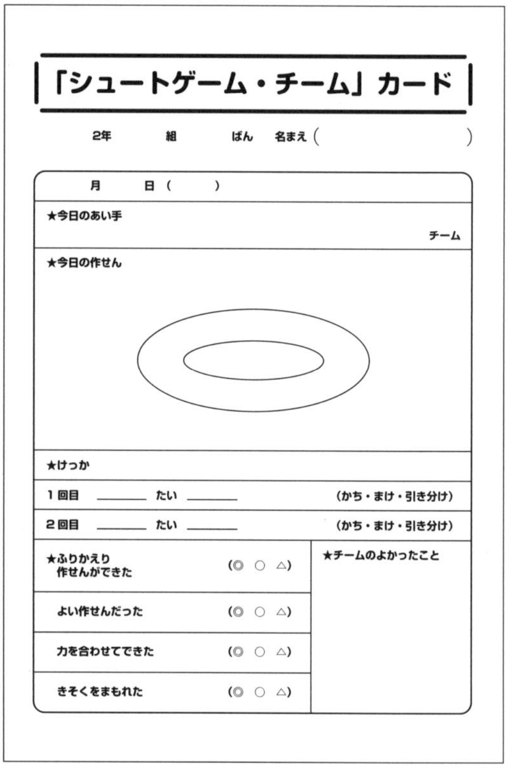

「シュートゲーム・チーム」カード

2年　組　ばん　名まえ（　）

月　日（　）	
★今日のあい手　チーム	
★今日の作せん	
★けっか	
１回目 ＿＿ たい ＿＿（かち・まけ・引き分け）	
２回目 ＿＿ たい ＿＿（かち・まけ・引き分け）	
★ふりかえり 作せんができた（◎　○　△）	★チームのよかったこと
よい作せんだった（◎　○　△）	
力を合わせてできた（◎　○　△）	
きそくをまもれた（◎　○　△）	

※第一段階で使用する「学習カード 2-5-1」は DVD に収録してある。

シュートゲーム作せん

●うごいてシュート
まもりのいないところにすばやくうごいてシュートする。

●いきなりシュート
シュートチャンスをさがしながら走り、きゅうにとまったり、すぐうごき出したりして、まもりを引きはなしてシュートする。

●ふりふりシュート
なげるふりやうごくふりをしてまもりのうごきをずらしてシュートする。

●ひきつけシュート
み方3人がまもりを引きつけておいてまもりのついていない人がシュートする。パスをしてもよい。

●手わたしシュート
ボールをもっている人が走りながらもっていない人にすれちがいざまにわたし、わたされた人がすぐシュートする。

6 鉄棒を使った運動遊び

5時間

【単元計画】

1時	2時
[第一段階] いろいろな鉄棒遊びを楽しむ	
鉄棒遊びの学習内容を知り、いろいろな鉄棒遊びを楽しむ。	いろいろな鉄棒遊びを楽しむ。
1 安全に鉄棒遊びに取り組もう POINT：約束を守って安全に取り組めるように、こまめに指導を入れるようにする。 **[主な学習活動]** ○集合・あいさつ ○学習内容の確認 ○約束を知る ○準備運動・場の準備 ○鉄棒遊び ○振り返り ○整理運動 ○まとめ	**2 進んで鉄棒遊びに取り組もう** POINT：進んで鉄棒遊びに取り組めるように、意欲的に取り組んでいる子供を積極的に称賛するようにする。 **[主な学習活動]** ○集合・あいさつ ○めあての確認 ○準備運動・場の準備 ○鉄棒遊び ○振り返り ○整理運動 ○まとめ

授業改善のポイント

主体的・対話的で深い学びの実践に向けて

まずは、鉄棒遊びを工夫しながら学習を進められるように、学習課題の設定を工夫する必要がある。本単元では、「鉄棒遊び名人になろう」という課題を設定し、どのような姿を目指すのか、子供たちと一緒に考えていく。「できる名人」はもちろん、「アドバイス名人」や「遊び方名人」「安全名人」など多くの意見を出させ、どの考えも「いいね」と肯定的に受け止めていく。そうすることで、子供たちは、「よし、それを目指してやってみよう」という思いになり、主体的に学習に臨むことになるだろう。

次に、子供たちが「やってみたい」「もっと上手にやりたい」と思ったり、「できた」という成功体験を得られる魅力的な運動遊びや声かけ、単元計画を設定する必要がある。そういう思いや体験が継続して得られる学習となれば、自ずと「もっとできるようになりたいから教えてほしい」というように、課題解決に向けて、教師や友達に対して対話を求めるであろう。このとき、子供たちが深い学びに向かっているのを見逃さずに、「よい学びだね」と声をかけていきたい。

単元の目標

◯知識及び技能

・鉄棒を使った運動遊びの行い方を知り、支持しての揺れや上がり下がり、ぶら下がりや易しい回転ができる。

◯思考力、判断力、表現力等

・簡単な遊び方を工夫するとともに、考えたことを友達に伝えることができる。

◯学びに向かう力、人間性等

・順番やきまりを守り、誰とでも仲よく進んで運動をしたり、場や器具の安全に気を付けたりすることができる。

3・4時	5時
[第二段階] 鉄棒遊びの楽しみ方を考えて取り組む	
動きのポイントを考えて伝える。 鉄棒遊びの楽しみ方を考えて取り組む。	鉄棒遊びの楽しみ方を友達に伝えたり、さらに楽しみ方を工夫したりする。
3・4　鉄棒遊び名人になろう①② POINT：動きのポイントを考えられるように、子供たちに「どうしてできたの」「苦手な友達にどのように伝えたらよい」などと聞くようにする。 [主な学習活動] ◯集合・あいさつ ◯めあての確認 ◯準備運動・場の準備 ◯鉄棒遊び ◯振り返り ◯整理運動 ◯まとめ	5　鉄棒遊び名人になろう③ POINT：楽しみ方をさらに工夫できるように、楽しみ方を共有する時間を設けるようにする。 [主な学習活動] ◯集合・あいさつ ◯めあての確認 ◯準備運動・場の準備 ◯鉄棒遊び ◯振り返り ◯整理運動 ◯まとめ

子供への配慮の例

①運動が苦手な子供

鉄棒に跳び上がることが苦手な子供には、低い鉄棒や台などを設置したりして、簡単に取り組めるようにすることが大切である。

回転することが苦手な子供には、補助や補助具を使って回転させたり、ふとんほしやだるまなどの体を折りたたんで揺れる簡単な動きを身に付けさせてあげることが大切である。

②意欲的でない子供

怖がってやろうとしない子供には、鉄棒の下にマットを敷くなど、安心して取り組める場を用意する。痛がってやろうとしない子供には、膝当てや長ズボンを履かせたり、バスタオルを鉄棒に巻いて安心して取り組める環境を整備してあげることが大切である。

また、自信がもてない子供には、できたことを称賛したり、肯定的な働きかけをしたりして、成功体験を多く経験させてあげることが大切である。

本時案

安全に鉄棒遊びに取り組もう

1/5

本時の目標

鉄棒遊びの学習内容を知り、安全に運動できるようにする。

評価のポイント

学習の進め方や約束について理解し、安全に運動することができたか。

週案記入例

[目標]
学習内容を理解し、安全に運動する。

[活動]
鉄棒の握り方やいろいろな鉄棒遊びに取り組む。

[評価]
約束を守り、安全に運動できていたか。

[指導上の留意点]
約束をきちんと理解させる。

本時の展開

	時	子供の活動
はじめ	10分	**(1)集合・あいさつ・学習内容の確認をする** ○単元名と単元の流れについて知る。 ○鉄棒遊びの約束について知る。 **(2)準備をする** ○鉄棒の下に置くマットをグループで運ぶ。
準備運動	10分	**本時につながる準備運動をする** ○腕や手首、足首を重点的に行う。 ○実際に鉄棒を使い、ぶら下がったり、跳び上がったり、逆さ感覚を養ったりする。 →順手、逆手の握り方を確認する。 →安全に行うこと、順番を守って取り組むことを再度確認する。
運動遊び	18分	**(1)今できる力で鉄棒遊びを楽しむ** ○1年生のときに取り組んだ運動遊びに取り組む。 ○学習カードにある運動遊びに取り組む。 **(2)マットの片付けをする**
整理運動	2分	**腕や手首、足首など、主に使った箇所をゆったりほぐす**
まとめ	5分	**(1)クラス全体で本時の学習について振り返る** ○学習について振り返り、学習カードに記入する。 ○学習内容を理解できたか、約束を守って進んで運動に取り組めたかを確認する。 **(2)次時の学習内容を確認する**

1 単元のめあて「鉄棒遊び名人になろう」

単元の最初に「どうしたら鉄棒遊び名人になれるかな」と問い、「いろいろな動きができたら」「楽しい遊び方を考えたら」「友達にアドバイスができたら」「安全に一生懸命に取り組んだら」など、様々な意見を出させる。そして、「どれも正解で、どれを目指すかはみんなが決めてね。いくつ目指してもいいよ」と伝え、単元をスタートさせる。

単元の前半では、子供たちは今もっている力で鉄棒遊びを楽しんだり、「もう少しでできそうだ」という鉄棒遊びに挑戦したりする。その中で教師は、動きのポイントを全体で共有したり、伸びや頑張りを認めたり（頑張り名人）、よい関わりをしている子供（コミュニケーション名人）や粘り強く取り組んでいる子供（諦めない名人）などを積極的に称賛し、どの子供も意欲的に取り組めるようにする。

単元の後半では、子供たちは、鉄棒遊びの楽しみ方を考えて取り組んでいく。今もっている力で楽しめる遊びを考える子供や、難しいことを課題にして楽しもうとする子供など、様々である。どの子供の姿も積極的に称賛していき、最後まで楽しく取り組めるようにする。

①鉄棒遊びの約束

- 鉄棒に取り組んでいる人の前や後ろに立たない。
- 順番を守る。待機する場所は、鉄棒の少し離れたところ。
- アドバイスをするときは、友達の横に立つ。
- 跳び上がったり、跳び下りたりするときは、「いくよ」と声をかける。
- 自分たちだけで補助をしない。教師がいるときに一緒に行う。

②鉄棒を使った補助運動

跳び上がって跳び下りる

上がる　下りる

ツバメ（腕支持）

膝・つま先まで伸ばす

コウモリ

③鉄棒の握り方

順手

親指は、下から

逆手

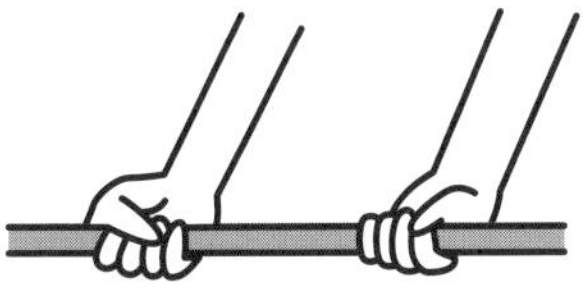

片逆手

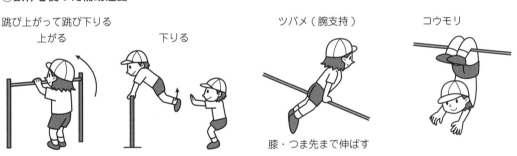

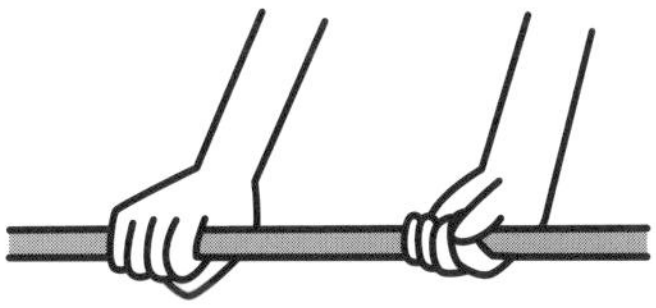

本時案

進んで鉄棒遊びに取り組もう

2/5

本時の目標

鉄棒遊びで、いろいろな技ができるようにする。

評価のポイント

進んで運動する中で、自分ができない鉄棒遊びができるようになったか。

週案記入例

[目標]
進んで鉄棒遊びに取り組んでいる。

[活動]
いろいろな鉄棒遊びに取り組む。

[評価]
進んで鉄棒遊びに取り組んでいたか。
友達に進んで関わっていたか。

[指導上の留意点]
よい関わりを積極的に称賛するようにする。

本時の展開

	時	子供の活動
はじめ	8分	**(1)集合・あいさつ・学習内容の確認をする** ○本時のめあて 「いろいろな鉄棒遊びにチャレンジしよう」 ○本時の学習内容を知る。 **(2)準備をする** ○鉄棒の下に置くマットをグループで運ぶ。
準備運動	10分	**本時につながる準備運動をする** ○腕や手首、足首を重点的に行う。 ○逆さ感覚を養うために、コウモリに取り組む。
運動遊び	20分	**(1)今、できる力で鉄棒遊びを楽しんだり、「もう少しでできそうだ」という鉄棒遊びに挑戦したりする** 1 ○跳び上がり・跳び下り ○ぶら下がり・揺れる ○腕支持 ○易しい回転／○自分で考えた運動遊び **(2)マットの片付けをする**
整理運動	2分	**腕や手首、足首など、主に使った箇所をゆったりほぐす**
まとめ	5分	**(1)クラス全体で本時の学習について振り返る** ○めあてに対して振り返る。 ○楽しかったこと、嬉しかったことを発表する。 **(2)次時の学習内容を確認する**

1 運動遊び

○腕支持

腕支持の姿勢から体を揺らして下りる。

○跳び下り

○ぶら下がり・揺れる

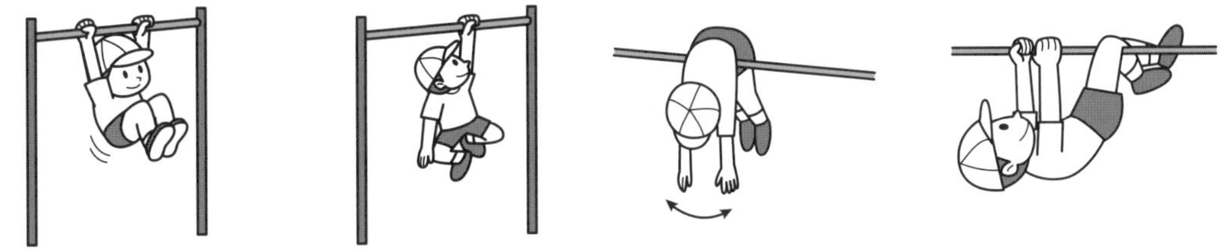

○易しい回転

腕支持の姿勢から前方に回転して下りる

地球回り

両膝を鉄棒にかけ、手を交差し握りかえ、膝を外し水平に回り、また膝をかける

連続足抜き回り（前回り・後ろ回り）

本時案

鉄棒遊び名人になろう①

3/5

本時の目標

鉄棒遊びの動きのポイントを考えたり、友達に伝えたりできるようにする。

評価のポイント

鉄棒遊びに関する動きのポイントを友達に伝えることができたか。

週案記入例

[目標]
動きのポイントを考えて伝える。

[活動]
いろいろな鉄棒遊びに取り組む。動きのポイントを考えて伝える。

[評価]
動きのポイントを伝えることができたか。

[指導上の留意点]
動きのポイントを共有できるようにする。

本時の展開

	時	子供の活動
はじめ	7分	**(1)集合・あいさつ・学習内容の確認をする** ○本時のめあてを知る。 「鉄棒遊び名人になろう①」 →動きのポイント見付け名人になろうと話す。 ○本時の学習内容を知る。 **(2)マットの準備をする**
準備運動	9分	**本時につながる準備運動をする** ○腕や手首、足首を重点的に行う。 ○逆さ感覚を養うために、コウモリに取り組む。
運動遊び	22分	**(1)今、できる力で鉄棒遊びを楽しんだり、「もう少しでできそうだ」という鉄棒遊びに挑戦したりする** **(2)動きのポイントを共有する** 1 **(3)鉄棒遊びの楽しみ方を考えて、取り組む** 2 **(4)マットの片付けをする**
整理運動	2分	**腕や手首、足首など、主に使った箇所をゆったりほぐす**
まとめ	5分	**(1)クラス全体で本時の学習について振り返る** ○めあてに対して振り返る。 →動きのポイントを見付けることができたかを聞く。 ○楽しかったこと、嬉しかったことを発表する。 →友達との関わりの中で、楽しかったこと、嬉しかったことはないかを問う。 **(2)次時の学習内容を確認する**

1 動きのポイントを共有する

まずは、子供の動きを見取った後、「どうしてそんなことができるの」「どうやったらできるようになったの」と問い、動きのポイントを引き出せるようにする。また、友達にアドバイスをしている子供には、「どのように伝えたの」と問い、動きのポイントを聞いていく。

次に、途中の振り返りでは、改めて「どうしたらできるようになったの」「友達になんてアドバイスをしたの」と問い、動きのポイントをみんなで確認できるようにする。その際、それを見聞きしている子供には、「どこがよかったかな」「どうしたらできるのかな」と問い、できるだけ、子供の言葉で動きのポイントをまとめ、可視化し、共有できるようにしていく。

○遠くへの跳び下り

・「足を大きく振って、鉄棒を突き放すようにするとよいよ」

○コウモリ振り

・「足をグッと折り曲げて、腕を大きく振ったり、体全体を動かしたりするとよいよ」

○足抜き前回り

・「両足で地面を蹴って、足よりも腰を持ち上げるとよいよ」

2 鉄棒遊びの楽しみ方を考える①

教師が提案しなくても、1年生のときにやった楽しみ方を想起して取り組んだり、新しい楽しみ方を考えて挑戦したりすることが予想される。

○競争する

・どれくらい長くぶら下がっていられるかを競争する。
・腕支持（ツバメ）の姿勢でどれくらい長く保てるかを競争する。
・遠くへの跳び下りで、誰が一番遠くに跳び下りることができるかを競争する。

・コウモリ振りをしながら、地面に置かれている紅白玉を移動させ、どちらが早いかを競争する。

友達とやってみて、楽しかったことやうれしかったことはあるかな？

本時案

鉄棒遊び名人になろう②

4/5

本時の目標

鉄棒遊びの楽しみ方を考えたり、それを友達に伝えたりできるようにする。

評価のポイント

グループ内や学級の友達に自分の考えた楽しみ方を言葉や身振りなどで伝えることができたか。

週案記入例

[目標]
鉄棒遊びの楽しみ方を考えて伝える。

[活動]
鉄棒遊びの楽しみ方を考えて取り組んだり、友達に伝えたりする。

[評価]
考えたことを伝えることはできたか。

[指導上の留意点]
考えられない子供には、楽しみ方の視点を与えられるようにする。

本時の展開

	時	子供の活動
はじめ	7分	**⑴集合・あいさつ・学習内容の確認をする** ○本時のめあてを知る。 「鉄棒遊び名人になろう②」 →楽しみ方を考える名人になろうと伝える。 ○本時の学習内容を知る。 **⑵マットの準備をする**
準備運動	7分	**本時につながる準備運動をする** ○腕や手首、足首を重点的に行う。 ○逆さ感覚を養うために、コウモリに取り組む。
運動遊び	24分	**⑴楽しみ方を考えて、取り組む** ◀1 ◀2 **⑵楽しみ方をグループ内や学級の友達と共有する** **⑶友達が考えた楽しみ方に取り組んだり、さらに楽しみ方を工夫したりする** **⑷マットの片付けをする**
整理運動	2分	**腕や手首、足首など、主に使った箇所をゆったりほぐす**
まとめ	5分	**⑴クラス全体で本時の学習について振り返る** ○めあてに対して振り返る。 →どんな楽しみ方を考えたか発表する。 ○楽しかったこと、嬉しかったことを発表する。 **⑵次時の学習内容を確認する**

1 教師の声かけ

ほめられることで、子供のやる気はアップする。いろいろな姿を見取って、声をかけていくようにする。「〜していて、いいね！」「よい◯◯だね！」は、効果的な称賛の仕方である。
◯何度も繰り返し取り組んでいて、いいね！
◯「もっとよくしたい」という思いでチャレンジできていて、いいね！
◯友達の横に立ってアドバイスできていて、いいね！
◯友達のために一生懸命になれたのがいいね！
◯よい遊びが考えられているね！
◯よいアドバイスだね！／よいチームワークだね！

2 鉄棒遊びの楽しみ方を考える②

◯シンクロ鉄棒
・グループの友達と同じタイミングで連続足抜き回りをする。

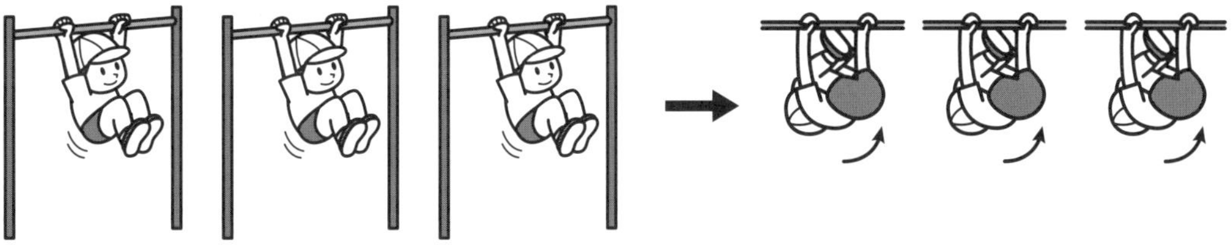

・グループの友達と順番にコウモリ下りをする。

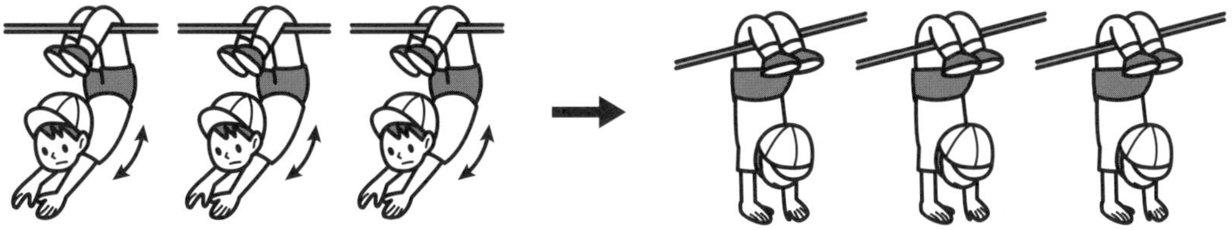

・グループの友達と順番につばめの姿勢から前回りをする。

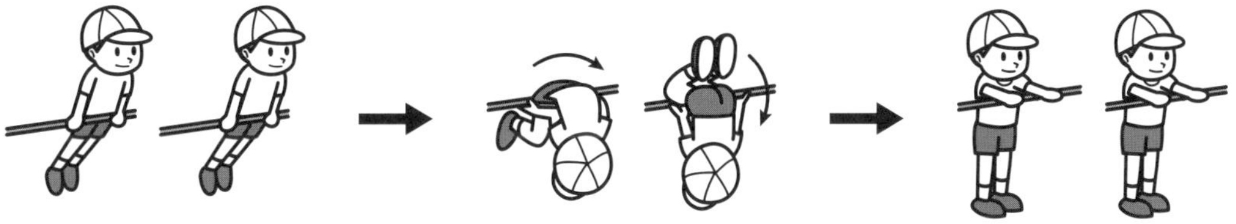

◯じゃんけん
・ふとん干しをしながら、勝ち抜きじゃんけんをする。
　勝ったら腕支持の姿勢になり、負けたら前回り下りで下りる。
・ツバメ（腕支持）をしながら、足でじゃんけんをする。

本時案

鉄棒遊び名人になろう③

5/5

本時の目標

鉄棒遊びの楽しみ方を考えたり、それを友達に伝えたりできるようにする。

評価のポイント

鉄棒遊びの楽しみ方を考えたり、楽しみ方を友達に伝えたりしながら、いろいろな動きを身に付けることができたか。

週案記入例

[目標]
楽しみ方を考えて伝えながら、いろいろな動きをできるようにする。

[活動]
楽しみ方を考えて伝えている。友達の考えた楽しみ方に取り組む。

[評価]
伝えることはできたか。いろいろな動きを身に付けることはできたか。

[指導上の留意点]
子供一人一人の頑張りや伸び、考えを認めるようにする。

本時の展開

	時	子供の活動
はじめ	6分	**(1)集合・あいさつ・学習内容の確認をする** ○本時のめあてを知る。 「鉄棒遊び名人になろう③」 →いろいろな名人になることを伝える。 ○本時の学習内容を知る。 **(2)マットの準備をする**
準備運動	7分	**本時につながる準備運動をする** ○腕や手首、足首を重点的に行う。 ○逆さ感覚を養うために、コウモリに取り組む。
運動遊び	23分	**(1)楽しみ方を考えて、取り組む** **(2)楽しみ方をグループ内や学級の友達と共有する** **(3)友達が考えた楽しみ方に取り組んだり、さらに楽しみ方を工夫したりする** **(4)マットの片付けをする**
整理運動	2分	**腕や手首、足首など、主に使った箇所をゆったりほぐす**
まとめ	7分	**(1)クラス全体で本単元について振り返る** ○どんな名人になれたかを発表する。 ○学習を通して、できるようになったことを発表する。 **(2)教師の話を聞く**

1 鉄棒遊びの楽しみ方を考える③

○いろいろな動きを組み合わせる

・跳び上がりと跳び下りの間に、何か動きを取り入れる。
　例）跳び上がり→ふとん干し→半回転して跳び下り

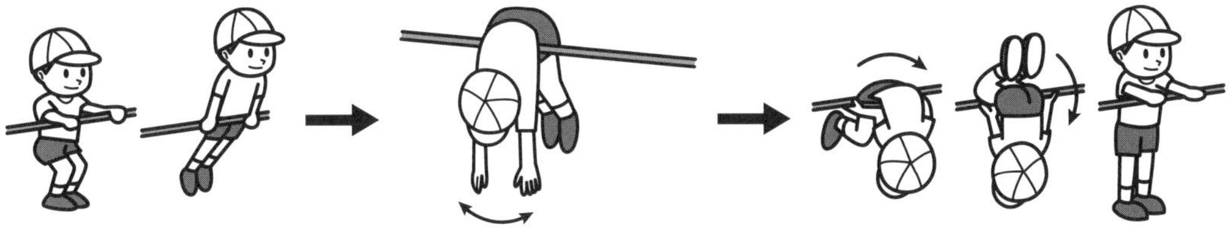

・跳び上がりから、前回り下りをする。

跳び上がり　　前に回って下りる

・ぶら下がりと揺れ下りの間に、何か動きを入れる。
　例）ぶら下がり→地球回り→コウモリ振り下り

・逆上がりから、前回り下りをする。

逆上がり　　前回り下り

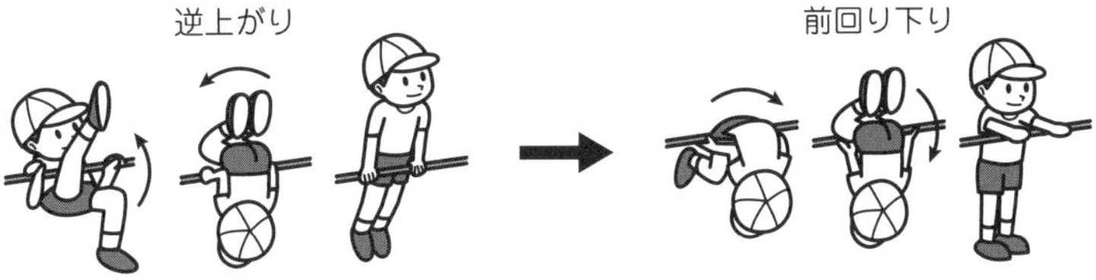

片足か両足で地面を蹴って鉄棒に上がる　　前に回って下りる

2 学習のまとめ

　どんな鉄棒遊び名人になれたかを問う。発表後は、いろいろな動きができたことだけではなく、アドバイスができたこと、楽しみ方を考えたり工夫したりできたこと、友達と仲よくできたこと、粘り強く取り組めたことなど、「○○さんは、△△鉄棒遊び名人です」というように、一人一人の頑張りを称賛できるようにする。時間がなくて伝えられないときは、学習カードに記述するようにする。

DVD
収録資料

「鉄棒を使った運動遊び」学習カード＆資料

使用時 **第１～５時**

本カードは、第１時から第５時まで、単元を通して使用する。学習カードでは、どんな運動遊びを身に付けることができたのか、安全に取り組むことができたのか、どんな遊び方を考えたのかなどを見取れるようにしている。資料については、中学年に向けて、逆上がりに関する動きのポイントを列挙した。

収録資料活用のポイント

①使い方

２つの学習カードを両面印刷して配布する。両面印刷ではなく、B4 判に左右に印刷して、裏面に資料を印刷してもよい。探検ボードなどにはさんで、「まとめ」の時間に校庭で書かせる。その際、寝そべってではなく、体育座りの姿勢で書かせたい。

②留意点

教師のコメント欄を設けていないが、裏面には、子供の考えがたくさん書き込まれるであろう。時間がないときは、下線を引いて花丸を付けるだけでよい。時間があるときは、「よい考えだね」「よく気付いたね」など、１行でよいから書いてほしい。学習カードを通して、子供の頑張りを見取って、コメントで子供のやる気をさらに引き出してほしい。

学習カード 2-6-1（1～5 時：表）

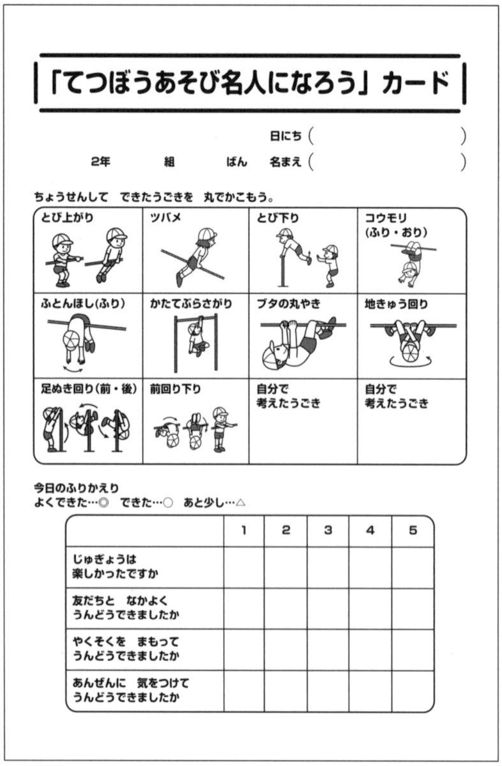

「てつぼうあそび名人になろう」カード

日にち（　　　　　）
2年　　組　　ばん　名まえ（　　　　　）

ちょうせんして　できたうごきを　丸でかこもう。

とび上がり	ツバメ	とび下り	コウモリ（ふり・おり）
ふとんほし(ふり)	かたてぶらさがり	ブタの丸やき	地きゅう回り
足ぬき回り(前・後)	前回り下り	自分で考えたうごき	自分で考えたうごき

今日のふりかえり
よくできた…◎　できた…○　あと少し…△

	1	2	3	4	5
じゅぎょうは楽しかったですか					
友だちと　なかよくうんどうできましたか					
やくそくを　まもってうんどうできましたか					
あんぜんに　気をつけてうんどうできましたか					

学習カード 2-6-2（1～5 時：裏）

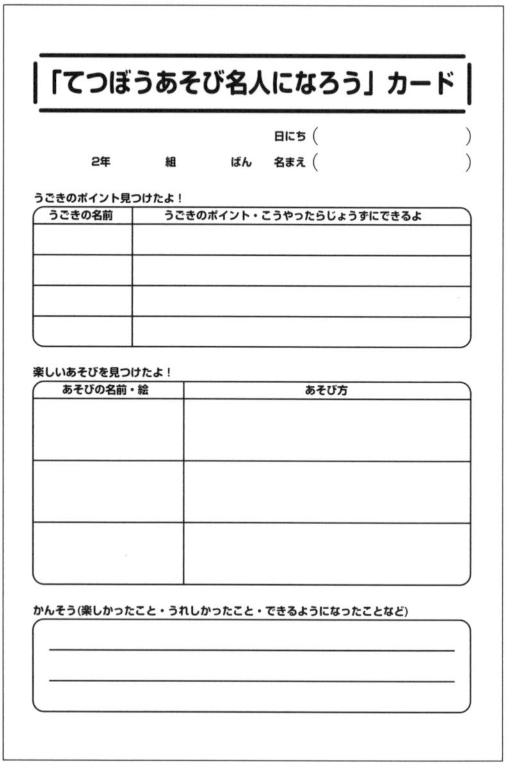

「てつぼうあそび名人になろう」カード

日にち（　　　　　）
2年　　組　　ばん　名まえ（　　　　　）

うごきのポイント見つけたよ！

うごきの名前	うごきのポイント・こうやったらじょうずにできるよ

楽しいあそびを見つけたよ！

あそびの名前・絵	あそび方

かんそう(楽しかったこと・うれしかったこと・できるようになったことなど)

動きのポイント

☆足ぬき前回り

手をはなさないで、りょう足でしっかり地めんをけろう。

足よりもこしを高く上げよう。

☆地きゅう回り

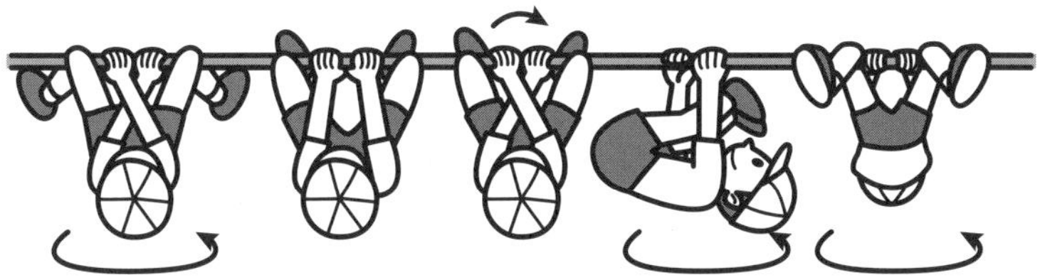

手をこうさするときは、じゅん手とさか手にする。
おしりをうでにつけるようにして回る。
足をのばしたほうが回りやすい。

☆さか上がり

足を前と後ろに広げる。前に出した足は、てつぼうよりもおくに！

ななめ上を見ながら、てつぼうにおなかをよせて、うしろの足を大きく上に上げる（ななめ後ろ）。

回るときは、ひじをまげて、おなかをてつぼうにつける。

できないときは…
まずは、ひくいてつぼうからやってみよう。
体がそってしまうときは…
体を丸めるようにしてみよう。
頭の上にあるボールをけるイメージで足を上げてみよう。

水遊び

7 水の中を移動する運動遊び、もぐる・浮く運動遊び

（9時間）

【単元計画】

[第一段階] 水遊びの行い方を知り、運動を楽しむ	
水遊びの学習内容を知り、1年生のときに行った水遊びを楽しむ。	水の中で移動する遊びやもぐる・浮く運動遊びの行い方を知り、運動を楽しむ。
1 水遊びの行い方を知ろう POINT：水遊びの心得を確認し、1年生のときに学習した運動遊びを行い、これからの学習の見通しをもつ。 **[主な学習活動]** ○集合・あいさつ・人数確認 ○水遊びの心得の確認・準備運動・シャワー ○リズム水遊び ①運動の行い方を知る。 ②音楽に合わせて、運動遊びを楽しむ。 ○水の中を移動する遊び（電車ごっこ） ○もぐる・浮く運動遊び（宝探し） ○人数確認・まとめ・整理運動 ○あいさつ・シャワー	**2～4 水遊びを楽しもう①②③** POINT：様々な水遊びを経験し、運動の行い方を知り、運動を楽しむ。 **[主な学習活動]** ○集合・あいさつ・人数確認 ○水遊びの心得の確認・準備運動・シャワー ○リズム水遊び ○水の中を移動する遊び（鬼遊び） ○もぐる・浮く運動遊び(1) ①お池にポチャン、②水中タクシー、③ジャンプでゴー、④トンネルくぐり、⑤浮き遊び、⑥水中にらめっこ ○もぐる・浮く運動遊び(2) A 輪くぐり等、B 浮き遊び、C 棒遊び ○人数確認・まとめ・整理運動 ○あいさつ・シャワー

授業改善のポイント

主体的・対話的で深い学びの実践に向けて

水遊びでは、自分ができることを工夫して進めることが大切である。

水遊びで、水に慣れ親しみ心地よさを味わうために、次の4点がポイントとなってくる。

①水中で姿勢や向きを変えるためには、手や足を使う必要がある。

②水に顔をつけ、もぐるためには、息を吸ってから一度止める必要がある。

③水に浮くためには、息を吸って止めて、全身の力を抜く必要がある。

④水中で活動するためには、息を吸う、止める、吐くことを繰り返す必要がある。

これらの動きを遊びを通して身に付けていくことが、低学年の学習では大切である。

そのために、2～4人のグループをつくり、学習を進めていく。活動を一緒に行ったり、手をつないで運動したり、相談したりすることで運動を工夫することができるようにする。

単元の前半において運動遊びのもとになる行い方を教師が提示し、その活動を行う。ポイントとなる動きをしている子供を積極的に称賛する。

単元の後半では、もとになる行い方をもっと楽しむ方法に工夫することができるようにしていく。他のグループの遊び方を見る時間を設定し、工夫に役立てるようにする。

単元の目標

◯知識及び技能
・水の中を移動する遊びやもぐる・浮く運動遊びの行い方を知るとともに、その動きを身に付けることができる。

◯思考力、判断力、表現力等
・水の中を移動したり、もぐったり浮いたりする簡単な遊び方を工夫し、考えたことを友達に伝えることができる。

◯学びに向かう力、人間性等
・進んで取り組み、順番やきまりを守り誰とでも仲よく運動をし、水遊びの心得を守って安全に気を付けることができる。

［第二段階］水遊びの行い方を工夫して、友達と運動を楽しむ	
水の中で移動する遊びやもぐる・浮く運動遊びの遊び方を工夫する。	友達のよい動きを見付けて、水の中で移動する遊びやもぐる浮く運動遊びの遊び方を工夫する。
5・6　水遊びを工夫して楽しもう①② POINT：自分たちで取り組んでみたい水遊びを選んで、友達と一緒にさらに楽しむ方法を考える。 ［主な学習活動］ ◯集合・あいさつ・人数確認 ◯水遊びの心得の確認・準備運動・シャワー ◯リズム水遊び ◯水の中を移動する遊び（ねことねずみ） ◯もぐる・浮く運動遊び(1)（①〜③、④〜⑥選択） ①お池にポチャン、②水中タクシー、③ジャンプでゴー、④トンネルくぐり、⑤浮き遊び、⑥水中にらめっこ（※5時①〜③／6時④〜⑥） ◯もぐる・浮く運動遊び(2)（①〜③、④〜⑥選択） ◯人数確認・まとめ・整理運動 ◯あいさつ・シャワー	**7〜9　遊びを選んで水遊びを楽しもう①②③** POINT：自分たちで取り組んでみたい水遊びを選んで、友達と一緒にさらに楽しむ方法を考える。 ［主な学習活動］ ◯集合・あいさつ・人数確認 ◯水遊びの心得の確認・準備運動・シャワー ◯リズム水遊び ◯水の中を移動する遊び（リレー遊び、ドンじゃんけん） ◯もぐる・浮く運動遊び(1)（A〜Dより選択） A宝探し、B輪くぐり Cビート板遊び、D棒遊び ◯もぐる・浮く運動遊び(2)（A〜Dより選択） ◯人数確認・まとめ・整理運動 ◯あいさつ・シャワー

子供への配慮の例

①運動が苦手な子供
・水にもぐることが苦手な子供には、無理にもぐることを強要せずに、できるところから徐々にもぐることができるようにする（肩→顎→口→鼻→目→眉→頭など）。また、息を大きく吸って止めることを意識させる言葉かけを行う。
・浮くことが苦手な子供には、友達とペアで肩や手、壁などにつかまり、大きく息を吸って、止めるように声をかける。徐々に足を底から放していき、力を抜いて浮くように助言する。

②意欲的でない子供
・水に恐怖心がある子供には、安心できるように2〜4人のグループで、友達と一緒に行うことで楽しさを味わうことができるようにする。また、水慣れ・リズム水泳などの易しい運動を通して、浮力・抵抗・水圧といった感覚を味わうことができるようにする。
・すでに初歩的な泳ぎを身に付けている子供には、動きを制限するのではなく、動きのよさを全体に伝えたり、動きを水遊びの中に取り入れている様子を称賛したりする。

本時案

水遊びの行い方を知ろう

1/9

本時の目標

水遊びの学習内容を知り、1年生のときに行った水遊びを楽しむことができるようにする。

評価のポイント

水遊びの心得を守り、水遊びに進んで取り組むことができたか。

週案記入例

[目標]
水遊びの心得を知り、それらを守りながら簡単な水遊びを楽しむ。

[活動]
水遊びの心得を確認し、リズム水遊びや電車ごっこ、宝探しを行う。

[評価]
水遊びの心得を守り、簡単な水遊びに取り組むことができたか。

[指導上の留意点]
学習の進め方や水遊びの心得をしっかりと確認しながら学習を進める。

本時の展開

	時	子供の活動
はじめ	5分	**集合・あいさつ・人数確認** ○今日の学習内容を知る。 ○バディで人数を確認する。 ○水遊びの心得を知る。 1
準備運動	5分	**準備運動をして、シャワーを浴びる** ○膝、肘、肩、首、手首、足首等の各関節を動かす。 （危険なのでジャンプは行わない） ○シャワーを浴びる。
リズム水遊び	7分	**入水し、リズム水遊びを行う** 2 ①水を押すなどの水の抵抗を感じる動き。 ②ジャンプするなど浮力を感じる動き。 ③息を吸い、吐くなどの水圧を感じる動き。
水の中を移動する遊び	8分	**電車ごっこを行う** ○音楽に合わせて、様々な方向に歩いていく。
もぐる・浮く運動遊び	12分	**宝探しを行う** 3 ①一定の時間内にどれだけ多く取れるか競争する。 ②グループで教師が提示した遊び方で遊ぶ。
整理運動	3分	**運動で使った部位をゆったりとほぐす** ○全身をゆっくりとほぐし、耳の中の水を出す。
まとめ	5分	**(1)今日の学習について振り返り、次からの学習の進め方を知る** ①楽しく運動できたか。 ②友達と仲よく運動できたか。 ③安全に運動できたか。 **(2)シャワーを浴びる・目洗いをする**

1 水遊びの心得

○水泳運動系の学習は生命に関わることから、水遊びの心得について必ず指導し、徹底を図る。

①準備運動・整理運動をしっかり行う	②シャワーを丁寧に浴びる	③プールサイドは走らない
④プールに飛び込まない	⑤周りをよく見て、ぶつからないようにする	⑥体を清潔にしておく

2 リズム水遊び

リズム水遊びでは、音楽に合わせて、短時間で水慣れを楽しみながら行う。顔をつけることが苦手な子供には、無理をせずできる範囲で行うように声をかける。

動きを教師がプールサイドから示範し、子供と一緒に確認しながら行い、その後音楽に合わせて行う。動きを分かりやすくイメージさせるために、動物や乗り物の動きで紹介すると効果的である。経験のある子供には、はじめから音楽に合わせて行ってもよい。

〈動きの例〉

ゾウの動き	タコの動き	カンガルーの動き	カニの動き	

水をかける	抵抗を感じる	浮力を感じる	水圧を感じる	２人～４人で

3 宝探し：水に沈むもの（市販のものやホースを切ったもの）を水中に沈めて楽しむ

①みんなで遊ぶ

②グループで楽しむ

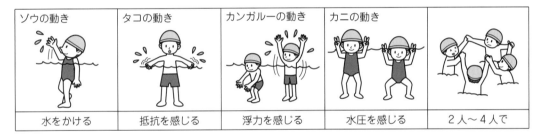

制限時間内にどれだけ多く取ることができるのかを競う。得意な子供はたくさん取ることができるが、顔をつけることが苦手な子供はなかなか取ることができない。どの子供でも楽しむことができるように、水に浮くものを混ぜるとよい。グループで競争するのも有効である。

○グループごとに宝を配って宝探しを行う。
　①審判の子、取りに行く子を決める。
　②審判の子の合図で宝を取りに行く。
　③宝を取ったら、次の審判に渡す。
○色を指定したり、取りに行くまでの距離を変えたりするなどの変化を教師が提示する。

本時案

水遊びを楽しもう① 2/9

本時の目標

水の中を移動する遊びやもぐる・浮く運動遊びの行い方を知り、運動を楽しむことができるようにする。

評価のポイント

水の中を移動する遊びやもぐる・浮く運動遊びの行い方を知り、友達と楽しむことができたか。

> **週案記入例**
>
> **[目標]**
> 鬼遊びやもぐる・浮く運動遊び、輪くぐり遊びの行い方を理解して楽しむ。
>
> **[活動]**
> 友達と鬼遊び(変わり鬼)やもぐる遊び、輪くぐりの行い方を知り、行う。
>
> **[評価]**
> 鬼遊びや輪くぐりの行い方を知り、運動遊びを楽しむことができる。
>
> **[指導上の留意点]**
> 運動遊びの行い方について、教師が示範するなど具体的に提示していく。

本時の展開

	時	子供の活動
はじめ	3分	**集合・あいさつ・人数確認** ○今日の学習内容を知る。 ○バディで人数を確認する。 ○水遊びの心得を知る。
準備運動	5分	**準備運動をして、シャワーを浴びる** ○膝、肘、肩、首、手首、足首等の各関節を動かす。 ○シャワーを浴びる。
リズム水遊び	5分	**入水し、リズム水遊びを行う** ○一つ一つの動きに言葉かけをしながら楽しめるようにする。
水の中を移動する遊び	8分	**水中での鬼遊びを行う** 1 ○タッチで鬼が変わる、鬼遊び（変わり鬼）を行う。 ○追いかけたり、逃げたりするのが上手な子供を紹介する。
もぐる・浮く運動遊び①	8分	**2～4人組でもぐる運動遊びを行う** 2 ○お池にポチャン。 ○トンネルくぐり。
もぐる・浮く運動遊び②	8分	**2～4人組で輪くぐり遊びを行う** 3 ○グループに1つ輪を配布して、くぐって楽しむ。 ○輪の高さや向きを提示する。
整理運動	3分	**運動で使った部位をゆったりとほぐす** ○全身をゆっくりとほぐし、耳の中の水を出す。
まとめ	5分	**(1)今日の学習について振り返り、次からの学習の進め方を知る** ①楽しく運動できたか。 ②友達と仲よく運動できたか。 ③安全に運動できたか。 **(2)シャワーを浴びる・目洗いをする**

1 水中での鬼遊び①：変わり鬼

①教師がリレー遊びなどで使うリングバトンを複数（10個程度）持ち、鬼となる。
②タッチされた子供は、リングバトンを受け取り鬼となる。
○手を使って前進している子供、ジャンプしながら進んでいる子供を紹介する。
※リングバトンを所持していることが分かるように腕にはめて行う。
※周りの人にぶつからないように気を付けて行うように注意深く伝えるとともに、短時間で区切るなど工夫する。

2 もぐる運動遊び

(1)お池にポチャン

①手で「お池」をつくる。
②顎を引いて、おでこから入水するようにする。
③1人（教師）が「お池に」と言い、その後もう1人が「ポチャン」と言う。「ポチャン」のタイミングで顔をつける。
○手をつないで行う、手を繋いでもぐるなどの動きを提示してもよい。
※肘を伸ばして、頭がぶつからないよう十分な距離をとるようにする。
※長時間行わないようにする（3秒程度から始める）。
※顎、口、鼻と徐々に行うように声をかけ、息を十分に吸ってから行うようにする。

(2)トンネル遊び

①じゃんけんをして、勝った人がトンネルをつくる。
②負けた人がトンネルをくぐる。
○トンネルをつくる子供は、トンネルの高さを変えて楽しむ。
○トンネルをくぐる子供は、姿勢を変えて楽しむ。
※順番を決め、交代して行う。
※足や股ではなく、手で高さを調節することを伝える。
※友達がもぐれないときは、高さを調節することを伝える。

3 輪くぐり

①輪を持つ子供とくぐる子供に分かれる。
②交代で輪をくぐって楽しむ。
○輪の高さを変えたり、くぐり方を工夫したりする。
※壁に激突しないよう、十分な距離をとる。
※順番を決め、交代で行う。
※歩いて入ってもよいこと、顔をつけるのが苦手な場合は高さを調節することを伝える。

本時案

水遊びを楽しもう② 3/9

本時の目標

水の中を移動する遊びやもぐる・浮く運動遊びの行い方を知り、運動を楽しむことができるようにする。

評価のポイント

水の中を移動する遊びやもぐる・浮く運動遊びの行い方を知り、友達と楽しむことができたか。

週案記入例

[目標]
鬼遊び、浮く遊びやビート板遊びの行い方を理解して楽しむ。

[活動]
友達と鬼遊び(手つなぎ鬼)、浮く遊びやビート板遊びの行い方を知り、行う。

[評価]
鬼遊び、浮く遊びやビート板遊びの行い方を知り、運動遊びを楽しむことができる。

[指導上の留意点]
運動遊びの行い方について、教師が示範するなど具体的に提示していく。

本時の展開

	時	子供の活動
はじめ	3分	**集合・あいさつ・人数確認** ○今日の学習内容を知る。 ○バディで人数を確認する。 ○水遊びの心得を知る。
準備運動	5分	**準備運動をして、シャワーを浴びる** ○膝、肘、肩、首、手首、足首等の各関節を動かす。 ○シャワーを浴びる。
リズム水遊び	5分	**入水し、リズム水遊びを行う** ○一つ一つの動きに言葉かけを行いながら楽しめるようにする。
水の中を移動する遊び	8分	**水中での鬼遊びを行う** ◀1 ○タッチで鬼が増える鬼遊び（手つなぎ鬼）を行う。 ○追いかけたり、逃げたりするのが上手な子供を紹介する。
もぐる・浮く運動遊び①	8分	**2〜4人組で浮く運動遊びを行う** ◀2 ○水中タクシー。 ○浮き遊び。
もぐる・浮く運動遊び②	8分	**2〜4人組でビート板遊びを行う** ◀3 ○グループに2枚程度ビート板を配布して、浮いて楽しむ。 ○仰向け浮きとふし浮きを提示する。
整理運動	3分	**運動で使った部位をゆったりとほぐす** ○全身をゆっくりとほぐし、耳の中の水を出す。
まとめ	5分	**(1)今日の学習について振り返り、次からの学習の進め方を知る** ①楽しく運動できたか。 ②友達と仲よく運動できたか。 ③安全に運動できたか。 **(2)シャワーを浴びる・目洗いをする**

1 水中での鬼遊び②：手つなぎ鬼

①教師が鬼となってスタートする。
②タッチされた子供は、鬼と手をつなぎ、鬼になって追いかける。
③手をつないだ鬼は、2人、3人、4人と増えていく。
④4人になったら、2人と2人に分かれる。
○ジャンプしながら進んでいる子供を紹介する。
※手をつないでいる子供が鬼であると伝えると分かりやすい。
※壁から離れられない子供には、教師が一緒に手をつないで移動するとよい。

2 浮く運動遊び

(1)水中タクシー

①じゃんけんをして、勝った人が運転手になる。
②負けた人がお客さんになる。
③運転手は、お客さんを連れていく。
　まっすぐ進んだり、曲がったりして進む。
○全身の力を抜いて、浮いている子供を称賛する。
※運転手が肩までつかって、連れていく人は怖がらず、気持ちよく
　浮くことができるようなスピードで運ぶことを伝える。
※進む先を見て行うように伝える。
※首ではなく、肩につかまることを伝える。

(2)浮き遊び

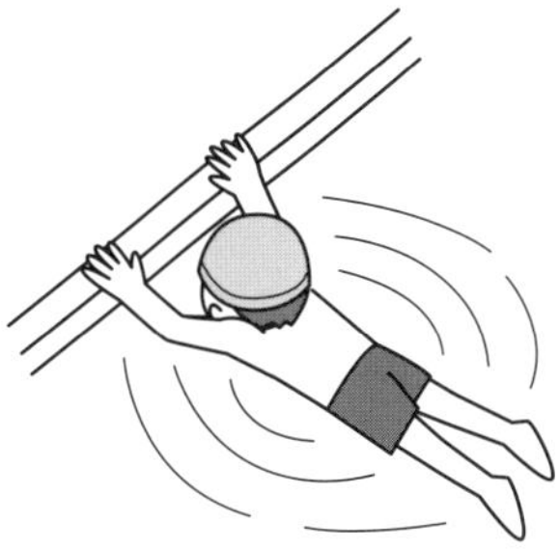

①ペットボトルや壁、友達につかまる。
②ゆっくりと足を離して浮く。
○道具を抱えてだるま浮きのようになっている子供や、仰向けになっ
　てラッコのようになっている子供を紹介する。
※友達の浮き方をして真似っこしてみようと伝える。
※長時間行わないようにする（3秒程度から始める）。
※力が入って浮くことができない子供には、つかまった姿勢で大きくジャンプするように伝える。

3 ビート板遊び

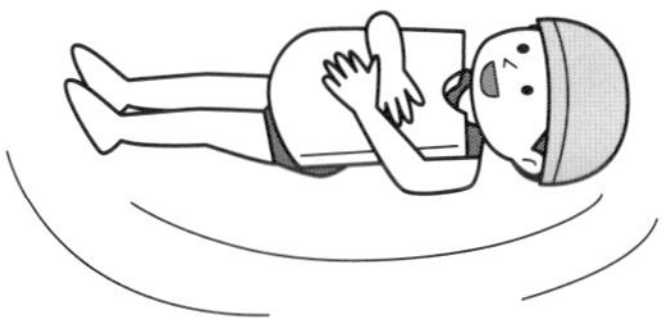

①ビート板をつかんで足を離す。
②力を抜いて、仰向けで浮く。
○ふし浮きで浮いたり、足を動かしたりして工夫している子供を
　紹介し、動きを広げる。
※壁に激突しないよう、十分な距離をとる。
※順番を決め、交代で行う。
※不安な子供には、ビート板の枚数を増やして安心させる。

本時案

水遊びを楽しもう③　4/9

本時の目標

水の中を移動する遊びやもぐる・浮く運動遊びの行い方を知り、運動を楽しむことができるようにする。

評価のポイント

水の中を移動する遊びやもぐる・浮く運動遊びの行い方を知り、友達と楽しむことができたか。

週案記入例

[目標]
鬼遊び、もぐる・浮く遊びや棒遊びの行い方を理解して楽しむ。

[活動]
友達と鬼遊び(バナナ鬼)、もぐる・浮く遊びや棒遊びの行い方を知り、行う。

[評価]
鬼遊び、もぐる・浮く遊びや棒遊びの行い方を知り、運動遊びを楽しむことができる。

[指導上の留意点]
運動遊びの行い方について、教師が示範するなど具体的に提示していく。

本時の展開

	時	子供の活動
はじめ	3分	**集合・あいさつ・人数確認** ○今日の学習内容を知る。 ○バディで人数を確認する。 ○水遊びの心得を知る。
準備運動	5分	**準備運動をして、シャワーを浴びる** ○膝、肘、肩、首、手首、足首等の各関節を動かす。 ○シャワーを浴びる。
リズム水遊び	5分	**入水し、リズム水遊びを行う** ○一つ一つの動きに言葉かけを行いながら楽しめるようにする。
水の中を移動する遊び	8分	**水中での鬼遊びを行う** 1 ○ルールを少し変えた鬼遊び（氷鬼、バナナ鬼など）を行う。 ○追いかけたり、逃げたりするのが上手な子供を紹介する。
もぐる・浮く運動遊び①	8分	**2〜4人組で浮く運動遊びを行う** 2 ○水中タクシー。 ○浮き遊び。
もぐる・浮く運動遊び②	8分	**2〜4人組でビート板遊びを行う** 3 ○グループに2枚程度ビート板を配布して、浮いて楽しむ。 ○仰向け浮きとふし浮きを提示する。
整理運動	3分	**運動で使った部位をゆったりとほぐす** ○全身をゆっくりとほぐし、耳の中の水を出す。
まとめ	5分	**(1)今日の学習について振り返り、次からの学習の進め方を知る** ①楽しく運動できたか。 ②友達と仲よく運動できたか。 ③安全に運動できたか。 **(2)シャワーを浴びる・目洗いをする**

1 水中での鬼遊び③：バナナ鬼

①子供が 10 名程度鬼となってスタートする。
②タッチされた子供は、両手を上げる（バナナになる）。
③バナナになってしまった子供は、タッチされると片手を下ろす。
④ 2 回タッチされると、再び逃げることができる。
○様々な方向に移動している子供を紹介する。
※鬼となった子供は、リングバトンを持つなど視覚的に分かりやすくする。
※タッチされたら両手を上げて、バナナに変身することをしっかりと伝える。

2 もぐる・浮く運動遊び

(1)水中にらめっこ

①「アップップ」の合図で水の中にもぐる。
②友達同士で手をつなぎ、にらめっこの様子を見る。
○息をたくさん吸って、息を止めてもぐっている子供を紹介する。
○水中では、目を開けるように声をかける。
※十分に距離をとり、頭がぶつからないようにする。
※長時間行わない（3 秒程度から始める）。
※十分に顔をつけられない場合は、顎、口、鼻とつけられる位置まで挑戦するよう伝える。

(2)ジャンプでゴー

①友達と手をつなぐ
②教師の合図でもぐったり出てきたりする。
○顔を出したときは、「パッ」と声を出してしっかりと息を出すようにする。
○息を吸う、止める、吐くを意識させる。
※もぐっている人に近寄らないようにする（頭頂部が顎に当たることがある）。
※進むときは、相手とぶつからないよう前を見ることを伝える。
※顎、口、鼻など、もぐれる位置まで挑戦することを伝える。

3 プカプカ棒遊び

①棒を持って引っ張る子供と棒につかまって浮く子供に分かれる。
②ペットボトルをつなげたものや、スポンジ製の棒など浮くもの
　につかまって足を底から離す。
③棒を引っ張る子供は、様々な方向に移動する。
○力を抜いて、顔をつけて浮くことができている子供を紹介する。
※壁や他の人に激突しないよう、十分な距離をとる。
※順番を決め、交代で行う。無理に引っ張り上げないようにする。

本時案

水遊びを工夫して楽しもう①

5/9

本時の目標

自分の選んだ遊び方を工夫して、考えたことを友達に伝える。

評価のポイント

もぐったり、浮いたりする遊びを行い、友達のよいところを見付けたり、遊び方を考えたりしているか。

週案記入例

[目標]
水の中を移動する遊びやもぐる・浮く遊びを工夫して楽しむ。

[活動]
ねことねずみ、もぐる・浮く遊びから選んだ遊びを工夫する。

[評価]
ねことねずみ、もぐる・浮く遊びの遊び方を工夫して楽しむことができる。

[指導上の留意点]
子供の工夫された動きが見られた場合は、面白さを共有する時間を設定する。

本時の展開

	時	子供の活動
はじめ	3分	**集合・あいさつ・人数確認** ○今日の学習内容を知る。 ○バディで人数を確認する。 ○水遊びの心得を知る。
準備運動	5分	**準備運動をして、シャワーを浴びる** ○膝、肘、肩、首、手首、足首等の各関節を動かす。 ○シャワーを浴びる。
リズム水遊び	5分	**入水し、リズム水遊びを行う** ○動きを大きくして、変身や真似っこしている子供を称賛する。
水の中を移動する遊び	8分	**ねことねずみを行う** 1 ○教師の合図で逃げるねことねずみを行う。 ○追いかけ方や逃げ方を工夫している子供を紹介する。
もぐる・浮く運動遊び①	8分	**2〜4人組でもぐる・浮く運動遊びを選んで行う** 2 ○お池にポチャン　○水中タクシー　○ジャンプでゴー ○それぞれの場所に移動して楽しむ。 ○工夫された動きを共有する。
もぐる・浮く運動遊び②	8分	**2〜4人組でもぐる・浮く運動遊びを選んで行う** 3 ○お池にポチャン　○水中タクシー　○ジャンプでゴー ○それぞれの場所に移動して楽しむ。
整理運動	3分	**運動で使った部位をゆったりとほぐす** ○全身をゆっくりとほぐし、耳の中の水を出す。
まとめ	5分	**(1)今日の学習について振り返り、次からの学習の進め方を知る** ①楽しく運動できたか。 ②友達と仲よく運動できたか。 ③安全に運動できたか。 **(2)シャワーを浴びる・目洗いをする**

1 ねことねずみ（何度も繰り返し、全員が楽しめるようにする）

①プールの底の線に２列になって並び、「ねこ」「ねずみ」チームに分かれる。
②教師の合図（笛など）に合わせて、その場でジャンプをする。
③教師が「ねこ」または「ねずみ」の名前を言う。
④言われたチームは、近い壁まで逃げる。
⑤もう片方のチームは、相手を追いかける。
○言われたチームが追いかけるなどのルール変更をする。
○コースロープをくぐったら安全地帯などを設ける。
※飛びついてたたかれたり、けられたりしないようにする。

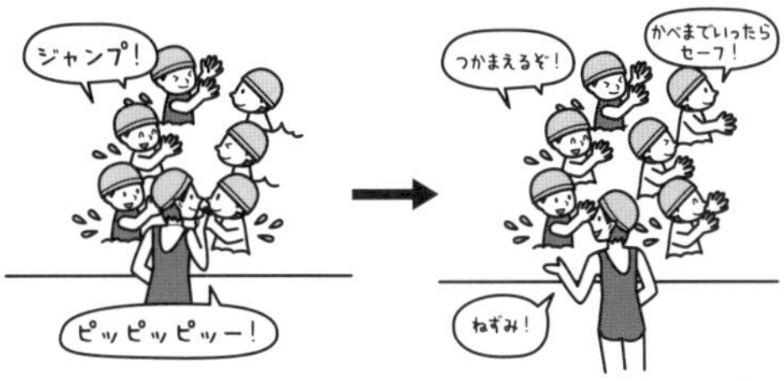

2 もぐる・浮く運動遊びの場の例

※プールをコースロープなどで区切り、子供に活動の見通しをもたせる。
・どこで何の遊びをするのか指定すると、子供は活動の見通しをもつことができる。また、教師も管理がしやすくなる。

3 もぐる・浮く運動遊びの工夫例

もぐる・浮く運動遊びでは、子供の発想をもとに学習を進めていくことが大切である。子供が工夫した動きをしたときに、その動きを紹介し、共有する時間を設定する。

	お池にポチャン	水中タクシー	ジャンプでゴー
工夫された動きの例①	 向かい合った条件で、２人でしゃがんで、頭まで入れてみる（息を吸って止める）。	 運転手（引っ張る方）の推進力が強くなると浮きやすくなる。	 全身を使って、遠くに跳んだり高く跳んだりする。
工夫された動きの例②	 ジャンプしてからもぐったり、もぐった後に足を浮かせてみる。	 顔をつけて浮くと、浮きやすい姿勢になる。	 人数を増やし、友達と手をつないで、同時にやってみる。

本時案

水遊びを工夫して楽しもう②

6/9

本時の目標

自分の選んだ遊び方を工夫して、考えたことを友達に伝えることができるようにする。

評価のポイント

もぐったり、浮いたりする遊びを行い、友達のよいところを見付けたり、遊び方を考えたりできたか。

週案記入例

[目標]
水の中を移動する遊びやもぐる・浮く遊びを工夫して楽しむ。

[活動]
じゃんけん おいかけっこ、もぐる・浮く遊びから選んだ遊びを工夫する。

[評価]
じゃんけん おいかけっこ、もぐる・浮く遊びの遊び方を工夫して楽しむことができる。

[指導上の留意点]
子供の工夫された動きが見られた場合は、面白さを共有する時間を設定する。

本時の展開

	時	子供の活動
はじめ	3分	**集合・あいさつ・人数確認** ○今日の学習内容を知る。 ○バディで人数を確認する。 ○水遊びの心得を知る。
準備運動	5分	**準備運動をして、シャワーを浴びる** ○膝、肘、肩、首、手首、足首等の各関節を動かす。 ○シャワーを浴びる。
リズム水遊び	5分	**入水し、リズム水遊びを行う** ○動きを大きくして、変身や真似っこしている子供を称賛する。
水の中を移動する遊び	8分	**じゃんけん おいかけっこを行う** 1 ○教師の合図で逃げるじゃんけん おいかけっこを行う。 ○追いかけ方や逃げ方を工夫している子供を紹介する。
もぐる・浮く運動遊び①	8分	**2〜4人組でもぐる・浮く運動遊びを選んで行う** 2 ○トンネル遊び　○浮き遊び　○水中にらめっこ ○それぞれの場所に移動して楽しむ。 ○工夫された動きを共有する。
もぐる・浮く運動遊び②	8分	**2〜4人組でもぐる・浮く運動遊びを選んで行う** 3 ○トンネル遊び　○浮き遊び　○水中にらめっこ ○それぞれの場所に移動して楽しむ。
整理運動	3分	**運動で使った部位をゆったりとほぐす** ○全身をゆっくりとほぐし、耳の中の水を出す。
まとめ	5分	**(1)今日の学習について振り返り、次からの学習の進め方を知る** ①楽しく運動できたか。 ②友達と仲よく運動できたか。 ③安全に運動できたか。 **(2)シャワーを浴びる・目洗いをする**

1 じゃんけん おいかけっこ（何度も繰り返し、全員が楽しめるようにする）

①プールの底の線に２列になって向かい合って並ぶ。
②向かい合った友達とじゃんけんをする。
③勝った子供は、相手を追いかける。
④負けた子供は、自分に近い壁や安全地帯に逃げる。
○じゃんけんに勝った子供が逃げるなどルールを変える。
○コースロープで安全地帯を設ける。
※飛びついてたたかれたり、けられたりしないようにする。

2 もぐる・浮く運動遊びの場の例

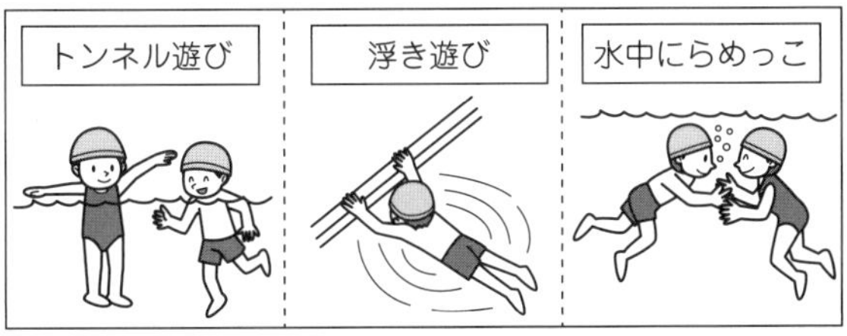

※プールをコースロープなどで区切ると、子供は動きやすい。
・どこで何の遊びをするのか指定すると、子供は活動を把握することができる。また、教師も管理がしやすくなる。

3 もぐる・浮く運動遊びの工夫例

もぐる・浮く運動遊びでは、子供の発想をもとに学習を進めていくことが大切である。子供が工夫した動きをしたときに、その動きを紹介し、共有する時間を設定する。

	トンネル遊び	浮き遊び	水中にらめっこ
工夫された動きの例①	 様々な姿勢でくぐってみる（うつ伏せ、仰向け等）。手や足を使う。	 つかまる道具や姿勢を変えてみる。	 ジャンプしてからもぐったり、もぐった後に足を離してみたりする。
工夫された動きの例②	 低いトンネルくぐりに挑戦する。	 手をつないで回り、徐々に足を離す（メリーゴーランドのように）。	 水中で息を吐いたり、言葉を言ったりする（言葉当てクイズにしてもよい）。

本時案

遊びを選んで水遊びを楽しもう①

7/9

本時の目標

自分の選んだ遊び方を工夫して、考えたことを友達に伝えることができるようにする。

評価のポイント

もぐったり、浮いたりする遊びを行い、友達のよいところを見付けたり、遊び方を考えたりすることができたか。

週案記入例

[目標]
水の中を移動する遊びやもぐる・浮く遊びを工夫して楽しむ。

[活動]
リレー遊び、もぐる・浮く遊びから選んだ遊びを工夫する。

[評価]
リレー遊び、もぐる・浮く遊びの遊び方を工夫して楽しむことができる。

[指導上の留意点]
子供の工夫された動きが見られた場合は、面白さを共有する時間を設定する。

本時の展開

	時	子供の活動
はじめ	3分	**集合・あいさつ・人数確認** ○今日の学習内容を知る。 ○バディで人数を確認する。 ○水遊びの心得を知る。
準備運動	5分	**準備運動をして、シャワーを浴びる** ○膝、肘、肩、首、手首、足首等の各関節を動かす。 ○シャワーを浴びる。
リズム水遊び	5分	**入水し、リズム水遊びを行う** ○動きを大きくして、変身や真似っこしている子供を称賛する。
水の中を移動する遊び	8分	**リレー遊びを行う** 1 ○教師の合図で逃げるリレー遊びを行う。 ○追いかけ方や逃げ方を工夫している子供を紹介する。
もぐる・浮く運動遊び①	8分	**2～4人組でもぐる・浮く運動遊びを選んで行う** 2 ○宝探し 3 ○輪くぐり ○ビート板遊び ○棒遊び ○それぞれの場所に移動して楽しむ。 ○工夫された動きを共有する。
もぐる・浮く運動遊び②	8分	**2～4人組でもぐる・浮く運動遊びを選んで行う** ○宝探し ○輪くぐり ○ビート板遊び ○棒遊び ○それぞれの場所に移動して楽しむ。
整理運動	3分	**運動で使った部位をゆったりとほぐす** ○全身をゆっくりとほぐし、耳の中の水を出す。
まとめ	5分	**(1)今日の学習について振り返り、次からの学習の進め方を知る** ①楽しく運動できたか。 ②友達と仲よく運動できたか。 ③安全に運動できたか。 **(2)シャワーを浴びる・目洗いをする**

1 リレー遊び（何度も繰り返し、全員が楽しめるようにする）

①プール両方の壁に並ぶ（横方向を使ってリレーをする）。
②向かい合った壁に向かって進んでいく。
③チームメイトにタッチをしたら、交代する。
○ジャンプで行く、大股で行くなどの条件を加えてもよい。
○２チーム以上で速いかを競ってもよいし、時間内に何回タッチできたかを数えてもよい。
※飛びついてたたかれたり、けられたりしないようにする。

2 もぐる・浮く運動遊びの場の例

宝探し	ビート板遊び
輪くぐり	棒遊び

※プールをコースロープなどで区切ると、子供は動きやすい。
※道具をそれぞれの場所に置いておくと分かりやすい。
※グループで話し合って移動したり、移動した後にグループをつくったりしてもよい。

3 もぐる・浮く運動遊びの工夫例：「宝探し」

もぐる・浮く運動遊びでは、子供の発想をもとに学習を進めていくことが大切である。子供が工夫した動きをしたときに、その動きを紹介し、共有する時間を設定する。

はじめの遊び方	工夫した遊び方の例
A 宝探し ①審判の子供、取りに行く子供を決める。 ②審判の子供の合図で宝を取りに行く。 ③宝を取ったら、次の審判に渡す。 	①距離を変えて宝を取る 審判と宝を取る子供の距離を変える ※プールの線を使って変えるとよい。 
	②宝を選んで遊ぶ 水面に浮く宝、水中に浮く宝、沈んだ宝から自分たちが遊びたい宝を選ぶ。 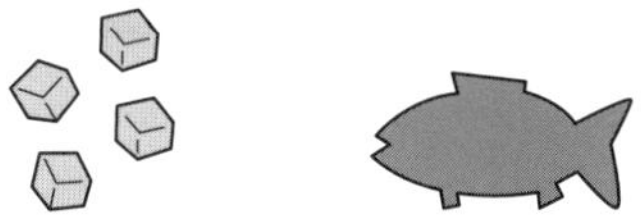 浮くもの（スポンジ等）　テントの切れ端
	③制限時間を決めて遊ぶ 宝の数を増やし、審判が数える中でどれだけ取れるかを競う。色や物によって点数を変える。 

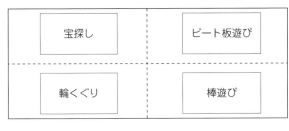

本時案

遊びを選んで水遊びを楽しもう②

8/9

本時の目標

自分の選んだ遊び方を工夫して、考えたことを友達に伝えることができるようにする。

評価のポイント

もぐったり、浮いたりする遊びを行い、友達のよいところを見付けたり、遊び方を考えたりすることができたか。

週案記入例

[目標]
水の中を移動する遊びやもぐる・浮く遊びを工夫して楽しむ。

[活動]
リレー遊び、もぐる・浮く遊びから選んだ遊びを工夫する。

[評価]
リレー遊び、もぐる・浮く遊びの遊び方を工夫して楽しむことができる。

[指導上の留意点]
子供の工夫された動きが見られた場合は、面白さを共有する時間を設定する。

本時の展開

	時	子供の活動
はじめ	3分	**集合・あいさつ・人数確認** ○今日の学習内容を知る。 ○バディで人数を確認する。 ○水遊びの心得を知る。
準備運動	5分	**準備運動をして、シャワーを浴びる** ○膝、肘、肩、首、手首、足首等の各関節を動かす。 ○シャワーを浴びる。
リズム水遊び	5分	**入水し、リズム水遊びを行う** ○動きを大きくして、変身や真似っこしている子供を称賛する。
水の中を移動する遊び	8分	**リレー遊びを行う** 1 ○教師の合図で逃げるリレー遊びを行う。 ○追いかけ方や逃げ方を工夫している子供を紹介する。
もぐる・浮く運動遊び①	8分	**2〜4人組でもぐる・浮く運動遊びを選んで行う** ○宝探し　○輪くぐり 2 ○ビート板遊び 3 ○棒遊び ○それぞれの場所に移動して楽しむ。 ○工夫された動きを共有する。
もぐる・浮く運動遊び②	8分	**2〜4人組でもぐる・浮く運動遊びを選んで行う** ○宝探し　○輪くぐり　○ビート板遊び　○棒遊び ○それぞれの場所に移動して楽しむ。
整理運動	3分	**運動で使った部位をゆったりとほぐす** ○全身をゆっくりとほぐし、耳の中の水を出す。
まとめ	5分	**(1)今日の学習について振り返り、次からの学習の進め方を知る** ①楽しく運動できたか。 ②友達と仲よく運動できたか。 ③安全に運動できたか。 **(2)シャワーを浴びる・目洗いをする**

1 リレー遊び（ピンポン玉息吹き）

①プール両方の壁に並ぶ（横方向を使ってリレーをする）。
②向かい合った壁に向かってピンポン玉を息で吹きながら進んでいく。
③ピンポン玉をバトンとして使い、交代する。
○顔の高さを意識させて行うとよい。
○速いかを競ってもよいし、制限時間で何回進めるかを数えてもよい。
※息をしっかりと吐いてボールを進めることができるように、手は後ろで組むようにする。
※ずっと行い続けることは難しいため、距離を短くしてもよい。

2 もぐる・浮く運動遊びの工夫例：「輪くぐり」「ビート板遊び」

はじめの遊び方	工夫した遊び方の例
B輪くぐり ①輪を持つ子供とくぐる子供に分かれる。 ②順番にくぐる。 	①輪の高さを調節する 高さを変えることで、もぐってくぐったり、泳いでくぐったりできるようにする。 
	②輪を増やして楽しむ ほかのグループと協力して輪を増やして、連続でくぐってみる。 
	③輪を水面に浮かせて楽しむ 水面に浮いた輪の中をくぐる。 
Cビート板遊びの例 ①ビート板をつかんで足を離す。 ②力を抜いて、仰向けで浮く。 	①うつ伏せに持って浮く 力を抜いて、足を離していく。 （足を動かしてもよい） 
	②壁をけって、浮いて進む ビート板を持った状態で、力強く壁をける。顔を入れてけると進みやすい。
	③ビート板に体の様々な部分をのせる 腹や肩、頭、足などにのせて、バランスをとって浮く。 ※転倒してけがをしないように声をかける。 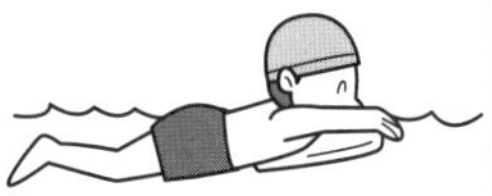

本時案

遊びを選んで水遊びを楽しもう③

9/9

本時の目標

自分の選んだ遊び方を工夫して、考えたことを友達に伝えることができるようにする。

評価のポイント

もぐったり、浮いたりする遊びを行い、友達のよいところを見付けたり、遊び方を考えたりすることができたか。

週案記入例

[目標]
水の中を移動する遊びやもぐる・浮く遊びを工夫して楽しむ。

[活動]
リレー遊び、もぐる・浮く遊びから選んだ遊びを工夫する。

[評価]
リレー遊び、もぐる・浮く遊びの遊び方を工夫して楽しむことができる。

[指導上の留意点]
子供の工夫された動きが見られた場合は、面白さを共有する時間を設定する。

本時の展開

	時	子供の活動
はじめ	3分	**集合・あいさつ・人数確認** ○今日の学習内容を知る。 ○バディで人数を確認する。 ○水遊びの心得を知る。
準備運動	5分	**準備運動をして、シャワーを浴びる** ○膝、肘、肩、首、手首、足首等の各関節を動かす。 ○シャワーを浴びる。
リズム水遊び	5分	**入水し、リズム水遊びを行う** ○動きを大きくして、変身や真似っこしている子供を称賛する。
水の中を移動する遊び	8分	**ドンじゃんけんを行う** 1 ○ドンじゃんけんを行う。 ○追いかけ方や逃げ方を工夫している子供を紹介する。
もぐる・浮く運動遊び①	8分	**2〜4人組でもぐる・浮く運動遊びを選んで行う** ○宝探し　○輪くぐり　○ビート板遊び　○棒遊び 2 ○それぞれの場所に移動して楽しむ。 ○工夫された動きを共有する。
もぐる・浮く運動遊び②	8分	**2〜4人組でもぐる・浮く運動遊びを選んで行う** ○宝探し　○輪くぐり　○ビート板遊び　○棒遊び ○それぞれの場所に移動して楽しむ。
整理運動	3分	**運動で使った部位をゆったりとほぐす** ○全身をゆっくりとほぐし、耳の中の水を出す。
まとめ	5分	**(1)今日の学習について振り返り、次からの学習の進め方を知る** ①楽しく運動できたか。 ②友達と仲よく運動できたか。 3 ③安全に運動できたか。 **(2)シャワーを浴びる・目洗いをする**

1 ドンじゃんけん

①プール両方の壁に並ぶ（横方向を使う）。
②教師の合図でゲームを開始する。
③自分の陣地から相手に向かって進み、相手チームとぶつかったら、じゃんけんをする。
④じゃんけんに勝った方はそのまま相手陣地へと進み、負けた人はコースから抜けて、自分の陣地で出陣待ちをしている人たちの、最後尾につく。
⑤相手の陣地へ到達した方のチームが勝ちとなる。
※相手の陣地をコースロープなどで分かりやすくしておくとよい。
※ばた足などはぶつかってしまうことがあるため、大股やジャンプで進むようにする。

2 もぐる・浮く運動遊びの工夫例：「棒遊び」

はじめの遊び方	工夫した遊び方の例
D棒遊び ①棒を持つ人とつかまる人に分かれる。 ②棒につかまったら力を抜いて伏し浮きの姿勢になり、棒をひっぱってもらう。 ③順番に繰り返す 	①顔を入れて進む。 力を抜いた状態で、顔を入れて進んでいく。呼吸の際は、顔を上げる。
	②棒をプールに浮かばせ、壁をけってつかむ。 
	③足を動かして進んだり、相撲をしたりする。

3 学習のまとめ・単元全体の振り返り

○低学年の「水遊び」では、水に慣れ親しみ、運動を楽しむことができることが大切である。この観点に沿って、振り返りを行う。
・たくさん遊び、運動を楽しむことができたか。
・楽しい遊び方を考えることができたか。
・友達を見たり、友達と一緒に楽しんだりできたか。
・きまりを守って、安全に行うことができたか。
※特に安全については、毎時指導するとともに、振り返り、次に生かしていくことが大切である。3年生では、2年生の学習をもとに水の中で、浮いたり進んだり、呼吸したりしていくことを伝える。

DVD
収録資料

「水遊び」学習カード＆資料

使用時 **第１～９時**

本カードは第１時から第９時まで単元全体を通して使用する。水遊びの学習内容や自己の振り返りを記録するカードである。自分がどのようなことを学んで、どのように感じたのかを記入していく。友達のよい動きを見付け、どのようになりたいのか、どのようなことをしたいのかという子供自身の願いを大切にしていきたい。

収録資料活用のポイント

①使い方

単元の学習開始前に本カード１枚目と台紙を子供にセットで配布する。単元前半の学習について、イラストを交えながら学習内容を説明し、見通しをもたせる。授業終了後、更衣を済ませ、学習の振り返りを行うように指示する。

②留意点

本カードは、学習を通して個人が感じたことを記入していくものであるため、個人の文章の量や質に差が見られる。また、2年生という発達の段階から学習内容と正対しない記入が見られることもある（例：クロールを泳ぐなど）。その場合は、その考えを否定することなく、水の特性である抵抗・浮力・水圧などと関連させて、教師はコメントを書いていくとよい。

学習カード 2-7-1（1～4時）

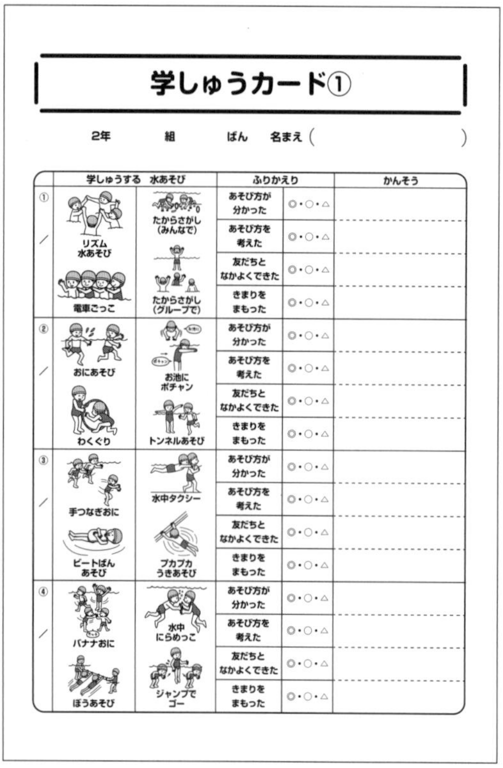

学しゅうカード①

2年　組　ばん　名まえ（　　　）

	学しゅうする 水あそび		ふりかえり		かんそう
① /	リズム水あそび	たからさがし（みんなで）	あそび方が分かった	◎・○・△	
	電車ごっこ	たからさがし（グループで）	あそび方を考えた	◎・○・△	
			友だちとなかよくできた	◎・○・△	
			きまりをまもった	◎・○・△	
② /	おにあそび	お池にポチャン	あそび方が分かった	◎・○・△	
	わくぐり	トンネルあそび	あそび方を考えた	◎・○・△	
			友だちとなかよくできた	◎・○・△	
			きまりをまもった	◎・○・△	
③ /	手つなぎおに	水中タクシー	あそび方が分かった	◎・○・△	
	ビートばんあそび	プカプカうきあそび	あそび方を考えた	◎・○・△	
			友だちとなかよくできた	◎・○・△	
			きまりをまもった	◎・○・△	
④ /	バナナおに	水中にらめっこ	あそび方が分かった	◎・○・△	
	ぼうあそび	ジャンプでゴー	あそび方を考えた	◎・○・△	
			友だちとなかよくできた	◎・○・△	
			きまりをまもった	◎・○・△	

学習カード 2-7-2（5～9時）

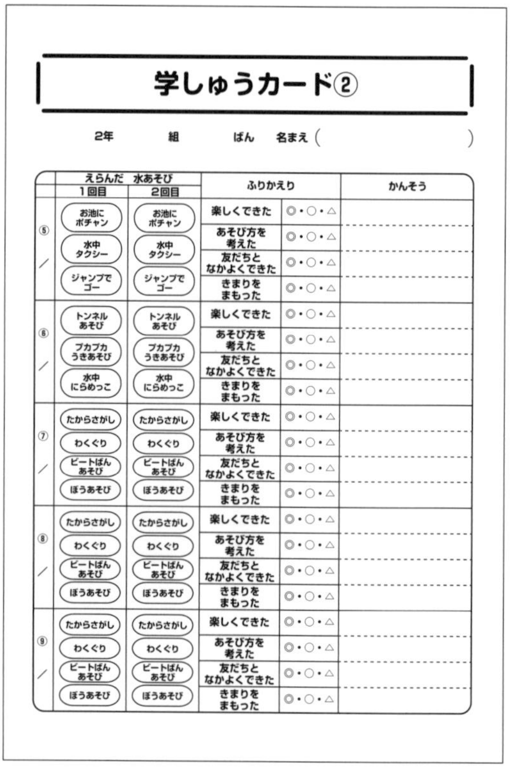

学しゅうカード②

2年　組　ばん　名まえ（　　　）

	えらんだ 水あそび 1回目	えらんだ 水あそび 2回目	ふりかえり		かんそう
⑤ /	お池にポチャン	お池にポチャン	楽しくできた	◎・○・△	
	水中タクシー	水中タクシー	あそび方を考えた	◎・○・△	
	ジャンプでゴー	ジャンプでゴー	友だちとなかよくできた	◎・○・△	
			きまりをまもった	◎・○・△	
⑥ /	トンネルあそび	トンネルあそび	楽しくできた	◎・○・△	
	プカプカうきあそび	プカプカうきあそび	あそび方を考えた	◎・○・△	
	水中にらめっこ	水中にらめっこ	友だちとなかよくできた	◎・○・△	
			きまりをまもった	◎・○・△	
⑦ /	たからさがし	たからさがし	楽しくできた	◎・○・△	
	わくぐり	わくぐり	あそび方を考えた	◎・○・△	
	ビートばんあそび	ビートばんあそび	友だちとなかよくできた	◎・○・△	
	ぼうあそび	ぼうあそび	きまりをまもった	◎・○・△	
⑧ /	たからさがし	たからさがし	楽しくできた	◎・○・△	
	わくぐり	わくぐり	あそび方を考えた	◎・○・△	
	ビートばんあそび	ビートばんあそび	友だちとなかよくできた	◎・○・△	
	ぼうあそび	ぼうあそび	きまりをまもった	◎・○・△	
⑨ /	たからさがし	たからさがし	楽しくできた	◎・○・△	
	わくぐり	わくぐり	あそび方を考えた	◎・○・△	
	ビートばんあそび	ビートばんあそび	友だちとなかよくできた	◎・○・△	
	ぼうあそび	ぼうあそび	きまりをまもった	◎・○・△	

水あそびのポイント

○水の中の　いどうの　ポイント

手で　たくさんの　水を　かこう

顔を　上げて、
いきを　しっかり
はこう

大またで　歩いたり、ジャンプしたり
しながら　まえに　すすもう

○もぐる・うく　ポイント

水の中で　いきを
止めたり、ゆっくり
はいたり　してみよう

いきを　たくさん
すってから　もぐろう

手や　足を
うごかして　もぐろう

いきを　たくさん
すってから　ういてみよう

体の力を　ぬいて
ういてみよう

あごを　引いて　おへその
方を　見よう

もぐったら、ゆっくり
少しずつ　いきを　はこう

顔を　上げたら
「パッ」と言ってみよう

手と　足を　つかって
もぐったり、
顔を上げたりしてみよう

8 多様な動きをつくる運動遊び

5時間

【単元計画】

[第一段階]
体を移動する運動遊びと用具を操作する運動遊びを楽しむ

体を移動する運動遊びと用具を操作する運動遊びの学習内容を知り、運動遊びを楽しむ。

1〜3 体を移動する運動遊びと用具を操作する運動遊びをやってみよう

POINT：体を移動する運動遊びと用具を操作する運動遊びの方法を知り、運動遊びを楽しむ。

[主な学習活動]

○集合・あいさつ　○準備運動

<第1時>
○じゃんけんすごろく
○ボールを操作する運動遊び
・ボール運び遊び
・ボール送り遊び
・ボール投げ遊び

<第2時>
○あんたがたどこさ
○ボールを操作する運動遊び
・ボール投げ遊び
○輪・長なわを操作する運動遊び
・長なわ（大波・小波、ゆうびんやさん）

<第3時>
○おもしろランド
○輪・短なわを操作する運動遊び
・輪回し
・輪転がし
・様々な短なわの跳び方

○整理運動　○まとめ

授業改善のポイント

主体的・対話的で深い学びの実践に向けて

多様な動きをつくる運動遊びでは、様々な基本的な体の動きを楽しく経験することにより、運動遊びの楽しさに触れ、この時期に基本的な体の動きを幅広く培っておくことが重要である。多様な動きをつくる運動遊びは工夫して学習することが大切である。そのため、以下の2点のポイントを大切にして指導する必要がある。

①いろいろな動きを増やしていくことを大切にした授業計画になっているか。

②動きの質を高めることを意識した授業計画になっているか。

以上の2点を大切にした授業計画にするためには「動きを確認しながら運動する時間」「動きを選び、工夫しながら運動する時間」の2つの時間を意図的・計画的に単元計画に組み込むことが重要となる。

また、それぞれの時間において2人組や3人、4人組など、グループでの活動を増やしていくことで対話的な学習が生まれ、友達の動きを真似したり、一緒に運動したりしながら動きのレパートリーを増やしていくことにつながる。単元計画を知る段階と広げる段階の2つに分けることでねらいを明確にした活動にしていくようにする。

単元の目標

◯知識及び運動
・多様な動きをつくる運動遊び（体を移動する運動遊びや用具を操作する運動遊び）の行い方を知り、その楽しさに触れ、体を動かす心地よさを味わうことができる。

◯思考力、判断力、表現力等
・多様な動きをつくる遊び方を工夫するとともに、考えたことを友達に伝えることができる。

◯学びに向かう力、人間性等
・運動遊びに進んで取り組み、きまりを守り誰とでも仲よく運動をしたり、場の安全に気を付けたりすることができる。

［第二段階］
体を移動する運動遊びと用具を操作する運動遊びを工夫しながら楽しむ

体を移動する運動遊びと用具を操作する運動遊びの学習内容を知り、様々な動きをつくりながら運動遊びを楽しむ。

4・5　体を移動する運動遊びと用具を操作する運動遊びを工夫しながら楽しもう
POINT：体を移動する運動遊びと用具を操作する運動遊びの方法を知り、それぞれの運動遊びを工夫しながら楽しませるようにする。

［主な学習活動］
◯集合・あいさつ　◯準備運動
◯体を移動する運動遊び
・じゃんけんすごろく、あんたがたどこさ、おもしろランド
◯ボールを操作する運動遊び
・ボール運び遊び、ボール送り遊び、ボール投げ遊び
◯輪・長なわ・短なわを操作する運動遊び
・輪転がし、輪回し、長なわ、短なわ
◯整理運動　◯まとめ

子供への配慮の例

①運動が苦手な子供
体を移動する運動遊びでは、友達の行い方を真似したり、友達の後について行ったりするなど、体の動かし方が分かるようにする。また、跳ぶ方向が分かるように矢印を置いたり、跳ねた際に手でタッチできるように目印をぶら下げたりするなど、場や用具を準備する。

用具を操作する運動遊びでは、ボールやフープなど用具の大きさ、柔らかさ、重さを変えて操作しやすくなるようにする。また、恐怖心を感じにくい用具の準備等も考えられる。

②意欲的でない子供
多様な動きをつくる運動遊びでは、体を動かす楽しさ、心地よさを味わい、結果的に基本的な動きを身に付けることが大切である。そのため、1時間において1つの運動に絞って学習するのではなく、多種多様な運動を経験させることが必要である。

また、子供1人で黙々と運動遊びに取り組ませるのではなく、友達とともに楽しく、時にはゲーム化して様々な運動遊びに取り組ませることが重要である。

本時案

いろいろなボール遊びをしよう

1/5

本時の目標

体を移動する運動遊びやボールを使った運動遊びの仕方を知り、楽しく遊ぶことができるようにする。

評価のポイント

いろいろな体の移動の仕方やボールの使い方が分かり、安全に楽しく遊ぶことができたか。

週案記入例

[目標]
体を移動する運動遊びやボールを使った運動遊びの仕方を知り、楽しく遊ぶ。

[活動]
体を移動する運動遊びやボールを運んだり、送ったりする運動遊びを楽しむ。

[評価]
体を移動する運動遊びやボールを使った運動遊びの仕方を知り、楽しく遊ぶことができたか。

[指導上の留意点]
動きのポイントやこつを分かりやすく助言し、できている子供をクラス全体に広く知らせる。

本時の展開

	時	子供の活動
はじめ 準備運動	8分	**集合・あいさつ** ○本時の学習内容を知る。 ○生活班（5～6人）ごとに整列する。 **心と体がスイッチオンできるようにする** ○リズムに乗る音楽に合わせて、首、手首、足首等の運動をする。 ○軽いジョギング、スキップ、ジャンプなどの運動をする。
体を移動する運動遊び	10分	**体を移動する運動遊び：「じゃんけんすごろく」** 1 ○じゃんけんすごろくで多様な動物歩きに取り組む。 →アザラシ歩き、クモ歩き、しゃくとり虫歩き、クマ歩き
ボールを操作する運動遊び①	10分	**ボールを操作する運動遊び①：「ボール運び遊び」** 2 ○友達とボールを運んで遊ぶ。 →お腹で、背中で。 →ボールの種類を変えて。
ボールを操作する運動遊び②	12分	**ボールを操作する運動遊び②：「ボール送り遊び」** 3 ○ボールを様々な方法で送って遊ぶ。 →ボール送り。 →ボール送りリレー。 （頭の上を通して、股の下を通して等）
整理運動	2分	**運動で使った部位をゆったりとほぐす**
まとめ	3分	**(1)今日の学習について振り返り、学習カードに記入する** ①進んで楽しく運動できたか。 ②友達と仲よく運動できたか。 **(2)次時の学習内容を確認する**

1 体を移動する運動遊び：「じゃんけんすごろく」

「アザラシ歩き」「クモ歩き」「しゃくとり虫歩き」「クマ歩き」の４つの動きで構成し、各コーナーでは誰とでもじゃんけんをする。勝った子供が進み、負けた子供はその場で次の相手を探す。もし、あいこなら２人とも進む。

「じゃんけんすごろく」

2 ボールを操作する運動遊び①：「ボール運び遊び」

背中で

お腹で

頭で

脇で

※友達といろいろな種類のボールをはさんで。

前に進む

横に進む

くねくね進む

人数を増やして

「コーン」を回って戻る

※いろいろな方向に進むことや、リレーをして楽しむなどの工夫をする。

3 ボールを操作する運動遊び②：「ボール送り遊び」

丸くなって

※外向きに丸くなって送る

列になって

右から渡す（左から渡す）

上から　　下から

リレーをしよう

ボール投げと長なわで遊ぼう

2/5

本時の目標

体を移動する運動遊びやボールを使った運動遊び、長なわ遊びの仕方を知り、楽しく遊ぶことができるようにする。

評価のポイント

いろいろな体の移動の仕方やボールや長なわを使った遊び方が分かり、安全に楽しく遊ぶことができたか。

週案記入例

[目標]
体を移動する運動遊びやボールを使った運動遊び，長なわ遊びの仕方を知り、楽しく遊ぶ。

[活動]
体を移動する運動遊びやボールや長なわを使った運動遊びを楽しむ。

[評価]
体を移動する運動遊びやボールを使った運動遊び、長なわの仕方を知り、楽しく遊ぶことができたか。

[指導上の留意点]
動きのポイントやこつを分かりやすく助言し、できている子供をクラス全体に広く知らせる。

本時の展開

	時	子供の活動
はじめ 準備運動	8分	**集合・あいさつ** ○本時の学習内容を知る。 ○生活班（5～6人）ごとに整列する。 **心と体がスイッチオンできるようにする** ○リズムに乗る音楽に合わせて、首、手首、足首等の運動をする。 ○軽いジョギング、スキップ、ジャンプなどの運動をする。
体を移動する運動遊び	8分	**体を移動する運動遊び：「あんたがたどこさ」** 1 ○様々な「あんたがたどこさ」を楽しむ。 →1列に並んで、向かい合って2列で
ボールを操作する運動遊び	12分	**ボールを操作する運動遊び：「ボール投げ遊び」** 2 ○ボールを両手で投げたり捕ったりして遊ぶ。 →ボールをついて捕る。上に投げて捕る。 →手をたたいて捕る。座って捕る。
長なわを操作する運動遊び	12分	**長なわを操作する運動遊び：「長なわ遊び」** 3 ○なわを跳んだり、くぐったりして遊ぶ。 →大波小波。 →くぐり抜け。 →ゆうびんやさん。
整理運動	2分	**運動で使った部位をゆったりとほぐす**
まとめ	3分	**(1)今日の学習について振り返り、学習カードに記入する** ①進んで楽しく運動できたか。 ②友達と仲よく運動できたか。 **(2)次時の学習内容を確認する**

1 体を移動する運動遊び：「あんたがたどこさ」

1列に並ぶ

あんた・がた・どこ・㋚
前　前　前　後
ひご・㋚　ひご・どこ・㋚
前　後　前　前　後

※横に進むなど工夫して遊ぶとよい

向かい合って

歌いながら左右にステップし、「さ」のときだけ前へステップする。向かい合った友達とクロスして行う。
→「あんた」で右へ「がた」で左へ「ひご」で右へ「さ」で前へ

2 ボールを操作する運動遊び：「ボール投げ遊び」

ボールをついて捕る

上に投げて捕る

ふわっとキャッチ

2階（上で）捕る

顔の高さでキャッチ

地下（下で）捕る

ボールから目を離さない

いろいろなボールで

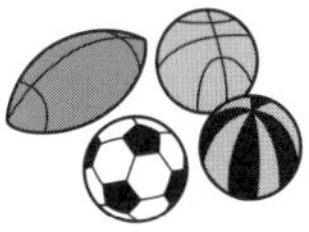

最初は1号くらいの柔らかいボールから始める

【ボールを使うときの約束】
①話を聞くときは、ボールを膝の下にかかえ、体育座りをする。
②集まるときはボールをつかない。
③周りに人がいないかを確認する。

3 長なわを操作する運動遊び：「長なわ遊び」

大波・小波で

左右に揺らす

ぐるりと回って

大回し

ネコの目

最後に足でなわをまたぐ

くぐり抜け

なわを見て、タイミングよく抜けよう

ゆうびんやさん

みんなで歌を歌いながら

8の字回旋

タイミングを合わせて

本時案

短なわと輪を使って遊ぼう

3/5

本時の目標

体を移動する運動遊びや短なわ・輪を使った運動遊びの仕方を知り、楽しく遊ぶことができるようにする。

評価のポイント

いろいろな体の移動の仕方や短なわ・輪を使った遊び方が分かり、安全に楽しく遊ぶことができたか。

週案記入例

[目標]
体を移動する運動遊びや短なわ・輪を使った運動遊びの仕方を知り、楽しく遊ぶ。

[活動]
体を移動する運動遊びや短なわ・輪を使った運動遊びを楽しむ。

[評価]
体を移動する運動遊びや短なわ・輪を使った運動遊びの仕方を知り、楽しく遊ぶことができたか。

[指導上の留意点]
動きのポイントやこつを分かりやすく助言し、できている子供をクラス全体に広く知らせる。

本時の展開

	時	子供の活動
はじめ 準備運動	8分	**集合・あいさつ** ○本時の学習内容を知る。 ○生活班（5〜6人）ごとに整列する。 **心と体がスイッチオンできるようにする** ○リズムに乗る音楽に合わせて、首、手首、足首等の運動をする。 ○軽いジョギング、スキップ、ジャンプなどの運動をする。
体を移動する運動遊び	8分	**体を移動する運動遊び：「おもしろランド」** ○様々なコースを一定の速さのかけ足で遊ぶ。 →2〜3分程度かけ足で。
輪を操作する運動遊び	14分	**輪を操作する運動遊び：「輪遊び」** 1 2 ○輪を回したり転がしたりして遊ぶ。 →手で、腰で、足で。 →まっすぐに、遠くに。
短なわを操作する運動遊び	10分	**短なわを操作する運動遊び：「短なわ遊び」** 3 4 ○様々な跳び方をして遊ぶ。 →両足跳び（前・後ろ）。 →グーパー跳び、グーチョキ跳び。 →ケンケン跳び。
整理運動	2分	**運動で使った部位をゆったりとほぐす**
まとめ	3分	**(1)今日の学習について振り返り、学習カードに記入する** ①進んで楽しく運動できたか。 ②友達と仲よく運動できたか。 **(2)次時の学習内容を確認する**

1 輪を使うときの約束

友達と離れて

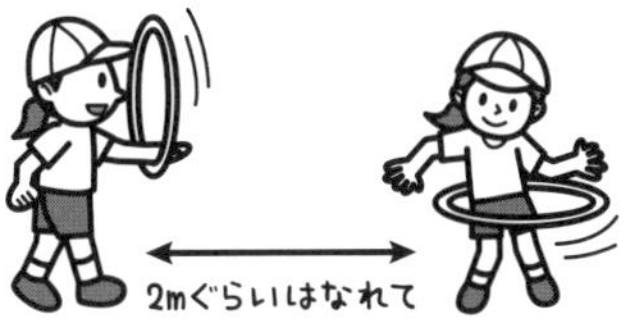

輪に入って座る

2 輪を操作する運動遊び：「輪遊び」

輪を回す

どうやってやると上手く
いくのか友達と考えてみよう！

手で　腰で　首で　足で

輪を転がす

まっすぐに

２人で向かい合って転がす

3 短なわを使うときの約束

友達と離れて

４つにたたんで座る

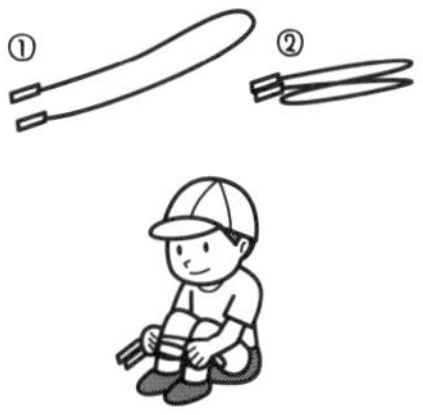

4 短なわを操作する運動遊び：「短なわ遊び」

両足跳び

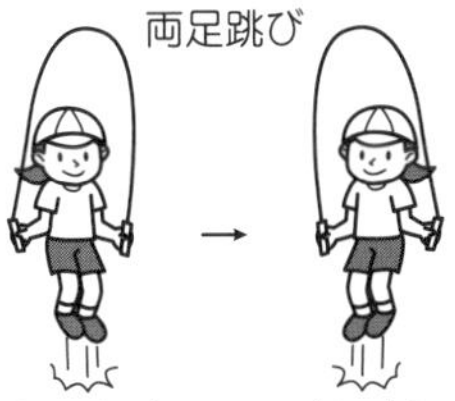

トントン・トントン
（１回旋２跳躍）

トン・トン
（１回旋１跳躍）

グーパー跳び

グー　パー

ケンケン跳び

１、２、３、４

（右も左も）

本時案

長なわ・短なわ・輪を使って工夫して遊ぼう①

4/5

本時の目標

体を移動する運動遊びや用具を操作する運動遊びの仕方を知り、工夫して楽しく遊ぶことができるようにする。

評価のポイント

いろいろな体の移動の仕方や長なわ・短なわや輪を使った遊び方が分かり、安全に工夫して楽しく遊ぶことができたか。

週案記入例

[目標]
体を移動する運動遊びや用具を操作する運動遊びの仕方を知り、工夫して楽しく遊ぶ。

[活動]
体を移動する運動遊びや長なわ・短なわ・輪を使った運動遊びを楽しむ。

[評価]
体を移動する運動遊びや長なわ・短なわ・輪を使った運動遊びの仕方を知り、工夫して楽しく遊ぶことができたか。

[指導上の留意点]
一人一人の動きを見取り、動きが向上している子供をほめるとともに、友達と協力して遊びを楽しむ姿を称賛する。

本時の展開

	時	子供の活動
はじめ 準備運動	8分	**集合・あいさつ** ○本時の学習内容を知る。 ○生活班（5～6人）ごとに整列する。 **心と体がスイッチオンできるようにする** ○リズムに乗る音楽に合わせて、首、手首、足首等の運動をする。 ○軽いジョギング、スキップ、ジャンプなどの運動をする。
体を移動する運動遊び	5分	**体を移動する運動遊び：「あんたがたどこさ」** ○様々な「あんたがたどこさ」を楽しむ。 →1列に並んで、向かい合って2列で。
長なわ・短なわ・輪を操作する運動遊び	27分	**ボールを操作する運動遊び：「ボール（運び・送り・投げ）遊び」** 1 ○様々な方法でボールを使って遊ぶ。 →ボール運び遊び、ボール送り遊び、ボール投げ遊び。 **長なわ・短なわを操作する運動遊び：「長なわ・短なわ遊び」** ○なわを跳んだり、くぐったりして遊ぶ。 →大波・小波、8の字回旋等。 **輪を操作する運動遊び：「輪遊び」** ○輪を回したり転がしたりして遊ぶ。 →輪転がし、輪回し等。 ※9分ごとにローテーションして、それぞれの運動遊びに取り組む。
整理運動	2分	**運動で使った部位をゆったりとほぐす**
まとめ	3分	**(1)今日の学習について振り返り、学習カードに記入する** ①進んで楽しく運動できたか。 ②友達と仲よく運動できたか。 **(2)次時の学習内容を確認する**

1 ローテーションの約束

①生活班（5〜6 人）で各場所を回る。
②各場所では班で行う運動をあらかじめ決めておき、取り組む。
③各場所には２つのグループが配置できるように計画する。
④体育館を３つ（「ボールを操作する運動遊びの場」「長なわ・短なわを使った運動遊びの場」「輪を使った運動遊びの場」）に分けて行う。
⑤９分経ったら、音楽の合図で次の場所に移動する。
⑥移動したら、それぞれの場所で体育座りをして待つ。
⑦それぞれの活動の前に何の活動をするのか、グループで確認して始める。
⑧リレーや競争をする場合は、もう１つのグループと協力して行う。

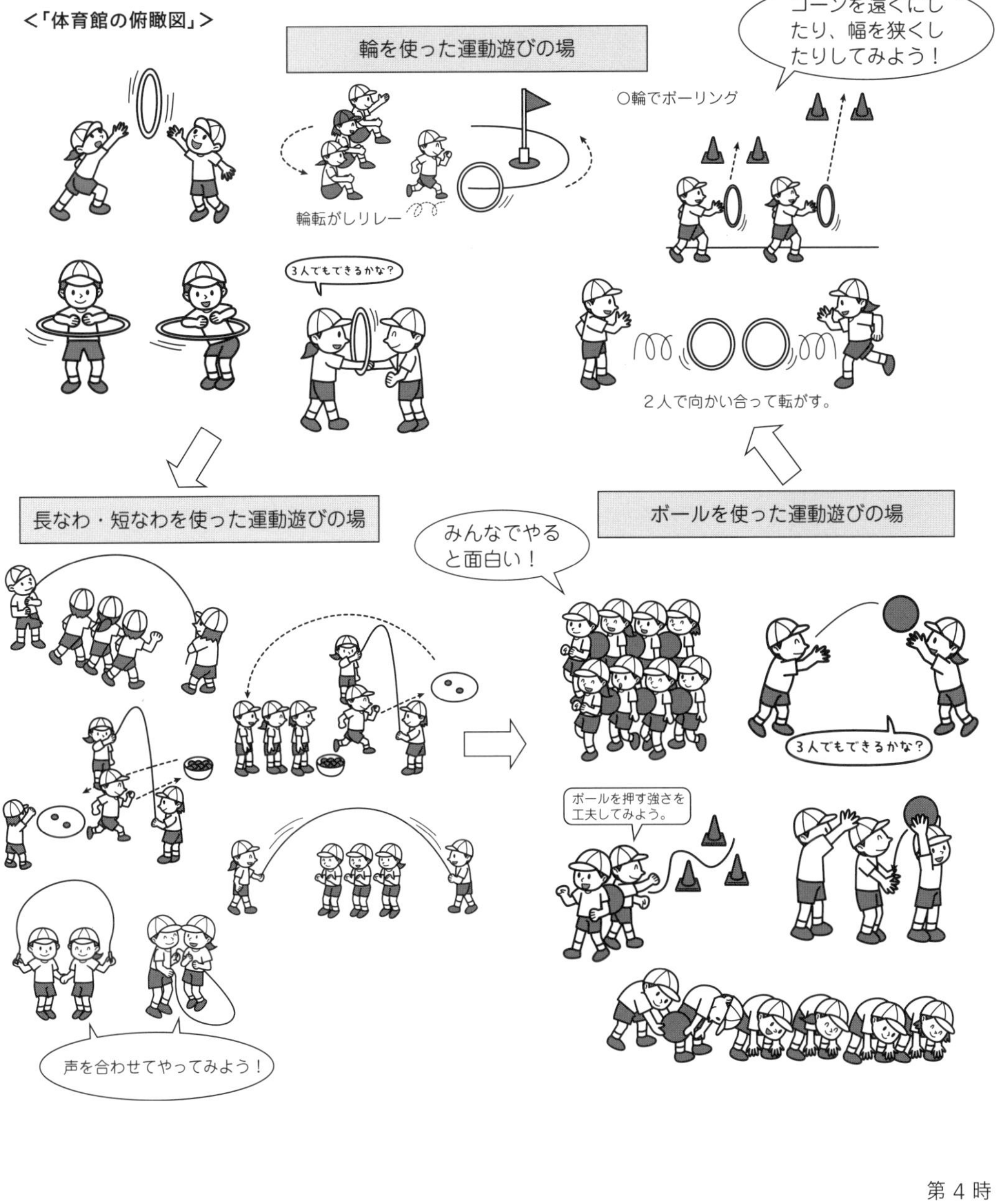

<「体育館の俯瞰図」>
輪を使った運動遊びの場
コーンを遠くにしたり、幅を狭くしたりしてみよう！
○輪でボーリング
輪転がしリレー
3人でもできるかな？
2人で向かい合って転がす。
長なわ・短なわを使った運動遊びの場
ボールを使った運動遊びの場
みんなでやると面白い！
3人でもできるかな？
ボールを押す強さを工夫してみよう。
声を合わせてやってみよう！

本時案

長なわ・短なわ・輪を使って工夫して遊ぼう②

5/5

本時の目標

体を移動する運動遊びや用具を操作する運動遊びの仕方を知り、工夫して楽しく遊ぶことができるようにする。

評価のポイント

いろいろな体の移動の仕方や長なわ・短なわ・輪を使った遊び方が分かり、安全に工夫して楽しく遊ぶことができたか。

週案記入例

[目標]
体を移動する運動遊びや用具を操作する運動遊びの仕方を知り、工夫して楽しく遊ぶ。

[活動]
体を移動する運動遊びや長なわ・短なわ・輪を使った運動遊びを楽しむ。

[評価]
体を移動する運動遊びや長なわ・短なわ・輪を使った運動遊びの仕方を知り、工夫して楽しく遊ぶことができたか。

[指導上の留意点]
一人一人の動きを見取り、動きが向上している子供をほめるとともに、友達と協力して遊びを楽しむ姿を称賛する。

本時の展開

	時	子供の活動
はじめ 準備運動	5分	**集合・あいさつ** ○本時の学習内容を知る。 ○生活班（5〜6人）ごとに整列する。 **心と体がスイッチオンできるようにする** ○リズムに乗る音楽に合わせて、首、手首、足首等の運動をする。 ○軽いジョギング、スキップ、ジャンプなどの運動をする。
体を移動する運動遊び	8分	**体を移動する運動遊び：「じゃんけんすごろく」** ○じゃんけんすごろくで多様な動物歩きに取り組む。 →アザラシ歩き、クモ歩き、しゃくとり虫歩き、クマ歩き。
長なわ・短なわ・輪を操作する運動遊び	27分	**ボールを操作する運動遊び：「ボール（運び・送り・投げ）遊び」** ◀1 ○様々な方法でボールを使って遊ぶ。 →ボール運び遊び、ボール送り遊び、ボール投げ遊び。 **長なわ・短なわを操作する運動遊び：「長なわ・短なわ遊び」** ◀2 ○なわを跳んだり、くぐったりして遊ぶ。 →大波・小波、8の字回旋等。 **輪を操作する運動遊び：「輪遊び」** ◀3 ○輪を回したり転がしたりして遊ぶ。 →輪転がし、輪回し等。 ※9分ごとにローテーションして、それぞれの運動遊びに取り組む。
整理運動	2分	**運動で使った部位をゆったりとほぐす**
まとめ	3分	**(1)今日の学習について振り返り、学習カードに記入する** ①進んで楽しく運動できたか。 ②友達と仲よく運動できたか。 **(2)単元を通してよかったこと、楽しかったことを話し合う**

1 ボールを操作する運動遊びの工夫例

「ボール運び遊び」の例

人数を増やして

コースをつくって

ボールを押す強さを
工夫してみよう。

人数を増やしたりリレーを行ったりしてみんなで楽しもう

「ボール投げ遊び」の例

拍手したり１回転したりして

「ボール送り遊び」の例

「上・下」や「右・左」で
「上→下→上・・・」

上！
下

ゲーム性の向上で

↓

いろいろな種類のボール
10個を全て後ろのカゴ
に運び終わったら勝ち

人数を増やして

３人でもできるかな？

姿勢を変えたり、人数を増や
したりしてみんなで楽しもう

2 長なわ・短なわを操作する運動遊びの工夫例

「長なわ遊び」の例

人数を増やして

大人数でくぐる

ゲーム化して

人数を増やしたり、ゲーム化したりしてみんなで楽しもう

「短なわ遊び」の例

人数を増やして

跳び方を変えて

後ろ回し跳び

キック跳び

3 輪を操作する運動遊びの工夫例

「輪遊び」の例

人数を増やして

人数を増やしたり、ゲーム化したりして
みんなで楽しもう

ゲーム化して

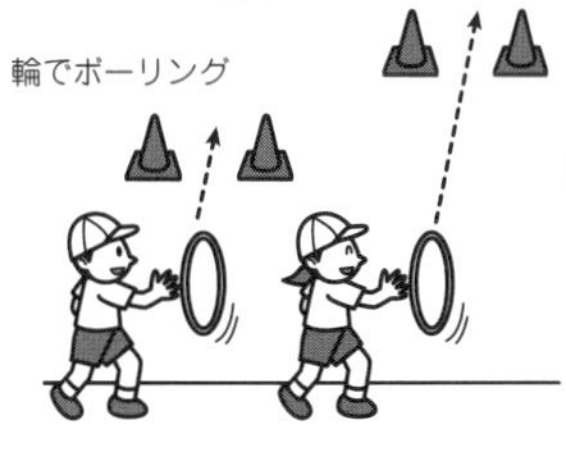
輪でボーリング

リレーにして

輪転がしリレー

DVD
収録資料

「多様な動きをつくる運動遊び」学習カード＆資料

使用時 **第１～５時**

学習カード①は、第１時から第５時の「多様な動きをつくる運動遊び」の単元を通して使用する。学習カード②は第２時の学習カード例である。本単元は運動遊びの中で動きの向上を目指し、結果的に体力向上を図ることを目的としている。そのため、子供一人一人が運動の楽しさ、心地よさをつくる運動遊びを十分に味わうことができているかどうかを常に把握するよう努めていきたい。

収録資料活用のポイント

①使い方

まず、単元のはじめに本カードを子供一人一人に色画用紙とセットで配布する。カード①を５枚配布し、順番に貼っておく（表紙等は色画用紙に印刷をして配布するとよい）。次に、１時間目終了後、カードの記入の仕方を説明し、その後は、授業の終了時に記入することを伝えておく。学習カード②については各時間の運動例を中央に印刷して活用することもできる。

②留意点

本カードは、子供一人一人が運動の楽しさや心地よさを体感するだけでなく、記録することで実感させたいねらいがある。そのため、あまり記述を多くせず、感じたことを短時間で記せるような形式にしている。記入するために時間を多く設けることはせず、できるだけ運動の時間を保障させたい。

学習カード 2-8-1（1～5時）

学しゅうカード①

2年　　組　　ばん　名まえ（　　　　　　）

／	多ようなうごきをつくる うんどうあそび	体のバランス 用ぐを使って	体のいどう 力だめし

☆今日楽しかったことは？

☆ふりかえり

①おもいきりあそぶことができましたか	😄 😀 😐 😟
②いろいろなあそびができましたか	😄 😀 😐 😟
③友だちとなかよくあんぜんにできましたか	😄 😀 😐 😟
④いろいろなうごきを工ふうすることができましたか	😄 😀 😐 😟
⑤友だちのよいうごきを見つけられましたか	😄 😀 😐 😟

☆自分と友だちのよいところ見つけたよ！

（　　　）さんの（　　　　　　）がすごい！

わたし・ぼくは（　　　　　　）ができたよ！

☆先生より

学習カード 2-8-2（2時）

学しゅうカード②

2年　　組　　ばん　名まえ（　　　　　　）

／	多ようなうごきをつくる うんどうあそび	体のバランス 用ぐを使って	体のいどう 力だめし

☆今日がんばりたいことは…

☆今日は○○○ができたよ！（できたうごきに○を！）

☆ふりかえり

①おもいきりあそぶことができましたか	😄 😀 😐 😟
②いろいろなあそびができましたか	😄 😀 😐 😟
③友だちとなかよくあんぜんにできましたか	😄 😀 😐 😟
④いろいろなうごきを工ふうすることができましたか	😄 😀 😐 😟
⑤友だちのよいうごきを見つけられましたか	😄 😀 😐 😟

多ようなうごきをつくるうんどうあそびを楽しもう

☆いろいろなうごきにチャレンジしてみよう！
→じょうずにできたら♡をぬりましょう！！

♡の数をたくさんあつめよう！！

〈はう、歩く、走る、とぶ、はねるうごきやかけ足などのうごき〉

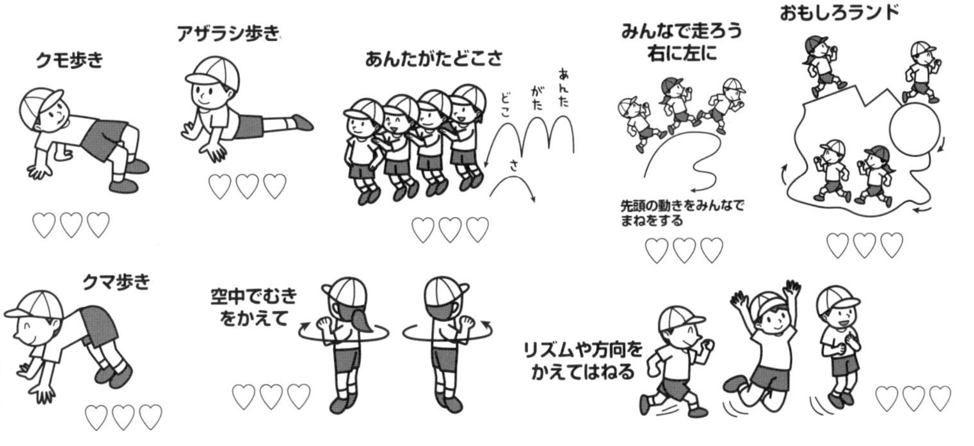

〈用ぐをつかったうんどうあそび〉

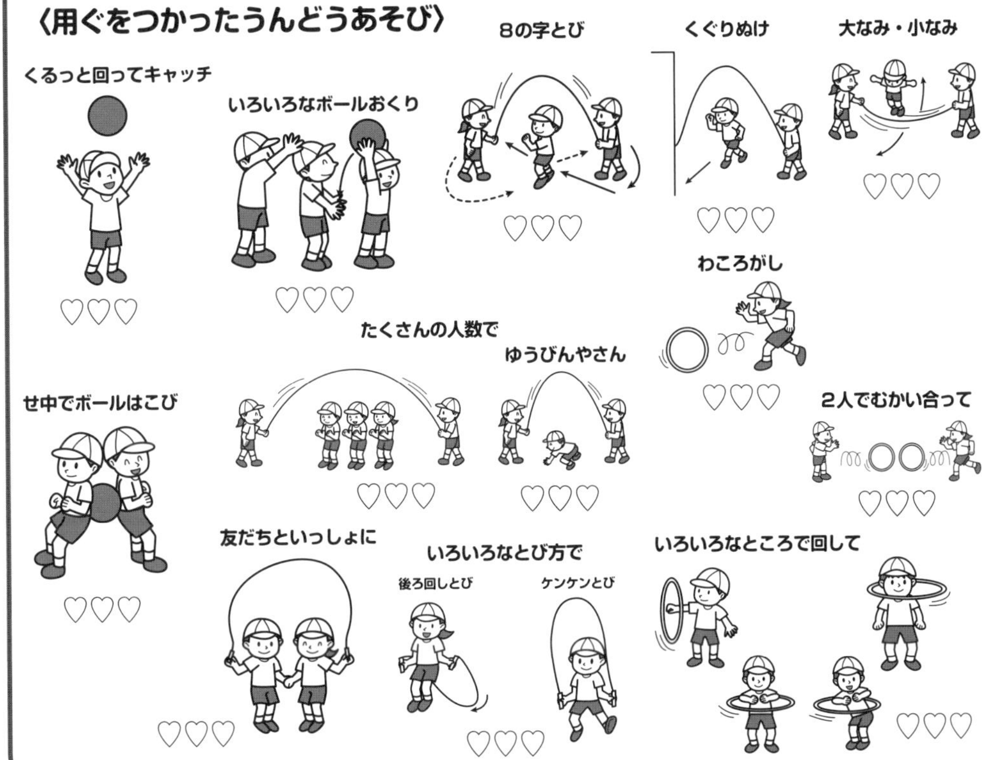

9 表現遊び

5時間

【単元計画】

1時	2時
[第一段階] いろいろな動物になりきる	
動物の様子や特徴を捉えて動きを見付ける。	
1 野原や海の動物になりきろう POINT：自由な発想を楽しむ。 [主な学習活動] ○軽快なリズムの曲に乗って踊る。 ○「赤い鳥小鳥遊び」を楽しむ。 ○野原の動物などになりきる。 ①教師の声かけで変身する。 ②友達と好きな動物に変身する。 ○海の動物などになりきる。 ①教師の声かけで変身する。 ②友達と好きなものに変身する。 ○本時の振り返りをする。 →次時の内容を知る。	2 大昔の動物や空想したものになりきろう POINT：自由な発想を楽しむ。 [主な学習活動] ○軽快なリズムの曲に乗って踊る。 ○「たまご、たまご」を楽しむ。 ○大昔の動物などになりきる。 ①教師の声かけで変身する。 ②友達と好きなものに変身する。 ○空想したものなどになりきる。 ①教師の声かけで変身する。 ②友達と好きなものに変身する。 ○本時の振り返りをする。 →次時の内容を知る。

授業改善のポイント

主体的・対話的で深い学びの実践に向けて

低学年では、表現リズム遊びの楽しさに触れ、その行い方を知るとともに、表現遊びとリズム遊びの両方の遊びを豊かに体験する中で、即興的な身体表現能力やリズムに乗って踊る能力、コミュニケーション能力などを培えるようにし、中学年の表現運動の学習につなげていくことが求められる。

1単位時間の中に「表現遊び」と「リズム遊び」の2つの内容を組み合わせたり関連をもたせたりするなどして、いろいろなものになりきりやすく、律動的な活動を好む低学年の子供の特性を生かした即興的な活動を中心とした学習指導の進め方を工夫することが大切である。

さらに誰とでも仲よく踊ったり、場の安全に気を付けたりするなど、自他を尊重する態度を育むことに留意する必要がある。楽しく踊るための動きを選んだり、友達のよい動きを見付けたりできるようにするために、教師が子供のアイデアを大いに活用し、子供の気付きを広げ、価値付け、動きがよりよくなるように言葉かけをすることが大切である。

単元の目標

◯知識及び技能

・表現リズム遊びの行い方を知り、その楽しさに触れ、身近な題材の特徴を捉え、全身で踊ることができる。

◯思考力、判断力、表現力等

・身近な題材の特徴を捉え、簡単な踊り方を工夫するとともに、考えたことを友達に伝えることができる。

◯学びに向かう力、人間性等

・運動遊びに進んで取り組み、誰とでも仲よく踊ったり、場の安全に気を付けたりすることができる。

3時	4時	5時
[第二段階] いろいろな動きを強調する		
「大変だ！◯◯だ！」といった変化を付けて簡単なお話にする。		
3　**「大変だ！◯◯だ！」のお話のつくり方を知ろう** POINT：変化に合わせて、はっきりと違う動きにする。 **[主な学習活動]** ◯軽快なリズムの曲に乗って踊る。 ◯「体じゃんけん」を楽しむ。 ◯「どうぶつランド出来事カード」を手掛かりに、「大変だ！◯◯だ！」といった変化を付けて、簡単なお話にする。 ①教師と一緒にやりながら、お話のつくり方を知る。 ②友達とカードを引いて動く。 ◯本時の振り返りをする。 →次時の内容を知る。	4　**「大変だ！◯◯だ！」の簡単なお話をつくろう** POINT：変化が強調できる動きを見付ける。 **[主な学習活動]** ◯軽快なリズムの曲に乗って踊る。 ◯「アルプス一万尺」を楽しむ。 ◯途中で「大変だ！◯◯だ！」といった変化を付けて、簡単なお話にする。 ①教師と一緒に動くところと友達と考えるところを交互に進める。 ②動きが変化することを強調する動きを見付ける。 ◯本時の振り返りをする。 →次時の内容を知る。	5　**「大変だ！◯◯だ！」の簡単なお話を見せ合おう** POINT：友達の動きのよいところを見付ける。 **[主な学習活動]** ◯軽快なリズムの曲に乗って踊る。 ◯「見えないボールで遊ぼう」を楽しむ。 ◯「大変だ！◯◯だ！」といった変化を付けた簡単なお話にする。 ①友達とやりたいことを決めて、さらに強調した動きを工夫する。 ②見せ合う。 ③学級のみんながやってみたいお話をメドレーにして動く。 ◯本単元の振り返りをする。

子供への配慮の例

①運動遊びが苦手な子供

題材の特徴を捉えて踊ることが苦手な子供には、ねじったり回ったり、跳んだり転がったりして全身の動きで特徴を捉えている友達の動きを見合い、真似をすることができるように配慮をする。

続けて踊ることが苦手な子供には、「大変だ！◯◯！」の複数の例示から選べるようにするなどの配慮をする。

②意欲的ではない子供

題材から表したい様子や動きを思い浮かべることに意欲的に取り組めない子供には、単元の導入でその題材に関連する絵本や図鑑などを提示し、題材についての興味や関心を高めるなどの配慮をする。

リズムに乗って踊ることに意欲的に取り組めない子供には、その子供にとって身近で関心があり、自然に体を弾ませたくなるようなリズミカルな曲にするなどの配慮をする。

本時案

野原や海の動物になりきろう

1/5

本時の目標

学習内容を知り、いろいろな動きを即興で動き、踊る楽しさを味わうことができるようにする。

評価のポイント

いろいろな動きを行い、即興的に表現することができたか。

週案記入例

[目標]
いろいろな動きを即興で動き、踊りを楽しむ。

[活動]
いろいろな動物になりきる。

[評価]
即興的に表現することができたか。

[指導上の留意点]
安全に運動するためのきまりや約束をしっかりと確認させる。

本時の展開

	時	子供の活動
はじめ	5分	**集合・あいさつ** ○「野原や海の動物になりきろう！」の学習の進め方を知る。 →本時の学習の流れ、学習内容を知る。
準備運動	5分	**「赤い鳥小鳥遊び」を楽しむ** 1 ○歌に合わせて鳥になって跳び回り、様子を表す言葉で替え歌にして、様々な動きをして楽しむ。
リズム遊び	5分	**軽快なリズムの曲に乗って自由に踊る** ○教師のリードで、友達と動きを真似し合って、友達と動きを続けて、いろいろな活動の仕方で踊って楽しむ。 →子供にとって親しみやすい軽快なリズムの曲を用意する。
表現遊び①	15分	**野原の動物などになりきる** ○教師の声かけで変身する。 2 ○友達と好きな動物に変身する。 ※教師のリードで急変する場面を入れながら即興的に踊る。
表現遊び②	10分	**海の動物などになりきる** ○教師の声かけで変身する。 3 ○友達と好きな動物に変身する。 ※教師のリードで急変する場面を入れながら即興的に踊る。
整理運動	2分	**運動で使った部位をゆったりとほぐす** ○ゆったりとした音楽で全身をのばし、心と体を落ち着かせる。
まとめ	3分	**本時の学習のまとめをする** ○今日の学習について振り返り、学習カードに記入する。

1 「赤い鳥小鳥遊び」をする（作詞：北原白秋　作曲：成田為三）

＜展開例＞

「あかいとりことり　なぜなぜあかい　あかいみをたべた」

①歌に合わせて鳥になってあちこち移動する。

②「あかい」の部分をほかの様子を表す言葉に変えて、それに合う鳥の動きをする。

例：重い鳥…どっしりと／柔らかい鳥…くねくねと／悲しい鳥…悲しげに。
　　軽い鳥…軽く弾みながら／強い鳥…羽の動かし方も荒々しく。

※歌に合わせて、どんなことも動きにしてしまう楽しさを味わう。

ふわふわな鳥

忙しい鳥

2 表現遊び「野原や森の動物」：動きのポイント ～なりきらせたい特徴や動きの例～どんな動物が何をしているところかな？

大きくて強い動物	ゾウ	力強く足踏みをする。大きな鼻を振って歩く。鼻で水を体にかける。
	クマ	のっしのっしと歩く。木に登ってはちみつを取る。
	ライオン	堂々と歩く。獲物を追いかける。
小さく、すばしっこい動物	ネズミ	ちょろちょろ動き回る。前歯でチーズをかじる。
	ウサギ	草むらをぴょんぴょん跳ねる。友達のうさぎととびまわって遊ぶ。
	サル	すばやく木に登る。木の実を取ってかじる。
空を飛ぶ動物	ワシ	大きく羽を広げて空を飛ぶ。獲物を見付けて急降下する。
	ツバメ	空をくるりんと回る。親鳥が巣にいる子供にえさを届ける。
地を這う動物	ヘビ	体をくねくねして地を這う。くるくるととぐろを巻く。
	ミミズ	ひょろひょろと地を這う。地面にもぐる。

3 表現遊び「海の動物」：動きのポイント ～捉えさせたい特徴や動きの例～どんな動物が何をしているところかな？

クジラ	ゆったりと泳ぐ。頭から大きくしおを吹き上げる。
海藻	体全体でゆらゆらと揺れる。
トビウオ	海面を大きくジャンプする。
タコ	手足をくねくねさせ、ばらばらに動かす。
クラゲ	ふわふわと流れに乗って動く。
クマノミ	海藻やイソギンチャク、サンゴなどの間をすり抜けてあちこち泳ぎ回る。
マグロ	みんなでぐるぐる大きく回遊する。
イルカ	海面から大きくジャンプする。

本時案

大昔の動物や空想したものになりきろう 2/5

本時の目標

学習内容を知り、いろいろな動きを即興で動き、踊る楽しさを味わうことができるようにする。

評価のポイント

いろいろな動きを行い、即興的に表現することができたか。

週案記入例

[目標]
いろいろな動物になりきり、即興で動いて楽しむ。

[活動]
大昔の動物や空想したものになりきる。

[評価]
いろいろな動物になりきって表現することができたか。

[指導上の留意点]
学習資料（カード）を活用して、興味を引き出す。

本時の展開

	時	子供の活動
はじめ	5分	**集合・あいさつ** ○「大昔の動物や空想したものになりきろう」の学習の進め方を知る。 →本時の学習の流れ、学習内容を知る。
準備運動	5分	**軽快なリズムの曲に乗って自由に踊る** ○教師のリードで、友達と動きを真似し合って、友達と動きを続けて、いろいろな活動の仕方で踊って楽しむ。 →子供にとって親しみやすい軽快なリズムの曲を用意する。
リズム遊び	5分	**「たまご、たまご」を楽しむ** ○教師のリードで様々な動物に変身して遊ばせる。 1
表現遊び①	15分	**大昔の動物などになりきる** ○教師の声かけで変身する。 2 ○友達と好きな動物に変身する。 ※教師のリードで急変する場面を入れながら即興的に踊る。
表現遊び②	10分	**空想したものなどになりきる** ○教師の声かけで変身する。 3 ○友達と好きな動物に変身する。 ※教師のリードで急変する場面を入れながら即興的に踊る。
整理運動	2分	**運動で使った部位をゆったりとほぐす** ○ゆったりとした音楽で全身をのばし、心と体を落ち着かせる。
まとめ	3分	**本時の学習のまとめをする** ○今日の学習について振り返り、学習カードに記入する。 ○どんな動物に変身をして、どんなお話にしたのか話し合う。

1 楽しい動き「たまご、たまご」

♪たまご　たまご♪

ミッキーマウスマーチの替え歌を歌いながら
教師♪たまご、たまご、生たまご
子供♪たまご、たまご、生たまご
教師♪たまごー
子供♪たまごー
教師♪たまごー
子供♪たまごー
教師♪たまごの中身はなんだろな？
子供♪わってみよう！

リズム太鼓どどどど……
子供♪バリバリバリ

教師「ひよこだ！」
教師♪「ひよこ、ひよこ、ひよこだよ！」
子供♪「ひよこ、ひよこ、ひよこだよ！」

〈指導のポイント〉
①教師のリードでいろいろな動物になりきらせる。
②リズム太鼓の音の強さに合わせて、たまごをわる動きをさせる。
③小さいもの、大きいもの、動きの速いもの、遅いものと、動きに違いがあるものを行うとよい。

〈展開例（工夫例）〉
①教師のリードで様々な動物に変身して遊ばせる。
②動物以外に乗り物、空想のものなどを決めて変身して遊ばせる。
③変身するものを決めて、それが「○○した」など、簡単な話を教師が提示してなりきって遊ばせる。

2・3 大昔の動物、空想したもの

大昔の動物にはどんなものがいたかを子供が意見を出したり、教師からも提示したりしてイメージを膨らませる。空想のものに関しては、自分のオリジナルなので、どのようなものかを紙に書いて、イメージをもたせることが大切である。

例
・プラキオサウルス　・イグアナドン　・プテラノドン　・ゴジラ　・怪獣
・恐竜の卵〜生まれる　・火をふく山　・タイムスリップ　・竜宮城　・マンモス
・原始人　・岩山　・宇宙人など

※動物に限らなくてもよい

本時案

「大変だ！〇〇だ！」のお話のつくり方を知ろう 3/5

本時の目標

「大変だ！〇〇だ！」の学習内容を知り、変化に合わせて表現できるようにする。

評価のポイント

変化に合わせて、はっきりと違う動きができたか。

週案記入例

[目標]
変化を付けて即興で動いて楽しむ。

[活動]
出来事カードを手掛かりに簡単なお話をつくる。

[評価]
「大変だ！〇〇だ！」で変化を付けて踊ることができたか。

[指導上の留意点]
学習資料(カード)を活用して、「大変だ！〇〇だ！」といった簡単なお話をつくれるようにする。

本時の展開

	時	子供の活動
はじめ	5分	**集合・あいさつ** 〇「大変だ！〇〇だ！」の学習の進め方を知る。 →本時の学習の流れ、学習内容を知る。
準備運動	5分	**「体じゃんけん」を楽しむ** 〇教師のリードで体じゃんけんをする。 →勝ったとき、負けたときの気持ちも体で表現させる。
リズム遊び	5分	**軽快なリズムの曲に乗って踊る** 〇教師のリードで、友達と動きを真似し合って、友達と動きを続けて、いろいろな活動の仕方で踊って楽しむ。 →子供にとって親しみやすい軽快なリズムの曲を用意する。
表現遊び	25分	**「大変だ！〇〇だ！」で変化を付けて簡単なお話をつくる** 〇教師と一緒に行いながら、お話のつくり方を知る。 1 →教師の声かけでいろいろな動物に変身する。 →教師の「大変だ！〇〇だ！」で変化を付ける。 **友達と出来事カードを引いて動く** 2 〇 2〜3人組の友達と出来事カードを引き、即興的に表現をする。
整理運動	2分	**運動で使った部位をゆったりとほぐす** 〇ゆったりとした音楽で全身をのばし、心と体を落ち着かせる。
まとめ	3分	**本時の学習のまとめをする** 〇今日の学習について振り返り、学習カードに記入する。

1 「大変だ！○○だ！」という変化を付けた簡単なお話にする

さあ、好きな動物に変身！
ここは「どうぶつランド」だよ。
どの動物さんたちも楽しそうだね。
何の動物かな？

大変だ！敵が来た！
逃げろ、逃げろ。
戦っている動物もいるね。
（リズム太鼓を激しく叩いて
場面の急変を表す）

ああ、よかった。助かったよ。また元気よく遊ぼう！

＜大変だ！○○だ！の例＞

・ゾウがのっしのっしとお散歩→　大変だ！勢いよく水浴びを始めたよ！
・カンガルーがぴょんぴょん跳んでいると　→　大変だ！ボクシングを始めちゃった！
・リスが枝の上を走り回っていたけど　　→　大変だ！えさの隠し場所が分からなくなった！
・ライオンが獲物を探していると→　大変だ！獲物に襲いかかった！

2 どうぶつランドに出かけよう　（「♪猛獣狩りに行こうよ」の替え歌で）

途中で大変な出来事が！

教師	子供
動物ランドに行こうよ！	動物ランドに行こうよ！ （スキップで移動）
おにぎりいっぱい持ってるし	おにぎりいっぱい持ってるし （大きなおにぎりを結ぶ動作）
双眼鏡だって持ってるし	双眼鏡だって持ってるし （双眼鏡を覗く動作）
友達だっているもん	友達だっているもん （友達と腕を組んで揺れる）
岩山だって登れるし	岩山だって登れるし （岩山をよじ登る動作）
大変だ！ ＊リズム太鼓で合図	大変だ！ （出来事カードを引く） ＊カードに書かれてあった出来事を動きで表す。

出来事カードの例

・突然大雨が降ってくる。
・道に迷う。
・森の小人と出会う。
・大きな岩が落ちてくる。
・洞窟の中に入って迷い込む。
・宝物を見付ける。
・坂道を滑り降りる。
・クマが突然あらわれる。
・お化けの木の仲間になる。
・底なし沼にはまってしまう。
・川に流されそうになる。
・カエルたちと歌う。
・風に吹き飛ばされる。
・ターザンと一緒に木から木へ。

本時案

「大変だ！〇〇だ！」の簡単なお話をつくろう 4/5

本時の目標

「大変だ！〇〇だ！」の変化に合わせて表現できるようにする。

評価のポイント

変化が強調できる動きを見付けることができたか。

週案記入例

[目標]
「大変だ！〇〇だ！」といった簡単なお話をつくる。

[活動]
「大変だ！〇〇だ！」といった変化を付けて即興的に表現する。

[評価]
動きが変化し、強調している動きを見付けることができたか。

[指導上の留意点]
学習資料（カード）を活用して、興味を引き出す。

本時の展開

	時	子供の活動
はじめ	5分	**集合・あいさつ** 〇「大変だ！〇〇だ！」の学習の進め方を知る。 →本時の学習の流れ、学習内容を知る。
準備運動	5分	**「ハイタッチ」を楽しむ** 1 →スキップしながらすれ違った友達といろいろな体の部位でタッチする。
リズム遊び	8分	**軽快なリズムの曲に乗って踊る** 〇教師のリードで、友達と動きを真似し合って、友達と動きを続けて、いろいろな活動の仕方で踊って楽しむ。 →子供にとって親しみやすい軽快なリズムの曲を用意する。
表現遊び	20分	**途中で「大変だ！〇〇だ！」といった変化を付けて、簡単なお話をつくる** 2 〇教師と一緒に動くところと友達と考えるところを交互に進める。 〇動きが変化することを強調する動きを見付ける。 →ペアグループごとに動きを見合う。 →楽しそうな友達の動きを見付けたり、真似したりする。
整理運動	2分	**運動で使った部位をゆったりとほぐす** 〇ゆったりとした音楽で全身をのばし、心と体を落ち着かせる。
まとめ	5分	**本時の学習のまとめをする** 〇今日の学習について振り返り、学習カードに記入する。 〇動きが変化することを強調する動きが見付けられたかを話し合う。

1 ハイタッチ

〈指導の展開例〉

・軽快な音楽に合わせて体育館のフロアでスキップする。
・リズム太鼓の「ドドン」の合図で、すれ違った友達とハイタッチをする。

〈指導のポイント〉

・「片手」「両手」「お尻」など、体のいろいろな部位でタッチする。
・スキップやサイドステップなど、いろいろな走り方でやらせると楽しさが広がっていく。

2 動きを引き出すための言葉かけの工夫

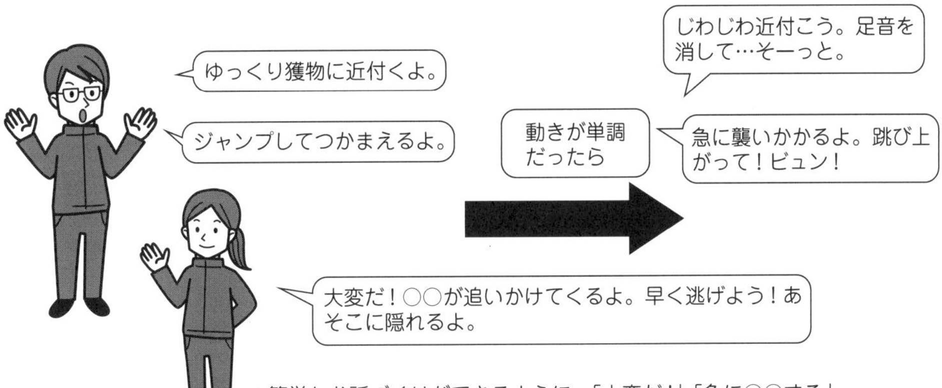

ゆっくり獲物に近付くよ。
ジャンプしてつかまえるよ。
じわじわ近付こう。足音を消して…そーっと。
動きが単調だったら
急に襲いかかるよ。跳び上がって！ビュン！
大変だ！○○が追いかけてくるよ。早く逃げよう！あそこに隠れるよ。

※簡単なお話づくりができるように、「大変だ!」「急に○○する」の場面を取り入れた言葉かけをする。

題材の特徴を具体化	動き言葉でのイメージ化	簡単なお話づくりへの広がり
・水浴びすると気持ちがいいね。 ・誰かがしっぽをふんづけた! ・どこに隠れているのかな。 ・動物の声が聞こえてくるね。	・バシャバシャ ・ぐちょ ・ぐしゅ ・きょろきょろ ・シュッシュッ ・キキッ	・大雨が降りだした。嵐がやってきた! ・大変、ライオンだ。 早く逃げなくっちゃ。急げ! ・どうしよう、道に迷っちゃった。困ったな。

本時案

「大変だ！○○だ！」の簡単なお話を見せ合おう 5/5

本時の目標

「大変だ！○○だ！」の変化に合わせて動きを強調できるようにする。

評価のポイント

変化に合わせて動きを強調して、踊る楽しさを味わうことができたか。

週案記入例

[目標]
いろいろな動物になりきり、即興で動いて楽しむ。

[活動]
強調する場面を入れ、簡単なお話をつくり、気に入った動きを真似しながらメドレーにして動く。

[評価]
友達の強調している動きを見付けることができたか。

[指導上の留意点]
学習資料 (カード) を活用して、強調する動きができるようにする。

本時の展開

	時	子供の活動
はじめ	5分	**集合・あいさつ** ○「大変だ！○○だ！」の学習の進め方を知る。 →本時の学習の流れ、学習内容を知る。
準備運動	5分	**「見えないボールで遊ぼう」を楽しむ** 1 ○見えないボールでキャッチボールをしたり、ボールをよけ合ったりする。
リズム遊び	10分	**軽快なリズムの曲に乗って自由に踊る** ○教師のリードで、友達と動きを真似し合って、友達と動きを続けて、いろいろな活動の仕方で踊って楽しむ。 →子供にとって親しみやすい軽快なリズムの曲を用意する。
表現遊び	20分	**「大変だ！○○だ！」といった変化を付けた簡単なお話をつくる** ○友達とやりたいことを決めて、さらに強調した動きを工夫する。 ○見せ合う。 ○学級のみんながやってみたいお話をメドレーにして動く。 →「大変だ！○○だ！」は自分たちのタイミングで入れる。 →ペアグループで見合いをする →どのグループの「大変だ！○○だ！」をやってみたいかを決めてメドレーにして踊る。
整理運動	2分	**運動で使った部位をゆったりとほぐす** ○ゆったりとした音楽で全身をのばし、心と体を落ち着かせる。
まとめ	3分	**本単元のまとめをする** ○今日の学習について振り返り、学習カードに記入する。

1 見えないボールで遊ぼう：ドッジボール・サッカーのパス・PK、テニスなど

○見えないボールで、キャッチボールをしたり、ボールをよけ合ったりする（動きの中でスローモーション、クイック（早い動き）、ストップモーションなどを取り入れて動きをつくるとおもしろい）。

※身近なスポーツの動きの中で、動作化しやすいスポーツで表現遊びをする。スポーツの特徴的な動きを大げさに繰り返し動作化する。

指導のポイント

※低学年では、1時間の学習の中に「表現遊び」と「リズム遊び」の2つの内容を組み合わせたり関連をもたせたりするなど、様々なものになりきりやすく、律動的な活動を好む子供の特性を生かした学習指導の進め方を工夫する。

リズム遊びでは…

リズムに乗って弾んで踊る
- 弾む、回る、ねじる、スキップするなどの動きを繰り返して即興的に。
- 友達と手をつないだり、真似したりして楽しむ。

↓

声をかけたり、手拍子をしたりするとリズムに乗りやすくなる。
慣れないときは、輪になって座って行うと、安心して取り組める。

表現遊びでは…

なりきって、全身の動きで踊る
- 全身の動き（跳ぶ、回る、ねじる、這う、素早く走る等）で踊る。
- 高・低の差や、速さの変化などを付けて。
- 「大変だ！○○だ！」のような急変する場面も入れて続けて踊る。

↓

「何になっているの？」「なるほど、いいね！」と、その子供がそのつもりになっている気持ちを大切にする。
動きが見付からないときは、絵カードを使うことも有効である。

大切なことは

「いつでも　どこでも　誰とでも」

？どんなことを指導すればいいですか？

（1）知識及び技能
次の運動遊びの楽しさに触れ、その行い方を知るとともに、題材になりきったりリズムに乗ったりして踊ること。
ア　表現遊びでは、身近な題材の特徴を捉え、全身で踊ること。
イ　リズム遊びでは、軽快なリズムに乗って踊ること。

（2）思考力、判断力、表現力等
身近な題材の特徴を捉えて踊ったり、軽快なリズムに乗って踊ったりする簡単な踊り方を工夫するとともに、考えたことを友達に伝えること。

（3）学びに向かう力、人間性等
運動遊びに進んで取り組み、誰とでも仲よく踊ったり、場の安全に気を付けたりすること。

DVD 収録資料

「表現遊び」学習カード＆資料

使用時 **第１～５時**

本カードは第１時から第５時まで、単元を通して使用する。表現遊びに対して主体的に学習に取り組む態度や知識・技能などの変容を見取るカードである。自分がどの動物に変身したのかもひと目で分かる。自分のことだけでなく、友達とのやり取りも見取ることができる。資料は、心と体をほぐす運動例である。どれを授業の中で使うか参考にしてほしい。

収録資料活用のポイント

①使い方

まず、授業のはじめに本カードを子供一人一人に画用紙とセットで配布する。次に学習の進め方を補説する。授業の終わりに、１時間の中で自分が何を感じたのか、学習の振り返りを行うように指示する。

②留意点

本カードは、子供の変容や１単位時間の中でどのようなことをしたのかを見取るものである。「先生、あのね」に書かれていることに対して、教師は子供一人一人何を思って表現しているのかを把握することが大切である。

学習カード 2-9-1（1～2 時）

「ひょうげんあそび」学しゅうカード①

日にち（　　　　　　）

2年　　組　　ばん　名まえ（　　　　　　）

今日　へんしんしたものに　○を　つけよう！

カマキリ	チョウチョ	カエル	イヌ	ウサギ	きょうりゅう
カニ	イルカ	ゾウ	ライオン	サル	ワシ

ほかに　へんしんしたものが　あれば、書きましょう。

		よくできた	できた	もうすこし
1	体ぜんぶをつかって、いろいろなものにへんしんできた。			
2	リズムにのって、楽しくおどることができた。			
3	友だちとなかよくうんどうすることができた。			
4	友だちのよいうごきを見つけられた。			

先生、あのね

学習カード 2-9-2（3～5 時）

「ひょうげんあそび」学しゅうカード②

日にち（　　　　　　）

2年　　組　　ばん　名まえ（　　　　　　）

今日　へんしんしたどうぶつはなに？

今日のふりかえり

		よくできた	できた	もうすこし
1	体ぜんぶをつかって、いろいろなものにへんしんできた。			
2	リズムにのって、楽しくおどることができた。			
3	友だちとなかよくうんどうすることができた。			
4	友だちのよいうごきを見つけられた。			

今日のお話について教えて

＿＿＿＿＿＿＿＿＿＿ をしているときに

大へんだ！＿＿＿＿＿＿＿＿＿＿ をやりました。

今日のかんそう

「大へんだ！○○だ！」

こんなどうぶつたちにへんしんしてみよう

ゾウ	クマ	ライオン	チーター	ネズミ
ウサギ	サル	ゴリラ	トンビ	ツバメ
ヘビ	ミミズ	ダンゴムシ	カブトムシ	カマキリ
チョウチョ	クワガタ	クジラ	タコ	イルカ
トビウオ	マグロ	カニ	エビ	クラゲ

「大へんだ！○○だ！」をやってみよう

・ゾウがのっしのっしとおさんぽをしていると
→ 大へんだ！大きなぬまに、はまってしまった！

・カンガルーが友だちとあそんでいると
→ 大へんだ！なぐりあいのけんかがはじまってしまった！

・リスが自分の家に帰ろうとしたけど
→ 大へんだ！自分の家が分からなくなった！

・ライオンがおなかをすかしてえものをさがしていると
→ 大へんだ！ものすごい食りょうを見つけたぞ！

【いろいろな出きごと】

いん石がおちてきて ゾウが大さわぎ！

サルが木から木へ わあ、おっこちた！

ヘビが歌っていたら、 からまった！

カマキリとカマキリの たたかいだ！

どうくつたんけん… コウモリの大ぐんがきた！

ワシが空をとぶ。えものを 見つけて、きゅうこう下！

ほかの出来事

・とつぜんの大雨がふってくる。・道にまよう。・森の小人と出会う。
・大きな岩がおちてくる。・どうくつの中に入ってまよう。・たからばこを見つける。
・さか道をすべりおりる。・クマがとつぜんあらわれる。
・おばけの木のなか間になる・そこなしぬまにはまってしまう。
・川にながされそうになる。・カエルたちと歌う。・風にふきとばされる
・ターザンといっしょに木から木へ

10 走の運動遊び

5時間

【単元計画】

1・2時
[第一段階] 障害物リレーを楽しむ
障害物リレーの行い方を知り、相手チームとの競走を楽しむ。
1・2　障害物リレーを楽しもう①② POINT：いろいろなコースで、障害物リレーを行い、相手チームとの競走を楽しむ。 **[主な学習活動]** ○集合・あいさつ ○準備運動・感覚づくりの運動 ○いろいろなかけっこ 第1時：障害物リレーの行い方を知る。 第2時：いろいろなコースで相手チームと競走する。 →対戦チームを変えて競走する。 ○整理運動 ○まとめ 障害物リレー遊びの行い方や場の準備が理解できたか、友達の動きや態度面のよさも含めて振り返る。

授業改善のポイント

主体的・対話的で深い学びの実践に向けて

主体的・対話的で深い学びを実現するためには、運動を「楽しむ」こと、工夫して学習することが重要である。走の運動遊びにおいて運動を「楽しむ」ために、以下のような「楽しさ」を味わわせるようにする。

①調子よく走り越す楽しさ
②コースを考える楽しさ
③自分や友達のよい動きに気付く楽しさ
④気付いたことや考えたことを友達と伝え合う楽しさ
⑤友達と称賛し合ったり、一緒に運動したりする楽しさ

学習を通して、このような「楽しさ」を味わうことによって、「やってみたい」「もっとこうしたい」「できるようになった」という姿が見られ、深い学びへとつながっていく。

そのためにも、子供にとって魅力的で工夫の余地のある場を準備して、興味・関心を高めていく。また、授業中に友達と積極的に関われるように、互いの動きや考えのよさに気付けるような視点や学習資料などを与えることも有効な手立てとして考えられる。

単元の目標

◯知識及び技能

・走の運動遊びの行い方を知り、低い障害物を走り越えることができる。

◯思考力、判断力、表現力等

・自己に適した運動遊びの場を選び、自分の考えを友達に伝えることができる。

◯学びに向かう力、人間性等

・順番やきまりを守り、場の安全に気を付けながら、仲よく主体的に運動遊びに取り組むことができる。

3時	4時	5時
[第二段階] 障害物リレーを工夫して楽しむ		
障害物の置き方を工夫して、コースをつくって障害物リレーを楽しむ。		
3〜5 障害物リレーを工夫して楽しもう①②③ POINT：障害物の種類や数、距離を決めてコースをつくり、相手チームとの競走を楽しむ。 **[主な学習活動]** ◯集合・あいさつ ◯準備運動・感覚づくりの運動 ◯コースを工夫した障害物リレー 第3時：コースの工夫の仕方を知り、いろいろなコースをつくって障害物リレーをやってみる。 第4・5時：相手チームと障害物の種類や数、距離を決めて、互いにつくったコースを使って競走する。 →対戦チームを変えて競走する。 ◯整理運動 ◯まとめ コースを工夫して障害物リレーができたか、友達の動きや考えのよさも含めて振り返る。		

子供への配慮の例

①運動が苦手な子供

最後まで障害物を走り越えることが苦手な子供には、障害物の数を少なくしたり、高さを低くしたり、置く間隔を変えたりして、走る動きに近付けてあげるなどの配慮をする。また、障害物に怖さを感じる子供についても同様の配慮に加え、柔らかいものなど障害物の質を変えると安心して取り組むことができるようになる。

リズムよく走ることが苦手な子供には、一定のリズムで走れるように「トン・トン・トーン」と太鼓を叩いて動きを引き出すようにする。

②意欲的でない子供

最後までうまく走り越えることができず、達成感を味わうことが難しい子供には、易しい場や課題を複数準備し、今もっている力でできる経験を積み重ねられるように配慮をする。

友達同士でうまく関わり合うことができない子供には、「何を」「どのように」見ればよいかが明確になるようなタブレット端末等を準備したり、関わり合いの仕方を伝えたりして、互いに気付いたことを伝え合ったり、認め合ったりする機会を設定するようにする。

障害物リレーを楽しもう①

1/5

本時の目標

障害物リレーの行い方を知り、障害物リレーができるようにする。

評価のポイント

走る順番やきまりを守り、安全に気を付けながら仲よく運動することができたか。

週案記入例

[目標]
障害物リレーの行い方や道具の準備、片付けの方法について理解する。

[活動]
障害物リレーを楽しむ。

[評価]
きまりを守って、障害物リレーを楽しむことができたか。

[指導上の留意点]
安全に運動するためのきまりや約束をしっかりと確認する。

本時の展開

	時	子供の活動
はじめ	5分	**集合・あいさつ** ○今日の学習内容を知る。 ○学習の進め方を知る。
準備運動	5分	**主運動につながり、やる気を高める運動をする** 1 ○音楽に合わせて、楽しく体を動かす。 ○ケンパ、川跳び、ミニハードルなどの運動をする。
かけっこ	15分	**今もっている力で障害物のあるコースを全力で走る** 2 ○スタートからゴールまで、全力で走り切る。
障害物リレー	15分	**友達のよい動きを真似して障害物リレーをする** ○並び方や次の走者のスタートの仕方などのきまりを確認する。
整理運動	2分	**運動で使った部位をゆったりとほぐす** ○足首やふくらはぎ、太ももなど、主に使った部位を中心にストレッチ運動をする。
まとめ	3分	**(1)今日の学習について振り返り、学習カードに記入する** ①友達と楽しく学習できたか。 ②力いっぱい運動できたか。 ③学習の仕方が分かったか。 ④友達のよい動きを見付けることができたか。 **(2)楽しかったこと、友達のよかったことを発表し合う**

1 感覚づくりの運動

主運動につながるような運動を毎時間行い、感覚を養う。

①ケンパ

○ケン・パ・ケン・パ・ケン・ケン・パなど7音で行う。
○ケンステップの数や距離を変えて、いろいろなリズムで取り組めるようにする。
○慣れてきたら、自分たちで工夫できるようにする。

②川跳び

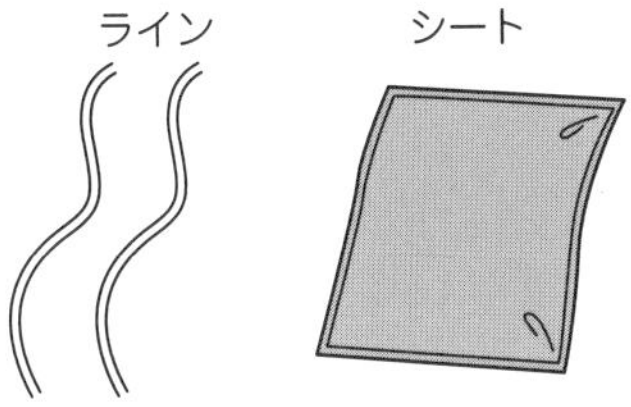

○石灰でラインを書いたり、ブルーシートなどを置いたりして場を用意する。
○片足踏み切り、片足着地をして走り越す動きを養う。
○幅の広いところや狭いところをつくって、動きに変化が生まれるようにする。

③ミニハードル

両足で「トン・トン・トン」
片足で「トン・トン・トン」「トトン・トトン」

○両足や片足など、いろいろなステップで走り越すようにする。
○ミニハードルの距離を変えて、リズムに変化が生まれるようにする。
○足だけでなく、腕の振りなど上半身と下半身の協応動作を意識させる。

2 障害物の例

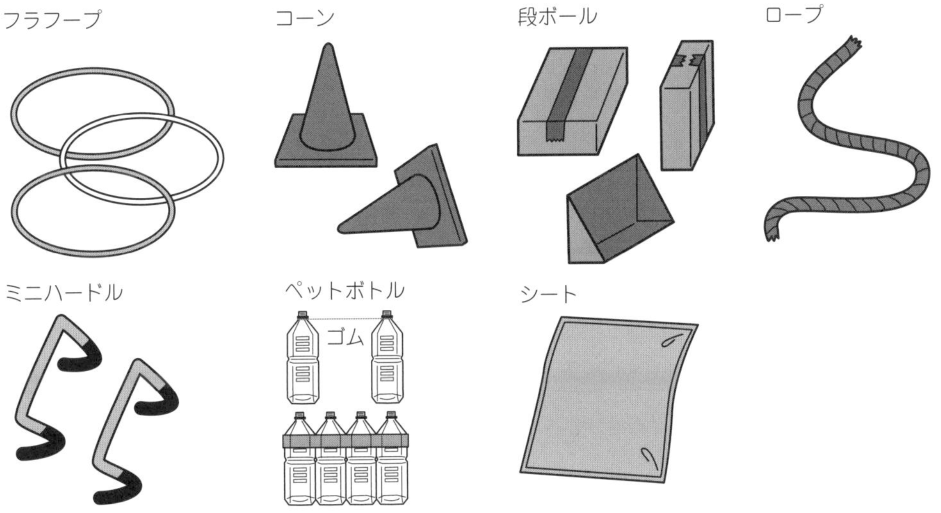

＊障害物は置き方によっても、いろいろな使い方ができる。

本時案

障害物リレーを楽しもう②

2/5

本時の目標

いろいろなコースで競走を楽しむことができるようにする。

評価のポイント

いろいろなコースで障害物リレーを行い、協力して楽しく取り組むことができたか。

週案記入例

[目標]
いろいろなコースで競走を楽しむ。

[活動]
選んだコースで相手チームと競走する。

[評価]
いろいろなコースを選んで、積極的に障害物リレーに取り組むことができたか。

[指導上の留意点]
子供の動きを引き出すように、いろいろな種類の障害物を置いてコースをつくるようにする。

本時の展開

	時	子供の活動
はじめ	5分	**集合・あいさつ** ○今日の学習内容を知る。
準備運動	5分	**主運動につながり、やる気を高める運動をする** ○音楽に合わせて、楽しく体を動かす。 ○ケンパ、川跳び、ミニハードルなどの運動をする。
かけっこ	15分	**障害物のあるコースを全力で走る** 1 ○スピードを落とさないように走り越す。
障害物リレー	15分	**友達のよい動きを真似して障害物リレーをする** 2 3 ○自分や友達が気付いたこつを意識したり、上手な友達の動きを真似したりする。 ○対戦チームを変えて競走する。
整理運動	2分	**運動で使った部位をゆったりとほぐす** ○足首やふくらはぎ、太ももなど、主に使った部位を中心にストレッチ運動をする。
まとめ	3分	**(1)今日の学習について振り返り、学習カードに記入する** ①友達と楽しく学習できたか。 ②力いっぱい運動できたか。 ③障害物リレーの仕方が分かったか。 ④友達のよい動きを見付けることができたか。 **(2)楽しかったこと、友達のよかったことを発表し合う**

1 コースの例

障害物によって走り越すための動きが変わるので、いろいろな障害物の向きや個数、距離を変えたり、それらを組み合わせたりしてコースをつくる。

①高低差のあるコース

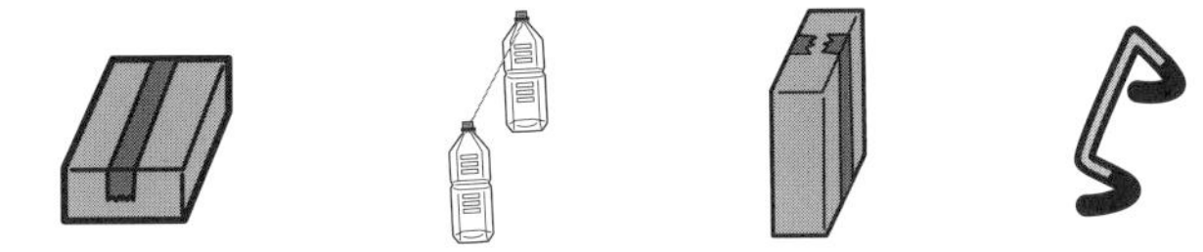

②いろいろな間隔のコース

③組み合わせコース

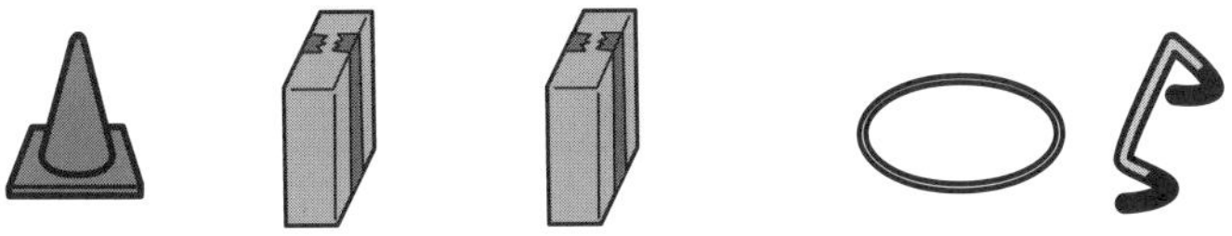

2 よい動きの例

①片足踏み切り片足着地

②障害物のぎりぎりを走り越す

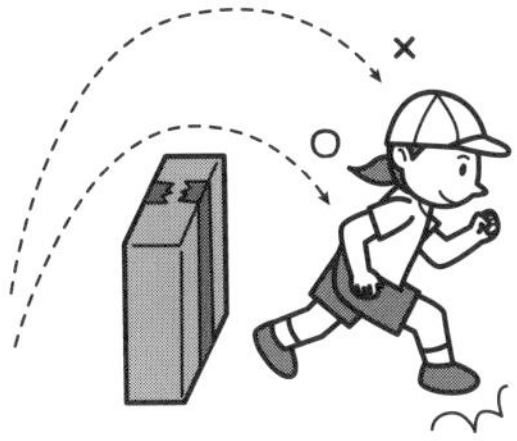

③足と反対の手をしっかり振る

3 対戦相手の決め方

いろいろなチームと対戦することで、様々な友達の動きのよさにも触れることができる。短時間で相手を決め、たくさん競走できるような手立てが必要である。

①ローテーション

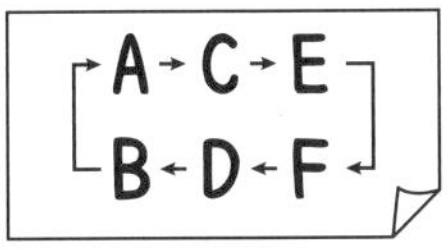

②リーグ戦

	A	B	C	D	E	F
A						
B						
C						
D						
E						
F						

③グーパー

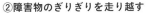

本時案

障害物リレーを工夫して楽しもう①

3/5

本時の目標

コースの工夫の仕方を知り、いろいろなコースをつくって障害物リレーを楽しむことができるようにする。

評価のポイント

コースの工夫の仕方を理解し、自分たちでコースを工夫して障害物リレーを楽しむことができたか。

週案記入例

[目標]
コースの工夫の仕方を知り、いろいろなコースをつくって障害物リレーを楽しむ。

[活動]
自分たちでコースをつくり、つくったコースで障害物リレーをする。

[評価]
コースを工夫して障害物リレーを楽しむことができたか。

[指導上の留意点]
工夫する際のきまりを確認し、障害物リレーの時間を十分に確保できるように配慮する。

本時の展開

	時	子供の活動
はじめ	5分	**集合・あいさつ** ○今日の学習内容を知る。
準備運動	5分	**主運動につながり、やる気を高める運動をする** ○音楽に合わせて、楽しく体を動かす。 ○ケンパ、川跳び、ミニハードルなどの運動をする。
かけっこ	10分	**障害物のある工夫したコースを全力で走る** 1 ○コースの工夫の仕方ときまりを理解する。 ○チーム内で相談し、コースを工夫する。
障害物リレー	20分	**工夫したコースで障害物リレーを楽しむ** 2 ○各チームの工夫を共有し、他のチームの工夫も取り入れてコースをつくり、自分たちのつくったコースで障害物リレーを行う。
整理運動	2分	**運動で使った部位をゆったりとほぐす** ○足首やふくらはぎ、太ももなど、主に使った部位を中心にストレッチ運動をする。
まとめ	3分	**(1)今日の学習について振り返り、学習カードに記入する** ①友達と楽しく学習できたか。 ②力いっぱい運動できたか。 ③工夫して遊ぶことができたか。 ④友達のよい動きを見付けることができたか。 **(2)楽しかったこと、友達のよかったことを発表し合う**

1 コースの工夫のきまり例

①使用する個数

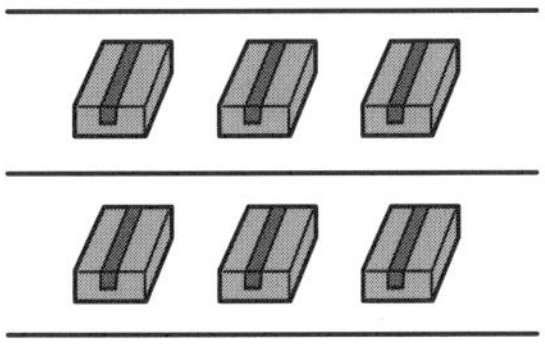

②使用する種類

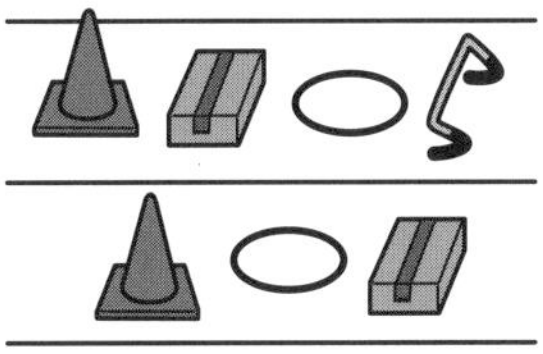

③制限時間を設定

○個数は、コースの距離によって変わるが、３～４個が一般的。
○種類については、いろいろなものを使わせるとよい。
＊全チーム分、準備できるかどうか事前に確認しておく。

2 障害物リレーのコース例・よいコースの工夫の例

①直線コース

○場がコンパクトなので、活動しやすい。
○走者の交代の方法を工夫する必要がある。

②固定施設を利用したコース

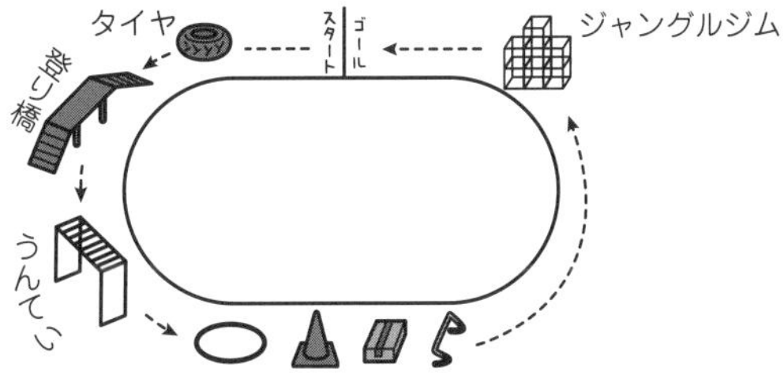

○用具を準備する時間を短縮できる。
○休み時間の遊びに取り入れやすいので、運動の日常化につながる。

③スタートからゴールまでリズムよく走り越せるコース

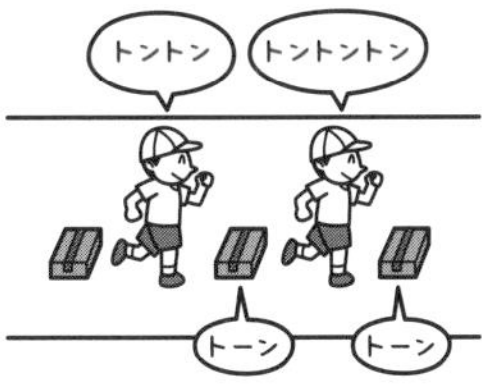

④障害物の高さよりも幅を意識したコース

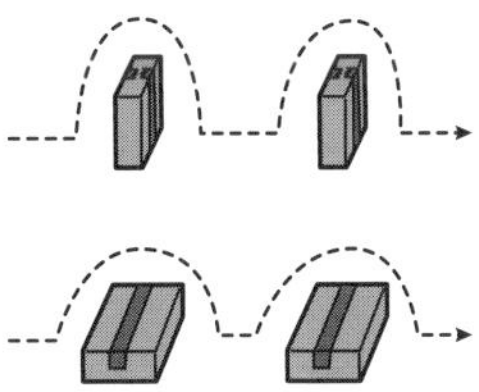

本時案

障害物リレーを工夫して楽しもう② 4/5

本時の目標

相手チームと互いにつくったコースを使って、競走できるようにする。

評価のポイント

互いのつくったコースで競走し、勝敗を素直に受け入れることができたか。

週案記入例

[目標]
相手チームと互いにつくったコースを使って競走する。

[活動]
相手チームと障害物の種類や個数、距離を決めて、互いにつくったコースを使って競走する。

[評価]
勝敗を素直に受け入れることができたか。

[指導上の留意点]
勝敗だけでなく、つくったコースや動きのよさに目を向けるように指導する。

本時の展開

	時	子供の活動
はじめ	5分	**集合・あいさつ** ○今日の学習内容を知る。
準備運動	5分	**主運動につながり、やる気を高める運動をする** ○音楽に合わせて、楽しく体を動かす。 ○ケンパ、川跳び、ミニハードルなどの運動をする。
かけっこ	10分	**かけっこをしながらコースを考える** 1 ○障害物の種類や個数、距離を考えてコースをつくる。
障害物リレー	20分	**対戦相手と互いのつくったコースで競走する** 2 ○互いのつくったコースを確認して、2回戦行う。 ○対戦チームを変えて競走する。
整理運動	2分	**運動で使った部位をゆったりとほぐす** ○足首やふくらはぎ、太ももなど、主に使った部位を中心にストレッチ運動をする。
まとめ	3分	**(1)今日の学習について振り返り、学習カードに記入する** ①友達と楽しく学習できたか。 ②力いっぱい運動できたか。 ③工夫して遊ぶことができたか。 ④友達のよい動きを見付けることができたか。 **(2)楽しかったこと、友達のよかったことを発表し合う**

1 コース記録用紙例

自分たちで考えたコースを記録するワークシートを用意しておくとよい。

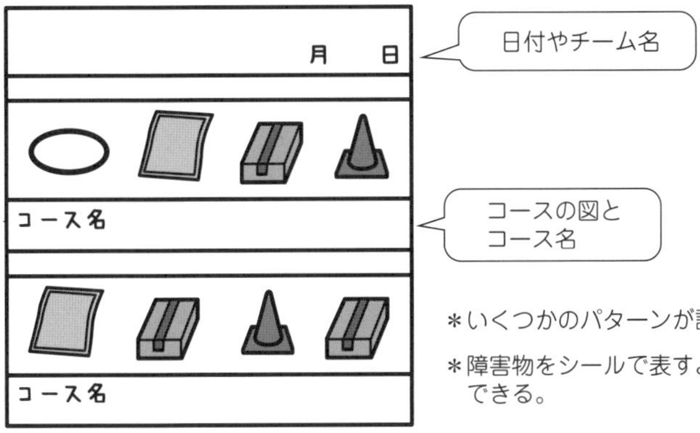

＊いくつかのパターンが記録できるようにする。

＊障害物をシールで表すようにすると時間を短縮できる。

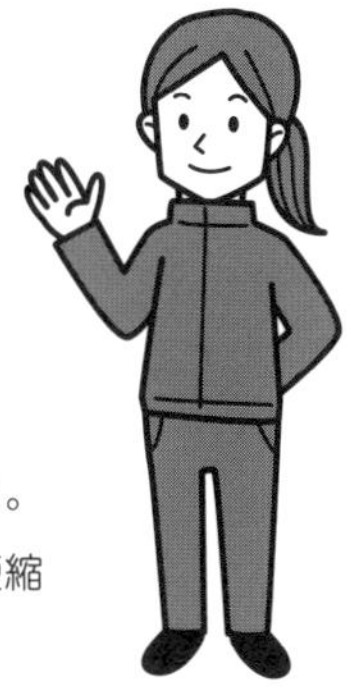

2 次の走者のスタートのタイミング例

障害物リレーは、ミニハードルなど使用する障害物によって、折り返しができない場合がある。リレーをする際に、次の走者への引き継ぎ方も事前に確認しておく必要がある。

〇折り返さない場合

①コーンをタッチ

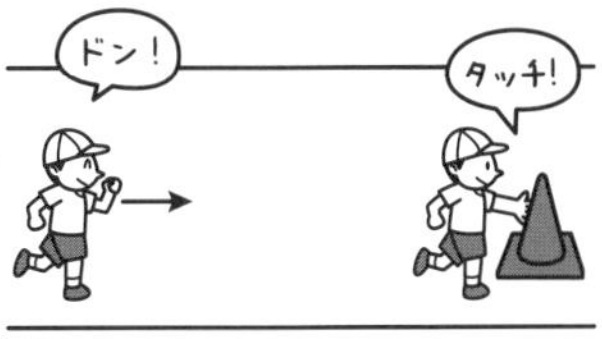

②紅白玉を移動

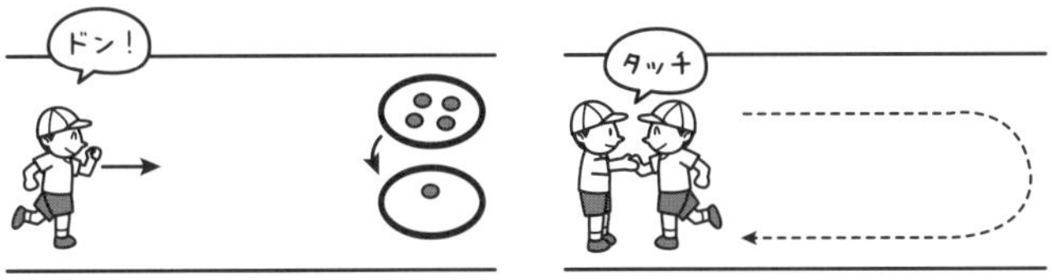

〇折り返す場合

①障害物のないコースを走って戻り、タッチまたはバトンパス（ミニハードル使用）。

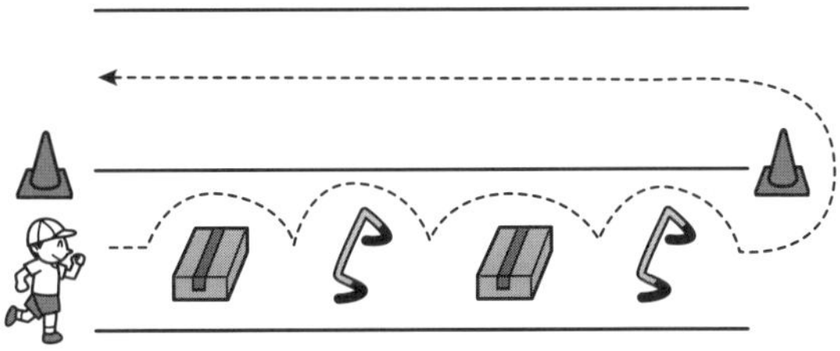

②走ってきたコースを再び走って戻り、タッチまたはバトンパス（ミニハードル未使用）。

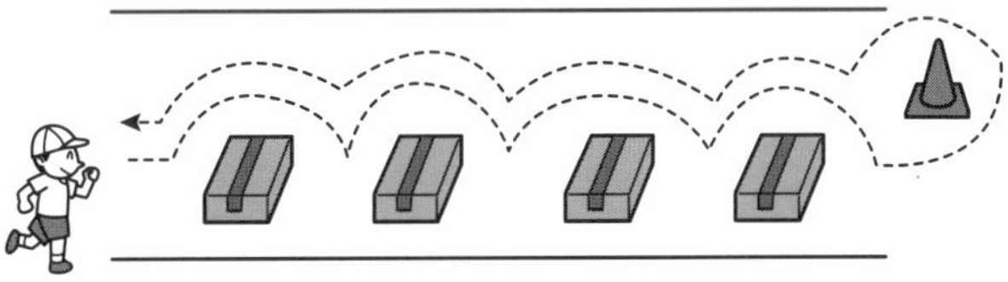

本時案

障害物リレーを工夫して楽しもう③

5/5

本時の目標

相手チームと互いにつくったコースを使って、作戦を考えて競走できるようにする。

評価のポイント

チームメイトと話し合って、作戦を考えることができたか。

週案記入例

[目標]
相手チームと互いにつくったコースを使って作戦を考えて競走する。

[活動]
相手チームと話し合ってコースを決め、作戦を考えてチームで協力して競走する。

[評価]
友達と協力して、作戦を考えることができたか。

[指導上の留意点]
自分たちで話し合えるように、作戦の視点を事前に確認しておく。

本時の展開

	時	子供の活動
はじめ	5分	**集合・あいさつ** ○今日の学習内容を知る。
準備運動	5分	**主運動につながり、やる気を高める運動をする** ○音楽に合わせて、楽しく体を動かす。 ○ケンパ、川跳び、ミニハードルなどの運動をする。
かけっこ	10分	**かけっこをしながらコースや作戦を考える** 1 ○障害物の種類や個数、距離を考えてコースをつくる。 ○友達と話し合い、作戦を立てる。
障害物リレー	20分	**対戦相手と互いのつくったコースで競走する** 2 ○互いのつくったコースを確認して、2回戦行う。 ○対戦チームを変えて競走する。
整理運動	2分	**運動で使った部位をゆったりとほぐす** ○足首やふくらはぎ、太ももなど、主に使った部位を中心にストレッチ運動をする。
まとめ	3分	**(1)今日の学習について振り返り、学習カードに記入する** ①友達と楽しく学習できたか。 ②力いっぱい運動できたか。 ③工夫して遊ぶことができたか。 ④友達のよい動きを見付けることができたか。 **(2)楽しかったこと、友達のよかったことを発表し合う**

1 作戦の視点

競走の勝利に向けて、チームの団結力を高めるために作戦を立てることは有効な手立てである。しかし、作戦の視点を定めておかないと、子供たちは何を決めればよいのか分からず、効果が得られない。発達の段階を考慮して、子供たちにとって考える必要性があり、短時間で話し合えるものがよい。

後半速い順番に走る
速い
前半速い順番に走る
速い
自分たちが得意なコース
相手が苦手そうなコース
交互にする
速い
速い

2 気持ちよく勝敗を受け入れるために

どんなに競争が盛り上がっても、勝敗を素直に受け入れられないと雰囲気が悪くなってしまう。低学年の段階では、勝敗の受け入れ方も指導する必要がある。子供たちに問いかけながら、一緒に決めると納得し、安心して学習に取り組めるようになる。

①拍手を送り合う

②競走の後に握手する

③競走の前後にあいさつをする

3 対戦結果の記録

活動の記録として、勝敗を確認することは必要である。記録の方法として、学習カードに記入欄を設けたり、勝ち星表を用意して全体で確認できるようにしたりするなど、様々な方法がある。実態やねらいに応じた方法を選択することが大切である。

DVD
収録資料

「走の運動遊び」学習カード＆資料

使用時 **第1～5時**

本カードは第1時から第5時まで、単元全体を通して使用する。かけっこや障害物リレーに対する興味・関心や思考力、判断力、表現力等の変容を見取るカードである。自分だけで楽しんで学習が終わることがないように、自分で見付けたこつや考えだけでなく、友達のよい動きや考えについてもしっかりと記述できるように指導する。

収録資料活用のポイント

①使い方

まず、授業のはじめに本カードを子供一人一人に板目紙とセットで配布する。カードの裏面には、障害物リレーのコースの工夫を記録できるプリントを用意しておくとよい。次に、学習の進め方を補説し、裏面のプリントの使い方もそのときに併せて説明する。授業の終わりに学習の振り返りを書き、発表させる。

②留意点

本カードは、工夫したコースで友達と楽しく競走することができているかを見取る内容となっている。したがって、運動する時間とは別に子供に考えたり話し合ったりする時間を設定する必要がある。また、走り越す動きのポイントについては、資料に頼りすぎることなく、子供たちの気付きをオノマトペなどを使って言語化して共有することが望ましい。

学習カード 2-10-1（1～2時）

「かけっこ・リレーあそび」カード①

2年　　組　　ばん　名まえ（　　　　　　）

【1回目】しょうがいぶつリレーをやってみよう！！

はじめは　おなじ　コースでやってみよう（こつを見つけたらかいておこう）

○ふりかえり　　月　　日（　）			
友だちと楽しく学しゅうできた	◎ ○ △	力いっぱいうんどうできた	◎ ○ △
学しゅうのしかたが分かった	◎ ○ △	友だちのよいうごきを見つけた	◎ ○ △

できたこと、見つけたこつ、友だちのいいところ、つぎがんばりたいことなどを書こう！！

【2回目】いろいろなコースでしょうがいぶつリレーを楽しもう！！

いろいろなコースで　やってみよう（こつを見つけたら書いておこう）

高低差のあるコース

いろいろなかんかくのコース

組み合わせコース

○ふりかえり　　月　　日（　）			
友だちと楽しく学しゅうできた	◎ ○ △	力いっぱいうんどうできた	◎ ○ △
しょうがいぶつリレーのしかたが分かった	◎ ○ △	友だちのよいうごきを見つけた	◎ ○ △

できたこと、見つけたこつ、友だちのいいところ、つぎがんばりたいことなどを書こう！！

学習カード 2-10-2（3～5時）

「かけっこ・リレーあそび」カード②

2年　　組　　ばん　名まえ（　　　　　　）

【3回目】いろいろなコースをつくってしょうがいぶつリレーをやってみよう！！

こんなコースをつくったよ

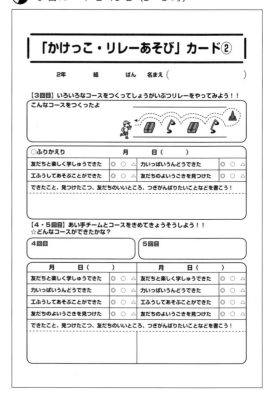

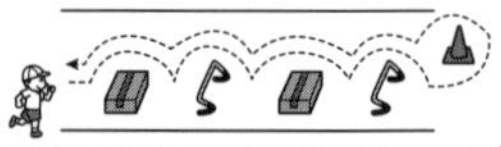

○ふりかえり　　月　　日（　）			
友だちと楽しく学しゅうできた	◎ ○ △	力いっぱいうんどうできた	◎ ○ △
工ふうしてあそぶことができた	◎ ○ △	友だちのよいうごきを見つけた	◎ ○ △

できたこと、見つけたこつ、友だちのいいところ、つぎがんばりたいことなどを書こう！

【4・5回目】あい手チームとコースをきめてきょうそうしよう！！

☆どんなコースができたかな？

4回目

5回目

月　　日（　）		月　　日（　）	
友だちと楽しく学しゅうできた	◎ ○ △	友だちと楽しく学しゅうできた	◎ ○ △
力いっぱいうんどうできた	◎ ○ △	力いっぱいうんどうできた	◎ ○ △
工ふうしてあそぶことができた	◎ ○ △	工ふうしてあそぶことができた	◎ ○ △
友だちのよいうごきを見つけた	◎ ○ △	友だちのよいうごきを見つけた	◎ ○ △

できたこと、見つけたこつ、友だちのいいところ、つぎがんばりたいことなどを書こう！

かけっこ・リレーあそびのポイント

○しょうがいぶつのコースをじょうずに走りこすためには？？

①かんかくづくりのうんどうを楽しもう

ケンパ

「ケン・パ」のリズムを言いながらやってみよう。

川とび

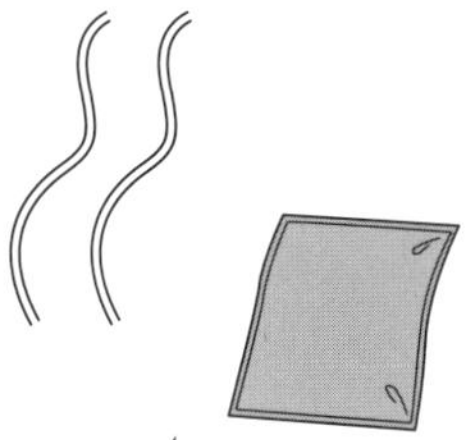

高くより遠くへとぶように。

ミニハードル

うでと足のりょう方をつかってとぼう。

②リズムよく走りこそう

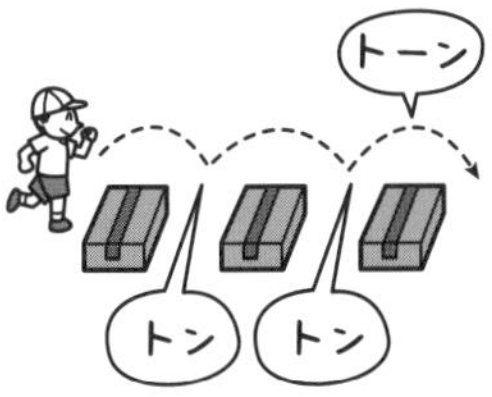

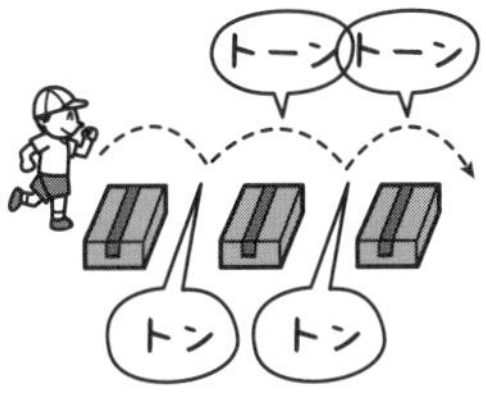

コースに合わせたリズムを考えよう！
チームみんなで口ばんそうしてみよう！

③走りこし方も

かた足ふみきり
かた足ちゃく地

しょうがいぶつの
ぎりぎりを走りこす

足とはんたいの手を
しっかりふる

○チームで作せんを考えよう

①走るじゅん番をきめよう
②たいせんするコースをきめよう

11 マットを使った運動遊び
5時間

【単元計画】

[第一段階] マット遊びの約束やきまりを知り、いろいろなマット遊びを楽しむ	
マット遊びを楽しむための約束やきまりを知り、マット遊びを楽しむ。	丸太転がり、前転がり、後ろ転がりに挑戦し、楽しむことができるようにする。
1 マット遊びの約束やきまりを知って、マット遊びを楽しもう **[主な学習活動]** ○集合・あいさつ ①マット遊びの約束を知る。 ②マットの準備を知る。 ○準備運動 ①マット遊びに必要な準備運動をする。 ○いろいろなマット遊びを楽しむ ①前の学年で学んだマット遊びに取り組む。 ○整理運動 ○まとめ	**2 丸太転がりや前転がりを楽しもう** **3 後ろ転がりを楽しもう** **[主な学習活動]** ○集合・あいさつ ○準備運動 ○いろいろなマット遊びを楽しむ ①丸太転がりや前転がり。 ②後ろ転がり。 ○整理運動 ○まとめ

授業改善のポイント

主体的・対話的で深い学びの実践に向けて

学習指導要領の「指導計画の作成と内容の取扱い」において、単元や題材など内容や時間のまとまりを見通して、その中で育む資質・能力の育成に向けて、主体的・対話的で深い学びの実現に向けた授業改善を進めることが示された。

器械・器具を使っての運動遊びは、様々な動きに楽しく取り組み、基本的な動きや知識を身に付けたときに喜びに触れ、その行い方を知ること、自分ができることから工夫して学習することが大切である。

マットを使った運動遊びでは、「できる」「できない」がはっきりした運動であることから、全ての子供が技を身に付ける楽しさや喜びを味わうことができるよう、自己やグループの学習課題を見付け、その課題の解決の仕方を考えたり、練習の場や段階を工夫したりすることができるようにすることが大切である。

運動を楽しく行うために、一人一人が自己の課題の解決のために積極的に取り組み、約束を守り助け合って運動をしたり、仲間の考えや取組を認めたり、場や器械・器具の安全に気を配ったりすることができるようにすることが求められる。

単元の目標

○知識及び技能

・マットを使った運動遊びの行い方を知り、いろいろな方向への転がり、手で支えての体の保持や回転をすることができる。

○思考力、判断力、表現力等

・器械・器具を用いた簡単な遊び方を工夫するとともに、考えたことを友達に伝えることができる。

○学びに向かう力、人間性等

・順番やきまりを守り誰とでも仲よく進んで運動をしたり、場や器械・器具の安全に気を付けたりすることができる。

[第二段階] いろいろな場でマット遊びをし、友達のよい動きを見付けて楽しむ	
友達といろいろな遊び方をしたり、友達のよい動きを見付けたりしながら楽しむ。	いろいろな遊び方を楽しみながら、自分ができるようになったことを確かめる。
4　いろいろなコースで友達と遊び方を工夫したり、友達のよい動きを見付けたりしよう [主な学習活動] ○集合・あいさつ ○準備運動 ○いろいろなマット遊びを楽しむ ○整理運動 ○まとめ	5　いろいろなコースで、マット遊びをもっと楽しもう [主な学習活動] ○集合・あいさつ ○準備運動 ○いろいろなマット遊びを楽しむ ○整理運動 ○まとめ

子供への配慮の例

①運動が苦手な子供

・前や後ろへ転がることが苦手な子供には、体を丸めて揺れるゆりかごに取り組んだり、傾斜のある場で勢いよく転がるように取り組んだりして、転がるための体の動かし方が身に付くように練習の仕方や場を設定するなどの配慮をする。

・手で体を支えて移動することが苦手な子供には、手や足を移動する場所や目線の先にマークを置くなどして、支持で移動できる体の動かし方が身に付くように教具や場を設定するなどの配慮をする。

②意欲的でない子供

・怖くて運動遊びに取り組めない子供には、器械・器具の高さを変えたり、痛くないように配慮した場を設定したりして、条件を変えた場を複数用意して選択できるようにするなどの配慮をする。

・自信がもてない子供には、成功回数が多くなる簡単な運動遊びを取り入れたり、できたことを称賛したりして、肯定的な働きかけができるようにするなどの配慮をする。

本時案

マット遊びの約束やきまりを知って、マット遊びを楽しもう

1/5

本時の目標

マット遊びを楽しむための約束やきまりを知ることができるようにする。

評価のポイント

安全に気を付けて、マットの準備をし、マット上での丸太転がりを楽しみ、協力して片付けをすることができたか。

週案記入例

[目標]
マット遊びの学習のきまり (約束) を守って転がり遊びをする。

[活動]
マット遊びの場をつくり、易しいマット遊び、今できる遊びを楽しむ。

[評価]
安全に気を付けて、マットの準備をし、マット遊びを楽しみ、協力して片付けができたか。

[指導上の留意点]
マットの使い方や学習のきまりを重点的に指導する。

本時の展開

	時	子供の活動
はじめ	10分	**集合・あいさつ** ○マット遊びの班ごとに整列する。 ○本時の学習内容を知る。 ○マット遊びの約束を確かめながら、マットの準備をする。 ◀1
準備運動	10分	**運動で使う箇所をほぐす運動をする** ○動物歩きを大きくゆっくり行い、手首、足首、肩、膝を意識して運動させる。 ○前屈などの簡単なストレッチや、首や腰などの運動が不足しがちな部位の運動を補う。
マット遊び	20分	**(1)いろいろなマット遊びを楽しむ** ◀2 ○丸太転がりを試し、丸太転がりの仕方や順番、きまりごとについて知り、丸太転がりを楽しむ。 ○ゆりかご、かえるの逆立ち、ブリッジを楽しむ。 **(2)マットの片付けをする**
整理運動	2分	**運動で使った部位をゆったりと動かしてほぐす** ○特に手首、足首、首を中心に動かす。
まとめ	3分	**(1)本時の学習について振り返り、学習カードに記入する** **(2)次時の学習内容を予告する** ○子供が頑張っていたことをほめ、次時の予告をする。

1 マットの使い方や運動のきまりを確かめる

①マットは４人で「みみ」を持ち、前方の安全を確認しながら運ぶ。
　○１グループを見本にして確認する。声をかけて動きをそろえる。
　　(マットを持つとき)：「いいですか」「はい」
　　(運ぶとき)：「せーの」「よいしょ」
　　(マットを並べるとき)：「マットのみみは入れましたか」「はい」
②教師は「どこに・どのように」並べるかを図で示し、子供が準備した後は必ず確認する。
　○体育館のラインに沿ってまっすぐ並べる。
　○あらかじめ、どのグループがどこに並べるかマーカーなどで表示する。
　○第１時では時間がかかっても丁寧に指示し、全員が理解できるようにする。
③マットの表と裏を知る。
　○見本のマットに集合させ、縫い目などで表と裏を知る。
　○みみが外に出る場合は、マットの下に入れる。
④マットの上は横切らない。
⑤上ばきをぬぎ、そろえる。
⑥自分が運動した後にマットを確かめて合図をする。
⑦寒い時期は、上ばきをはいて行うが、マットを汚さないために上ばきの裏を雑巾で拭く。
⑧運動量と安全を確保するため、１グループを 5〜7 人で、6 班までとする。
⑨グループは教師が人間関係を考慮し、リーダー性のある子供を入れて編成する。
⑩準備する場を図で示し、グループごとに準備や片付けを行わせる。
⑪マット１枚につき２人で使用できる枚数を用意する。

2 いろいろなマット遊び

「丸太転がり」

「ゆりかご」

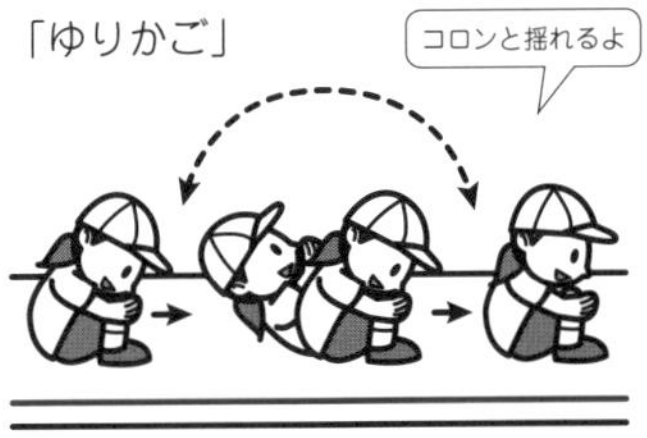

「ブリッジ」

運動１　腕で支持する：「かえるの逆立ち」

運動２　マットの上を１人で、両手や両足を伸ばして、横に転がる

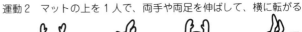

本時案

丸太転がりや前転がりを楽しもう

2/5

本時の目標

安全に気を付けて、マットの準備や片付けを行い、丸太転がりを楽しんだり、前転がりに挑戦することができるようにする。

評価のポイント

友達と協力してマットの準備や片付けをしながら、今できる動きをしたり前転がりを繰り返し行ったりすることができたか。

週案記入例

[目標]
丸太転がりに慣れ、前転がりに挑戦したり、できる動きを繰り返したり、いろいろな場でマット遊びをする。

[活動]
できる動きを繰り返したり、いろいろな場でやったりする。

[評価]
自分のできる動きを、いろいろな場でやることができたか。

[指導上の留意点]
いろいろな工夫をした場を、資料を用いて分かりやすく説明する。

本時の展開

	時	子供の活動
はじめ	6分	**集合・あいさつ・準備をする** ○班ごとに整列する。 ○本時の学習内容を知る。 ○安全に気を付けながら、マットの準備をする。
準備運動	10分	**運動で使う箇所をほぐす運動をする** 1 ○動物歩きを大きくゆっくり行い、手首、足首、肩、膝を意識して運動させる。 ○前屈などの簡単なストレッチや、首や腰などの運動が不足しがちな部位の運動を補う（ゆりかご、かえるの逆立ち、ブリッジ）。
マット遊び①	10分	**今できる遊び方で楽しむ** 2 ①丸太転がりを繰り返し、動きを高める。 ②友達と見合う中で、よい動きを見付ける。 ③いろいろな場で、1人で、友達と合わせて楽しむ。
マット遊び②	15分	**(1)新しいマット遊びを楽しむ** 3 ①前転がりの仕方を知り、楽しむ。 ②いろいろな場で、いろいろな転がり方を楽しむ。 **(2)マットの片付けをする**
整理運動	2分	**運動で使った部位をゆったりと動かしてほぐす** ○特に手首、足首、首を中心に動かす。
まとめ	2分	**(1)本時の学習について振り返る** ○いろいろな動きをすることができたか。 **(2)次時の学習内容を予告する** ○子供が頑張っていたことをほめ、次時の予告をする。

1 準備運動：動物歩き

2 今できる遊び方で楽しむ：丸太転がり

〔ねらい〕
・楽しみながら転がり、回転感覚を養う。
・坂を登り下りすることにより腹筋・背筋を刺激する。
・自分の力を知り、安全な動きができる。

※マットの下に踏み切り板や積み木を置いて、転がりやすい状態をつくったり、また凸凹の変化を付けて、転がり方を楽しむ。
※腕の支持、体の丸め方、頭の位置に注意する。

3 新しいマット遊びを楽しむ：前転がり

①指を広げて両手をしっかりマットにつける。
②顎を引き、おへそを見るようにして、腰を上げて床を軽く蹴る。
③膝がおなかから離れないようにおへそを見ながら、クルンと回る。
④足の裏で起き上がる。

○教師が示範したり、よい動きをしている子供の動きを見せたりする。
○視聴覚教材を見せたり、子供の動きを撮影したりして、動きのイメージをつかませる。
○学習後に一言感想を書かせて、子供の気持ちを把握する。

本時案

後ろ転がりを楽しもう

3/5

本時の目標

いろいろな場で遊びながら、新しい遊び方を工夫して楽しむことができるようにする。

評価のポイント

子供が意欲的に取り組めるような工夫をした場で、いろいろなマット遊びをしたり、遊び方を工夫したりする中で、楽しく取り組むことができたか。

週案記入例

[目標]
いろいろな場で遊びながら、新しい遊び方を工夫する。

[活動]
いろいろな場を回りながら、マット遊びのやり方を工夫する。

[評価]
場に合った遊び方を工夫することができたか。

[指導上の留意点]
子供が工夫した遊び方を認め、ほかの子供に紹介する。

本時の展開

	時	子供の活動
はじめ	5分	**集合・あいさつ・準備をする** ○班ごとに整列する。 ○本時の学習内容を知る。 ○マット遊びの約束を確かめながら、マットの準備をする。
準備運動	5分	**運動で使う箇所をほぐす運動をする** ○手足の曲げ伸ばし、首や肩を回し、クマ歩き、ウサギ、アザラシ、ゆりかご、かえるの逆立ち、ブリッジ、体の前屈、体の各部位の運動をする。
マット遊び①	15分	**今できるマット遊びで楽しむ** 1 ①丸太転がり、前転がりなどできる動きを繰り返し行い、動きを高める。 ②友達と見合う中で、よい動きを見付ける。
マット遊び②	15分	**(1)新しいマット遊びを楽しむ** 2 ①後ろ転がりの仕方を知り、楽しむ。 ②いろいろな場で、いろいろな転がり方を楽しむ。 ③遊び方を工夫して楽しむ。 **(2)マットの片付けをする**
整理運動	2分	**運動で使った部位をゆったりと動かしてほぐす** ○特に手首、足首、首を中心に動かす。
まとめ	3分	**(1)本時の学習について振り返る** ①いろいろな動きをすることができたか。 ②遊び方を工夫することができたか。 **(2)次時の学習内容を予告する** ○子供が頑張っていたことをほめ、次時の予告をする。

1 今できるマット遊びで楽しむ（動きを高め、楽しく取り組める場づくり）

①場の設定例

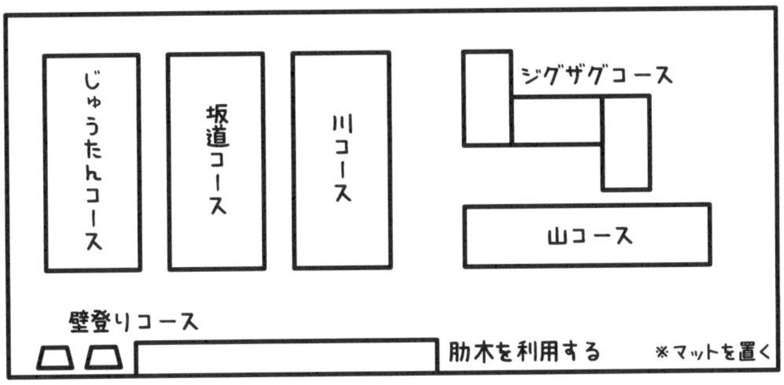

②丸太転がり

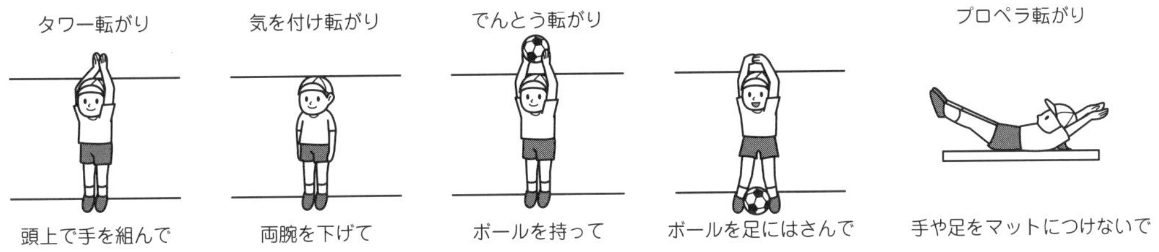

③前転がり

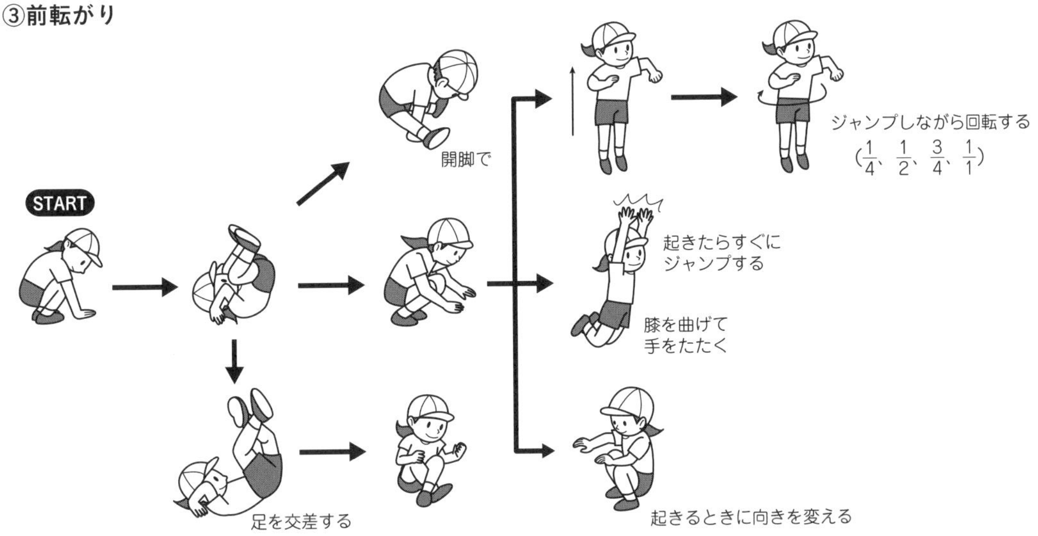

2 新しいマット遊びを楽しむ：後ろ転がり

①「耳の後ろに手をつけよう」
②「勢いよく、後ろに転がろう」
③「おへそを見て、背中を丸めよう」
④「足がつくまで手で体を支えよう」
⑤「マットを押して、体を起こそう」

本時案

いろいろなコースで友達と遊び方を工夫したり、友達のよい動きを見付けたりしよう

4/5

本時の目標

友達といろいろな遊び方をしたり、友達のよい動きを見付けたりしながら楽しむことができるようにする。

評価のポイント

友達と競争したり協力したり、表現したりするなどのいろいろな遊び方に取り組む中で、友達のよい動きを見付けることができたか。

週案記入例

[目標]
友達といろいろな遊び方をしたり、友達のよい動きを見付けたりする。

[活動]
友達と競争したり協力したり、表現したりする遊びをする。

[評価]
友達のよい動きを見付けることができたか。

[指導上の留意点]
教師が進んで子供のよい動きを見付け、ほかの子供に紹介する。

本時の展開

	時	子供の活動
はじめ	5分	**集合・あいさつ・準備をする** ○班ごとに整列する。 ○本時の学習内容を知る。 ○マット遊びの約束を確かめながら、マットの準備をする。
準備運動	5分	**運動で使う箇所をほぐす運動をする** ○手足の曲げ伸ばし、首や肩を回し、クマ歩き、ウサギ、アザラシ、ゆりかご、かえるの逆立ち、ブリッジ、体の前屈、体の各部位の運動をする。
マット遊び①	15分	**今できるマット遊びで楽しむ** 1 ①丸太転がり、前転がり、後ろ転がりなどできる動きを繰り返し行い、動きを高める。 ②友達と見合う中で、よい動きを見付ける。
マット遊び②	15分	**(1)いろいろな場で友達と一緒に楽しむ** 2 ①遊び方を工夫する。 ②友達の考えた遊び方をやってみる。 **(2)マットの片付けをする**
整理運動	2分	**運動で使った部位をゆったりと動かしてほぐす**
まとめ	3分	**(1)本時の学習について振り返る** ①いろいろなマット遊びができたか。 ②友達のよい動きを見付けることができたか。 **(2)次時の学習内容を予告する** ○子供が頑張っていたことをほめ、次時の予告をする。

1 友達と動きを見合う（友達のよい動きにも目を向けさせる）

○**動きを高め、楽しく取り組める場づくり**

多様な場をつくることによって学習意欲が高まり、さらに動きが高まる。

○**挑戦したり競争したりして楽しむ**

①かえるの足うち、何回できるかな

・指を広げてマットに手をつく。
・両手の先を見る。
・足が床から離れるのを感じる。
・最初は、足先が腰より高く
　ならないようにする。

②後出し足ジャンケン

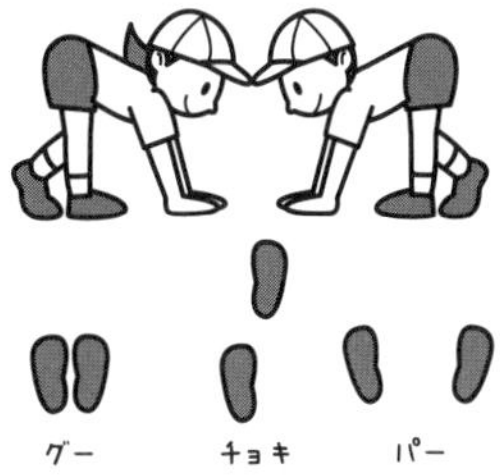

○**物や人と関わって楽しむ**

①ボールを使って丸太転がり

〈手で持って〉　〈足にはさんで〉

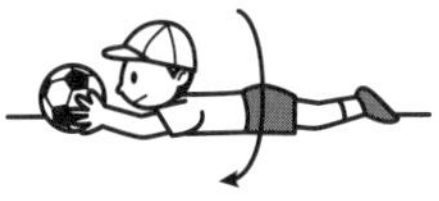

②友達と一緒に丸太転がり

〈手と手で〉　〈手と足で〉

2 いろいろな遊び方に挑戦して楽しむ

○**表現して楽しむ**

①友達と２人で並んで一緒に

〈ゆりかご〉〈前転がり〉〈後ろ転がり〉

②グループ全員で

〈前転がり〉〈後ろ転がり〉

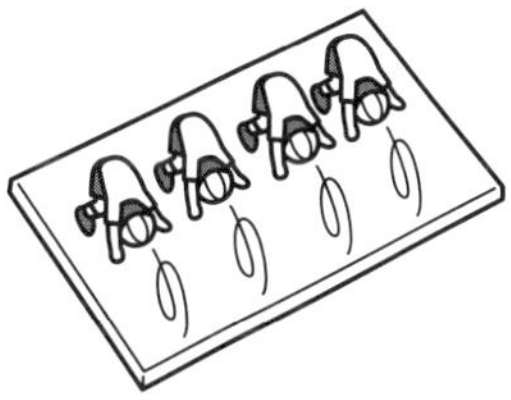

○見るときのポイントを示す。
　→「手をしっかりついているかな」
　→「背中が丸くなっているかな」
　→「まっすぐ転がっているかな」
○教師が積極的にほめることにより、
　よさが見付けられるようにする。

本時案

いろいろなコースで、マット遊びをもっと楽しもう

5/5

本時の目標

いろいろな遊び方を楽しみながら、自分ができるようになったことを確かめることができるようにする。

評価のポイント

グループごとに楽しかった遊びを発表し合い、いろいろな遊び方を楽しむとともに、自分ができるようになったことを確かめることができたか。

週案記入例

[目標]
いろいろな遊び方をしながら、自分ができるようになったことを確かめる。

[活動]
いろいろな遊び方をしながら、できるようになったことを確かめる。

[評価]
マット遊びのいろいろな動きを身に付けることができたか。

[指導上の留意点]
グループごとに、安全に遊んでいるか確かめる。

本時の展開

	時	子供の活動
はじめ	5分	**集合・あいさつ・準備をする** ○班ごとに整列する。 ○本時の学習内容を知る。 ○マット遊びの約束を確かめながら、マットの準備をする。
準備運動	5分	**運動で使う箇所をほぐす運動をする** ○手足の曲げ伸ばし、首や肩を回し、クマ歩き、ウサギ、アザラシ、ゆりかご、かえるの逆立ち、ブリッジ、体の前屈、体の各部位の運動をする。
マット遊び①	15分	**楽しかった遊びを紹介する** 1 ①グループごとに楽しかった遊び方を紹介する。 ②気が付いたことやよかったことを発表する。
マット遊び②	15分	**(1)いろいろな場で友達と遊び方を工夫して楽しむ** ①遊び方を工夫する。 ②友達の考えた遊び方をやってみる。 **(2)マットの片付けをする**
整理運動	2分	**運動で使った部位をゆったりと動かしてほぐす**
まとめ	3分	**(1)本時の学習について振り返る** 2 ①友達のよい動きを見付けることができたか。 ②どんな動きができるようになったか。 **(2)次の単元の学習内容を予告する** ○子供が頑張っていたことをほめ、次の単元の予告をする。

1 楽しかった遊び方を紹介する

〈かえるの足うち〉

かえるの足うち何回できるかな

〈かべ登り逆立ち〉

〈ジグザグコース〉

・コースのコーナーごとに転がり方を変えて楽しむ。
・ペットボトルを倒さないように転がるスリルを楽しむ。
・待っている友達が時間を数えてもよい。
・同じ転がり方で最後まで進んでもよい。自由に楽しむ。
「はじめは丸太転がり、その次は後ろ転がり、最後は前転がりでやってみよう」「今度こそ、ペットボトルを倒さないぞ」など。

〈背支持倒立〉

〈支持での川跳び〉

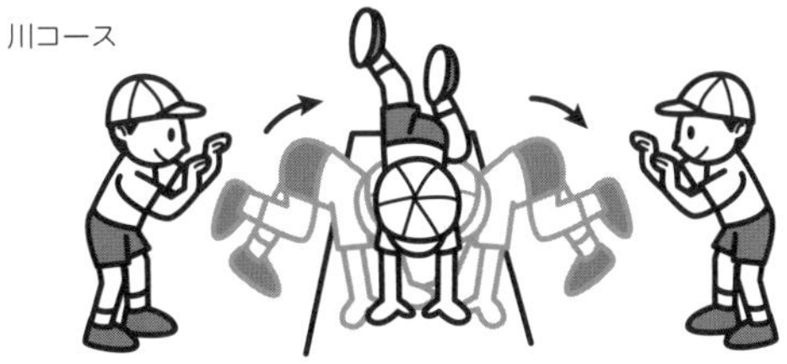

〈グループごとに楽しかった遊び方を紹介する〉

◯友達のよい動きを見付けて発表する。
◯遊んでいる様子をタブレット端末等で撮影し、後で自分たちの動きが見られるようにする。

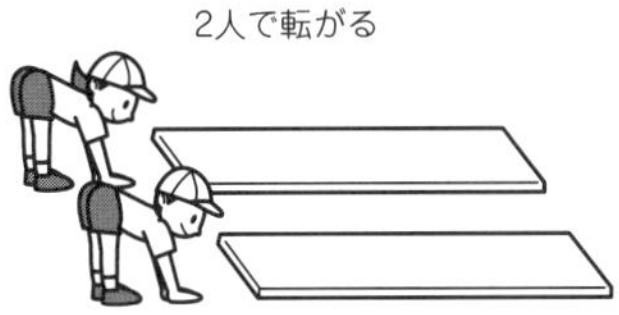

2 学習の振り返りをする

◯どの遊び方が楽しかったか。友達のよい動きを見付けることができたか。
◯単元を通じて、できるようになったことや楽しかったことは何か。
◯学習後に、子供に感想を書かせることにより、教師自身が授業を振り返る資料とする。

DVD収録資料

「マットを使った運動遊び」学習カード＆資料

使用時 **第1～5時**

本カードは第1時から第5時まで、単元全体を通して使用する。マットを使った運動遊びでは、「その行い方を知るとともに、マットに背中や腹などをつけていろいろな方向に転がったり、手や背中で支えて逆立ちをしたり、体を反らせたりするなどして遊ぶこと」が重要であり、器械運動と関連の深い動きを意図的に取り入れることで、基礎となる体の動かし方や感覚を身に付ける。

収録資料活用のポイント

①使い方

5回の学習を通して、毎回取り組んだ運動遊びについて、各自が自分の動きについて、3段階で評価する。学習カードには、「やった：△（できばえではなく、取り組んだこと自体を評価する）」「できた：○（自分が認めたできばえ）」「上手にできた：◎（友達が認めたできばえ）」で記入する。

②留意点

カードについての評価は自己評価が中心ではあるが、学習場面は班での活動が中心である。あらゆる場面で友達と一緒に運動遊びの学習を進めるため、自己評価に合わせて相互評価の場面が設定されている。一つ一つの運動遊びの場面で、器械・器具の準備や運動、安全確保を通して、互いの位置や動きの様子を確認することが相互評価を学ぶ場面である。

学習カード 2-11-1（1～5時）

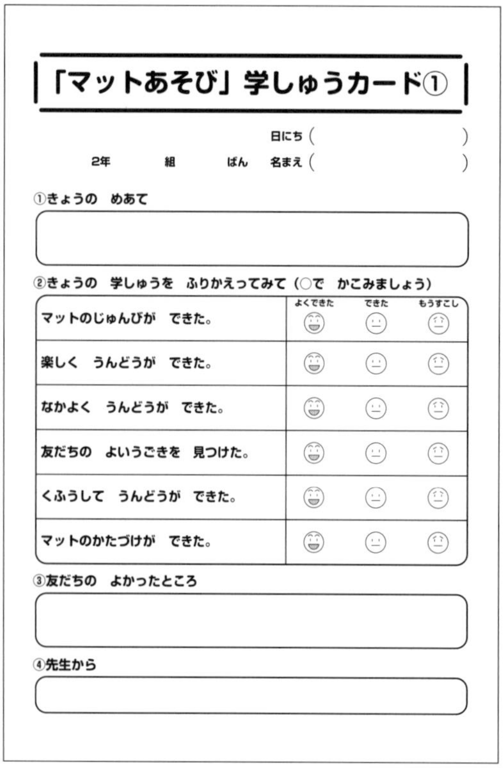
「マットあそび」学しゅうカード①

日にち（　　　　）

2年　　組　　ばん　名まえ（　　　　）

①きょうの　めあて

②きょうの　学しゅうを　ふりかえってみて（○で　かこみましょう）

	よくできた	できた	もうすこし
マットのじゅんびが　できた。			
楽しく　うんどうが　できた。			
なかよく　うんどうが　できた。			
友だちの　よいうごきを　見つけた。			
くふうして　うんどうが　できた。			
マットのかたづけが　できた。			

③友だちの　よかったところ

④先生から

学習カード 2-11-2（1～5時）

「マットあそび」学しゅうカード②

2年　　組　　ばん　名まえ（　　　　）

とり組んだわざのマークに色をぬろう　【やった△　できた○　上手にできた◎】

①ゆりかご【△○◎】
②前ころがり【△○◎】
③後ろころがり【△○◎】
④丸太ころがり【△○◎】
⑤かえるのさか立ち【△○◎】
⑥かえるの足うち【△○◎】

⑦ブリッジ【△○◎】
⑧せしじとうりつ【△○◎】
⑨しじでの川とび【△○◎】
⑩かべのぼりさか立ち【△○◎】

マークの数を数えよう
◎（　）こ
○（　）こ
△（　）こ

友だちの　よかったところ

先生から

やってみよう！マットあそび

◆どうぶつあるき

《イヌ》

《クマ》

《アザラシ》

《ウサギ》

《シャクトリムシ》

《クモ》

◆ころがりあそび

《丸太ころがり》

《前ころがり》

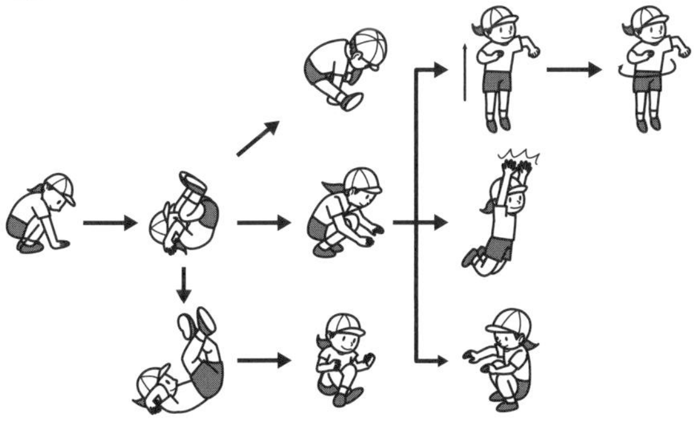

《後ろころがり》

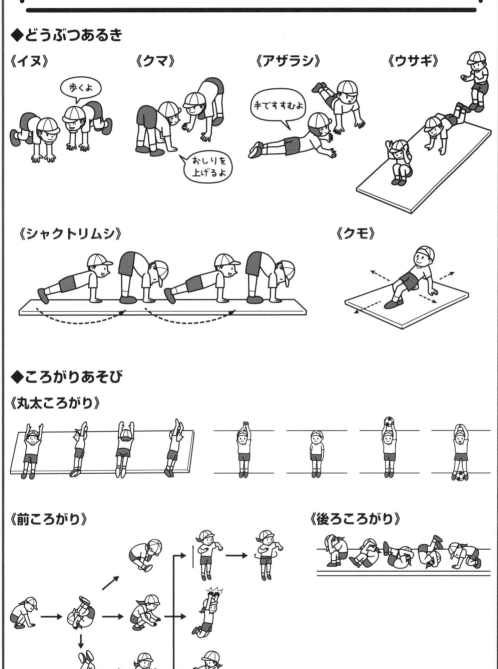

12 跳の運動遊び

5時間

【単元計画】

1時	2・3時
[第一段階] いろいろな跳ぶ動きの面白さを十分に味わい、遊び方を広げる	
学習内容を知り、いろいろな跳ぶ運動遊びをしながら、跳ぶ動きを楽しむ。	いろいろな跳ぶ運動遊びをしながら、跳ぶ運動の遊び方を広げる。
1　ゴム跳び遊びをしてみよう POINT：跳ぶ運動遊びの行い方、3、4人で取り組むときのきまりや場の安全について知る。 **[主な学習活動]** ○集合・あいさつ ○今日の運動につながる準備運動をする。 ○ゴム跳びの場で、跳ぶ動きを楽しむ。 ○遊び方を工夫しながら、友達のよい動きに気付く。 ○片付け、整理運動をする。 ○クラス全体で今日の学習について振り返る。 ○次時の学習内容を知る。	**2・3　いろいろな跳ぶ遊びをしてみよう①②** POINT：前方、上方へ跳ぶ、連続で跳ぶといったいろいろな跳ぶ運動遊びを体験し、動きを広げる。 **[主な学習活動]** ○集合・あいさつ ○今日の運動につながる準備運動をする。 ○複数の場（前方に跳ぶ、上方に跳ぶ、連続で跳ぶ）で、跳ぶ動きを楽しむ。 ○動きを工夫しながら、友達のよい動きに気付く。 ○片付け、整理運動をする。 ○クラス全体で今日の学習について振り返る。 ○次時の学習内容を知る。

授業改善のポイント

主体的・対話的で深い学びの実践に向けて

まず子供が主体的に学習に取り組むためには、

①子供たちが運動に興味・関心がもてるような教材の提示、場の設定。

②子供が継続して運動遊びに取り組むための教師の励ましや動きへの価値付け。

③遊び方を自分たちで選択し、工夫することができるような単元構成。

の3点が必要である。

これらの指導の工夫は、子供が自ら運動遊びに楽しんで取り組みながら、跳の動きを身に付けていく助けとなる。

また、教師と一緒に運動したり、対話したりする活動、ペアやグループの友達同士でよい動きを見付け合い、認め合ったり真似したりする活動等の対話的な学びを通して、より学習が活性化する。

これら「主体的・対話的な学習活動」を通して、子供は「運動の特性に応じた楽しさや喜びを味わうことと、新しい動きを身に付けていくことがつながっている」ということを学んでいく。これは、体育の見方・考え方にせまる「深い学び」の1つであると言える。

単元の目標

○知識及び技能

・跳の運動遊びの行い方を知り、前方や上方に跳んだり、連続して跳んだりすることができる。

○思考力、判断力、表現力等

・跳ぶ簡単な遊び方を工夫するとともに、友達のよい動きを見付け、考えたことを伝えることができる。

○学びに向かう力、人間性等

・跳の運動遊びに進んで取り組み、きまりを守り仲よく運動をし、場の安全に気を付けることができる。

4時	5時
[第二段階] 場を工夫して運動遊びをすることの楽しさを味わい、跳の動きを身に付ける	
場を工夫して運動遊びをすることの楽しさを味わいながら、前方や上方に跳んだり、連続して跳んだりすることで、跳の動きを身に付ける。	
4　とびとびランドで楽しもう① POINT：距離や高さ、向きなど、よい動きを身に付けることができる場のつくり方を工夫する。 [主な学習活動] ○集合・あいさつ ○今日の運動につながる準備運動をする。 ○運動の場を工夫して楽しむ。 ○友達のよい動きを見付けながら、遊び方を工夫して楽しむ。 ○片付け、整理運動をする。 ○クラス全体で今日の学習について振り返る。 ○次時の学習内容を知る。	5　とびとびランドで楽しもう② POINT：よい動きを身に付けることができる場のつくり方を工夫し、自己に適した場を選んで楽しむ。 [主な学習活動] ○集合・あいさつ ○今日の運動につながる準備運動をする。 ○工夫された運動の場をより楽しめるように、遊び方を工夫する ○友達のよい動きを見付けながら、遊び方を工夫して楽しむ。 ○片付け、整理運動をする。 ○クラス全体で今日の学習について振り返る。

子供への配慮の例

①運動が苦手な子供

動きが拙くても、その子供が楽しく遊べていることを認め励ます。さらに教師が一緒に体を動かすことで、よい動きを意識しながら動けるように促す。さらに、友達のよい動きを紹介し、よい動きを真似できるようにする。

上手に跳ぶことができない子供には、その子供に合った高さや幅が自由に選択できるように配慮し、少しずつ難易度を変えていけるようにする。

グーパー跳びなど、リズムがつかめない子供には、教師や友達が一緒に跳ぶ場面を意図的につくり、よい動きを広げる。

②意欲的でない子供

動きが拙く自信がもてない子供には、楽しく遊べていることが大切であることを全体で伝え、かつ楽しんで運動していることを認め価値付ける。さらに、教師が一緒に体を動かしながら、よい動きを意識して動けるように促す。

友達同士でうまく関わり合うことができない子供には、グループ構成を配慮し、準備、片付けの役割を果たしたときや、グループ内での友達にプラスの声かけしたときを認め、称賛する。

達成感を味わうことができない子供のために、複数の場を用意し、難易度が選べるように配慮する。

本時案

ゴム跳び遊びをしてみよう

1/5

本時の目標

学習内容を知り、ゴム跳び遊びを通して、跳ぶ動きを楽しむことができるようにする。

評価のポイント

決まりや順番を守り、楽しみながらゴム跳び遊びに取り組むことができたか。

週案記入例

[目標]
ゴム跳び遊びを通して、いろいろな跳ぶ動きを楽しむ。

[活動]
3〜4人のグループで、ゴム跳び遊びを通して、いろいろな跳び方をして楽しむ。

[評価]
決まりや順番を守って、楽しく活動に取り組むことができたか。

[指導上の留意点]
安全に運動するためのきまりや約束をしっかりと確認させる。

本時の展開

	時	子供の活動
はじめ	5分	**集合・あいさつ** ○グループごとに整列をする。 ○本時の学習内容を知る。
準備運動	5分	**楽しい雰囲気をつくり、運動をする** 1 ○音楽やリズム太鼓に合わせ、首や手首・足首等の運動をする。 ○軽いジョギング、スキップ、ジャンプなどの運動をする。
約束の確認	3分	**遊び方や安全の約束について確認する** 2 ○「跳ぶ動き」を楽しむ時間であるということを確認する。 ○必ず足から着地することや、グループでのゴムの使い方等、安全面の配慮を丁寧に確認する。
跳の運動遊び	27分	**ゴム跳び遊びに取り組む** 3 ○1年生での跳の運動遊びの経験を思い出させながら、いろいろなゴムの跳び方を楽しむ。 ①前方に跳ぶ、②上方に跳ぶ、③連続で跳ぶ （片足、両足、どちらでも楽しめるよう助言する）
整理運動	2分	**運動で使った部位をゆったりとほぐす** ○特に手首、足首を中心に動かす。
まとめ	3分	**(1)今日の学習について振り返り、学習カードに記入する** ①力いっぱい楽しく運動できたか。 ②きまりや順番を守って運動できたか。 ③友達と仲よく運動できたか。 **(2)楽しかったこと、友達のよかったことを発表し合う**

1 準備運動

○グループごとに整列。グループリーダーを事前に決めておくと声をかけ合って素早く整列できる。
○リズムのよい曲をかけながら、全身の運動を行う。
（準備運動の動き自体は、無理に曲に合わせなくてもよい。楽しい雰囲気で）
○「ぴよぴよちゃん」「体じゃんけん」等、楽しみながら全身を動かせる遊びに取り組むのもよい。

ぴよぴよちゃん

教師：「ぴよぴよちゃん」
子供：「なんですか」
教師：「こんなこと、こんなこと
できますか」（好きな動きをする）
子供：「こんなこと、こんなこと
できますよ」（教師の真似をする）

体じゃんけん

①教師と同じポーズをする。
②教師とじゃんけんする。
③子供のペアでじゃんけんする。
④後出しじゃんけんをする。
等、変化を加えて繰り返す。

2 約束の確認（ねらい、安全面の配慮）

○ねらいと違う動きが出てきてしまわないように、今回は「跳ぶ動き」を楽しんで遊ぶことを確認する。
○ゴムの使い方を確認する（友達が楽しく跳べるように、ゴムの高さを決める）。
○その他、順番の約束や危険な行動など、丁寧に確認する。
○活動場所は、図で掲示しておくと、より素早く活動ができる。

3 ゴム跳び遊びに取り組む（運動量を十分に確保し、楽しさを味わわせる）

活動を通して、友達への励ましや協力して楽しむ姿が見られたら称賛し、全体へ広めるようにする。

跳ぶ人に合わせて高さを変える。

上手に跳べたら一緒に喜ぶ、など。

本時案

いろいろな跳ぶ遊びをしてみよう①

2/5

本時の目標

いろいろな跳ぶ運動遊びをしながら、遊び方を工夫することができるようにする。

評価のポイント

いろいろな跳ぶ運動遊びに楽しんで取り組みながら、遊び方を広げることができたか。

週案記入例

[目標]
いろいろな跳ぶ運動遊びで、楽しみながら遊び方を工夫する。

[活動]
いろいろな跳ぶ運動遊びを通して、いろいろな遊び方に取り組む。

[評価]
いろいろな跳ぶ運動遊びの場を使って、遊び方を工夫して楽しむことができたか。

[指導上の留意点]
友達の遊び方を紹介、称賛しながら、遊び方を広めていく。

本時の展開

	時	子供の活動
はじめ	5分	**集合・あいさつ** ○グループごとに整列をする。 ○本時の学習内容を知る。
準備運動	5分	**楽しい雰囲気をつくり、運動をする** ○音楽やリズム太鼓に合わせ、首や手首・足首等の運動をする。 ○軽いジョギング、スキップ、ジャンプなどの運動をする。
約束の確認	3分	**遊び方や安全の約束について確認する** ○「跳ぶ動き」を工夫する時間であるということを確認する。 ○「どんな工夫ができるか」の視点を簡単に示す。 ○安全面の確認をする。
跳の運動遊び	27分	**いろいろな運動遊びの場で楽しむ** 1 ○いろいろな運動遊びの場で、跳ぶ動きを楽しむ。 ①川跳びの場 ②高跳びの支柱を使った場 ③ケンステップを使った場 等、いろいろな場で楽しむ。 ← ①前方に跳ぶ ②上方に跳ぶ ③連続で跳ぶ で遊びやすい場の設定
整理運動	2分	**運動で使った部位をゆったりとほぐす** ○特に手首、足首を中心に動かす。
まとめ	3分	**(1)今日の学習について振り返り、学習カードに記入する** ①力いっぱい楽しく運動できたか。 ②きまりや順番を守って運動できたか。 ③友達と仲よく運動できたか。 **(2)楽しかったこと、友達のよかったことを発表し合う**

1 運動遊びの場の例（子供が「やってみたい！」と思える場）

○運動の特性につながる３つの動き（①前方へ跳ぶ、②上方へ跳ぶ、③連続で跳ぶ）の面白さが味わえるように場の設定を工夫する。
○第１時での子供の遊び方や願いをもとにして場を設定できると、さらに意欲が高まる。
○それぞれの場に、子供が名前を付けて意欲付けすることも考えられる。

フープの場
（主に前方に跳ぶ動きを楽しむ）
●自分のねらったフープに跳んでいく場

川跳びの場
（主に前方に跳ぶ動きを楽しむ）
●いろいろな幅の線を引き、跳び越える場

高跳びの支柱を使った場
（主に上方に跳ぶ動きを楽しむ）
●高い位置にゴムを張り、跳んでタッチする場

複数のゴムを使った場
（主に連続して跳ぶ動きを楽しむ）
●支柱の置き方や持ち方を工夫し、複数の場所で跳ぶ場

ケンステップを使った場
（主に連続して跳ぶ動きを楽しむ）
●ケンステップを並べて跳ぶ場

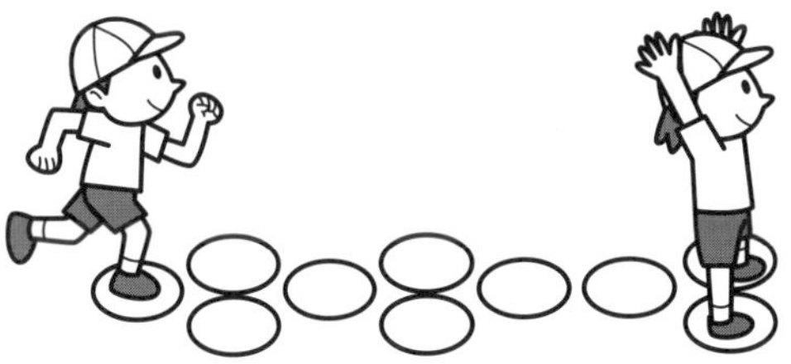

跳び箱を使った場
（前方、上方に跳ぶ動きを楽しむ）
●跳び箱に跳び乗ったり、跳び下りたりする場

本時案

いろいろな跳ぶ遊びをしてみよう②

3/5

本時の目標

いろいろな跳ぶ運動遊びをしながら、跳ぶ動きを工夫することができるようにする。

評価のポイント

いろいろな跳ぶ運動遊びに楽しみながら取り組み、動きを広げることができたか。

週案記入例

[目標]
いろいろな跳ぶ運動遊びで、楽しみながら動きを広げる。

[活動]
いろいろな跳ぶ運動遊びを通して、いろいろな跳び方に取り組む。

[評価]
いろいろな跳ぶ運動遊びの場を使って、跳び方を工夫し、楽しむことができたか。

[指導上の留意点]
友達の遊び方を紹介、称賛しながら、遊び方や動き方を広めていく。

本時の展開

	時	子供の活動
はじめ	5分	**集合・あいさつ** ○グループごとに整列をする。 ○本時の学習内容を知る。
準備運動	5分	**楽しい雰囲気をつくり、運動をする** ○音楽やリズム太鼓に合わせ、首や手首・足首等の運動をする。 ○軽いジョギング、スキップ、ジャンプなどの運動をする。
約束の確認	3分	**遊び方や安全の約束について確認する** ○「跳ぶ動き」を工夫する時間であるということを確認する。 ○「どんな工夫ができるか」の視点を簡単に示す。 ○安全面の確認をする。
跳の運動遊び	27分	**いろいろな運動遊びの場で楽しむ** 1 2 ○いろいろな運動遊びの場で、跳ぶ動きを楽しむ。 ①フープを使った場 ②跳び箱を使った場 ③複数のゴムを使った場 等、いろいろな場で楽しむ。 ←（①前方に跳ぶ ②上方に跳ぶ ③連続で跳ぶ で遊びやすい場の設定）
整理運動	2分	**運動で使った部位をゆったりとほぐす** ○特に手首、足首を中心に動かす。
まとめ	3分	**(1)今日の学習について振り返り、学習カードに記入する** ①力いっぱい楽しく運動できたか。 ②きまりや順番を守って運動できたか。 ③友達と仲よく運動できたか。 **(2)楽しかったこと、友達のよかったことを発表し合う**

1 よい動きの例

◯運動の特性に近付くためのよい動きを見付け、称賛する。
◯グループで一緒に遊びながら、友達の動きのよさに気付いた子供も称賛する。
◯授業の最後の振り返りを生かして、クラス全体によさを広めていく。

腕を振る

助走を付ける

強く踏み切る

着地は「ん」の形

2 遊び方を工夫する視点

●高低を変える
自分の力に合った高さに変える

●遠近を変える
遠くに跳ぶことだけでなく、
ねらったところに跳んでみる。

●リズムを変える
両足、片足で変えたり、
スピードやリズムを
変えたりする。

●人数を変える
友達と一緒にやってみる。

視点を示すことで、子供の「よい動き」が出てくる遊び方の工夫となる。

本時案

とびとびランドで楽しもう①

4/5

本時の目標

場を工夫して運動遊びの楽しさを味わい、跳の動きを身に付けることができるようにする。

評価のポイント

距離・高さやリズム等を変化できるように工夫された場で、よい動きを身に付けることができたか。

週案記入例

[目標]
いろいろな跳ぶ運動遊びを工夫して楽しみながら、よい動きを身に付ける。

[活動]
工夫された場で、跳ぶ運動遊びを楽しんで取り組む。

[評価]
いろいろな跳ぶ運動遊びの場を使って、よい動きを身に付けることができたか。

[指導上の留意点]
子供が工夫された場で楽しみながら、友達のよい動きを見付け、伝えることができるようにする。

本時の展開

	時	子供の活動
はじめ	5分	**集合・あいさつ** ○グループごとに整列をする。 ○本時の学習内容を知る。
準備運動	5分	**楽しい雰囲気をつくり、運動をする** ○音楽やリズム太鼓に合わせ、首や手首・足首等の運動をする。 ○軽いジョギング、スキップ、ジャンプなどの運動をする。
約束の確認	3分	**遊び方や安全の約束について確認する** ○場を工夫して楽しむということを確認する。 ○「どんな工夫ができるか」という視点を簡単に示す。 ○安全面の確認をする。
跳の運動遊び	27分	**運動遊びの場を工夫して楽しむ** ◀1 ◀2 ○より楽しい場に工夫していく。 ○友達のよい動きを見付けながら、遊び方を工夫する。
整理運動	2分	**運動で使った部位をゆったりとほぐす** ○特に手首、足首を中心に動かす。
まとめ	3分	**(1)今日の学習について振り返り、学習カードに記入する** ①力いっぱい楽しく運動できたか。 ②きまりや順番を守って運動できたか。 ③友達と仲よく運動できたか。 **(2)楽しかったこと、友達のよかったことを発表し合う** ○伝え合うことで、自他の動きのよさを実感できるようにする。

1 場の工夫の例（他の場でも、様々な工夫が考えられる）

川跳びの場の工夫例

幅や向きをいろいろ変えて跳んでみる。

複数のゴムを使った場の工夫例

高さを変えて連続で跳んでみる。

ケンステップを使った場の工夫例

歌に合わせて、速さやリズムを変えて跳んでみる。

跳び箱を使った場

フープを置いて、ねらって着地する。

2 場を工夫するときのポイント

○子供の発想を生かして

自分たちの考えで場を楽しく工夫していくことで、より主体的に学習に取り組めるようにしたい。ただし、よい動きにつながるように工夫するためには、「高低、遠近、向き、リズム」といった工夫の視点が必要であることも併せて指導することが大切である。

○動きを楽しめる環境づくりを

よい動きを言葉で引き出すのでなく、多様な動きが生まれるような環境づくりを意識して行うとよい。もちろん、よい動きを見付けた際は、すかさず称賛し、全体へ広めることが大切である。

本時案

とびとびランドで楽しもう② 5/5

本時の目標

場を工夫して運動遊びの楽しさを味わい、跳の動きを身に付けることができるようにする。

評価のポイント

距離・高さやリズム等を変化できるように、自分たちで場を工夫し、よい動きを身に付けることができたか。

週案記入例

[目標]
いろいろな跳ぶ運動遊びを工夫して、楽しみながらよい動きを身に付ける。

[活動]
自分たちで場を工夫しながら、楽しんで跳ぶ運動遊びに取り組む。

[評価]
いろいろな跳ぶ運動遊びの場を使って、よい動きを身に付けることができたか。

[指導上の留意点]
子供が自分たちで場の工夫を行いながら、友達のよい動きを見付け、伝えることができるようにする。

本時の展開

	時	子供の活動
はじめ	5分	**集合・あいさつ** ○グループごとに整列をする。 ○本時の学習内容を知る。
準備運動	5分	**楽しい雰囲気をつくり、運動をする** ○音楽やリズム太鼓に合わせ、首や手首・足首等の運動をする。 ○軽いジョギング、スキップ、ジャンプなどの運動をする。
約束の確認	3分	**遊び方や安全の約束について確認する** ○前回の学習で見付けたよい動きを紹介する。 ○「どんな工夫ができるか」という視点を確認する。 ○安全面の確認をする。
跳の運動遊び	27分	**運動遊びの場を工夫して楽しむ** 1 2 ○より楽しい場に工夫していく。 ○自分の遊びたい場を選択する。 ○友達のよい動きを見付けながら、遊び方を工夫する。
整理運動	2分	**運動で使った部位をゆったりとほぐす** ○ペアで体ほぐしの動きに取り組んでもよい。
まとめ	3分	**(1)今日の学習について振り返り、学習カードに記入する** ①力いっぱい楽しく運動できたか。 ②きまりや順番を守って運動できたか。 ③友達と仲よく運動できたか。 **(2)単元全体を通して、楽しかったこと、友達のよかったことを発表し合う** ○運動に楽しく工夫して取り組むことが、他の単元でも生かせることを、実態に合わせて伝え、次の単元につなげる。

1　複数の場を選択して楽しむ例

○３～４つの場を用意し、子供に場を選択させて取り組むこともできる。
○場を設定するときの視点
・易しい場、挑戦する場というように、難しさを変えて設定する。
・前方に跳ぶ、上方に跳ぶ、連続で跳ぶ場のバランスを考える。
・前時までに子供が考えた工夫を生かして設定する。
※思考力、判断力、表現力等の育成、さらに意欲を喚起するためにも、子供に自己の力に適した場を選択させる活動を大切にしたい。

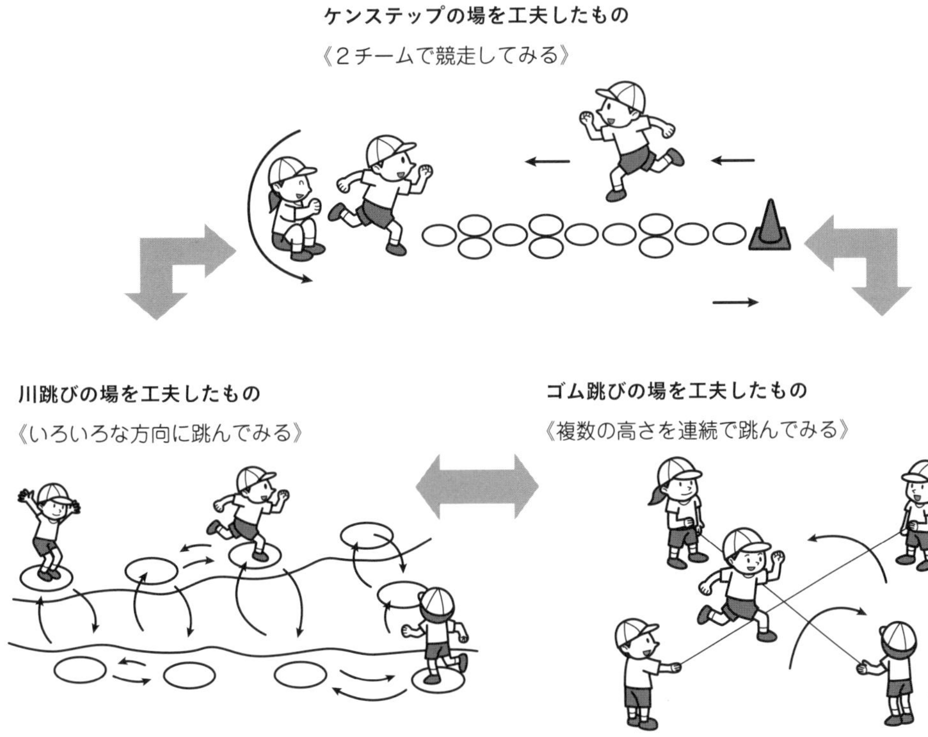

2　「称賛+よさを広める」言葉かけ

・上手に跳んだね！どうやって跳んだの？
・楽しそうな場だね！どんな工夫をしてつくったの？
・○○さんのよさによく気付いたね！動き方はどこがよかった？

称賛し、もう一度子供に投げかけることで、もう一度よさを確かめたり、広めたりすることができる。

DVD
収録資料

「跳の運動遊び」学習カード＆資料

使用時 ①単元前半 **第１～３時** ②単元後半 **第４～５時**

この学習カードは、「跳の運動遊び」の学習内容について大まかに子供につかませ、取り組み方の工夫に関するヒントを示す内容となっている。「跳の運動遊び」をイメージし、いろいろな運動遊びに進んで取り組むために活用する。低学年ができる範囲内で、記述できる項目も設けてある。毎時間書かせなくてもよいが、評価に活用し、次時の指導に生かしたい。

収録資料活用のポイント

①使い方

単元の指導に入る前に配布する。単元前半のカードと資料のカードは、色画用紙に両面印刷して配るとスムーズである。単元後半に入るときに後半用のカードを配布し、色画用紙の上から貼り付ける。学習の振り返りがあることも、使い方を指導するときに伝えておく。

②留意点

低学年であるが、振り返りで記述欄を設けている。子供が自分たちで遊び方や場の工夫を行っていくために、指導助言の材料として、活用していきたい。単元のはじめは、記述の時間がかかることが予想されるが、短い言葉で子供の感じた内容を記録させる習慣を付けていくことが、次学年への学習につながっていく。ただ、運動時間は十分に確保したい。

学習カード 2-12-1（1～3時）

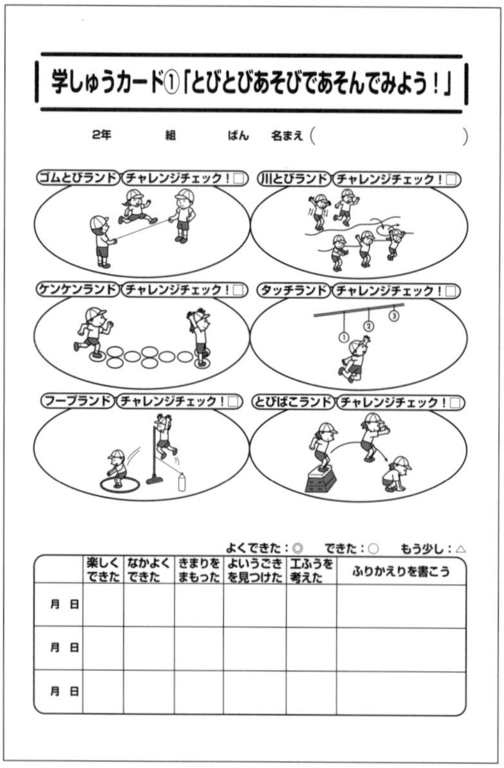

学しゅうカード①「とびとびあそびであそんでみよう！」

2年　組　ばん　名まえ（　　　　）

よくできた：◎　できた：○　もう少し：△

	楽しくできた	なかよくできた	きまりをまもった	よいうごきを見つけた	工ふうを考えた	ふりかえりを書こう
月　日						
月　日						
月　日						

学習カード 2-12-2（4～5時）

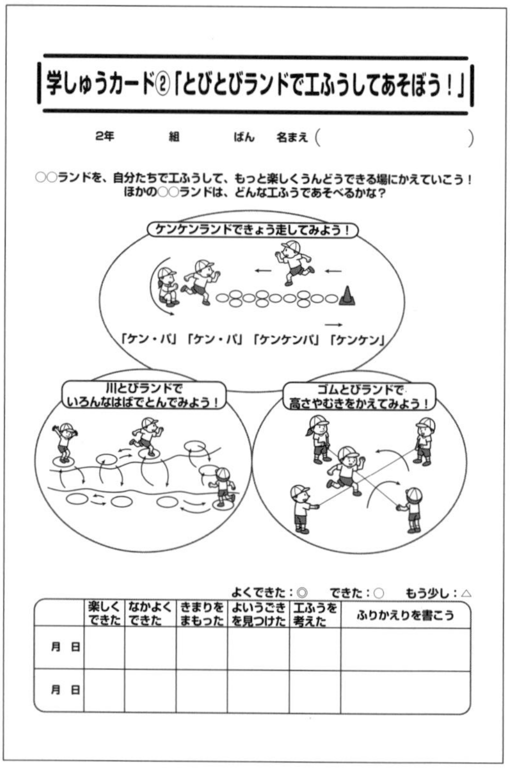

学しゅうカード②「とびとびランドで工ふうしてあそぼう！」

2年　組　ばん　名まえ（　　　　）

○○ランドを、自分たちで工ふうして、もっと楽しくうんどうできる場にかえていこう！
ほかの○○ランドは、どんな工ふうであそべるかな？

よくできた：◎　できた：○　もう少し：△

	楽しくできた	なかよくできた	きまりをまもった	よいうごきを見つけた	工ふうを考えた	ふりかえりを書こう
月　日						
月　日						

とびとびあそび「とび方　あそび方カード」

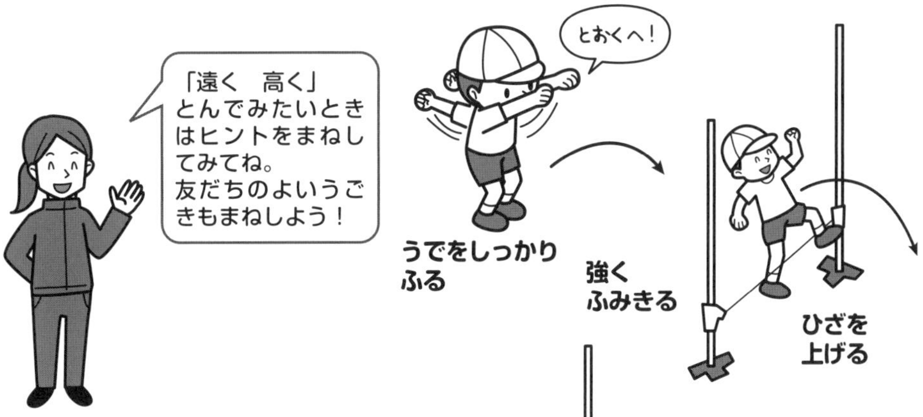

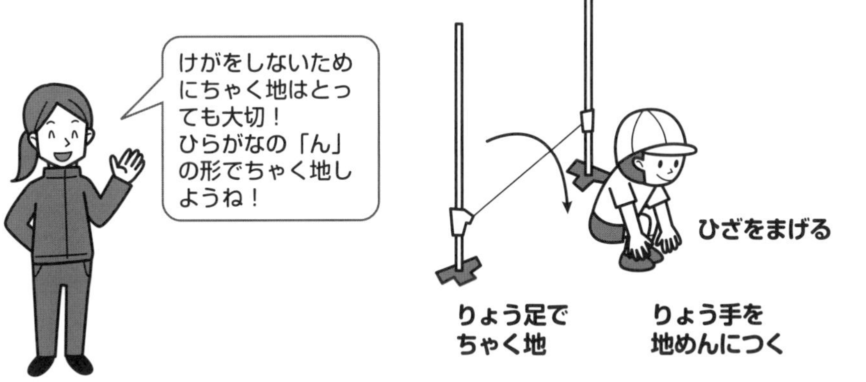

ゲーム

13 ボールゲーム

5時間 ［ベースボール型］

【単元計画】

1時	2時
［第一段階］ はじめのゲームを楽しむ	
ボールゲーム（ベースボール型）の学習内容を知り、はじめのゲームを楽しむ。	ボールゲーム（ベースボール型）の学習内容を知り、はじめのゲームを楽しむ。
1 はじめのゲームをやってみよう① POINT：はじめのゲームの行い方や規則について知り、ゲームを行う中で理解できるようにする。 ［主な学習活動］ ○集合・あいさつ ○今日の運動につながる準備運動をする ○はじめのゲーム ①はじめのゲームの行い方や規則を知る。 ②はじめのゲームに取り組む。 ○運動で使った部位をゆったりとほぐす ○まとめ ①今日の学習について振り返る。 ②次時の学習内容を知る。	**2 はじめのゲームをやってみよう②** POINT：はじめのゲームの行い方や規則について知り、みんながさらに楽しめるような規則を考えられるようにする。 ［主な学習活動］ ○集合・あいさつ ○今日の運動につながる準備運動をする ○はじめのゲーム ①はじめのゲームに取り組む。 ②さらに楽しめるような規則を考える。 ○運動で使った部位をゆったりとほぐす ○まとめ ①今日の学習について振り返る。 ②次時の学習内容を知る。

授業改善のポイント

主体的・対話的で深い学びの実践に向けて

子供が主体的に取り組めるように、1、2時間目に行う「はじめのゲーム」は、誰でも楽しめる簡単な規則のゲームを行う。3〜5時間目は、子供の思いをもとに学級全体で話し合い、規則の工夫を行い、学級全員が楽しめるゲームをつくれるようにしていく計画となっている。

対話的な学びを進めるに当たり、まず教師が子供の振り返りから、指導と評価を一体に捉えて授業が進められるようにするとともに、子供が簡潔で思いを書けるような学習カードを活用していき、一人一人の思いを生かした授業を展開できるようにしていく。

ゲームにおいては、チームで対戦することにより、一人一人が自分の番を保障されていることで、自分の番ではどこをねらって打とうか主体的に運動に取り組め、チームの友達は勝つためにどこをねらえばよいか、またはどのように打てばよいかアドバイスが行われるようになる。また、ゲーム中の対話からよい点を全体で称賛することにより、より対話的な学びが深まるようにしていく。

規則を工夫する楽しさやベースボール型の運動特性である打つ楽しさを十分に味わわせる中で、深い学びへつながるようにしていく。

単元の目標

◯知識及び技能

・ボールゲームの行い方を知り、ボールを打ったり、投げたり、ボールを操作できる位置に動いたりすることができる。

◯思考力、判断力、表現力等

・規則を工夫したり、攻め方を選んだりするとともに、考えたことを伝えることができる。

◯学びに向かう力、人間性等

・ゲームに積極的に取り組み、友達の考えを認めたり、場や用具の安全に気を配ったりすることができる。

3時	4時	5時
[第二段階] 規則を工夫してみんなでゲームを楽しむ		
子供の思いをもとに学級全体で話し合い、規則の工夫を行い、学級のみんなが楽しめるゲームを行う。		

3〜5　規則を工夫したゲームをやってみよう①②③

POINT：規則の工夫につながる発言をしている子供を称賛したり、ねらったところにボールを打つなど基本的なボール操作ができるようにしたりする。

[主な学習活動]

◯集合・あいさつ
◯今日の運動につながる準備運動をする
◯規則を工夫したゲーム
　①ゲームⅠに取り組む。
　②ゲームⅠについてチームで振り返る。
　③全体で共有し、ゲームⅡに取り組む。
◯運動で使った部位をゆったりとほぐす
◯まとめ
　①今日の学習について振り返る。
　②次時の学習内容を知る。

子供の思いから場や規則の工夫例

3時	4時	5時
「もっと得点したい」 (遠くに打ちたい、ねらったところに打ちたい) →攻めの規則の工夫		
「点を取られないようにしたい」 →守りの規則の工夫		

子供への配慮の例

①運動が苦手な子供

ボールを打てない子供には、ボールをよく見て打つことを助言したり、手本となる子供を紹介したりして打てるようにする。

ボールを捕ったり、止めたりすることが苦手な子供には、柔らかいボールを用いたり、空気を少し抜いたボールを用いたりして配慮する。

ボールが飛んだり、転がったりしてくるコースに入ることが苦手な子供には、柔らかいボールを用い、1対1でボールを捕る練習をする。

②意欲的でない子供

ボールを捕ることや打つことに対する恐怖心などで意欲的に取り組めない子供には、柔らかいボールを用意したり、大きなボールやゆっくりとした速さになるボールを用意したりするなどの配慮をする。

ゲーム中に何をすればよいのか分からないなどで、意欲的に取り組めない子供には、絵図で説明したり、活動内容を掲示したりする。

友達とうまく関われないために意欲的に取り組めない子供には、チーム編成を工夫する。

本時案

はじめのゲームをやってみよう①

1/5

本時の目標

はじめのゲームの行い方を知り、楽しくゲームをすることができるようにする。

評価のポイント

友達と協力して用具の準備や片付けをしたり、場の安全に気を付けたりしながら、はじめのゲームの規則を理解できたか。

週案記入例

[目標]
安全に気を付け、はじめのゲームの行い方を知り、ゲームを楽しむ。

[活動]
はじめのゲームの行い方を知り、ゲームを行う。

[評価]
ゲームの行い方が分かり、安全に気を付けてゲームを楽しむことができたか。

[指導上の留意点]
安全に気を付け、はじめのゲームの規則を理解できることを指導の重点とする。

本時の展開

	時	子供の活動
はじめ	3分	**集合・あいさつをする** ○チーム（5～6人）ごとに整列する。 1 ○本時の学習内容を知る。
準備運動	5分	**本時の運動につながる準備運動をする** 2 ○足や足首、手、肩のストレッチ運動をする。 →伸びているところを意識して運動できるように声かけをする。 ○ボールを投げたり、捕ったり、手で打ったりする運動をする。
はじめのゲーム	30分	**(1)はじめのゲームの規則を知る** 3 ○ゲームの行い方や規則、打ち方や動きが分かるように、2チームにゲームを行ってもらう。 **(2)はじめのゲームをする：「ねらって　ポン」** →場を回りながら、ゲームの行い方や規則、打ち方について理解できるように声かけをする。
整理運動	2分	**運動で使った箇所をゆっくりとほぐす** ○足や足首、手、肩のストレッチ運動をする。 →伸びているところを意識して運動できるように声かけをする。
まとめ	5分	**(1)クラス全体で本時の学習について振り返る** ○一人一人が学習について振り返り、学習カードに記録する。 ○はじめのゲームの感想について発表し合う。 **(2)次時の学習内容を確認する**

1 チーム編成の仕方

○意図的にできるだけ均等なチーム編成をする

・「意欲」「リーダー性」「協調性」「技能」の4観点から、4〜6人で1チーム編成のグループを教師がつくり、あらかじめ知らせておく。その際、キャプテンも指名する。

○チームの意識を高められるようにする

・チームの名前を自分たちで決める。

・チームごとにゼッケンを付ける。

2 ゲームにつながる運動例

キャッチボール

向かい合って、ボールを投げ合う。

打ったら GO！

チームごとに順番に打っていく。
打ったボールを追いかけて自分で拾う。

ボールを追いかける
牛乳パックの上下を切り取ったものを使用。

3 「ねらって　ポン」のはじめの規則

○チーム全員が1回ずつボールを打ったら、相手チームと交代する。

○線を越えたら得点が2点入る。線を越えないときは1点入る。

○打っていないチームはボール拾いをする。

○2回のチーム合計得点が多いチームが勝ちとする。

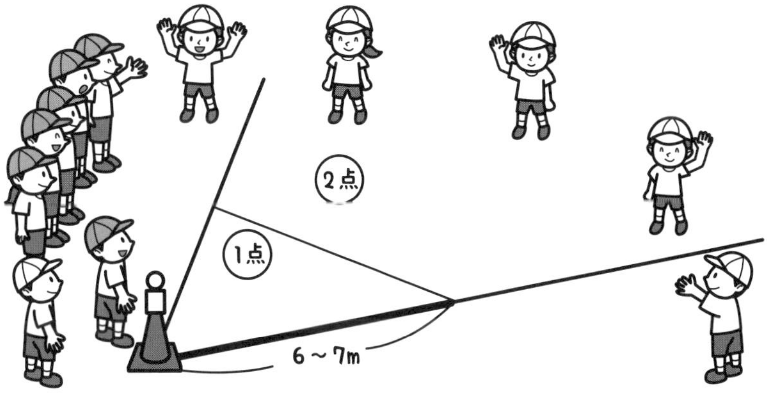
2点
1点
6～7m

※ゲームの学習指導は、仲間と協力してゲームを楽しくすることの工夫や、みんなが楽しむことができるようにゲームをつくり上げることが子供にとって重要な課題となる。

本時案

はじめのゲームをやってみよう② 2/5

本時の目標

はじめのゲームを行い、さらに楽しくすることができる規則を考えることができるようにする。

評価のポイント

ねらったところにボールを手で打って、楽しくゲームができる場や得点の方法などの規則を考えることができたか。

週案記入例

[目標]
みんながゲームを楽しめる規則を考えるようにする。

[活動]
場や得点の方法などを考え、みんなが楽しめるように、はじめのゲームを行う。

[評価]
ねらったところにボールを手で打って、楽しくゲームができる場や得点の方法などの規則を考えることができたか。

[指導上の留意点]
ねらったところにボールを手で打てるようにすることを指導の重点とする。

本時の展開

	時	子供の活動
はじめ	3分	**集合・あいさつをする** ○チーム（5～6人）ごとに整列する。 ○本時の学習内容を知る。 1
準備運動	4分	**本時の運動につながる準備運動をする** ○足や足首、手、肩のストレッチ運動をする。 →伸びているところを意識して運動できるように声かけをする。 ○ボールを投げたり、捕ったり、手で打ったりする運動をする。
はじめのゲーム	30分	**(1)はじめのゲームをする（打ち方について）** →場を回りながら、打ち方について声かけをする。 **(2)振り返りをする** →ねらったところへの打ち方について共有する。 **(3)はじめのゲームをする（楽しみ方について）** 2 →場を回りながら、どのようにしたらもっと楽しくなるか声かけをする。
整理運動	2分	**運動で使った箇所をゆっくりとほぐす** ○足や足首、手、肩のストレッチ運動をする。 →伸びているところを意識して運動できるように声かけをする。
まとめ	6分	**(1)クラス全体で本時の学習について振り返る** ○一人一人が学習について振り返り、学習カードに記録する。 ○みんなが楽しくゲームができる規則について発表し合う。 **(2)次時の学習内容を確認する**

1 ゲームの審判

○ゲームの審判は、相互審判とし、自分たちで規則を守るようにする。
○分からないときや、もめたときには、やり直しやじゃんけんで決めるようにする。

2 子供の思いから場や規則を工夫する例

○「もっと得点したい」

・線を増やす

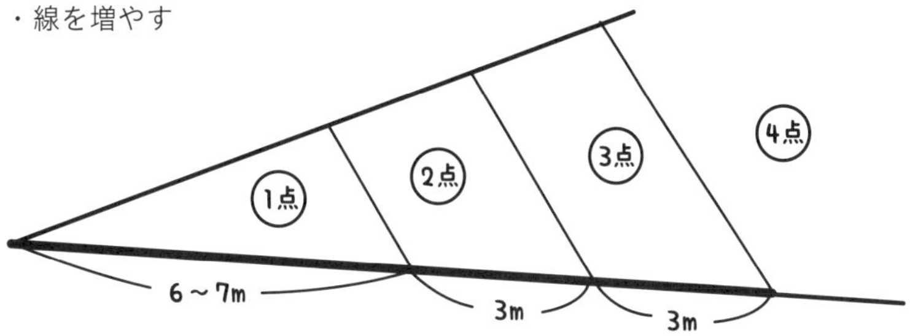

・高得点の的やエリアをつくる

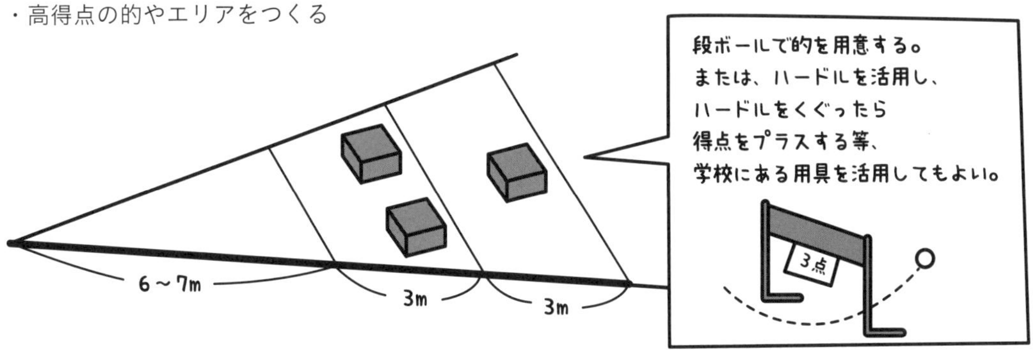

段ボールで的を用意する。
または、ハードルを活用し、
ハードルをくぐったら
得点をプラスする等、
学校にある用具を活用してもよい。
3点
6～7m
3m
3m

○「点を取られないようにしたい」

・守備をおく

※子供の技能差によって選べるようにしてもよい。

得意な子供　→　守備を付けるので、得点を２倍にする。

苦手な子供　→　守備を付けず、得点はそのままにする。

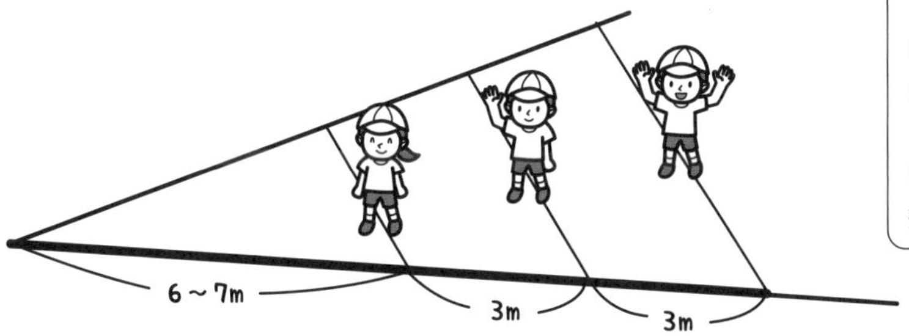

守備をする子供は、ラインのところで、それ以上ボールがいかないように守る。

１つのラインで守れる人数など守備の人数については学級で話し合い、決めるとよい。

本時案

規則を工夫したゲームをやってみよう①

3/5

本時の目標

みんなが楽しく運動することができる規則を考え、進んでゲームができるようにする。

評価のポイント

楽しくゲームができる場や得点の方法などの規則を考え、進んでゲームに取り組むことができたか。

週案記入例

[目標]
規則を工夫したゲームを選んで、進んで運動に取り組めるようにする。

[活動]
規則を工夫したゲームを行う。

[評価]
進んでゲームに取り組み、場や得点の方法などの規則を選ぶことができたか。

[指導上の留意点]
進んでゲームに取り組めるように声かけをするとともに、規則を選べられるようにすることを指導の重点とする。

本時の展開

	時	子供の活動
はじめ	3分	**集合・あいさつをする** ○チーム（5～6人）ごとに整列する。◀1 ○本時の学習内容を知る。
準備運動	4分	**本時の運動につながる準備運動をする** ○足や足首、手、肩のストレッチ運動をする。 →伸びているところを意識して運動できるように声かけをする。 ○ボールを投げたり、捕ったり、手で打ったりする運動をする。
規則を工夫したゲーム	30分	**(1)規則を工夫したゲームをする** ◀2 →場を回りながら、子供のよい動きを称賛したり、どのようにしたらもっと楽しくなるか声かけしたりする。 **(2)振り返りをする** →友達のよさや規則の工夫について話し合う。 **(3)規則を工夫したゲームをする** ◀2 →場を回りながら、子供のよい動きを称賛したり、どのようにしたらもっと楽しくなるか声かけしたりする。
整理運動	2分	**運動で使った箇所をゆっくりとほぐす** ○足や足首、手、肩のストレッチ運動をする。 →伸びているところを意識して運動できるように声かけをする。
まとめ	6分	**(1)クラス全体で本時の学習について振り返る** ◀3 ○一人一人が学習について振り返り、学習カードに記録する。 ○みんなが楽しくゲームができる規則について発表し合う。 **(2)次時の学習内容を確認する**

1 前時に決めた規則

○規則や約束、マナーを守って、正々堂々と勝敗を競い合えるようにする。
○準備や片付けも、みんなで協力できるようにする。

2 ゲーム中の子供の観察と教師の声かけ

子供同士が主体的・対話的で深い学びを通して、3つの資質・能力を高められるように教師は支援・助言できるようにしていくことが大切である。教師はスムーズに学びが行えるようにするとともに、支援を要する子供に適切な声かけをしていく必要がある。

例えば、チーム内でねらったところにボールを打った場面

※このとき、ねらったところにボールを打っていた子供が、上手に表現できていないようなら、言葉を付け足すなどの支援を入れ、思いを伝えられるようにするとよい。

3 振り返りのときの教師の関わり

全体を回りながら、学習の振り返りをカードに記入しているかを確認し、評価する。その際、振り返りが書けない子供に対して、ゲーム中に教師が見取ったよい動きや表現について伝え、振り返ることができるように支援する。

○学習カードに記録中

○みんなが楽しくゲームができる規則の工夫例

本時案

規則を工夫したゲームをやってみよう②

4/5

本時の目標

見付けたよい動きや、考えた攻め方などを友達に伝えたり、ねらったところにボールを手で打ったりすることができるようにする。

評価のポイント

見付けたよい動きや、考えた攻め方などを友達に伝えたり、ねらったところにボールを手で打ったりすることができたか。

週案記入例

[目標]
思いや考えを友達に伝えたり、ねらったところに打ったりできるようにする。

[活動]
規則を工夫したゲームを行う。

[評価]
思いや考えを伝えたり、ねらったところに打ったりすることができたか。

[指導上の留意点]
見付けたよい動きやよい動きを見付けて伝えている子供を称賛したりして、思いや考えを伝えられるようにすることを指導の重点とする。

本時の展開

	時	子供の活動
はじめ	3分	**集合・あいさつをする** ○チーム（5～6人）ごとに整列する。 1 ○本時の学習内容を知る。
準備運動	4分	**本時の運動につながる準備運動をする** ○足や足首、手、肩のストレッチ運動をする。 →伸びているところを意識して運動できるように声かけをする。 ○ボールを投げたり、捕ったり、手で打ったりする運動をする。
規則を工夫したゲーム	30分	**(1)規則を工夫したゲームをする** →場を回りながら、子供のよい動きやよい動きを見付けて伝えている子供を称賛する。 **(2)振り返りをする** 2 →よい動きや規則の工夫について話し合う。 **(3)規則を工夫したゲームをする** →場を回りながら、子供のよい動きを称賛したり、どのようにしたらもっと楽しくなるか声かけしたりする。
整理運動	2分	**運動で使った箇所をゆっくりとほぐす** ○足や足首、手、肩のストレッチ運動をする。 →伸びているところを意識して運動できるように声かけをする。
まとめ	6分	**(1)クラス全体で本時の学習について振り返る** ○一人一人が学習について振り返り、学習カードに記録する。 ○みんなが楽しくゲームができる規則について発表し合う。 **(2)次時の学習内容を確認する**

1 場の設定

○場の設定では、ゲームを安全に行えるために次の点を配慮する。
・ゲーム中にできるだけ他の場のボールが飛んでこないようにする。
・自分のゲームに集中できるように隣の場との距離は 3～5 m程離すようにする。
・全体の場を見渡せられるようにし、安全を確認できるように教師の立ち位置を考える。

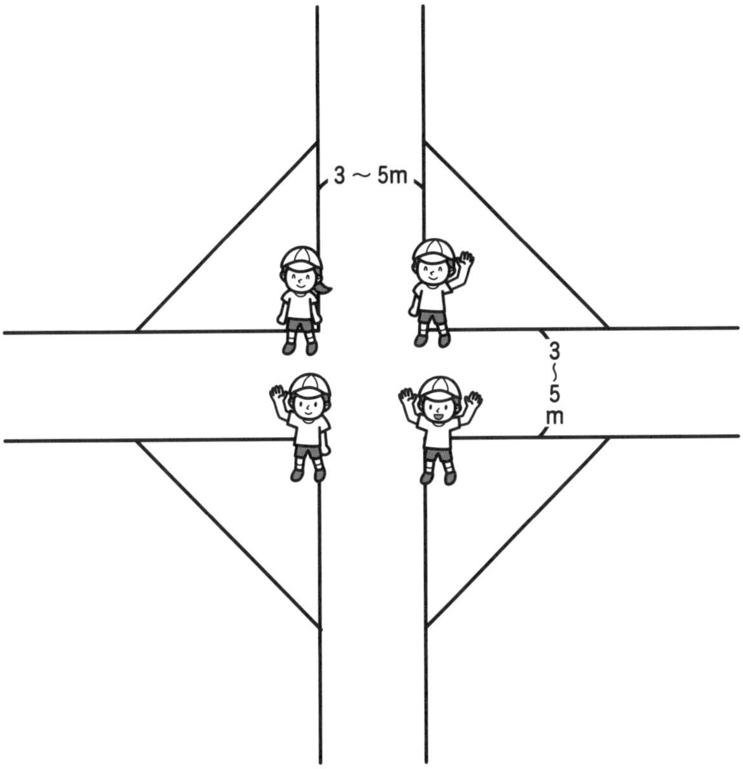

2 ゲーム間の振り返りでの規則の工夫について

○ 1 回ゲームを行って、思ったことを発表させる。
○守備を付けることについては、3 時間目でも出てくる反応と予想できるので、学級の実態に応じて、みんなが楽しめることを前提として、規則の工夫をしていくとよい。

得意な人には、守備を多くしたらよいと思います。
1 つだけ「5 点」の的をつくるとおもしろいかも。
もっと的をたくさんつくったほうがおもしろくなると思います。

本時案

規則を工夫したゲームをやってみよう③ 5/5

本時の目標

見付けたよい動きや、考えた攻め方などを友達に伝えたり、ねらったところにボールを手で打ったりすることができるようにする。

評価のポイント

見付けたよい動きや、考えた攻め方などを友達に伝えたり、ねらったところにボールを手で打ったりすることができたか。

週案記入例

[目標]
思いや考えを友達に伝えたり、ねらったところに打ったりすることができるようにする。

[活動]
規則を工夫したゲームを行う。

[評価]
思いや考えを伝えたり、ねらったところに打ったりすることができたか。

[指導上の留意点]
見付けたよい動きやよい動きを見付けて伝えている子供を称賛して、思いや考えを伝えられるようにすることを指導の重点とする。

本時の展開

	時	子供の活動
はじめ	3分	**集合・あいさつをする** ○チーム（5～6人）ごとに整列する。 ○本時の学習内容を知る。
準備運動	4分	**本時の運動につながる準備運動をする** ○足や足首、手、肩のストレッチ運動をする。 →伸びているところを意識して運動できるように声かけをする。 ○ボールを投げたり、捕ったり、手で打ったりする運動をする。 1
規則を工夫したゲーム	30分	**(1)規則を工夫したゲームをする** 2 →場を回りながら、子供のよい動きやよい動きを見付けて伝えている子供を称賛する。 **(2)振り返りをする** →よい動きや規則の工夫について話し合う。 **(3)規則を工夫したゲームをする** →場を回りながら、子供のよい動きを称賛したり、どのようにしたらもっと楽しくなるか声かけしたりする。
整理運動	2分	**運動で使った箇所をゆっくりとほぐす** ○足や足首、手、肩のストレッチ運動をする。 →伸びているところを意識して運動できるように声かけをする。
まとめ	6分	**(1)クラス全体で本時の学習について振り返る** ○一人一人が学習について振り返り、学習カードに記録する。 ○みんなが楽しくゲームができる規則について発表し合う。 ○単元を通して「楽しかったこと」について発表し合う。 3

1 ゲームにつながる運動例

○ねらってパス！

場に友達を入れて、打つ前に誰に向かって打つかを伝えて、ねらって打てるようにする。

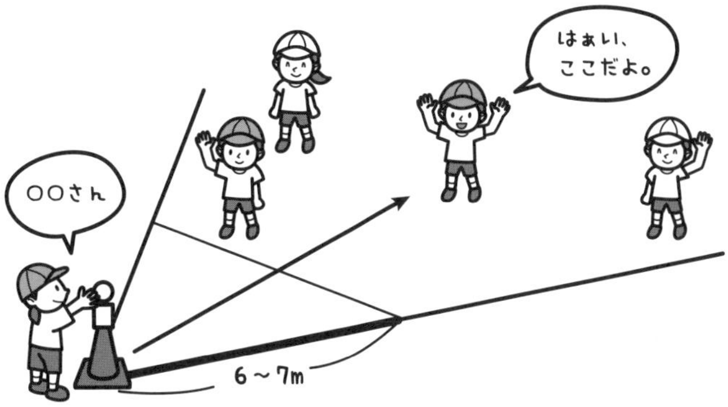
〇〇さん
はぁい、
ここだよ。
6～7m

2 はじめと終わりのあいさつ

○はじめのあいさつ

（向かい合って整列し、キャプテンが号令をかける）

キャプテン　「これから〇〇チームと□□チームとのゲームをはじめます。礼」

全員　「よろしくお願いします」

（礼の後、向かい合っている相手チームの友達と握手する。その後、キャプテン同士でじゃんけんをして、先攻後攻を決める）

○終わりのあいさつ

（向かい合って整列し、キャプテンが号令をかける）

キャプテン　「結果は、〇対△で、〇〇チームの勝ちです」
「これで〇〇チームと□□チームとのゲームを終わります。礼」

（礼の後、向かい合っている相手チームの友達と握手する）

3 単元を通して「楽しかったこと」についての例

ボールを思いっきり打って、遠くまで飛ばせてたくさん点数がとれて楽しかったです。
友達に打ち方のポイントを教えてもらって、打てるようになってよかったです。
ゲームで、負けてしまったけど、チームの友達と協力してできて楽しかったです。

DVD 収録資料

「ボールゲーム」学習カード＆資料

使用時 **第1～5時**

本カードは第1時から第5時まで、単元全体を通して使用する。ボールゲーム（ベースボール型）に対する知識・技能、思考・判断・表現、主体的に学習に取り組む態度などの変容を見取るカードである。勝敗だけに固執しないよう、みんなが楽しくできるように行えることを重点とした内容となっている。友達と仲よく楽しく運動に取り組めるように配慮したい。

収録資料活用のポイント

①使い方

まず、授業のはじめに本カードを子供一人一人に配布し、ボードや板目紙にセットさせる。カード上段には、「はじめの規則」や「工夫した規則」を示し、「手で打つためのポイント」については書き込めるようにした。授業の終わりに振り返りの時間を取り、記録できるように指示する。

②留意点

本カードは、全員が友達との関わりの中で、楽しくなるような工夫を考えながら運動に取り組むことできるように全5時間の共通のめあてをあらかじめ入れたり、振り返りを容易に行えるように3つの表情から選ばせたりすることで、運動時間の保障ができるようにした。最後に「先生あのね！」の枠を設定し、楽しかったことややりたいことなど子供の思いを文章で書けるようした。使用する的については、段ボールやハードルなど、準備できるものを活用する。

学習カード 2-13-1（1時）

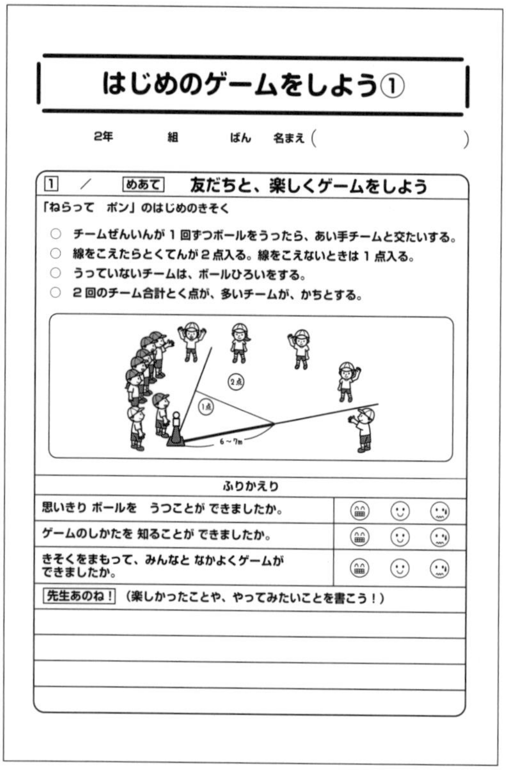

はじめのゲームをしよう①

2年　組　ばん　名まえ（　　　）

1 ／ めあて 友だちと、楽しくゲームをしよう

「ねらって　ポン」のはじめのきそく

○ チームぜんいんが1回ずつボールをうったら、あい手チームと交たいする。
○ 線をこえたらとくてんが2点入る。線をこえないときは1点入る。
○ うっていないチームは、ボールひろいをする。
○ 2回のチーム合計とく点が、多いチームが、かちとする。

ふりかえり

思いきり ボールを うつことが できましたか。	
ゲームのしかたを 知ることが できましたか。	
きそくをまもって、みんなと なかよくゲームが できましたか。	

先生あのね！（楽しかったことや、やってみたいことを書こう！）

学習カード 2-13-2（2時）

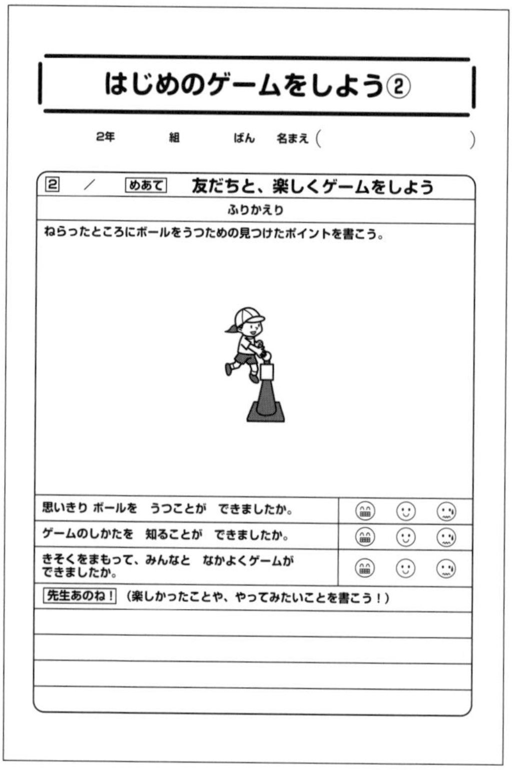

はじめのゲームをしよう②

2年　組　ばん　名まえ（　　　）

2 ／ めあて 友だちと、楽しくゲームをしよう

ふりかえり

ねらったところにボールをうつための見つけたポイントを書こう。

思いきり ボールを うつことが できましたか。	
ゲームのしかたを 知ることが できましたか。	
きそくをまもって、みんなと なかよくゲームが できましたか。	

先生あのね！（楽しかったことや、やってみたいことを書こう！）

学習カード 2-13-3（3 時）

くふうしたゲームをしよう①

2年　　組　　ばん　名まえ（　　　　　　）

3　／　めあて　**友だちと、楽しくゲームをしよう**

今日のゲームのきそく

○ チームぜんいんが１回ずつボールをうったら、あい手チームと交たいする。
○ 線をこえたらとく点が入る。線をこえないときは１点入る。
○ うっていないチームは、ボールが止まったら、ボールをひろう。
○ ２回のチーム合計とく点が、多いチームが、かちとする。

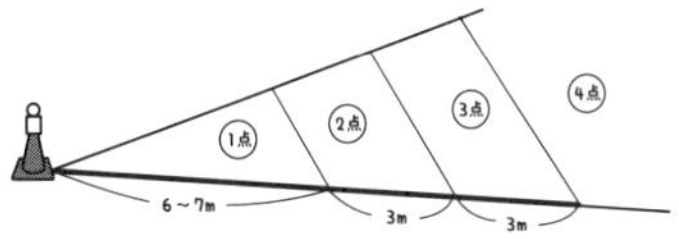

ふりかえり	
ボールをねらったところにうったり、思いきりうったりできましたか。	
ゲームのしかたを、友だちと、考えることができましたか。	
きそくをまもって、みんなと　なかよくゲームができましたか。	

先生あのね！（楽しかったことや、やってみたいことを書こう！）

学習カード 2-13-4（4 時）

くふうしたゲームをしよう②

2年　　組　　ばん　名まえ（　　　　　　）

4　／　めあて　**友だちと、楽しくゲームをしよう**

ふりかえり

今日のゲームのきそく

○ チームぜんいんが１回ずつボールをうったら、あい手チームと交たいする。
○ まとに当てたら、とく点が入る。
○ うっていないチームは、ボールひろいをする。
○ ２回のチーム合計とく点が、多いチームが、かちとする。

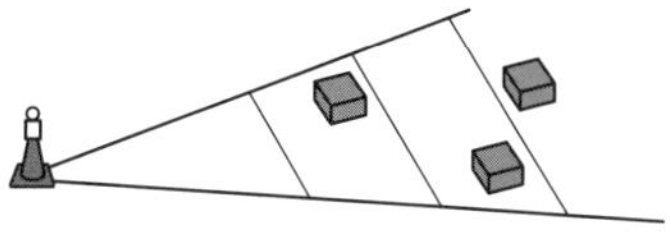

ボールをねらったところにうったり、思いきりうったりできましたか。	
ゲームのしかたを、友だちと、考えることができましたか。	
きそくをまもって、みんなと なかよくゲームができましたか。	

先生あのね！（楽しかったことや、やってみたいことを書こう！）

学習カード 2-13-5（5 時）

くふうしたゲームをしよう③

2年　　組　　ばん　名まえ（　　　　　　）

5　／　めあて　**友だちと、楽しくゲームをしよう**

ふりかえり

今日のゲームのきそく

○ チームぜんいんが１回ずつボールをうったら、あい手チームと交たいする。
○ 線をこえたり、まとに当てたりすると、とく点が入る。
○ うっていないチームは、点数が入らないように線の上でまもる。
○ ２回のチーム合計とく点が、多いチームが、かちとする。

ボールをねらったところにうったり、思いきりうったりできましたか。	
ゲームのしかたを、友だちと、考えることができましたか。	
きそくをまもって、みんなと　なかよくゲームができましたか。	

先生あのね！（今日で、「ねらって　ポン！」は、おわりです。楽しかったことを書こう！）

資料 2-13-1

「ねらって　ポン！」 うんどうのポイント

○ねらったところにボールを手でうつポイント

手に当たるまで、ボールをよく見よう

手をグーにしてうってみよう

うでをまっすぐにのばしてうとう

立ついちは、このようにとばしたい方こうとボールに対して、直角になるように立つとよい。

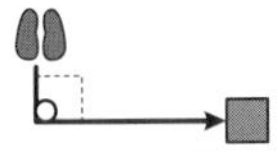

○とんできたり、ころがってきたりするボールをとめるポイント

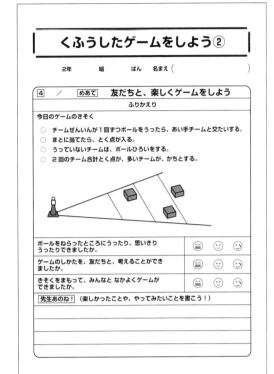

こしをおとして、すぐにボールのコースに入れるようにしてみよう

とんできたり、ころがってきたりしたボールのコースにすばやく入ろう

器械・器具を使っての運動遊び

14 跳び箱を使った運動遊び

（6時間）

【単元計画】

1時	2時	3時	4時
［第一段階］安全な場の準備や片付け、基本的な運動遊びの行い方を知る			
学習内容や学習の進め方を知り、基本的な運動遊びを楽しむ。	基本的な運動遊びを楽しみ、そのポイントに気付く。		
1　跳び箱を使った運動遊びを試してみよう POINT：安全に運動遊びができるための約束や1年生のときに行った運動遊びを思い出す。 **［主な学習活動］** ○集合・あいさつ ○学習の進め方や約束の確認 ○準備運動 ○基礎となる感覚を身に付ける時間 ○１年生で行った運動遊びに取り組む ○運動で使った部位をほぐす ○まとめ ・クラス全体で今日の学習について振り返る。 ・次時の学習内容を知る。	**2〜4　跳び箱を使った運動遊びをやってみよう①②③** POINT：運動遊びに取り組み、そのポイントについて話し合う。跳び箱の高さを変えたり、2個連結したりするなど、場を工夫して運動遊びを楽しむ。 **［主な学習活動］** ○集合・あいさつ ○学習内容やめあての確認 ○準備運動 ○感覚を身に付ける時間 第2時：踏み越し跳びに取り組む。 第3時：支持でまたぎ乗り・またぎ下りに取り組む。 第4時：支持で跳び乗り・跳び下りに取り組む。 ○運動で使った部位をほぐす ○まとめ		

授業改善のポイント

主体的・対話的で深い学びの実践に向けて

器械・器具を使っての運動遊びは、様々な動きに楽しく取り組み、基本的な動きや知識を身に付けたときに喜びに触れることができる。

楽しく運動遊びに取り組むために、子供たちが「やってみたい」「おもしろそう」と思えるような魅力的な場の設定を行う。夢中になって運動遊びに取り組みながら自然に動きが身に付き、いろいろな動きができたという達成感を味わえるようにする。

また、グループをつくってそれぞれの場での運動遊びに取り組むことで、お互いの動きを見合えるようにする。創意工夫している動きを教師が見付け、価値付けることで、友達の動きを真似したり、試したりしたいという気持ちを高める。さらに、低学年の子供なりの感覚をお互いに伝え合う手段として、動きを音で表したオノマトペを活用する。その活用を繰り返すことで子供たち同士の学び合いへと広げていく。

学習のまとめでは、「学習カード」を活用し、発見したことやできるようになったことを記入し、次時への意欲を高めたり、課題をもたせたりすることにつなげていく。

単元の目標

○知識及び技能

・跳び箱を使った運動遊びの行い方を知り、跳び乗りや跳び下りをしたり、馬跳びやタイヤ跳びをしたりすることができる。

○思考力、判断力、表現力等

・いろいろな着地の仕方を選ぶとともに、友達のよい動きを見付けたり、考えたりしたことを友達に伝えることができる。

○学びに向かう力、人間性等

・運動遊びに進んで取り組み、順番やきまりを守り、誰とでも仲よく運動をしたり、場や器械・器具の安全に気を付けたりすることができる。

5時	6時
［第二段階］遊び方を工夫して運動遊びに取り組む	
友達のよい動きを見付けたり、場や遊び方を選んだりして運動遊びを楽しむ。	

5・6　跳び箱を使った運動遊びを楽しもう①②

POINT：2〜4時で発見したポイントを意識して、運動遊びに取り組んだり、やりたい運動遊びを選んだり、友達のよい動きを見付けたりする。

［主な学習活動］

○集合・あいさつ
○学習内容やめあての確認
○準備運動
○感覚を身に付ける時間
○回転をする運動遊びに取り組む
○友達と動きを見合ったり、場や運動遊びを選んだりして、運動遊びに取り組む。
○運動で使った部位をほぐす
○まとめ

子供への配慮の例

①運動が苦手な子供

踏み越し跳びや手をついてのまたぎ乗りやまたぎ下り、手をついての跳び乗りや跳び下りが苦手な子供には、高さを低くしたり、跳び箱の手前に台を置いて跳び乗りやすくしたりする。

馬跳びやタイヤ跳びが苦手な子供には、床でうさぎ跳びやかえるの足打ち、かえる逆立ちなどを行う。いずれも、手で体を支えたり、跳んだりする動きが身に付くように配慮する。

強く踏み切ることができるように、踏み切りのときに、「ドン」という音が出ているか意識させる。

②意欲的でない子供

跳び箱が怖くて運動遊びに取り組めない子供には、跳び箱の高さを低くしたり、痛くないような跳び箱を活用したりして、条件を変えた場を複数設定して、子供自身が選択できるようにする。

自信がもてない子供には、成功回数が多くなる簡単な運動遊びを取り入れたり、できたことを称賛したりして、肯定的な働きかけができるようにする。

本時案

跳び箱を使った運動遊びを試してみよう 1/6

本時の目標

学習内容や学習の進め方を知り、基本的な動きや簡単な運動遊びを楽しむことができるようにする。

評価のポイント

安全に運動するための約束を守って、運動遊びを楽しむことができたか。

週案記入例

[目標]
安全に注意して、跳び箱を使った運動遊びを楽しむことができる。

[活動]
安全に運動するための約束を知る。いろいろな運動遊びをする。

[評価]
安全に運動遊びをすることができたか。

[指導上の留意点]
跳び箱を運ぶときと運動遊びをするときの約束について丁寧に指導をする。

本時の展開

	時	子供の活動
はじめ	15分	**集合・整列・あいさつ** ○本単元の学習内容や進め方を知る。 ○学習カードの使い方を知る。 ○安全な跳び箱の運び方について確かめ、場の準備をする。 1
準備運動	8分	**(1)部位の運動** ○本時でよく使う部分である手首や肩、足を曲げたり伸ばしたりする。 **(2)基礎となる感覚を身に付ける動きに取り組む** ○かえるの足うち、かえる逆立ち、うさぎ跳び、馬跳びをする。 →手を開いて、手のひらまでしっかりつけることや体を支えるポイントなどについて助言する。
跳び箱を使った運動遊び	15分	**(1)安全に運動遊びに取り組むための約束を確かめる** →跳び始めるとき、跳び終わったら、見ているときなどの約束を確認する。 **(2)これまでに経験したことのある運動遊びに取り組む** →踏み切りの「ドン」という音や、着地の「ピタッ」という動きを意識できるように声かけをする。 2 ○跳び箱を跳び越す。 ○跳び箱の上に跳び乗ったり、跳び下りたりする。
整理運動	2分	**手・足の主に使った部分を軽く動かして体をほぐす**
まとめ	5分	**(1)クラス全体で本時の学習について振り返る** ○安全に気を付けながら、いろいろな遊び方ができたかを振り返る。 ○自分ががんばったことや友達のよかったことを発表し合う。 **(2)次時の学習内容を確認する**

1 跳び箱の準備の仕方

○２人で跳び箱を運んだり、４人でマットを運んだりするため、４人グループを活用するとよい。

2人組で1段目を運ぶ

2人組でほかの段を運ぶ

4人組でマットを運ぶ

2人組で踏み切り板を運ぶ

滑り止めマットをはさむ

○２人や４人で「せーの」と動きを合わせたり、「上げます」「下ろします」と声をかけたりする。
○キャリアーを使って近くまで運ぶこともできる。
○マット置き場には、壁との隙間をつくっておくと準備や片付けがしやすくなる。
○跳び箱を置く位置に目印を付けておくとよい。
○「みんなで力を合わせて２分で用意しよう」などと声をかけ、実際にタイムを計ると、子供たちが協力して準備をする意欲付けとなる。

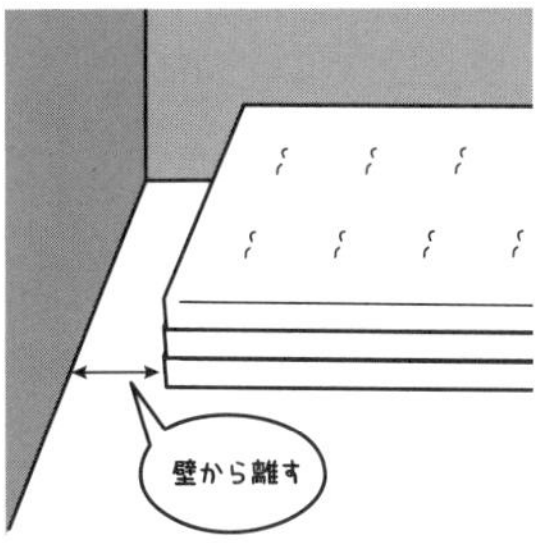
壁から離す

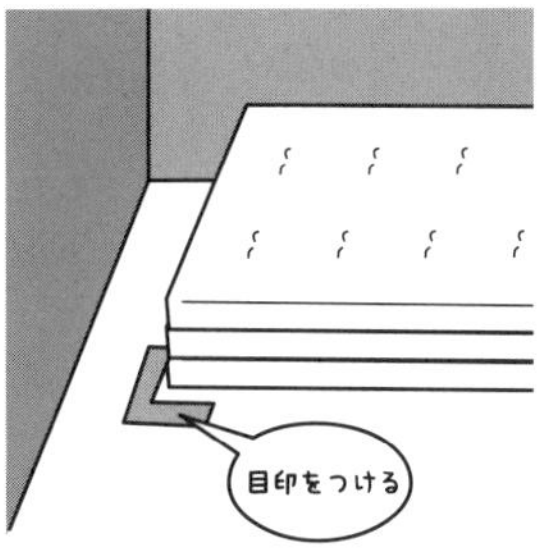
目印をつける

2 オノマトペの活用

○オノマトペを意識して動き方を示す。

踏み切りは「ドン」
と音をさせるよ

着地は「ピタッ」
と止めよう

本時案

跳び箱を使った運動遊びをやってみよう① 2/6

本時の目標

踏み越し跳びのポイントを考えながら、跳び箱を使った運動遊びに取り組むことができるようにする。

評価のポイント

踏み越し跳びのポイントについて考えることができたか。

週案記入例

[目標]
踏み越し跳びを楽しむことができる。

[活動]
ポイントを考えながら運動遊びに取り組む。
場を選んで運動遊びを楽しむ。

[評価]
ポイントを考えて運動遊びができたか。

[指導上の留意点]
踏み切りと着地の意識を高める声かけをする。
場の設定を工夫する。

本時の展開

	時	子供の活動
はじめ	5分	**集合・整列・あいさつ** ○本時の学習内容を知る。
準備運動	8分	**(1)部位の運動** ○本時でよく使う部分である手首や肩、足を曲げたり伸ばしたりする。 **(2)基礎となる感覚を身に付ける動きに取り組む** 1 ○かえるの足打ち、かえる逆立ち、うさぎ跳び、馬跳びをする。 →手を開いて、手のひらまでしっかりつけることや体を支えるポイントなどについて助言する。 **(3)場の準備をする**
跳び箱を使った運動遊び①	15分	**踏み越し跳びに取り組む** 2 →踏み切りの「ドン」という音や、着地の「ピタッ」という動きを意識できるように声かけをする。 ○縦や横に置いた跳び箱を跳び越す。 ○少し高い跳び箱にも挑戦する。 ○友達のよい動きを見合い発表する。 →「ト・ト・トーン」とリズムよく跳んでいたり、着地を工夫していたりする子供を紹介する。
跳び箱を使った運動遊び②	10分	**場を選んで踏み越し跳びに取り組む** →「友達のよい動きを真似してみよう」と声かけをする。 ○自分の力に合った場を選んで、友達と見合いながら運動遊びを楽しむ。
整理運動	2分	**手・足の主に使った部分を軽く動かして体をほぐす**
まとめ	5分	**(1)クラス全体で本時の学習について振り返る** ○安全に気を付けながら、いろいろな遊び方ができたかを振り返る。 ○自分ががんばったことや友達のよかったことを発表し合う。 **(2)次時の学習内容を確認する**

1 基礎となる感覚を身に付ける動きの例

①かえるの足打ち

○自分の体を腕で支える感覚
・あごを上げて手を見る。
・「何回できるかな？」と声をかける。

②かえる逆立ち

○自分の体を腕で支える感覚
・肘に膝を乗せるようにする。
・「何秒できるかな？」と声をかける。

③うさぎ跳び

○手の突き放しの感覚
・顎を上げる。
・足をついたときには、手は前に出す。
・ついた手より足が前に来るとさらによい。

④馬跳び

○手の突き放しの感覚
○踏み切って着地する感覚
・はじめは、低い馬で行う。
・両足で踏み切る。
・着地をしたら、手は前に出す。
・足を閉じて着地できるとさらによい。

2 踏み越し跳びの場や動きの例

○**置き方**：縦や横、高さ：1段から3段くらい

片足で踏み切って、片足で跳び箱に足をかけ、両足で着地する。

・着地点が遠くになるように下りる。
・体をグッと反って下りる。

一連の動きを「ト・ト・トーン・ピタッ」とリズムよく行う。

跳び箱を並べて置いた場所を使って友達と動きを合わせる。

本時案

跳び箱を使った運動遊びをやってみよう② 3/6

本時の目標

支持でまたぎ乗り・またぎ下りのポイントを考えながら、跳び箱を使った運動遊びに取り組むことができるようにする。

評価のポイント

支持でまたぎ乗り・またぎ下りのポイントについて考えて取り組むことができたか。

週案記入例

[目標]
支持でまたぎ乗り・またぎ下りを楽しむことができる。
[活動]
ポイントを考えながら運動遊びに取り組む。
場を選んで運動遊びを楽しむ。
[評価]
ポイントを考えて運動遊びができたか。
[指導上の留意点]
安全に着手ができるように声かけをする。
場の設定を工夫する。

本時の展開

	時	子供の活動
はじめ	5分	**集合・整列・あいさつ** ○本時の学習内容を知る。
準備運動	8分	**(1)部位の運動** ○本時でよく使う部分である手首や肩、足を曲げたり伸ばしたりする。 **(2)基礎となる感覚を身に付ける動きに取り組む** ○かえるの足うち、かえる逆立ち、うさぎ跳び、馬跳びをする。 →手を開いて、手のひらまでしっかりつけることや体を支えるポイントなどについて助言する。 **(3)場の準備をする**
跳び箱を使った運動遊び①	15分	**支持でまたぎ乗り・またぎ下りに取り組む** 1 →手を開いて、手のひらを平行にして跳び箱につけることを意識させる。 ○いろいろな高さの跳び箱に挑戦する。 ○跳び箱を連結させた場や段差のある場に挑戦する。 ○友達のよい動きを見合い、発表する。 →肩の位置がどのように動いているかに着目させる。
跳び箱を使った運動遊び②	10分	**場を選んで支持でまたぎ乗り・またぎ下りに取り組む** →「友達のよい動きを真似してみよう」と声かけをする。 ○自分の力に合った場を選んで、友達と見合いながら運動遊びを楽しむ。 2
整理運動	2分	**手・足の主に使った部分を軽く動かして体をほぐす**
まとめ	5分	**(1)クラス全体で本時の学習について振り返る** ○安全に気を付けながら、いろいろな遊び方ができたかを振り返る。 ○自分ががんばったことや友達のよかったことを発表し合う。 **(2)次時の学習内容を確認する**

1 支持でまたぎ乗り・またぎ下りの場や動きの例

○**置き方**：縦、高さ：1段から3段くらい

数歩の助走から両足で踏み切って、両手をそろえて手のひらをピタッとつけて着手し、跳び箱にまたぎ乗る。跳び箱の上で体を支えた状態から、足を前に出して着地する。

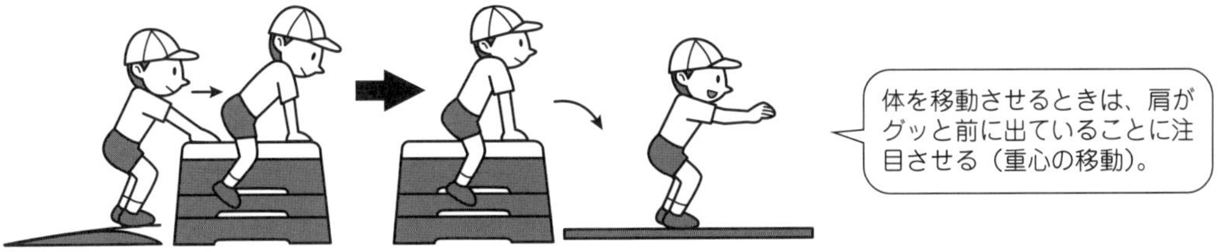

体を移動させるときは、肩がグッと前に出ていることに注目させる（重心の移動）。

①跳び箱を2台連結させた場

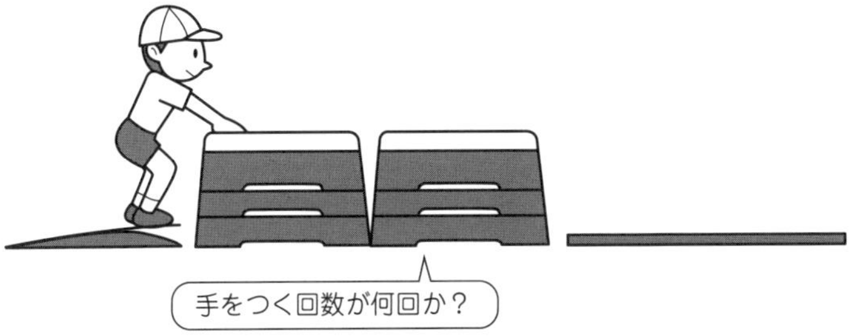

手をつく回数が何回か？

②段差をつけた場

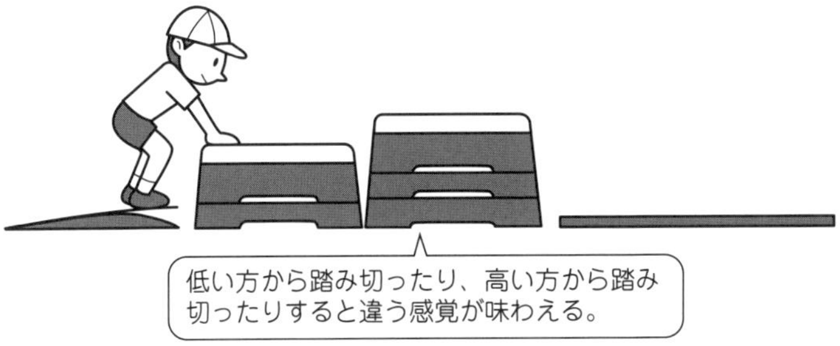

低い方から踏み切ったり、高い方から踏み切ったりすると違う感覚が味わえる。

2 動きを見合うとき

○順番を待つ位置、横で見る位置などにケンステップを置き、安全な場所で見合えるようにする。

○運動遊びが終わったら、手を上げて次の人に合図を出す。

○「踏み切りの音はどうかな？」「跳び箱の上でどんな動きをしているかな？」「着地はピタッと止まれたかな？」など見る視点を示す。

本時案

跳び箱を使った運動遊びをやってみよう③ 4/6

本時の目標

支持で跳び乗り・跳び下りのポイントを考えながら、跳び箱を使った運動遊びに取り組むことができるようにする。

評価のポイント

支持で跳び乗り・跳び下りのポイントについて考えて取り組むことができたか。

週案記入例

[目標]
支持で跳び乗り・跳び下りを楽しむことができる。

[活動]
ポイントを考えながら運動遊びに取り組む。
場を選んで運動遊びを楽しむ。

[評価]
ポイントを考えて運動遊びができたか。

[指導上の留意点]
安全な着手と着地の工夫ができるように声かけをする。
場の設定を工夫する。

本時の展開

	時	子供の活動
はじめ	5分	**集合・整列・あいさつ** ○本時の学習内容を知る。
準備運動	8分	**(1)部位の運動** ○本時でよく使う部分である手首や肩、足を曲げたり伸ばしたりする。 **(2)基礎となる感覚を身に付ける動きに取り組む** ○かえるの足うち、かえる逆立ち、うさぎ跳び、馬跳びをする。 →手を開いて、手のひらまでしっかりつけることや体を支えるポイントなどについて助言する。 **(3)場の準備をする**
跳び箱を使った運動遊び①	15分	**支持で跳び乗り・跳び下りに取り組む** 1 →膝で乗ることができたら、足の裏で乗ることを意識させる。 ○いろいろな高さの跳び箱に挑戦する。 ○跳び箱を連結させた場や段差のある場に挑戦する。 ○友達のよい動きを見合い、発表する。 →踏み切りから着手までの動きや、下り方の工夫について着目させる。
跳び箱を使った運動遊び②	10分	**場を選んで支持で跳び乗り・跳び下りに取り組む** →「友達のよい動きを真似してみよう」と声かけをする。 ○自分の力に合った場を選んで、友達と見合いながら運動遊びを楽しむ。
整理運動	2分	**手・足の主に使った部分を軽く動かして体をほぐす**
まとめ	5分	**(1)クラス全体で本時の学習について振り返る** 2 ○安全に気を付けながら、いろいろな遊び方ができたかを振り返る。 ○自分ががんばったことや友達のよかったことを発表し合う。 **(2)次時の学習内容を確認する**

1 支持で跳び乗り・跳び下りの場や動きの例

○**置き方**：縦、高さ：1段から3段くらい

両足で踏み切って、両手をそろえて手のひらをピタッとつけて着手し、
跳び箱に両足で跳び乗ったり、ジャンプをして跳び下りたりする。

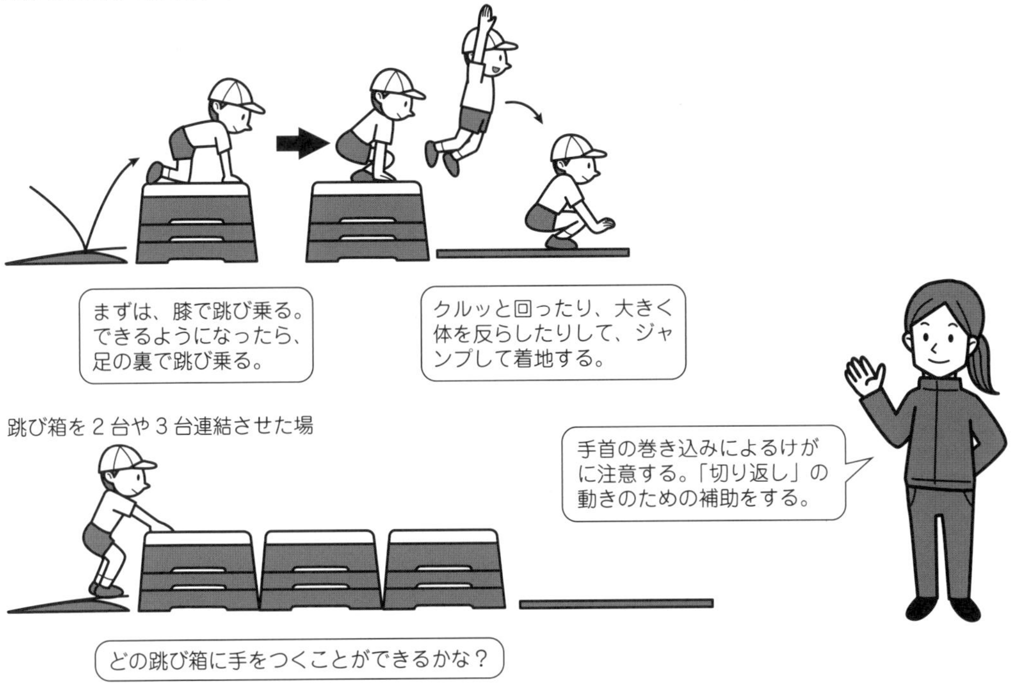

まずは、膝で跳び乗る。できるようになったら、足の裏で跳び乗る。
クルッと回ったり、大きく体を反らしたりして、ジャンプして着地する。
跳び箱を2台や3台連結させた場
手首の巻き込みによるけがに注意する。「切り返し」の動きのための補助をする。
どの跳び箱に手をつくことができるかな？

2 学習の振り返り

○個人で学習を振り返り、学習カードに記入する。
（安全にできたか？仲よくできたか？は、「よくできた」「できた」「できなかった」を選択させる。発見したこつや友達のよい動きは、文章で記入させる）
○全体で学習を振り返る。
（安全にできたか？仲よくできたか？については、手を挙げさせて、みんなで頑張りを認め合えるようにする。発見したこつや友達のよい動きは、子供たちが記入しているときによいところに目を付けている子供をあらかじめ確認しておき、発表させる）
○頑張った子供をみんなで認め合えるような手遊びを取り入れるのもよい。
「すごいね！」→「せーの！」パンパン（手拍子）「ナイス！」「キラーン！」など。

本時案

跳び箱を使った運動遊びを楽しもう①

5/6

本時の目標

友達のよい動きを見付けたり、場や遊び方を選んだりして運動遊びを楽しむことができるようにする。

評価のポイント

友達のよい動きを見付けるとともに、場や遊びを選んで運動遊びを楽しむことができたか。

週案記入例

[目標]
友達と一緒に運動遊びを楽しむ。

[活動]
回転をする運動遊びに取り組む。
友達のよい動きを見付けたり遊び方を工夫したりして楽しむ。

[評価]
友達と一緒に楽しく運動遊びができたか。

[指導上の留意点]
グループで場を選んで取り組み、お互いの動きを見合いながら運動するよう助言する。

本時の展開

	時	子供の活動
はじめ	5分	**集合・整列・あいさつ** ○本時の学習内容を知る。
準備運動	8分	**⑴部位の運動** ○本時でよく使う部分である手首や肩、足を曲げたり伸ばしたりする。 **⑵基礎となる感覚を身に付ける動きに取り組む** ○かえるの足うち、かえる逆立ち、うさぎ跳び、馬跳びをする。 →手を開いて、手のひらまでしっかりつけることや体を支えるポイントなどについて助言する。 **⑶場の準備をする**
跳び箱を使った運動遊び①	10分	**回転をする運動遊びに取り組む** 1 ○エバーマットの場、マットを重ねた場、跳び箱の場など。
跳び箱を使った運動遊び②	15分	**やってみたい場を選んで運動遊びに取り組む** 2 ○やりたい場や遊び方を選ぶ。 ○新しい遊び方を工夫する。 ○遊び方を紹介し合う。 ○友達の遊び方を真似してみる。
整理運動	2分	**手・足の主に使った部分を軽く動かして体をほぐす**
まとめ	5分	**⑴クラス全体で本時の学習について振り返る** ○安全に気を付けながら、いろいろな遊び方ができたかを振り返る。 ○自分ががんばったことや友達のよかったことを発表し合う。 **⑵次時の学習内容を確認する**

ボールゲーム

14
跳び箱を使った運動
遊び

15
表現遊び

16
多様な動きをつくる
運動遊び

17
ボールゲーム

18
跳び箱を使った運動
遊び

1 回転をする運動遊びの場

○セーフティマットの上にマットを乗せる。マットの下には、踏み切り板を置く。

○踏み切り板の上から「トン・トン・トーン」と腰を高く上げて、マットの上で前回りをする。

○慣れてきたら、短い助走を付けて、両足踏み切りからマットの上で前回りをする。

○セーフティマットの上に乗せるマットを細いものにしたり、跳び箱の1段分を乗せたりして、場を発展させることもできる。

〈発展的な場〉

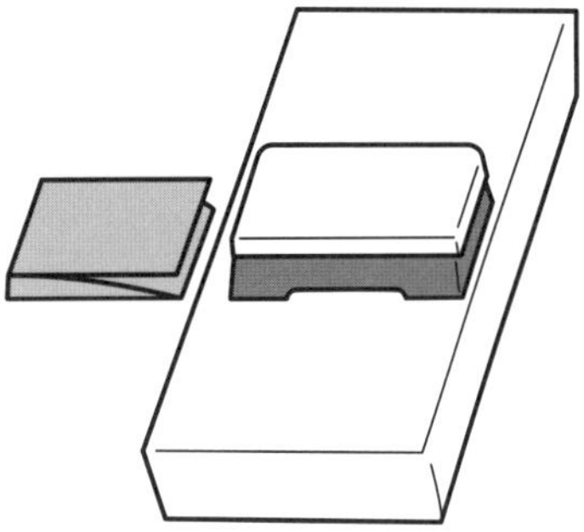

2 支持で跳び乗り、跳び下りの場

○図のようにステージを活用して行うこともできる。いろいろな場を用意して運動遊びをさせたいときの工夫である。

○動きを一方通行にすることや、踏み切り板の前を横切らないことなど、安全面に配慮する。

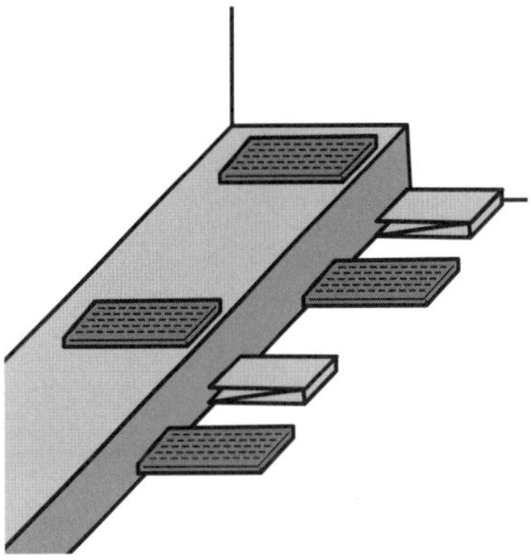

まずは膝で乗ってみよう。

足の裏で乗ることもできるかな？

いろいろな下り方をしてみよう。

ピタッと着地しよう

本時案

跳び箱を使った運動遊びを楽しもう② 6/6

本時の目標

友達のよい動きを見付けたり、場や遊び方を選んだりして運動遊びを楽しむことができるようにする。

評価のポイント

友達のよい動きを見付けるとともに、場や遊びを選んで運動遊びを楽しむことができたか。

週案記入例

[目標]
友達と一緒に運動遊びを楽しむ。

[活動]
回転をする運動遊びに取り組む。
友達のよい動きを見付けたり遊び方を工夫したりして楽しむ。

[評価]
友達と一緒に楽しく運動遊びができたか。

[指導上の留意点]
グループで場を選んで取り組み、お互いの動きを見合いながら運動するよう助言する。

本時の展開

	時	子供の活動
はじめ	5分	**集合・整列・あいさつ** ○本時の学習内容を知る。
準備運動	8分	**(1)部位の運動** ○本時でよく使う部分である手首や肩、足を曲げたり伸ばしたりする。 **(2)基礎となる感覚を身に付ける動きに取り組む** ○かえるの足うち、かえる逆立ち、うさぎ跳び、馬跳びをする。 →手を開いて、手のひらまでしっかりつけることや体を支えるポイントなどについて助言する。 **(3)場の準備をする**
跳び箱を使った運動遊び①	10分	**回転をする運動遊びに取り組む** ○エバーマットの場、マットを重ねた場、跳び箱の場など。
跳び箱を使った運動遊び②	15分	**やってみたい場を選んで運動遊びに取り組む** 1 ○やりたい場や遊び方を選ぶ。 ○新しい遊び方を工夫する。 ○遊び方を紹介し合う。 ○友達の遊び方を真似してみる。
整理運動	2分	**手・足の主に使った部分を軽く動かして体をほぐす**
まとめ	5分	**(1)クラス全体で本時の学習について振り返る** ○安全に気を付けながら、いろいろな遊び方ができたかを振り返る。 ○自分ががんばったことや友達のよかったことを発表し合う。 **(2)本単元の学習のまとめをし、3学期の学習内容を確認する**

1 動きを紹介するときの言葉かけ例

①踏み越し跳びの場

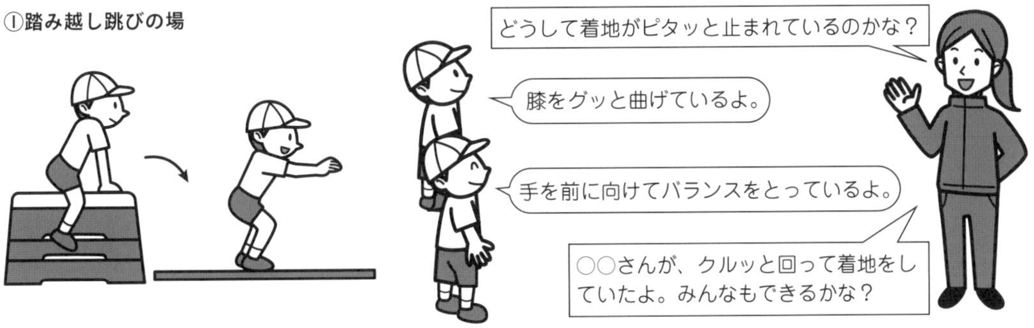

どうして着地がピタッと止まれているのかな？
膝をグッと曲げているよ。
手を前に向けてバランスをとっているよ。
○○さんが、クルッと回って着地をしていたよ。みんなもできるかな？

②2 個連結の場

○○さんは、２回で着地ができたよ。どうしてかな？
前の方に手をついているよ。
跳び箱をグッと押しているよ。
肩と手首の位置を見てみよう。
肩の方が前に出ているね。
みんなはどうかな？
グループの友達と見合ってみよう。

③回転する場

クルッと回れているのはなぜかな？
お尻がグッと上がっているよ。
頭の後ろがついているよ。
できるようになったら、ちょっと助走を付けてみよう。
細いマットや跳び箱の上でも回転できるかな？

④跳び箱を並べて置いた場で友達と一緒に運動している

どんな工夫をしていたかな？
２人で一緒にやっているよ。
「せーの！」と声を合わせているよ。
友達と一緒に合わせると楽しそうだね。やってみよう。

DVD 収録資料

「跳び箱を使った運動遊び」学習カード＆資料

使用時 **第１～６時**

本カードは、第１時から第６時まで、単元全体を通して使用する。２年生という発達の段階を踏まえて、毎時間同じ形式のものにし、短時間で記入できるように配慮した。学びに向かう力や思考力を見取るカードである。１枚目のカードは、安全に運動遊びができるための約束を確認できるようにした。また、学習資料は、拡大して使い、子供たちが発見したことを書き込んでいく。

収録資料活用のポイント

①使い方

Ｉ枚目のカードを画用紙の半面に印刷し、学習カードの表紙となるようにする。２枚目のカードをＩ人に３枚ずつ配布し、画用紙の中に貼り付けておく。授業のまとめで２枚目のカード（2時間でＩ枚分）に振り返りを記入していく。

②留意点

第Ｉ時では、Ｉ枚目のカード（表紙）に書かれた約束をみんなで確認し、安全に運動できるようにする。「はっけんしたよ！できるようになったよ！」の欄には、Ｉ時間ごとのねらいに合わせて、「動きのコツを書いてみよう」「友達のよい動きを書いてみよう」と投げかけたり、前時に書いたよい振り返りを紹介したりして、思考力、判断力、表現力等を高められるようにする。

学習カード 2-14-1（表紙）

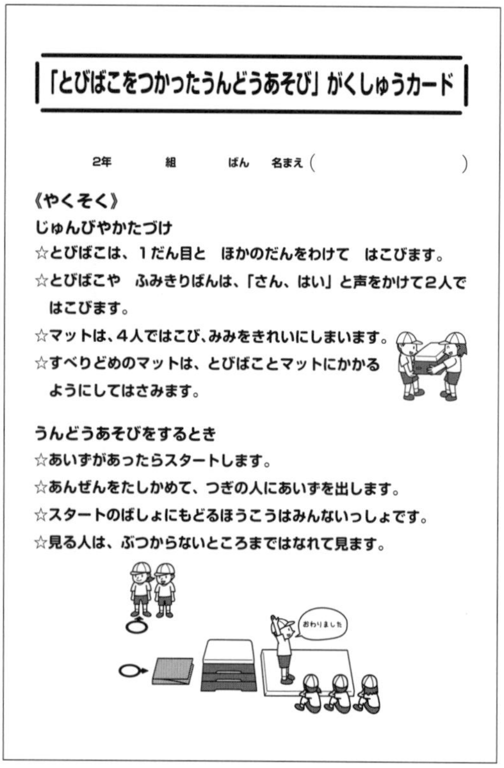
「とびばこをつかったうんどうあそび」がくしゅうカード

2年　　組　　ばん　名まえ（　　　　　　）

《やくそく》

じゅんびやかたづけ

☆とびばこは、１だん目と　ほかのだんをわけて　はこびます。

☆とびばこや　ふみきりばんは、「さん、はい」と声をかけて２人ではこびます。

☆マットは、４人ではこび、みみをきれいにしまいます。

☆すべりどめのマットは、とびばことマットにかかるようにしてはさみます。

うんどうあそびをするとき

☆あいずがあったらスタートします。

☆あんぜんをたしかめて、つぎの人にあいずを出します。

☆スタートのばしょにもどるほうこうはみんないっしょです。

☆見る人は、ぶつからないところまではなれて見ます。

学習カード 2-14-2（1～6時）

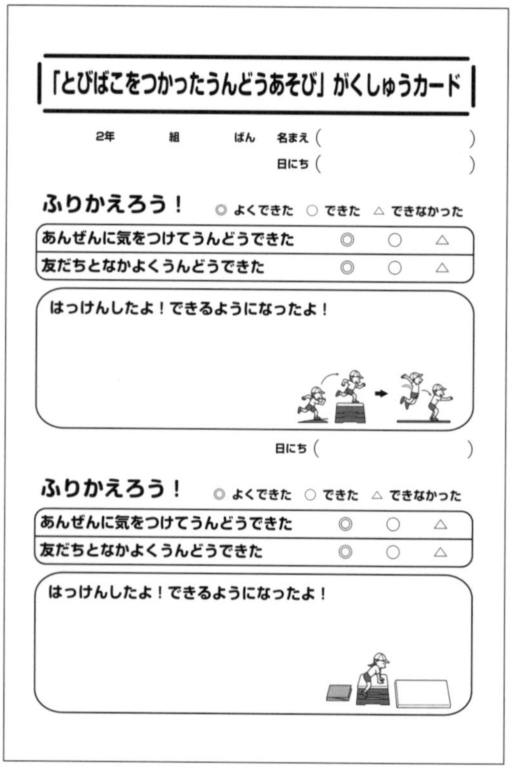
「とびばこをつかったうんどうあそび」がくしゅうカード

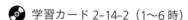

2年　　組　　ばん　名まえ（　　　　　　）

日にち（　　　　　　）

ふりかえろう！　◎ よくできた　○ できた　△ できなかった

あんぜんに気をつけてうんどうできた	◎	○	△
友だちとなかよくうんどうできた	◎	○	△

はっけんしたよ！できるようになったよ！

日にち（　　　　　　）

ふりかえろう！　◎ よくできた　○ できた　△ できなかった

あんぜんに気をつけてうんどうできた	◎	○	△
友だちとなかよくうんどうできた	◎	○	△

はっけんしたよ！できるようになったよ！

資料 2-14-1　　※余白に子供たちが発見したことを書き込んでいく。

とびばこをつかったうんどうあそび

●ふみこしとび

●しじでまたぎのり　　●しじでまたぎおり

●しじでとびのり・とびおり

15 表現遊び

6時間

【単元計画】

1時	2時	3時
[第一段階] いろいろな乗り物を見付けて楽しむ		
いろいろな乗り物になって楽しく踊る。		
1 いろいろな乗り物を見付けて動いてみよう POINT：カードをめくり次々となりきって動く。	**2 町で見付けた乗り物になろう** POINT：登場する乗り物になりきる。	**3 空や海で見付けた乗り物になろう** POINT：前時と違った特徴を捉えてなりきる。
[主な学習活動] ○集合・あいさつ・準備運動 ○体じゃんけんをする。 ○知っている乗り物や、乗ってみたい乗り物を出し合って、即興的に楽しむ。 ○2～3人組で「乗り物カード」を引いて、次々と動きを見付けて楽しむ。 ○まとめ：本時の学習を振り返りカードに記入、次時を確認。	**[主な学習活動]** ○集合・あいさつ・準備運動 ○鏡の世界の動きづくりをする。 ○町で見付けた乗り物になって即興的に動いて楽しむ。 ○2～3人組で、やってみたい乗り物を3つ選んで、それぞれの特徴を捉えた動きを工夫する。 ○まとめ：本時の学習を振り返りカードに記入、次時を確認。	**[主な学習活動]** ○集合・あいさつ・準備運動 ○洗濯物の動きづくりをする。 ○空や海で見付けた乗り物になって、即興的に動いて楽しむ。 ○2～3人組で、やってみたい乗り物を3つ選んで、それぞれの特徴を捉えた動きを工夫する。 ○まとめ：本時の学習を振り返りカードに記入、次時を確認。

授業改善のポイント

主体的・対話的で深い学びの実践に向けて

低学年の表現遊びは、身近な題材の特徴を捉えてそのものになりきり、全身の動きで表す楽しさに触れることのできる運動遊びである。

どの時間も、友達と一緒に題材や動きについて話し合ったり工夫したりする活動があり、コミュニケーション能力を培い、主体的・対話的で深い学びにつながる学習である。

特に、本単元のいろいろな乗り物や遊園地の乗り物の題材は、どの子供も興味・関心をもち意欲的に取り組める学習である。毎時間、回ったり、移動したり、後ろ向きに進んだり、急降下するなど一人一人が主体的に動きを工夫することを楽しむ題材である。

また、友達や他のグループの動きを見たり、見てよかった動きを取り入れたりしながら、自分やグループの動きを高めていくことは、主体的で対話的な学びにつながっていく。

特に単元の後半は、遊園地の乗り物の中から特徴の違う乗り物を3、4人のグループで選んでお話をつくることで、主体的で対話的な学びができる子供を育てる内容となっている。

単元の目標

◯知識及び技能

・表現遊びの行い方を知り、身近な題材の特徴を捉え、そのものになりきって全身で即興的に踊ることができる。

◯思考力、判断力、表現力等

・身近な題材の特徴を捉えて踊り、簡単な踊り方を工夫し、友達に伝えることができる。

◯学びに向かう力、人間性等

・進んで取り組み、誰とでも仲よく踊ったり、場の安全に気を付けたりすることができる。

4時	5時	6時
[第二段階] 遊園地の乗り物を工夫する		
遊園地の乗り物の特徴を捉えて工夫して踊る。		
4　遊園地で見付けた乗り物になろう POINT：遊園地の楽しい乗り物に即興的になりきる。 [主な学習活動] ◯集合・あいさつ・準備運動 ◯遊園地で見付けた乗り物になって、即興的に動いて楽しむ。 ◯3〜4人組で、好きな乗り物を次々と見付け、簡単なお話にして動く。 ◯まとめ：本時の学習を振り返りカードに記入、次時を確認。	5　遊園地の乗り物を選んでお話をつくろう POINT：お話をつくり、変化を付けたり工夫したりする。 [主な学習活動] ◯集合・あいさつ・準備運動 ◯3〜4人のグループで、特徴の違う乗り物を3つ選んでお話をつくる。 ◯変化を付けたり工夫したりしてよりよい動きにする。 ◯他のグループの動きを見てよいところを取り入れる。 ◯まとめ：本時の学習を振り返りカードに記入、次時を確認。	6「乗り物フェスティバル」を開いて楽しもう POINT：遊園地の出来事も付け加えて楽しく踊る。 [主な学習活動] ◯集合・あいさつ・準備運動 ◯他のグループと見せ合って、互いによい動きを確かめ合う。 ◯3〜4人のグループでつくった乗り物を中心に、遊園地の出来事も付け加えて「乗り物フェスティバル」を開いて楽しむ。 ◯本時と単元の学習を振り返りカードに記入し、まとめる。

子供への配慮の例

①運動が苦手な子供

題材の特徴を捉えて踊ることが苦手な子供には、ねじったり、回ったり、跳んだり転がったりして全身の動きで特徴を捉えている友達の動きを見て、真似することを促すなどの配慮をする。少しでも動けるようになったら、ほめて自信がもてるようにする。

また、続けて踊ることが苦手な子供には、お話づくりの複数の例示から選べるようにするなどの配慮をする。

②意欲的でない子供

題材から表したい様子や動きを思い浮かべることに意欲的に取り組めない子供には、単元の導入で、その題材に関連する絵本や図鑑などを提示し、題材について興味・関心を高めるようにする。また、導入で題材の捉え方を経験しながら楽しい動きづくりを行い、友達と一緒に踊る楽しい雰囲気を味わわせ、意欲的に取り組めるように配慮する。単元の最後にある乗り物フェスティバルを開くことで、ワクワク感をもたせるようにする。

本時案

いろいろな乗り物を見付けて動いてみよう 1/6

本時の目標

いろいろな乗り物になって、楽しく踊ることができるようにする。

評価のポイント

いろいろな乗り物になりきって即興的に踊ることができたか。

週案記入例

[目標]
いろいろな乗り物の動きを見付けて楽しく踊ることができる。

[活動]
乗り物の特徴を捉えて踊る。

[評価]
乗り物になりきって踊ることができたか。

[指導上の留意点]
題材の特徴を捉えることができるよう、絵やカード、ビデオなどを提示する。

本時の展開

	時	子供の活動
はじめ	5分	**集合・あいさつ** ○単元の学習の進め方を知る。 ○本時の学習内容を確認する。
準備運動	3分	**楽しい雰囲気をつくり準備運動をする** ○リズム太鼓に合わせて、首、手首、足首等の運動をする。 ○スキップ、ジャンプなどの運動をする。
表現遊び	32分	**(1)動きづくり「体じゃんけん」をする** 1 ○教師と一緒に大きく体を使ってじゃんけんをする。 ○２人組で体じゃんけんをして、いろいろなポーズや動きをする。 **(2)知っている乗り物や、乗ってみたい乗り物を出し合う** ○いろいろな乗り物を出し合い、町の中、空や海、遊園地の乗り物に分けながら、乗り物のイメージを描く。 **(3) 2～3人で「乗り物カード」を引いて、次々と動きを見付けて即興的に楽しむ** ○リズム太鼓か音楽で合図して、一緒に乗り物カードを引いて、即興的に捉えて動く。 2
整理運動	2分	**運動で使った部位をゆったりとほぐす** ○伸びたり縮んだりして、全身の筋肉をほぐす。
まとめ	3分	**(1)今日の学習について振り返り、学習カードに記入する** ○楽しく運動できたか。 ○友達と仲よく運動できたか。 ○いろいろな乗り物になりきったか。 **(2)楽しかったこと、友達のよかったことを発表し合う** **(3)次時の予定を伝える**

1 楽しい動きづくり「体じゃんけん」

＜教師の言葉かけの例＞

・「2 人組になって、体でじゃんけんをしてみよう」。
・「いろいろなポーズや動きをしてみましょう」「真似しにくいポーズや動きもできるかな」。
・「大きく開いたり、小さく固まったり、思いきり全身を使っていろいろな動きをします」。
・「今度は、体でじゃんけんした後、勝ったら『うれしい』負けたら『悲しい・悔しい』のポーズや動きをしてみましょう」。

2 乗り物カード

○単元の前半は、「町で見付けた乗り物」「空や海で見付けた乗り物」、後半は「遊園地で見付けた乗り物」の動きを捉えることを知らせる。
○どんな乗り物になりたいか子供が意見を出したり、教師からも提示したりして、イメージカードを分類しながらイメージを膨らませる。
○ 2〜3 人で乗り物カードを引いて、次々と動きを見付けて楽しむ。

オートバイ 	パトカー 	タクシー 	じてんしゃ 	しょうぼうしゃ 
ショベルカー 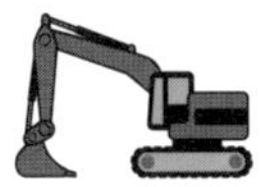	じょせつしゃ 	ひこうき 	ロケット 	ヘリコプター 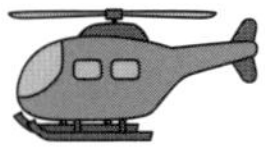
まほうのほうき 	サーフィーン 	モーターボート 	ジェットコースター 	コーヒーカップ 

本時案

町で見付けた乗り物になろう 2/6

本時の目標

町で見付けた乗り物になって、楽しく踊ることができるようにする。

評価のポイント

町で見付けた乗り物になりきって即興的に踊ることができたか。

> **週案記入例**
>
> **[目標]**
> 町で見付けた乗り物の動きを捉えて踊ることができる。
>
> **[活動]**
> 乗り物の特徴を捉えて踊る。
>
> **[評価]**
> 乗り物になりきって踊ることができたか。
>
> **[指導上の留意点]**
> 題材の特徴を捉えることができるよう、絵やカード、ビデオなどを提示する。

本時の展開

	時	子供の活動
はじめ	3分	**集合・あいさつ** ○本時の学習内容を確認する。
準備運動	3分	**楽しい雰囲気をつくり準備運動をする** ○リズム太鼓に合わせて、首、手首、足首等の運動をする。 ○スキップ、ギャロップ、ジャンプなどの運動をする。
表現遊び	33分	**(1)動きづくり「鏡の世界」をする** 1 ○2人組で動き出す人と真似をする人になって動く。 →はじめはポーズでもよい。できるようになったら動きを取り入れて、動きの種類を増やしていく。 **(2)町で見付けた乗り物になって即興的に動いて楽しむ** 2 ○オートバイ、自転車、パトカー、消防車、タクシー、バス、ケーブルカー、バス、モノレール、リニアモーターカー、ショベルカー、タンクローリー、クレーン車、除雪車など、それぞれの動きの特徴を捉えながら即興的に動く。 **(3)やってみたい乗り物を3つ選んで、それぞれの特徴を捉えた動きを工夫する** ○3人グループになり、1番の人が選んだ乗り物になり、次に2番の人、3番の人…と順番を決めて交代でリードして動く。
整理運動	3分	**運動で使った部位をゆったりとほぐす** ○伸びたり縮んだりして全身の筋肉をほぐす。
まとめ	3分	**(1)今日の学習について振り返り、学習カードに記入する** ○楽しく運動できたか。 ○友達と仲よく運動できたか。 ○いろいろな乗り物になりきったか。 **(2)楽しかったこと、友達のよかったことを発表し合う** **(3)次時の予定を伝える**

1　楽しい動きづくり「鏡の世界」（相手の動きを真似する楽しさを味わう）

○ 1 人対全員の鏡の動きや 2 人組で交代して、ポーズや動きの種類を増やしていく。

＜教師の言葉かけの例＞

・「先生の動きを鏡にして動いてみましょう」「今度は○○さんの動きを鏡にして動きましょう」。
・「2 人で動き出す人と鏡になって真似をする人とに分かれて動きます」「途中で交代です」。
・「はじめはポーズでもよいです」「今度は動きに挑戦してみましょう」。
・「友達が真似しにくい動きができるとより楽しいですね」。

鏡の世界でポーズ

いろいろな動き

難しい動きを真似できるかな

2　町で見付けた乗り物（見付けた乗り物になって即興的に動いて楽しむ）

・オートバイ　・パトカー　・消防車　・自転車　・タクシー　・電車
・汽車　・ケーブルカー　・バス　・モノレール　・スクーター
・ベビーカー　・リニアモーターカー　・郵便車　・ごみ収集車
・ショベルカー　・タンクローリー　・除雪車　・ミキサー車

○ 2～3 人でやりたい乗り物を 3 つ選んで、それぞれの特徴を捉えて動きを楽しむ。

＜教師の言葉かけの例＞

［オートバイ］

エンジンをふかすよ ブルンブルン ― だんだんスピードが出てきた ― 体を倒してカーブを曲がるぞ！ ― ガックン急停車、方向を変えてスタート

［タクシー］

車が道路を走っている ― お客さんが手をあげている。止まってドアをあけ乗せて出発！ ― 下り坂を通ります。今度はカーブです。上り坂も通って ― 高速道路もスイスイ。はい到着です

＜ミキサー車＞

生コンクリートを混ぜながらゆっくり走る

＜ショベルカー＞

地面を掘るぞ、ガッツ、ガッツ、ガッー

＜ローラー車＞

重いローラーで地面を平らにするぞ！　ドッドッドーッ

本時案

空や海で見付けた乗り物になろう

3/6

本時の目標

空や海で見付けた乗り物になって、楽しく踊ることができるようにする。

評価のポイント

いろいろな乗り物になりきって即興的に踊ることができたか。

週案記入例

[目標]
空や海で見付けた乗り物の動きを捉えて踊ることができる。

[活動]
乗り物の特徴を捉えて踊る。

[評価]
乗り物になりきって踊ることができたか。

[指導上の留意点]
題材の特徴を捉えることができるよう、絵やカード、ビデオなどを提示する。

本時の展開

	時	子供の活動
はじめ	3分	**集合・あいさつ** ○本時の学習内容を確認する。
準備運動	3分	**楽しい雰囲気をつくり準備運動をする** ○リズム太鼓に合わせて、首、手首、足首等の運動をする。 ○スキップ、ジャンプ、ねじるなどの運動をする。
表現遊び	33分	**(1)動きづくり「洗濯物」をする** 1 ○実物のシャツなどの洗濯物を提示し、変化する状態を言葉で伝えながら動く。 ○擬態語の口伴奏を声に出して動く。 **(2)空や海で見付けた乗り物になって、即興的に動いて楽しむ** ○飛行機、ヘリコプター、ロケット、空飛ぶじゅうたん、気球、魔法のほうきなど、空を飛ぶ乗り物になって動く。 2 ○ヨット、船、遊覧船、ボート、潜水艦、サーフィン、いかだ、ゴンドラ、ペダルボートなど、海の乗り物になって動く。 **(3) 3人のグループでやってみたい乗り物を3つ選んで、それぞれの特徴を捉えた動きを工夫する** ○前時と違うグループになって、リーダーが交代して選んで動く。
整理運動	3分	**運動で使った部位をゆったりとほぐす** ○伸びたり縮んだりして全身をほぐす。
まとめ	3分	**(1)今日の学習について振り返り、学習カードに記入する** ○楽しく運動できたか。 ○友達と仲よく運動できたか。 ○いろいろな乗り物になりきったか。 **(2)楽しかったこと、友達のよかったことを発表し合う** **(3)次時の予定を伝える**

1 楽しい動きづくり「洗濯物」

○教師が実物のシャツなどを提示し、変化する様子を言葉で伝えながら動く。

＜教師の言葉かけの例＞

好きな洗濯物になあれ → 洗濯機に入れますよ。グチャグチャ → 洗濯機の中でグルグル回っている。あっ絡まった → 脱水だ、ギュッと絞っている → 外に干して乾かす。手でパンパンしわを伸ばして → 風が吹いてゆらゆら最後はたたみます

グチャグチャ

絡まって

ギュッと絞って

風が吹いてゆらゆら

2 空や海で見付けた移動して動く乗り物

・飛行機　・ロケット　・ヘリコプター　・気球　・空飛ぶじゅうたん
・魔法のほうき　・モーターボート　・ヨット　・ボート　・潜水艦
・高速ジェット船　・いかだ　・ペダルボート　・サーフィン

○ 2～3 人でやりたい乗り物を 3 つ選んで、それぞれの特徴を捉えて即興的に動いて楽しむ。

＜教師の言葉かけの例＞

［ロケット］

3・2・1・0 ロケット発射！ → 火を噴いて勢いよくまっすぐ飛び立つ → 宇宙へ飛んでいくぞ スピードアップ → 無事、月に着陸したぞ！　やったあ！

［ヨット］

帆をいっぱい張って出発！　気持ちいい → 風に揺られて進むぞ → 風が強くなってきた。大変！　傾いたぞ → 風がおさまってきた。無事寄港

［空飛ぶじゅうたん］

空をビューン　自由自在だ 大冒険！

［ヘリコプター］

プロペラがグルグル回って上がって、パっと飛び上がって出発だ！

［高速ジェット船］

エンジンかけて出発だ！ スピードが出るぞ、速い、速い！

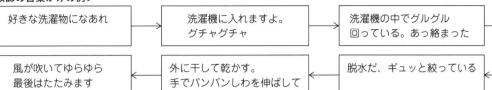

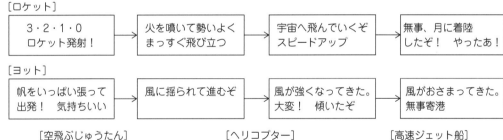

本時案

遊園地で見付けた乗り物になろう

4/6

本時の目標

遊園地で見付けた乗り物になって、即興的に楽しく踊ることができるようにする。

評価のポイント

遊園地のいろいろな乗り物を見付けて、なりきって踊ることができたか。

週案記入例

[目標]
遊園地のいろいろな乗り物の動きを捉えて踊ることができる。

[活動]
遊園地の乗り物の特徴を捉えて踊る。

[評価]
遊園地の乗り物になりきって踊ることができたか。

[指導上の留意点]
題材の特徴を捉えることができるよう、絵やカード、ビデオなどを提示する。

本時の展開

	時	子供の活動
はじめ	3分	**集合・あいさつ** ○本時の学習内容を確認する。
準備運動	3分	**楽しい雰囲気をつくり準備運動をする** ○リズム太鼓に合わせて、首、手首、足首等の運動をする。 ○スキップ、ジャンプ、這うなどの運動をする。
表現遊び	33分	**(1)遊園地にはどんな乗り物があるか、どんな乗り物になりたいかアイデアを出し合い、即興的に動く** 1 ○ジェットコースター、メリーゴーラウンド、コーヒーカップ、ゴーカート、観覧車、飛行塔、汽車、バイキング、木馬、空飛ぶ椅子など、1〜2人で即興的に動く。 **(2) 3〜4人でやってみたい乗り物を次々と見付け、簡単なお話にして動く** 2 ○「○○○の乗り物の面白いところは何かな」と問いかけ、子供から捉えた特徴を引き出す。
整理運動	3分	**運動で使った部位をゆったりとほぐす** ○伸びたり縮んだりして全身の筋肉をほぐす。
まとめ	3分	**(1)今日の学習について振り返り、学習カードに記入する** ○楽しく運動できたか。 ○友達と仲よく運動できたか。 ○いろいろな乗り物になりきったか。 **(2)楽しかったこと、友達のよかったことを発表し合う** **(3)次時の予定を伝える**

1 いろいろな遊園地の乗り物

○遊園地に行ってどんな乗り物があるか、どんな乗り物になりたいか出し合う。
・絵やカード、写真やビデオなどで遊園地の乗り物のイメージを膨らませる。

＜遊園地の乗り物カード＞

ジェットコースター	メリーゴーラウンド	コーヒーカップ	ゴーカート	かいてんブランコ

ひこうとう	かんらんしゃ	ウルトラツイスト	バイキング	ロケット

2 遊園地の乗り物

○１人やグループでカードをめくって、次々といろいろな乗り物になりきる。
・跳んだり、回ったり、走ったり、高くなったり、縮んだりなど全身を使って踊ることを伝える。

＜教師の言葉かけ例＞［ジェットコースター］

ジェットコースターってどこがおもしろい？

↓

子供：「速くなるところ」
「ゆっくりゆっくり落ちるとき」
「急降下するとき、ドキドキする瞬間！」

＜指導のポイント＞
・ぶつからないように場所をとり、大きな動作で動くようにする。移動の方向は直線だけでなく、カーブや体の向きなども工夫するよう助言する。
・ガタガタ、ガックッ、ガタンガタン、ゴーッ、キュー、ストンなど、動く音を口伴奏で言うようにする。
・前の人と、いつもつながらなくてもよいことを伝える。

［メリーゴーラウンド］

［コーヒーカップ］

［飛行塔］

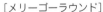

本時案

遊園地の乗り物を選んでお話をつくろう 5/6

本時の目標

乗り物フェスティバルに向けて、工夫して楽しく踊ることができるようにする。

評価のポイント

遊園地の乗り物をグループで工夫して踊ることができたか。

週案記入例

[目標]
遊園地の乗り物をグループで工夫して踊ることができる。

[活動]
グループで工夫して踊る。

[評価]
工夫して踊ることができたか。

[指導上の留意点]
遊園地の楽しい様子を思い浮かべて、お話をつくる。

本時の展開

	時	子供の活動
はじめ	3分	**集合・あいさつ** ○本時の学習内容を確認する。
準備運動	3分	**楽しい雰囲気をつくり準備運動をする** ○リズム太鼓に合わせて、首、手首、足首等の運動をする。 ○スキップ、ジャンプ、素早く走るなどの運動をする。
表現遊び	33分	**(1) 3～4人のグループで特徴の違う乗り物を3つ選んでお話をつくり、変化させたり工夫したりして踊る** ○グループで話し合って、乗り物を3つ選んで踊る。 ○簡単なお話をつくり、つなげて遊園地を楽しんで踊る。 1 ○変化を付けたり動きを高めたり工夫して踊る。 ○他のグループの動きを見てよりよい動きにする。 **(2)教師が4つのポイントを意識して助言する** 2
整理運動	3分	**運動で使った部位をゆったりとほぐす** ○伸びたり縮んだりして全身の筋肉をほぐす。
まとめ	3分	**(1)今日の学習について振り返り、学習カードに記入する** ○楽しく運動できたか。 ○友達と仲よく運動できたか。 ○いろいろな乗り物になりきったか。 **(2)楽しかったこと、友達のよかったことを発表し合う** **(3)次時の予定を伝える**

1 グループで乗り物を選び（3つ程度）、即興的に動く

例

[ジェットコースター]	⇒	[コーヒーカップ]	⇒	[メリーゴーラウンド]
速くなったり、スピードをゆるめたり、カーブを曲がったり…急降下だ！停止		くるくる回る、速く回ったり反対に回ったり、移動したり、だんだんゆっくりになって		ゆっくり、高くなったり、低くなったり、グループで揃って

[ウルトラツイスト]	⇒	[ゴーカート]	⇒	[魔法のじゅうたん]
一番前の動きに合わせて前へグーンと進んだり、後ろへ下がったり、スピードを付けたり		用意、ゴーッ！すごいスピードでビューン。カーブが曲がりきれないぞ。ハンドルきってあっ危ない！無事でよかった		空高くスイスイ、風に乗ってユラユラ揺れて、風が強くなってきたぞ。しっかりつかまって、地上に降りるぞ！

2 教師が助言する4つのポイント

○子供が多様な動きを引き出すことができたり、変化のある動きを工夫したりできるように教師が子供の動きを見てほめたり助言したりする。その際、以下の4つのポイントを意識することが重要である。

○「どこがおもしろいかな」と子供に問いかけ、「高さが急に変わるところ」「スピードを付けるところ」「ジグザグに動くところ」「バラバラに自由に動くところ」などと教師が4つのポイントを意識していると助言しやすい。

<助言のための4つのポイント>

①動きに変化を付ける
○「ねじる、回る、転がるなど、いろいろな動きの工夫がありました」。
○「跳ぶ、素早く走るなどの動きがよかったですね」。
○「高くしたり、低くなったり、高さを変えてみましょう」。
○「前だけでなく後ろや、上・下、右・左と向きを変えるといいですね」。

②リズムに変化を付ける
○「速く、ゆっくり、スローモーションで」。
○「だんだん早く、だんだん遅く…速さの変化がいいですね」。
○「急に早くして、急にストップが面白い」。
○「強いところと弱いところの違いがいいね」。
○「そう、だんだんゆっくり、ゆっくり、止まる工夫して動くことできました」。

③場や隊形（空間）に変化を付ける
○「グループで場所を移動したところが面白いですね」。
○「円の形から直線になったところを工夫しましたね」。
○「ジグザク、バラバラなど隊形が変わってて工夫していましたね」。

④関わり方に変化を付ける
○「友達と一緒に動いていたところから、方向を変えたところが工夫していますね」。
○「交互にずらしたところが楽しいですね」。
○「グループで、固まったり、離れたり、バラバラになったりが面白いね」。

本時案

乗り物フェスティバルを開いて楽しもう

6/6

本時の目標

遊園地の出来事を付け加え、遊園地の乗り物フェスティバルを開いて、楽しく踊ることができるようにする。

評価のポイント

遊園地の乗り物フェスティバルを開いて、楽しく踊ることができたか。

週案記入例

[目標]
遊園地の乗り物フェスティバルで楽しく踊ることができる。

[活動]
乗り物フェスティバルで楽しく踊る。

[評価]
楽しく踊ることができたか。

[指導上の留意点]
遊園地の乗り物フェスティバルをみんなで楽しむことができるよう、盛り上げる雰囲気をつくる。

本時の展開

	時	子供の活動
はじめ	3分	**集合・あいさつ** ○本時の学習内容やめあてを確認する。
準備運動	3分	**楽しい雰囲気をつくり準備運動をする** ○リズム太鼓に合わせて、首、手首、足首等の運動をする。 ○スキップ、ジャンプなどの運動をする。
表現遊び	33分	**(1)グループで選んだ乗り物の動きを工夫して楽しく踊る** **(2)他のグループの動きを見てよい動きを取り入れる** ○他のグループの動きを見て、よい動きを見付ける。 ○他のグループのよい動きを取り入れて、楽しく踊る。 **(3)楽しいお話を付け加えて、遊園地の「乗り物フェスティバル」をみんなで楽しむ** 1 ○リズム太鼓や軽快な音楽をかけたりして、みんなで楽しく踊る。 ○お話の追加のところは、盛り上がるよう雰囲気をつくる。
整理運動	3分	**運動で使った部位をゆったりとほぐす** ○伸びたり縮んだりして全身の筋肉をほぐす。
まとめ	3分	**(1)今日の学習について振り返り、学習カードに記入する** ○楽しく運動できたか。 ○友達と仲よく運動できたか。 ○いろいろな乗り物になりきったか。 **(2)「乗り物フェスティバル」で楽しかったこと、友達のよかったことを発表し合う**

1 楽しいお話を付け加えてみんなで発表する

○遊園地のお話をつくって、つなげて楽しもう。

・教師の「一斉の声かけ」と「グループで選んだ自由な遊園地の乗り物」をサンドウィッチにし、メリハリを付けてみんなで遊園地の楽しさを味わう。

・授業の前半は、グループ同士で見せ合って動きを工夫し、後半はみんなで楽しんで発表して、単元を終わらせると楽しい。

(1) 一斉に

教　師　「おもちゃの鼓笛隊で出てきて楽しく行進。指揮者の合図で、大太鼓や小太鼓、トランペットを吹く人もいます。パレードの始まりです」

<子供の動きの例>

○子供たちは大小の太鼓・シンバル、トランペットなどの楽器の演奏や指揮やチアーの動きでそれぞれ好きなものになって行進する。

○鼓笛隊の雰囲気で、グループで並んで行進する。ワクワク、弾んで。

○教師のリズム太鼓の合図や行進曲の音楽をかけてもよい。

グループで

教　師　「選んだ遊園地の乗り物の中の１つ目の乗り物で動いてみよう」

「(３人のグループ分けの場合は)「①番の人がリーダーになって１つ目の乗り物をグループで動いてみよう」

「１つ目の乗り物に変身！グループで動いてみよう」としてもよい。

<子供の動きの例>

○遊園地の乗り物の１つ目「○○○」と乗り物名を言ってグループで動く。

(2) 一斉に

教　師　「続いて、お化け屋敷からがいこつが出てきましたよ。大変！あっ！関節を動かしたり、浮いたり、回ったり。こわい！」

<子供の動きの例>

○子供たちはお化けの動きをする。関節を動かしたり、脅かしたりして楽しむ。

グループで

教　師　「選んだ遊園地の乗り物の中の２つ目を動いてみよう」

<子供の動きの例>

○遊園地の乗り物の２つ目「○○○」と乗り物名を言ってグループで動く。

(3) 一斉に

教　師　「ぬいぐるみのダンスが登場。音楽に乗って、素敵なダンスの始まり」

<子供の動きの例>

○軽やかな音楽に乗って、自由に踊る。コミカルな動きやダンスをする。

グループで

教　師　「選んだ遊園地の乗り物の中の３つ目を動いてみよう」

<子供の動きの例>

○遊園地の乗り物の３つ目「○○○」と乗り物名を言ってグループで動く。

(4) 一斉に

教　師　「最後は、空高く花火が上がった、ヒューッ　パーン　ドカーン」

<子供の動きの例>

○みんなで思い思いの花火になって動く。クラスで１つの打ち上げ花火になって動いてもよい。

DVD 収録資料　「表現遊び」学習カード＆資料

使用時 **第１～６時**

学習カードは第１時から第６時まで、単元全体を通して使用する。表現遊びの学習の行い方を知るとともに、どのような題材で踊ったらよいかが分かる内容となっている。また、資料は、身近な乗り物の題材をどのように捉えたらよいかの例を提示した。

収録資料活用のポイント

①使い方

授業の導入で学習カードと資料を子供一人一人に板目紙とセットで配布する。この学習カードや資料によって、自分たちの身近な生活にある乗り物の中から、町で見付けた乗り物、空や海の乗り物、遊園地の乗り物になって楽しむことを確認する。授業の終わりに学習の振り返りを行うことにより、次時に向けての主体的な学習につなげていく。

②留意点

学習カードは、毎時間Ｉ枚ずつ計６枚の学習カードと、毎時間の変容が分かるように６時間の単元を通して使用するカードの２種類の学習カードを用意した。学級の子供の学びの実態によって「選択して」活用してほしい。また、資料は、いろいろな乗り物の例や子供が特徴をどう捉えるかのポイントの例を挙げて提示した。２年生の子供が自分で学習情報として活用できるように作成した。

学習カード 2-15-1（1 時間用）

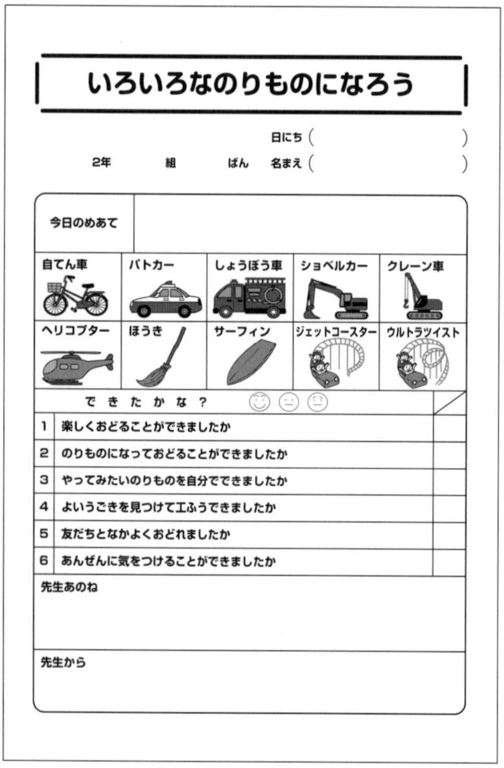

学習カード 2-15-2（単元全体用）

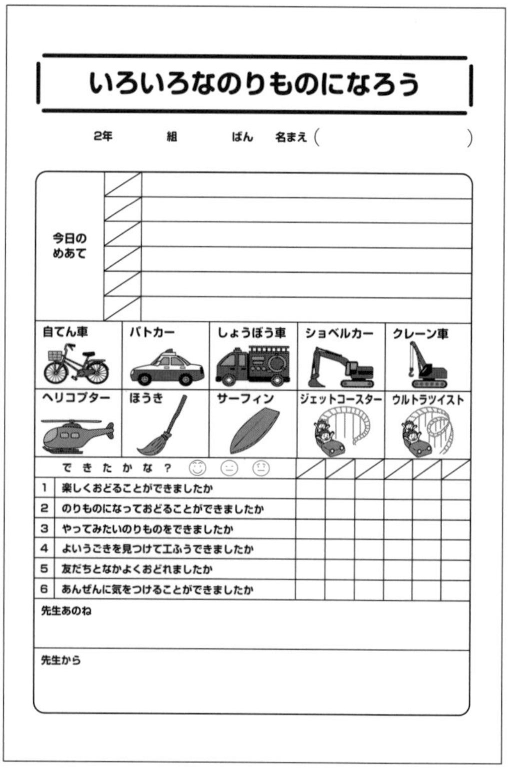

いろいろなのりものになろう

オートバイ
「カーブをまがるぞ」

タクシー
「おきゃくさんと
いっしょに」

ショベルカー
「グワッ、地めんを
ほるぞ」

ロードローラー
「ドッドッすごい力で」

ひこうき
「ビューン　空高く」

ロケット
「2・1・0
とび立つぞ！」

モーターボート
「水しぶきを上げて
とんでいるみたいだ」

ヨット
「風にゆられて
スイスイ」

コーヒーカップ
「グルン　グルン
回るぞ」

ジェットコースター
「きゅうこう下だ」

**わたしはこんなうごきを見つけたよ
ぼくはこんなうごきをやるぞ！**

オートバイ
エンジンをふかすよ。ブルンブルンだんだんスピードが出てきた。きゅうカーブは体をたおして！つぎははんたいのカーブだ。

ひこうき
かっそうろをゆっくりから力いっぱい走って、空にとび上がっていく。ビューン、わあいい気もち。

ロードローラー
地ならしをしているおもいローラーがゆっくり､ふみしめてすすむ。地めんがたいらになっていく。

ジェットコースター
はやくなったり、スピードゆるめたり、カーブをまがったり…
ガックン、ガタガタ、きゅうこう下だ！

**そのほかになりきったのりものの
名前を書こう！**

体つくりの運動遊び

16 多様な動きをつくる運動遊び

(4時間)

【単元計画】

[第一段階] 体を移動する運動遊びと力試しの運動遊びを楽しむ
体を移動する運動遊びと力試しの運動遊びの学習内容を知り、運動遊びを楽しむ。
1・2　力試しの運動遊びをして遊ぼう①② POINT：体を移動する運動遊びと力試しの運動遊びの方法を知り、運動を楽しむ。 [主な学習活動] ○集合・あいさつ　○準備運動 <第１時> ○体を移動する運動遊び ・陣取りじゃんけん ○力試しの運動遊び ・人を押す・引く（棒やタオルで引き合う等） ・力比べ（たわらがえし等） <第２時> ○体を移動する運動遊び ・ふえ鬼・UFO ○力試しの運動遊び ・人を運ぶ・支える （おんぶして運ぶ、引きずって運ぶ等） ○整理運動　○まとめ

授業改善のポイント

主体的・対話的で深い学びの実践に向けて

多様な動きをつくる運動遊びでは、単元８でも触れたように「いろいろな動きを増やしていくこと」「動きの質を高めていくこと」が重要なポイントとなる。そのため、他の領域において扱われにくい体の様々な動きを取り上げ、その行い方を知るとともに、運動（遊び）の楽しさを味わいながら体の基本的な動きを培うこともねらいとなる。特に力試しの運動遊びは、以下の点に気を付けて授業計画を立てていきたい。

①子供一人一人が黙々と運動に取り組むトレーニング的な運動になっていないか。

②基本の動きから工夫しながら運動に取り組むことができる運動を取り上げているか。

多様な動きをつくる運動遊びは、「遊び」と明記されているように遊びの中で、様々な運動遊びに取り組み、運動の楽しさに触れ、基本的な体の動きを身に付けることが重要である。友達と一緒に協力したり、動きを合わせたり、声をかけ合ったりしながら行うことが重要である。一つ一つの運動遊びを難易度の高いものにせず、たくさんの運動遊びに触れさせ、友達とともに運動の楽しさを味わわせてあげたい。

単元の目標

◯知識及び運動

・多様な動きをつくる運動遊び（体を移動する運動遊びや力試しの運動遊び）の行い方を知り、その楽しさに触れ、体を動かす心地よさを味わうことができる。

◯思考力、判断力、表現力等

・多様な動きをつくる遊び方を工夫するとともに、考えたことを友達に伝えることができる。

◯学びに向かう力、人間性等

・運動遊びに進んで取り組み、きまりを守り誰とでも仲よく運動をしたり、場の安全に気を付けたりすることができる。

［第二段階］
体を移動する運動遊びと力試しの運動遊びを工夫しながら楽しむ

体を移動する運動遊びと力試しの運動遊びの学習内容を知り、様々な動きをつくりながら運動を楽しむ。

3・4　力試しの運動遊びを工夫して遊ぼう①②

POINT：体を移動する運動遊びと力試しの運動遊びの方法を知り、それぞれの運動を工夫しながら楽しませるようにする。

［主な学習活動］
◯集合・あいさつ　◯準備運動
◯体を移動する運動遊び
　・じゃんけんすごろく
◯力試しの運動遊び
　・人を押す・引く　・力比べ　・人を運ぶ・支える
◯整理運動　◯まとめ

子供への配慮の例

①運動が苦手な子供

すもう遊びや力比べが苦手な子供には、力を入れたり緩めたりする行い方について助言したり、力を加減するタイミングをつかめるように声をかけたりする。

友達を引きずったり、おんぶをしたりする動きが苦手な子供には、補助を受けながら行ったり、動く距離を短くしたりするなどの配慮をする。

体を支える動きが苦手な子供には、肘を曲げずに手の平をパーにして地面や床をしっかり押したり、目線を地面や床と平行にしたりすることができるよう助言する。

②意欲的でない子供

力試しの運動遊びでは、子供の意欲を低下させてしまう場合がある。そこで、友達とともに一緒に行ったり、教師が補助をしたり、教具自体を易しいものにしたりと、子供に苦手意識をもたせないことが重要である。友達と一緒に楽しみ、できた実感を一緒に味わわせる体験をよりたくさん仕組んでいきたい。

本時案

力試しの運動遊びをして遊ぼう①

1/4

本時の目標

体を移動する運動遊びや力試しの運動遊びの仕方を知り、楽しく遊ぶことができるようにする。

評価のポイント

いろいろな体の移動の仕方や力試しの遊び方が分かり、安全に楽しく遊ぶことができたか。

週案記入例

[目標]
体を移動する運動遊びや力試しの運動遊びの仕方を知り、楽しく遊ぶ。

[活動]
体を移動する運動遊びや人を押したり、引いたり、力比べをしたりして運動遊びを楽しむ。

[評価]
体を移動する運動遊びや力試しの運動遊びの仕方を知り、楽しく遊ぶことができたか。

[指導上の留意点]
動きのポイントやこつを分かりやすく助言し、できている子供をクラス全体に広く知らせる。

本時の展開

	時	子供の活動
はじめ 準備運動	8分	**集合・あいさつ** ○本時の学習内容を知る。 ○生活班（5～6人）ごとに整列する。 **心と体がスイッチオンできるようにする** ○リズムに乗る音楽に合わせて、首、手首、足首等の運動をする。 ○軽いジョギング、スキップ、ジャンプなどの運動をする。
体を移動する運動遊び	10分	**体を移動する運動遊び：「陣取りじゃんけん」** 1 ○跳んだり跳ねたりして体いっぱいで遊ぶ。 →体じゃんけん、陣取りじゃんけん。
力試しの運動遊び①	10分	**力試しの運動遊び：「人を押す・引く遊び」** 2 ○押したり、引いたりして遊ぶ。 →押しずもう。 →押しくらまんじゅう。
力試しの運動遊び②	12分	**力試しの運動遊び：「力比べ遊び」** 3 ○力比べをして遊ぶ。 →たわらがえし。 →大根抜き。
整理運動	2分	**運動で使った部位をゆったりとほぐす**
まとめ	3分	**(1)今日の学習について振り返り、学習カードに記入する** ①進んで楽しく運動できたか。 ②友達と仲よく運動できたか。 **(2)次時の学習内容を確認する**

1 体を移動する運動遊び：「陣取りじゃんけん」

「陣取りじゃんけん」

○並び方

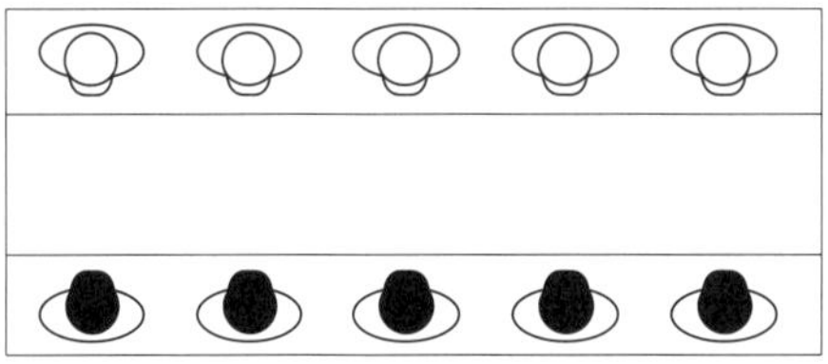

＜遊び方＞

・2人組で向かい合う。
・体じゃんけんをし、勝ったら相手の陣地を目指して進む。
・「グーで勝ったら1歩」「チョキで勝ったら2歩」「パーで勝ったら3歩」。
・大また跳び、両足跳び、ケンケン跳びなど、進み方のルールをクラスで決める。
・真ん中で出会っても、すれ違って進む。相手の陣地に着いたら1点。

2 力試しの運動遊び：「人を押す・引く遊び」

＜力試しの運動遊びの約束＞

○相手が痛がったら、やめる。　○急には離さない。
○周りを確かめる。　○顔や首を押さない。

「長なわ遊び」の例

腕を組んで

押しずもう

相手を押し出す

押しくらまんじゅう

棒やタオルで引き合う

3 力試しの運動遊び：「力比べ遊び」

たわらがえし

・1人がうつ伏せになってひっくり返されないように踏ん張る。もう1人はひっくり返そうとする。
※相手が「痛い」と言ったらすぐにやめる。

大根抜き

・4、5人で腕を組んで足を伸ばす。鬼は足を引っ張り、引っこ抜く。

本時案

力試しの運動遊びをして遊ぼう② 2/4

本時の目標

体を移動する運動遊びや力試しの運動遊びの仕方を知り、楽しく遊ぶことができるようにする。

評価のポイント

いろいろな体の移動の仕方や力試しの遊び方が分かり、安全に楽しく遊ぶことができたか。

週案記入例

[目標]
体を移動する運動遊びや力試しの運動遊びの仕方を知り、楽しく遊ぶ。

[活動]
体を移動する運動遊びや人や物を運んだり、自分の体を支えたりして運動遊びを楽しむ。

[評価]
体を移動する運動遊びや力試しの運動遊びの仕方を知り、楽しく遊ぶことができたか。

[指導上の留意点]
動きのポイントやこつを分かりやすく助言し、できている子供をクラス全体に広く知らせる。

本時の展開

	時	子供の活動
はじめ 準備運動	8分	**集合・あいさつ** ○本時の学習内容を知る。 ○生活班（5～6人）ごとに整列する。 **心と体がスイッチオンできるようにする** ○リズムに乗る音楽に合わせて、首、手首、足首等の運動をする。 ○軽いジョギング、スキップ、ジャンプなどの運動をする。
体を移動する運動遊び	12分	**体を移動する運動遊び：「ふえ鬼」「ＵＦＯ」** 1 ○一定の速さでかけ足しながら遊ぶ。 →ふえ鬼、ＵＦＯ。
力試しの運動遊び③	20分	**力試しの運動遊び：「人を運ぶ・支える遊び」** 2 3 ○人や物を運んで遊ぶ。 →おんぶして運ぶ、引きずって運ぶ。 ○自分の体を支えて遊ぶ。 →手や足を支点に回る。
整理運動	2分	**運動で使った部位をゆったりとほぐす**
まとめ	3分	**(1)今日の学習について振り返り、学習カードに記入する** ①進んで楽しく運動できたか。 ②友達と仲よく運動できたか。 **(2)次時の学習内容を確認する**

1 体を移動する運動遊び：「ふえ鬼」「ＵＦＯ」

①ふえ鬼

＜遊び方＞

・鬼を３、４人決める。
・鬼以外はつかまらないように走って逃げる。
・鬼に捕まったら、鬼になるので鬼はどんどん増えていく。
・２分～３分逃げられたら勝ちとなる。

②UFO

＜遊び方＞

・生活班（５、６人）で手をつなぎ、輪をつくる。
・その中の１人（リーダー）が輪の中央に立つ。
・リーダーが指をさした方向に手を離さず、止まらずに進む。
・他のグループにぶつからないようにいろいろな方向に動き、２、３分間続ける。

2 力試しの運動遊び：「人を運ぶ・支える遊び①」

おんぶで運ぶ

タイヤや重たい物を引っ張る

人を引きずって運ぶ

・友達が乗った新聞紙や段ボール等を一定の方向に引っ張る。
・乗るときは、転がり落ちないようにシートの端を持つ。
・引くときは「出発」と声をかけ、相手を落とさないように進む。
・他の人にぶつからないように様々な方向に引っ張る。

3 力試しの運動遊び：「人を運ぶ・支える遊び②」

手や足を支点にして回る

足を支点に時計回り

手を支点に時計回り

「ワニじゃんけん」

本時案

力試しの運動遊びを工夫して遊ぼう①

3/4

本時の目標

体を移動する運動遊びや力試しの運動遊びの仕方を知り、工夫して楽しく遊ぶことができるようにする。

評価のポイント

いろいろな体の移動の仕方や力試しの遊び方が分かり、安全に工夫して楽しく遊ぶことができたか。

週案記入例

[目標]
体を移動する運動遊びや力試しの運動遊びの仕方を知り、工夫して楽しく遊ぶ。

[活動]
体を移動する運動遊びや力試しの運動遊びを工夫して楽しむ。

[評価]
体を移動する運動遊びや力試しの運動遊びの仕方を知り、工夫して楽しく遊ぶことができたか。

[指導上の留意点]
一人一人の動きを見取り、動きが向上している子供をほめるとともに、友達と協力して遊びを楽しむ姿を称賛する。

本時の展開

	時	子供の活動
はじめ 準備運動	8分	**集合・あいさつ** ○本時の学習内容を知る。 ○生活班（5～6人）ごとに整列する。 **心と体がスイッチオンできるようにする** ○リズムに乗る音楽に合わせて、首、手首、足首等の運動をする。 ○軽いジョギング、スキップ、ジャンプなどの運動をする。
体を移動する運動遊び	10分	**体を移動する運動遊び：「じゃんけんすごろく」** ○じゃんけんすごろくで多様な動物歩きに取り組む。 →アザラシ歩き、クモ歩き、しゃくとり虫歩き、クマ歩き ※「じゃんけんすごろく」（P.123）を参照。
力試しの 運動遊び③	22分	**力試しの運動遊び：「人を押す・引く遊び」** ◀1 ○押したり、引いたりして遊ぶ。 →押しずもう、押しくらまんじゅう等。 **力試しの運動遊び：「力比べ遊び」** ○力比べをして遊ぶ。 →たわらがえし、大根抜き等。 **力試しの運動遊び：「人を運ぶ・支える遊び」** ○人や物を運んで遊ぶ。　○自分の体を支えて遊ぶ。 ※7分ごとにローテーションして、それぞれの運動遊びに取り組む。
整理運動	2分	**運動で使った部位をゆったりとほぐす**
まとめ	3分	**(1)今日の学習について振り返り、学習カードに記入する** ①進んで楽しく運動できたか。 ②友達と仲よく運動できたか。 **(2)次時の学習内容を確認する**

1 ローテーションの約束

①生活班（5〜6 人）で各場所を回る。
②各場所では班で行う運動をあらかじめ決めておき、取り組む。
③各場所には 2 つのグループが配置できるように計画する。
④体育館を 3 つ（「人を押す・引く運動遊びの場」「力比べ運動遊びの場」「人を運ぶ・支える運動遊びの場」）に分けて行う。
⑤ 7 分経ったら、音楽の合図で次の場所に移動する。
⑥移動したら、それぞれの場所で体育座りをして待つ。
⑦それぞれの活動の前に何の活動をするのか、グループで確認して始める。
⑧リレーや競争をする場合は、もう 1 つのグループと協力して行う。

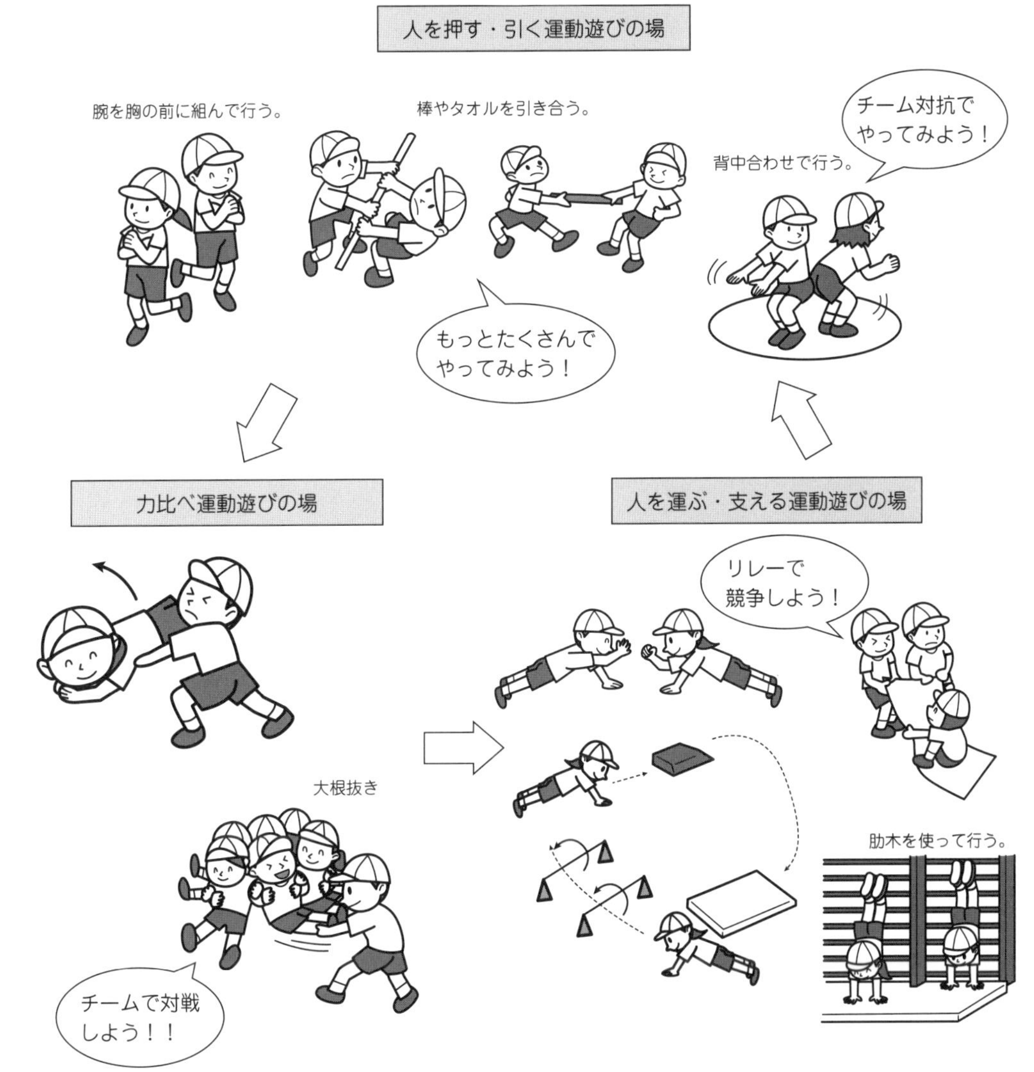

本時案

力試しの運動遊びを工夫して遊ぼう②

4/4

本時の目標

体を移動する運動遊びや力試しの運動遊びの仕方を知り、工夫して楽しく遊ぶことができるようにする。

評価のポイント

いろいろな体の移動の仕方や力試しの遊び方が分かり、安全に工夫して楽しく遊ぶことができたか。

週案記入例

[目標]
体を移動する運動遊びや力試しの運動遊びの仕方を知り、工夫して楽しく遊ぶ。

[活動]
体を移動する運動遊びや力試しの運動遊びを工夫して楽しむ。

[評価]
体を移動する運動遊びや力試しの運動遊びの仕方を知り、工夫して楽しく遊ぶことができたか。

[指導上の留意点]
一人一人の動きを見取り、動きが向上している子供をほめるとともに、友達と協力して遊びを楽しむ姿を称賛する。

本時の展開

	時	子供の活動
はじめ 準備運動	8分	**集合・あいさつ** ○本時の学習内容を知る。 ○生活班（5～6人）ごとに整列する。 **心と体がスイッチオンできるようにする** ○リズムに乗る音楽に合わせて、首、手首、足首等の運動をする。 ○軽いジョギング、スキップ、ジャンプなどの運動をする。
体を移動する運動遊び	10分	**体を移動する運動遊び：「じゃんけんすごろく」** ○じゃんけんすごろくで多様な動物歩きに取り組む。 →アザラシ歩き、クモ歩き、しゃくとり虫歩き、クマ歩き ※「じゃんけんすごろく」（P.123）を参照。
力試しの 運動遊び③	22分	**力試しの運動遊び：「人を押す・引く遊び」** 1 ○押したり、引いたりして遊ぶ。 →押しずもう、押しくらまんじゅう等。 **力試しの運動遊び：「力比べ遊び」** 2 ○力比べをして遊ぶ。 →たわらがえし、大根抜き等。 **力試しの運動遊び：「人を運ぶ・支える遊び」** 3 ○人や物を運んで遊ぶ。　○自分の体を支えて遊ぶ。 ※7分ごとにローテーションして、それぞれの運動遊びに取り組む。
整理運動	2分	**運動で使った部位をゆったりとほぐす**
まとめ	3分	**(1)今日の学習について振り返り、学習カードに記入する** ①進んで楽しく運動できたか。 ②友達と仲よく運動できたか。 **(2)単元を通してよかったこと、楽しかったことを話し合う**

1 「人を押す・引く遊び」の工夫例

「人を押す遊び」の例：ケンケンずもう対抗戦

背中合わせで行う。

<遊び方>

① 対戦する場所を指定する。
② 場所の中に休憩できる島を数か所書く。
③ 両足をついたら負けとする。
④ 3〜5 分間でどっちのチームが勝つかの勝負とする。

「人を引く遊び」の例：綱引き

腰を低くして、息を合わせて、
同時に強く引こう。

人数を増やしてチャレンジしてみよう

2 「力比べ遊び」の工夫例

「たわらがえし」の例

<遊び方>

① 先攻と後攻を決める。
② 5 人対 5 人で戦う。
③ 後攻チームの全員がうつ伏せになる。
④ 先攻チームがうつ伏せの子供をひっくり返すようにする。
⑤ 30 秒でひっくり返して人数を得点とする。
⑥ 今度は攻めと守りを交代して点数を争う。

「大根抜き」の例

<遊び方>

① 先攻と後攻を決める。
② 5 人対 5 人で戦う。
③ 30 秒で抜いた人数を得点とする。
④ 攻めと守りを交代して点数を争う。

3 「人を運ぶ・支える遊び」の工夫例

「人運び」の例：じゅうたん運びリレー

リレーにして競争してみよう
（おんぶ運びリレーなどもチャレンジしてみよう）

「自分で支える」の例：障害物コース

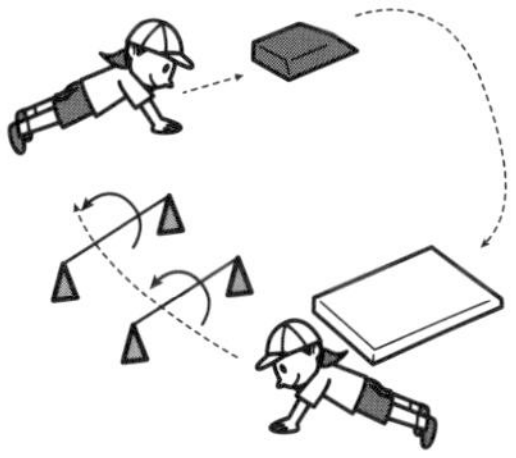

リレーにして競争してみよう
（おんぶ運びリレーなどもチャレンジしてみよう）

DVD
収録資料

「多様な動きをつくる運動遊び」学習カード＆資料

使用時 **第１・～４時**

学習カード①は第１時から第４時の「多様な動きをつくる運動遊び」を通して使用する。学習カード②は第１時の学習カード例である。本単元は運動遊びの中で動きの向上を目指し、結果的に体力向上を図ることを目的としている。そのため、子供一人一人が運動の楽しさ、心地よさをつくる運動遊びを十分に味わうことができているかどうかを常に把握するよう努めていきたい。

収録資料活用のポイント

①使い方

まず、単元のはじめに本カードを子供一人一人に色画用紙とセットで配布する。カード①を４枚配布し、順番に貼っておく（表紙等は色画用紙に印刷をして配布するとよい）。次に、１時間目終了後、カードの記入の仕方を説明し、その後は、授業の終了時に記入することを伝えておく。学習カード②については各時間の運動例を中央に印刷をして活用する。

②留意点

本カードは、子供一人一人が運動の楽しさや心地よさを体感だけでなく、記録することで実感させたいねらいがある。そのため、あまり記述を多くしないで、感じたことを短時間で記せるような形式にしている。記入するために時間を多く設けることはせず、できるだけ運動の時間を保障させたい。

学習カード 2-16-1（1～4 時）

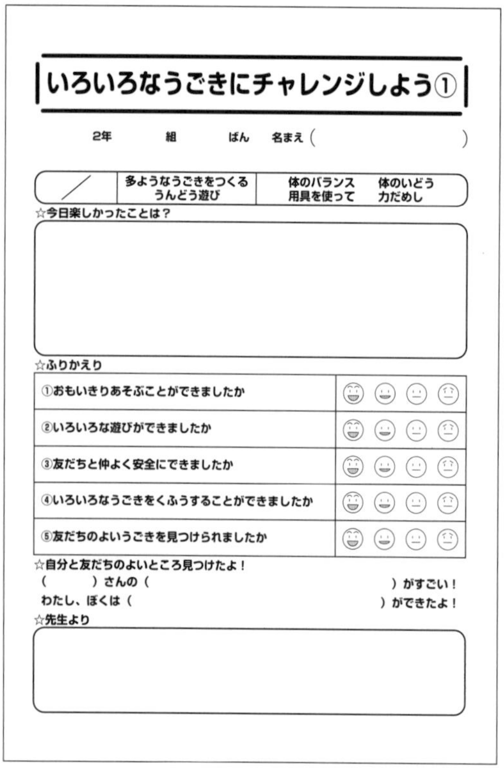
いろいろなうごきにチャレンジしよう①

2年　組　ばん　名まえ（　　　）

／	多ようなうごきをつくる うんどう遊び	体のバランス 用具を使って	体のいどう 力だめし

☆今日楽しかったことは？

☆ふりかえり

①おもいきりあそぶことができましたか	
②いろいろな遊びができましたか	
③友だちと仲よく安全にできましたか	
④いろいろなうごきをくふうすることができましたか	
⑤友だちのよいうごきを見つけられましたか	

☆自分と友だちのよいところ見つけたよ！
（　　）さんの（　　）がすごい！
わたし、ぼくは（　　）ができたよ！
☆先生より

学習カード 2-16-2（1 時）

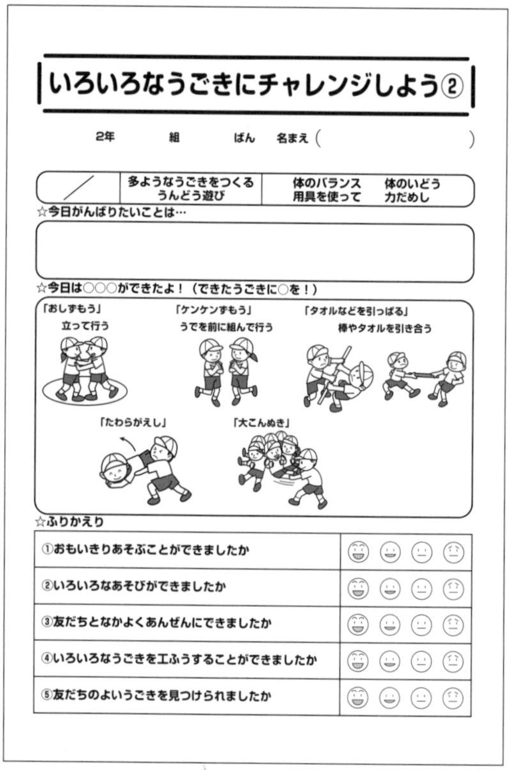
いろいろなうごきにチャレンジしよう②

2年　組　ばん　名まえ（　　　）

／	多ようなうごきをつくる うんどう遊び	体のバランス 用具を使って	体のいどう 力だめし

☆今日がんばりたいことは…

☆今日は○○○ができたよ！（できたうごきに○を！）

☆ふりかえり

①おもいきりあそぶことができましたか	
②いろいろなあそびができましたか	
③友だちとなかよくあんぜんにできましたか	
④いろいろなうごきを工ふうすることができましたか	
⑤友だちのよいうごきを見つけられましたか	

資料 2-16-1

多ようなうごきをつくるうんどうあそびを楽しもう

☆いろいろなうごきにチャレンジしてみよう！
→じょうずにできたら♡をぬりましょう！！

♡の数をたくさんあつめよう！！

〈はう、歩く、走る、とぶ、はねるうごきやかけ足などのうごき〉

クモ歩き

♡♡♡

アザラシ歩き

♡♡♡

あんたがたどこさ

♡♡♡

みんなで走ろう
右に左に

♡♡♡

おもしろランド

♡♡♡

クマ歩き

♡♡♡

リズムや方こう
をかえてはねる

♡♡♡

じんとりじゃんけん

♡♡♡

UFO

♡♡♡

ふえおに

♡♡♡

〈力ためしのうんどうあそび〉

おしずもう

♡♡♡

せ中合わせで

♡♡♡

たわらがえし

♡♡♡

ワニじゃんけん

♡♡♡

うで立てふせで
時計回り

♡♡♡

友だちを引っぱる

♡♡♡

ろくぼくでさか立ち

♡♡♡

ケンケンずもう

♡♡♡

いろいろなものを
引き合う

♡♡♡

大こんぬき

♡♡♡

しょうがいぶつコース

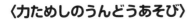

♡♡♡

ゲーム

17 ボールゲーム

6時間 **[ネット型ゲーム]**

【単元計画】

1時	2時
[第一段階] ゲームの楽しさや喜びを味わう	
ゲームの行い方を知る。	規則の工夫をする。
1 ゲームをやってみよう POINT：自分ができること、ゲームをして困ったことなどを知るために「はじめのルール」でゲームを行う。 **[主な学習活動]** ○集合・あいさつ ○規則の確認 ○めあての確認 「ルールを知り、みんなで楽しくゲームをしよう」 ○準備運動、ボール慣れの運動 ○ゲーム×４ ○整理運動 ○振り返り「ゲームでできたこと、楽しかったこと（困ったこと）はどんなことですか」 ・学習カードを記入後、学級全体で振り返る。	**2 みんなが楽しめるルールを考えてゲームをしよう** POINT：簡単な規則の工夫は、「得点」に関するものがよい。ボーナス点やバウンド、つなぐ回数などについて話し合わせる。 **[主な学習活動]** ○集合・あいさつ ○めあての確認 「みんなで楽しめるルールでゲームをしよう」 ○準備運動、ボール慣れの運動 ○ゲーム×３→振り返り①→ゲーム×３ ○整理運動 ○振り返り②「ゲームで楽しかったこと、もっと上手になりたいことは何ですか」 ・学習カードを記入後、学級全体で振り返る。

授業改善のポイント

主体的・対話的で深い学びの実現に向けて

ボールゲームは集団対集団で競い合う領域であり、対話的な学習が大切である。また、生涯スポーツにも直結する。

相手あっての運動なので、個と集団の学びが絡み合う領域であり、３つの資質・能力のどれもが課題となりうると考える。

低学年のネット型では、①ボールの落下位置に動くこと、②ボールをはじく（捕る）こと、③緩やかにボールをはじく（投げ入れる）ことが運動のポイントとなる。個の動きについて自分の考えを友達に伝えること、友達のよい動きを見付けて伝えることを重視する。

１単位時間の途中で行う振り返りでは、ペアやチームで運動のポイントについて話し合い、考えを伝えるようにする。そして１単位時間の最後の振り返りでは、自分のめあてについて学習カードに振り返りを書かせ、学級全体で考えを共有する時間を設定する。教師は、動きのよさを価値付けて次時に生かすようにする。

こうした学習を通して、みんなが楽しめるルールについて考えたり、簡単な攻めや守りについて話し合ったりする中で試行錯誤しながら学習課題を修正したり、新たに学習課題を設定したりすることで深い学びにつながっていく。

単元の目標

◯知識及び技能
・ボールゲームの行い方を知るとともに、簡単なボール操作と攻めや守りの動きによって、易しいゲームをすることができる。

◯思考力、判断力、表現力等
・簡単な規則を工夫したり、攻め方を選んだりするとともに、考えたことを友達に伝えることができる。

◯学びに向かう力、人間性等
・運動遊びに進んで取り組み、規則を守り誰とでも仲よく運動したり、勝敗を受け入れたり、場や用具の安全に気を付けたりすることができる。

3・4時	5・6時
[第二段階] ゲームの行い方を知り、攻め方を工夫する	
ボールのつなぎ方や返し方について考えてゲームをする。 攻め方を選んでゲームを楽しむ。	
3・4　攻め方を考えてゲームをしよう①② POINT：どのようにするとボールがつながるのか、相手コートに返すときに気を付けることは何か、誰がどこを守るのかなどを意識してゲームに取り組ませる。 **[主な学習活動]** ◯集合・あいさつ ◯めあての確認 「ボールをつないで得点しよう」 ◯準備運動、ボール慣れの運動 ◯ゲーム×３→振り返り①→ゲーム×３ ◯整理運動 ◯振り返り②「どのようにしたら得点することができましたか」 ・学習カードを記入後、学級全体で振り返る。	**5・6　攻め方を選んでゲームをしよう①②** POINT：考えた攻め方の中から自分たちのチームに合ったものを選んでゲームに取り組ませる。 **[主な学習活動]** ◯集合・あいさつ ◯めあての確認 「攻め方を選んで得点しよう」 ◯準備運動、ボール慣れの運動 ◯ゲーム×３→振り返り①→ゲーム×３ ◯整理運動 ◯振り返り②「選んだ攻め方で得点することができましたか」 ・学習カードを記入後、学級全体で振り返る。

子供への配慮の例

①運動が苦手な子供
ネット型のボールゲームでつまずく例として、ボールが落ちてくる位置に移動できない、ボールをはじく（捕る）ことが苦手、相手コートにボールをはじく（投げ入れる）ことが苦手という３点が考えられる。ボールが落ちてくる位置への移動は、対面で投げるのが上手な子供とペアになり、パスをする練習が効果的である。はじく（投げ入れる）のが苦手な子供へは、どのくらいの高さにボールを投げればいいかを伝えることや、「膝を使ってフワッと投げ入れてみよう」などの言葉かけが有効である。また、ボールを大きくしたり、空気を少し抜いたりする配慮が考えられる。

②意欲的でない子供
まずは、チーム編成が大切となる。技能面とともに人間関係を考慮したチームをつくる。規則についても「はじめのルール」は誰もが分かるような簡単なルールを示すようにする。

また、仲間とうまく関われないために意欲的に取り組めない子供には、チームの中で役割を決め、仕事を進んで行えるようにしていく。例えば、ゼッケン係、カード集め係、並ばせ係、コート準備係などがある。勝敗を受け入れられず意欲的に取り組めない子供には、学習カードで励ましたり、次時の授業で意図的に指導、称賛したりしていく。

本時案

ゲームを やってみよう

1/6

本時の目標

ゲームの行い方を知り、易しいゲームをすることができるようにする。

評価のポイント

ゲームの行い方を知り、易しいゲームをすることができたか。

週案記入例

[目標]
はじめのルールを知る。

[活動]
ルールを守ってゲームを楽しむ。

[評価]
ネット型のゲームを楽しむことができたか。

[指導上の留意点]
相手コートにボールをはじいて返そうとすることを指導の重点とする。

本時の展開

	時	子供の活動
はじめ めあて 規則の確認	3分	**集合・あいさつ** ○チーム（4～5人）ごとに整列する。 ○めあての確認をする。 「ルールを知り、みんなで楽しくゲームをしよう」。 ○はじめのルールを確認する。 →コートの移動の仕方も合わせて伝える。◀1◀2
準備運動	5分	**準備運動・ボール慣れの運動をする** ○足や足首、アキレス腱、膝、肩などのストレッチ運動をする。 →体のどの部分が動き、伸びているかを意識させる。 ○ボールはじきゲーム（または、円陣パスゲーム）に取り組む。 →ボールをはじく（つなぐ）感覚を養うことを意図して行う。
ゲーム	30分	**試しのゲームをする** ○ゲームを2回行う。 →ボールの落下点に素早く移動する動き、山なりのボールを打ち返す動きなどのよい動きを見付けて、称賛し、学級全体に広める。 ○2回のゲームで自分ができたことや困ったことなどを発表し合う。 ○ゲームを2回行う。
整理運動	2分	**運動で使った箇所をゆっくりとほぐす** ○足や足首、アキレス腱、膝、肩などのストレッチ運動をする。 →体のどの部分が動き、伸びているかを意識させる。
振り返り	5分	**本時の学習を振り返る** ○個人の学習カードを記入後、学級全体で振り返る。 →発問例「ゲームでできたこと、楽しかったこと（困ったこと）はどんなことですか」。

1 「はじめのルール」の例

子供がもっている技能で、楽しく運動できるよう、ルールは子供が理解しやすいものにした。学習を進めていく中で、子供の変容に合わせて、ルールを変更していく。

【ルール】

・人数は３人対３人。
・チーム交互にサーブをする。
　※サーブは、相手チームにボールを渡すための手段とする。
・１回で相手コートへ返してもよい。
・１人が続けて、ボールをはじいてもよい。
・得点は、相手のコートに落ちたら１点
・時間内（３分）に得点の多いチームが勝ち。

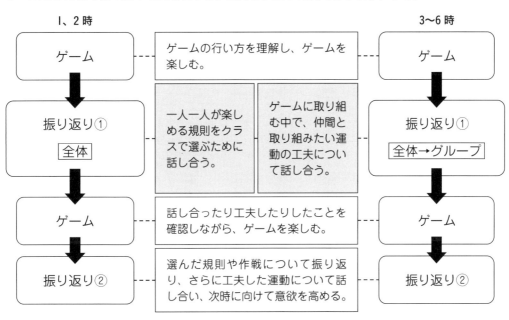

2 学習の流れについて

ゲームをした後の振り返りを大切にする。ただし、短い時間で行うようにする。

1、2時			3～6時
ゲーム	ゲームの行い方を理解し、ゲームを楽しむ。		ゲーム
振り返り① 全体	一人一人が楽しめる規則をクラスで選ぶために話し合う。	ゲームに取り組む中で、仲間と取り組みたい運動の工夫について話し合う。	振り返り① 全体→グループ
ゲーム	話し合ったり工夫したりしたことを確認しながら、ゲームを楽しむ。		ゲーム
振り返り②	選んだ規則や作戦について振り返り、さらに工夫した運動について話し合い、次時に向けて意欲を高める。		振り返り②

本時案

みんなが楽しめるルールを考えてゲームをしよう

2/6

週案記入例

[目標]
規則の工夫を行う。

[活動]
規則についての話合いに参加したり、考えたりする。

[評価]
話合いに参加したり、学習カードにルールについての自分の考えが書けたりしているか。

[指導上の留意点]
話合いの様子やみんなで決めたルールを守ってゲームに参加しているかを見取る。

本時の目標

規則の工夫を行い、ルールを守ってゲームをすることができるようにする。

評価のポイント

規則の工夫を行い、ルールを守ってゲームをすることができたか。

本時の展開

	時	子供の活動
はじめ めあての確認	3分	**集合・あいさつ** ○チーム（4～5人）ごとに整列する。 ○めあての確認をする。 「みんなで楽しめるルールでゲームをしよう」。 →前時の子供の振り返りから、本時のめあてにつながるものを紹介する。
準備運動	5分	**準備運動・ボール慣れの運動をする** 1 2 3 ○足や足首、アキレス腱、膝、肩などのストレッチ運動をする。 →体のどの部分が動き、伸びているかを意識させる。 ○ボールはじきゲーム（または、円陣パスゲーム）に取り組む。 →ボールをはじく（つなぐ）感覚を養うことを意図して行う。
ゲーム	30分	**ゲームをする** ○ゲームを3回行う。 →ボールの落下点に素早く移動する動き、山なりのボールを打ち返す動きなどのよい動きを見付けて、称賛し、学級全体に広める。 ○振り返り① →子供の動きからバウンドを入れるか、つなぐ回数に制限を加えるか、全員はじいて返したらボーナス点とするなどを話し合う。 ○考えたルールでゲームを3回行う。
整理運動	2分	**運動で使った箇所をゆっくりとほぐす** ○足や足首、アキレス腱、膝、肩などのストレッチ運動をする。 →体のどの部分が動き、伸びているかを意識させる。
振り返り	5分	**本時の学習を振り返る** ○個人の学習カードを記入後、学級全体で振り返る。 →発問例「ゲームで楽しかったこと、もっと上手になりたいことは何ですか」。

1 ボール慣れの運動について

ネット型ゲームの運動で子供に身に付けさせたい技能は、ボールを投げ入れる（はじく）技能とボールを操作できる位置に動くこと（捕ることも含めて）である。これらを養うために、ボール慣れの運動では、2つの運動を紹介する。

【ボールをはじく感覚を養う補助運動】
ボールはじきゲーム

ルール
・1人1個ボールまたは風船を持つ。
・お互い相手コートに、ボールまたは風船をはじき合う。
・時間は1分。

【ボールをつなぐ感覚を養うゲーム】
円陣パスゲーム

ルール
・チームでボール1個を使う。
・輪になって、ボールを落とさずに何回続けられるかを競う。
・時間は1分。

この他にも、バケツ（フラフープ）でキャッチやみんなでパスキャッチなどもあるので紹介する。

2 みんなでパスキャッチ

チームを2つに分けて、縦に向き合い、順番にパスをする。両手の山なりのパスやワンバウンドのパス等を行い、時間制で回数を数える（例1分間）。

○○○○ ⇄ ○○○○

投げた後は、反対側の列の後ろに並ぶ

3 バケツでキャッチ

片足を1歩前に出し、両手で胸に抱いたバケツにボールが入るようにする。ボールが入れば1点とする。制限時間内の得点を数える。
・両手で高く投げ上げたボールやワンバウンドしたボールをキャッチする。
・段ボール箱やレジ袋、フラフープを使って行うこともできる。

本時案

攻め方を考えてゲームをしよう①

3/6

本時の目標

ボールのつなぎ方や返し方など、攻め方を考えてゲームができるようにする。

評価のポイント

ボールのつなぎ方や返し方など、攻め方を考えてゲームをすることができたか。

週案記入例

[目標]
ボールのつなぎ方や返し方について考えてゲームをする。

[活動]
ボールのつなぎ方、相手コートへの返し方、ポジションなどに気を付けながら易しいゲームをする。

[評価]
簡単なボール操作で易しいゲームをすることができたか。

[指導上の留意点]
「フワッと高く上げよう」「スーッとボールの下に入ろう」などオノマトペを使う。

本時の展開

	時	子供の活動
はじめ めあての 確認	3分	**集合・あいさつ** ○チーム（4～5人）ごとに整列する。 ○めあての確認をする。 「ボールをつないで得点をしよう」。 →前時の子供の振り返りから、本時のめあてにつながるものを紹介する。
準備運動	5分	**準備運動・ボール慣れの運動をする** ○足や足首、アキレス腱、膝、肩などのストレッチ運動をする。 →体のどの部分が動き、伸びているかを意識させる。 ○ボールはじきゲーム（または、円陣パスゲーム）に取り組む。 →ボールをはじく（つなぐ）感覚を養うことを意図して行う。
ゲーム	30分	**ゲームをする** 1 2 3 ○ゲームを3回行う。 →ボールの落下点に素早く移動する動き、山なりのボールを打ち返す動きなどのよい動きを見付けて称賛し、学級全体に広める。 ○振り返り① →はじく、つなぐなどのよい動きやルールをしっかりと守れている場面、勝敗を受け入れている場面、お互い教え合っているチーム・子供を紹介したり、発表し合ったりする。話し合ったことをもとにチームで練習してもよい。 ○ゲームを3回行う。
整理運動	2分	**運動で使った箇所をゆっくりとほぐす** ○足や足首、アキレス腱、膝、肩などのストレッチ運動をする。 →体のどの部分が動き、伸びているかを意識させる。
振り返り	5分	**本時の学習を振り返る** ○個人の学習カードを記入後、学級全体で振り返る。 →発問例「どのようにしたら得点することができましたか」。

1 用具の工夫

○ボール：ソフトバレーボール 30g　　○ネットの高さ：155cm程度
○サーブを打つ目安として、テープを貼る。　　○得点の確認は紅白玉。

ボールは、ラリーが続けられるように、浮遊感のある軽いものにした。楽しみながらはじいたり、つないだりする感覚を養うために、ネットの高さは、155cm程度の場を用意した。ボールに触れる機会を多くするために、コートは4つにした。また、2年生の実態から、サーブを打つためのテープを貼った。

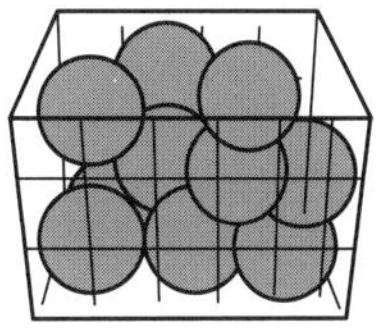

2 場の工夫

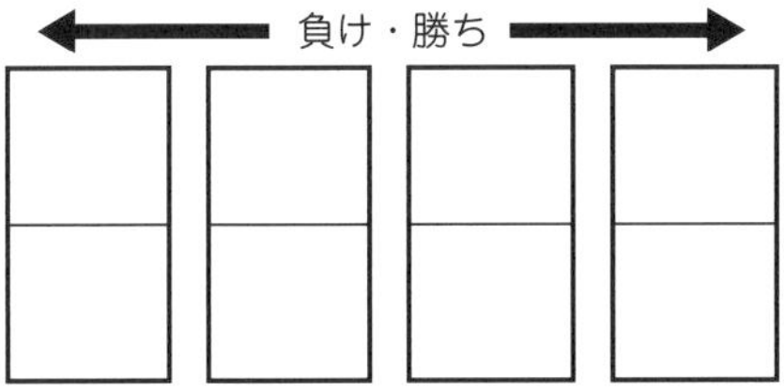

勝ったチームは右コートへ、負けたチームは左コートへ移動する。このことで技能差が比較的少なく同じくらいの力のチーム同士で運動を楽しめると考える。

3 1単位時間の流れ

単元を通して対話的な活動を行い、よりよく課題を解決することを目指す。

1、2時はゲームの後に全体で振り返り、規則を話し合ったり、課題解決の方法を学習したりする。3~6時は、仲間と対話する場面を設定し、運動の工夫などを話し合いながら課題の解決に向けた活動を充実させる。そのための手立てとして、「振り返り①」での交流を重視した。1、2時では、ゲームの規則について自由な意見を出させることをねらいとするため、「全体のみ」とした。また、3~6時では、教師が重点的に指導したいことを全ての子供に理解させたい。そのために、交流の順序を「全体→グループ」にすることで、教師の言葉だけでは十分に理解できない子供にも、仲間との交流を通して着実に理解させていく。

手のひらでボールの真ん中を打つといいよ。

（1、2時）

ネットの近くでトスをすると返しやすいよ。

（3～6時）

ボールを高く上げてつなぎやすくしよう！

（3～6時）

本時案

攻め方を考えてゲームをしよう② 4/6

本時の目標

ボールのつなぎ方や返し方など、攻め方を考えてゲームができるようにする。

評価のポイント

ボールのつなぎ方や返し方など、攻め方を考えてゲームをすることができたか。

週案記入例

[目標]
ボールのつなぎ方や返し方について考えてゲームをする。

[活動]
ボールのつなぎ方、相手コートへの返し方、ポジションなどに気を付けながら易しいゲームをする。

[評価]
簡単なボール操作で易しいゲームをすることができたか。

[指導上の留意点]
「フワッと高く上げよう」「スーッとボールの下に入ろう」などオノマトペを使う。

本時の展開

	時	子供の活動
はじめ めあての 確認	3分	**集合・あいさつ** ○チーム（4～5人）ごとに整列する。 ○めあての確認をする。 「ボールをつないで得点をしよう」。 →前時の子供の振り返りから、本時のめあてにつながるものを紹介する。
準備運動	5分	**準備運動・ボール慣れの運動をする** ○足や足首、アキレス腱、膝、肩などのストレッチ運動をする。 →体のどの部分が動き、伸びているかを意識させる。 ○ボールはじきゲーム（または、円陣パスゲーム）に取り組む。 →ボールをはじく（つなぐ）感覚を養うことを意図して行う。
ゲーム	30分	**ゲームをする** ○ゲームを3回行う。 →ボールの落下点に素早く移動する動き、山なりのボールを打ち返す動きなどのよい動きを見付けて称賛し、学級全体に広める。 ○振り返り① →はじく、つなぐなどのよい動きやルールをしっかりと守れている場面、勝敗を受け入れている場面、お互い教え合っているチーム・子供を紹介したり、発表し合ったりする。話し合ったことをもとにチームで練習してもよい。 ○ゲームを3回行う。
整理運動	2分	**運動で使った箇所をゆっくりとほぐす** ○足や足首、アキレス腱、膝、肩などのストレッチ運動をする。 →体のどの部分が動き、伸びているかを意識させる。
振り返り	5分	**本時の学習を振り返る** ○個人の学習カードを記入後、学級全体で振り返る。 →発問例「どのようにしたら得点することができましたか」。

1 学習を通しての支援例

『小学校学習指導要領解説（体育編）』において、「運動（遊び）が苦手な児童への配慮の例」及び、「運動（遊び）に意欲的でない児童への配慮の例」が示されている。その項目をさらに細分化し、指導の中で生かせるよう、支援例を設定した。

ア　低学年（ゲーム：ネット型）のつまずきと支援例

	つまずきの例	支援例
知識及び技能	①ボールを捕ること（はじくこと）が苦手。	・ボールの正面に体を動かし、指をしっかり開かせる。 ・柔らかいボールや軽いボール、空気を抜いたボールを使用する。 ・ボールを投げるのが上手な子供とペアで捕る（はじく）練習をさせる。
	②ボールを止めることが苦手。	・ボールの落下点に素早く体を移動させる。 ・柔らかいボールや軽いボール、空気を抜いたボールを使用する。
	③ボールが飛んでくるコースに入ることが苦手。	・柔らかいボールを使ったり、速度の出にくい軽いボールを使ったりする。 ・操作しやすい大きさのボールを使用する。
思考力、判断力、表現力等	①規則を工夫することが苦手。	・よい規則の工夫があれば全員で共有し、全体に広げ、今後の活動につなげる。 ・規則の工夫の視点（得点の方法など）をもたせる。 ・攻め方をいくつかの選択肢の中から選ばせる。 ・誰もが楽しく取り組める規則にする。
	②攻め方を選ぶことが苦手。	・自己に適した場をアドバイスし、選ばせる。 ・いくつかの選択肢の中から選ばせる。 ・たくさん得点できる方法を提示する。
	③考えたことを友達に伝えることが苦手。	・動きや考えを全体で共有する時間を設定する。 ・動作や言葉で友達に伝えさせる。 ・学習カードに書いたことを読ませる。 ・見る視点やポイントをあらかじめ教えておく。
学びに向かう力、人間性等	①ボールを捕ること（はじく）に対する恐怖心などで意欲的に取り組めない。	・柔らかいボールを使ったり、大きなボールやゆっくりとしたスピードになるボールを用意したりする。 ・1人1個ボール（風船など）を用意し、たくさんボールに触れさせる。
	②ゲーム中に何をすればよいか分からないなどで意欲的に取り組めない。	・行い方や課題を絵図で説明したり、活動内容を掲示したりする。 ・チームでの役割を分担し、自分の役割を明確にさせる。
	③場や規則が難しいなどで意欲的に取り組めない。	・場の設定や規則を易しくして、子供が取り組みやすいものや、準備しやすい場にする。 ・上手に動いている友達の動きを参考にさせる。
	④新しく提示した動きやゲームが分からないなどで意欲的に取り組めない。	・一緒に教師がそのチームに入ってゲームをする。 ・規則を見直す。
	⑤ゲームに勝てなくてボールゲームに意欲的に取り組めない。	・勝敗を受け入れて取り組んでいる他の子供を称賛し、勝敗を受け入れることの大切さを理解させる。 ・運動能力に偏りがないチームを編成し、中心になって取り組める子供を配置する。
	⑥仲間とうまく関われないためにボールゲームに意欲的に取り組めない。	・対戦相手を変えたりチーム編成を工夫したりするなどの配慮する。 ・よい言葉かけ例を示す。 ・子供が仲間に対して帰属意識をもてるよう、ゲーム、準備、片付けなどで役割を与える。

本時案

攻め方を選んでゲームをしよう①

5/6

本時の目標

攻め方を工夫してゲームができるようにする。

評価のポイント

自分たちが考えた攻め方を試しながら、ゲームをすることができたか。

週案記入例

[目標]
攻め方を選んでゲームをしよう

[活動]
考えた攻め方の中から自分たちで選んでゲームに取り組ませる。

[評価]
簡単なボール操作で易しいゲームをすることができたか。
ゲームの中で考えたことを友達に伝えているか。

[指導上の留意点]
ゲームで試してみて、チームのみんなが「分かってできる作戦」にしていくように声をかける。

本時の展開

	時	子供の活動
はじめ めあての確認	3分	**集合・あいさつ** ○チーム（4～5人）ごとに整列する。 ○めあての確認をする。 「ボールをつないで得点をしよう」。 →前時の子供の振り返りから、本時のめあてにつながるものを紹介する。
準備運動	5分	**準備運動・ボール慣れの運動をする** ○足や足首、アキレス腱、膝、肩などのストレッチ運動をする。 →体のどの部分が動き、伸びているかを意識させる。 ○ボールはじきゲーム（または、円陣パスゲーム）に取り組む。 →ボールをはじく（つなぐ）感覚を養うことを意図して行う。
ゲーム	30分	**ゲームをする** ○ゲームを３回行う。 →ボールの落下点に素早く移動する動き、山なりのボールを打ち返す動きなどのよい動きを見付けて称賛し、学級全体に広める。 ○振り返り① →選んだ攻め方で得点が取れたのかどうかチームごとに話し合わせる。必要に応じて少しチームで練習する時間を設けることもある。 →「フワッと作戦」「三角形作戦」「トス作戦」「ねらってアタック作戦」など ○ゲームを３回行う。
整理運動	2分	**運動で使った箇所をゆっくりとほぐす** ○足や足首、アキレス腱、膝、肩などのストレッチ運動をする。 →体のどの部分が動き、伸びているかを意識させる。
振り返り	5分	**本時の学習を振り返る** ○個人の学習カードを記入後、学級全体で振り返る。 →発問例「選んだ攻め方で得点することができましたか」。

1 学習カードについて

今回、学習カードはマイカードのみを使用する。子供の実態や身に付けさせたい力、ねらいに応じて「チームカード」を使用することも可能である。

【個人カード例】 ※運動時間を確保するために、教室での時間に書かせる。

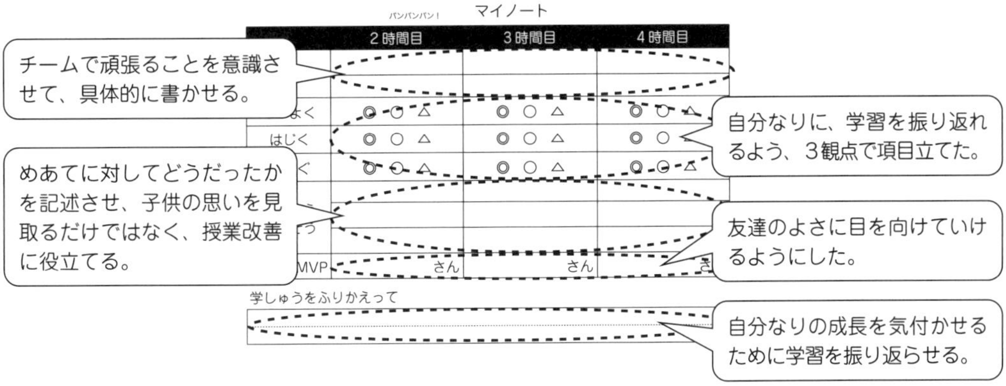

チームで頑張ることを意識させて、具体的に書かせる。
めあてに対してどうだったかを記述させ、子供の思いを見取るだけではなく、授業改善に役立てる。

【チームカード例】

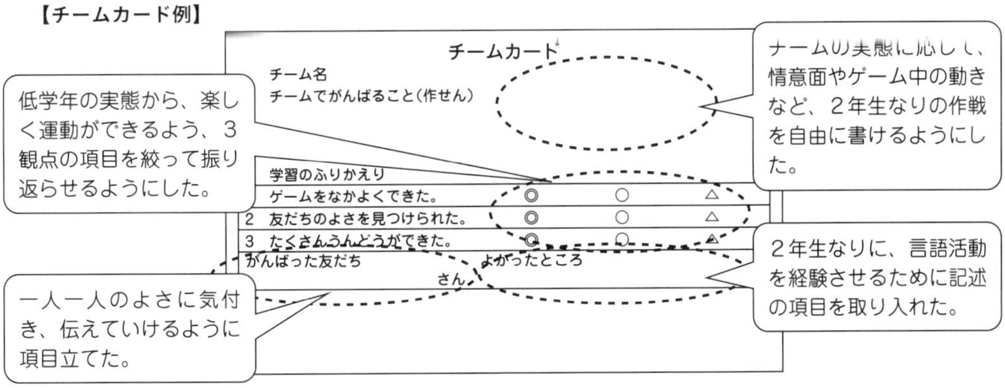

チームカード
チーム名
チームでがんばること（作せん）
学習のふりかえり
ゲームをなかよくできた。
2 友だちのよさを見つけられた。
3 たくさんうんどうができた。
がんばった友だち
さん
よかったところ
低学年の実態から、楽しく運動ができるよう、3観点の項目を絞って振り返らせるようにした。
情意面やゲーム中の動きなど、2年生なりの作戦を自由に書けるようにした。
2年生なりに、言語活動を経験させるために記述の項目を取り入れた。
一人一人のよさに気付き、伝えていけるように項目立てた。

※チームカード例　学習カード 2-17-2

チームカード

2年　組　ばん　名まえ（　　　　）

チーム名

チームでがんばること（作せん）

学しゅうのふりかえり

1 ゲームをなかよくできた。	◎	○	△
2 友だちのよさを見つけられた。	◎	○	△
3 たくさんうんどうができた。	◎	○	△
がんばった友だち　さん	よかったところ		

本時案

攻め方を選んでゲームをしよう②

6/6

本時の目標

攻め方を工夫してゲームができるようにする。

評価のポイント

自分たちが考えた攻め方を試しながら、ゲームをすることができたか。

週案記入例

[目標]
攻め方を選んでゲームをしよう。

[活動]
考えた攻め方の中から自分たちで選んでゲームに取り組ませる。

[評価]
簡単なボール操作で易しいゲームをすることができたか。
ゲームの中で考えたことを友達に伝えているか。

[指導上の留意点]
ゲームで試してみて、チームのみんなが「分かってできる作戦」にしていくように声をかける。

本時の展開

	時	子供の活動
はじめ めあての 確認	3分	**集合・あいさつ** ○チーム（4〜5人）ごとに整列する。 ○めあての確認をする。 「ボールをつないで得点をしよう」。 →前時の子供の振り返りから、本時のめあてにつながるものを紹介する。
準備運動	5分	**準備運動・ボール慣れの運動をする** ○足や足首、アキレス腱、膝、肩などのストレッチ運動をする。 →体のどの部分が動き、伸びているかを意識させる。 ○ボールはじきゲーム（または、円陣パスゲーム）に取り組む。 →ボールをはじく（つなぐ）感覚を養うことを意図して行う。
ゲーム	30分	**ゲームをする** ○ゲームを3回行う。 →ボールの落下点に素早く移動する動き、山なりのボールを打ち返す動きなどのよい動きを見付けて称賛し、学級全体に広める。 ○振り返り① →選んだ攻め方で得点が取れたのかどうかチームごとに話し合わせる。必要に応じて少しチームで練習する時間を設けることもある。 →「フワッと作戦」「三角形作戦」「トス作戦」「ねらってアタック作戦」など。 ○ゲームを3回行う。
整理運動	2分	**運動で使った箇所をゆっくりとほぐす** ○足や足首、アキレス腱、膝、肩などのストレッチ運動をする。 →体のどの部分が動き、伸びているかを意識させる。
振り返り	5分	**本時の学習を振り返る** ○個人の学習カードを記入後、学級全体で振り返る。 →発問例「選んだ攻め方で得点することができましたか」。

1 単元の学習を通して

ボールゲームの学習を通して、3つの資質・能力をバランスよく身に付けることが大切である。その中で「子供のどんな姿を」さらに「どんな方法で」見取るのかを明確にし、子供の学習評価を適切にする参考例である。

【学習活動に即した「おおむね満足する」をもとに子供の具体的な姿を示したものである】

		おおむね満足	十分満足できる	評価方法
知識・技能	①	ボールを味方につないだり、相手に返したりしている。	周りを意識して、ボールを上げたり打ったりしている。	観察
	②	ボールの真ん中を打って、上や前にはじいている。	意図的にボールを上げたり、はじいたりしている。	観察
	③	ボールが操作できる位置に、動いている。	落下点に素早く動いている。	観察

思考・判断・表現	①	ゲームの行い方を理解して、取り組んでいる。	よりよい行い方を考えている。	観察 発言
	②	どのようにして攻めたり守ったりしたらよいかを考えている。	勝つために、チーム内で進んで発言している。	観察 カード
	③	友達のよい動きを見付けている。	見付けたよい動きや考えを友達に伝えている。	観察 カード

主体的に学習に取り組む態度	①	仲よく運動している。	自分から誰とでも仲よく進んで関わっている。	観察 カード
	②	規則を守って運動している。	ゲームにおいて、進んで規則を守って運動するとともに、友達にも呼びかけている。	観察
	③	仲間と協力して準備や片付けをしている。	率先して準備や片付けをしている。	観察
	④	勝敗を受け入れている。	負けたときも、相手を称えている。	観察 カード
	⑤	周りの安全に気を付けている。	用具や場が安全か確かめている。	観察

DVD 収録資料

「ボールゲーム」学習カード＆資料

使用時 **第１～６時**

本カードは第１時から第６時まで、単元全体を通して使用する。課題を解決するために立てた個人の「めあて」を見取り、それに対する振り返りができるようにした。動きについて気付いたことや得点するために必要なことなど、自分が考えたことを書き込むようにしたい。

収録資料活用のポイント

①使い方

年間で「体育ノート」を作成する場合には、B4 サイズで印刷して絵本貼りにしていく。画用紙で表紙をつくり、作成してもよい。「学習の感想」には、めあてについての振り返りを、「学習を振り返って」には、気付いたことや友達のよかったところなどを書かせる。

②留意点

マイカードは、毎時間の最後に５分程度で書かせるようにしたい。大切なのは、めあてについて振り返っているか、自分が気付いたよい動きや考えたことなどを書いているかである。低学年の段階としてカードの内容を友達に伝えることができればさらによい。

学習カード 2-17-1　※マイカードは、全６時間で同じものを使用する（チームカードも DVD に収録）。

マイカード

2年　　組　　ばん　名まえ（　　　　　　　）

	時間目	時間目	時間目
めあて			
なかよく	◎　○　△	◎　○　△	◎　○　△
はじく	◎　○　△	◎　○　△	◎　○　△
つなぐ	◎　○　△	◎　○　△	◎　○　△
学しゅうのかんそう			
今日のMVP	さん	さん	さん

学しゅうをふりかえって

ボールゲームのポイント

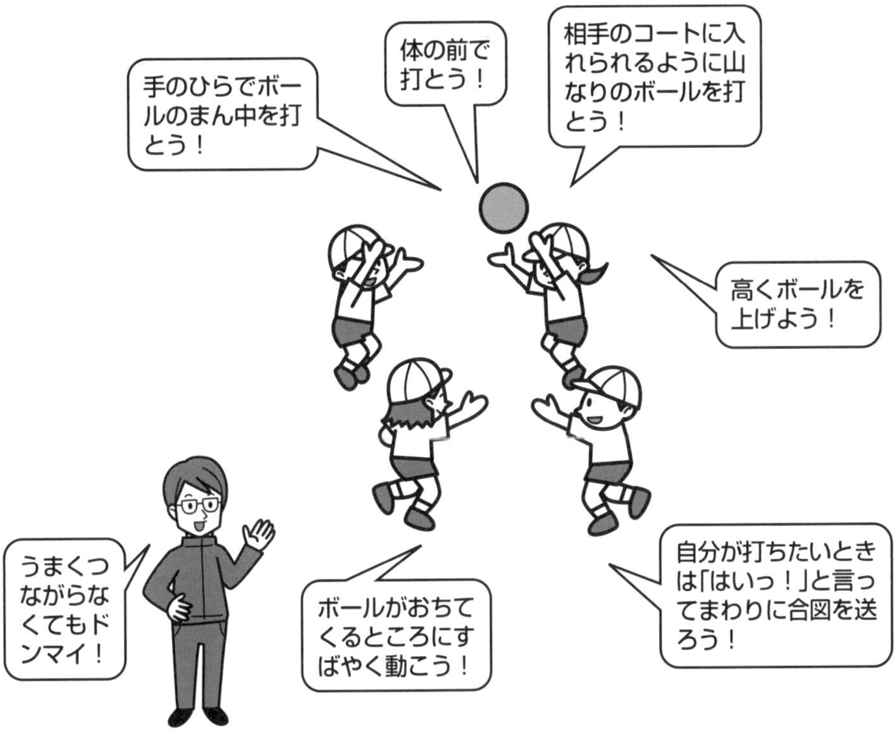

手のひらでボールのまん中を打とう！
体の前で打とう！
相手のコートに入れられるように山なりのボールを打とう！
高くボールを上げよう！
うまくつながらなくてもドンマイ！
ボールがおちてくるところにすばやく動こう！
自分が打ちたいときは「はいっ！」と言ってまわりに合図を送ろう！

作せんについて

作せんれい
「トス作せん」→ネットの近くでトスをすると、うちかえしやすいことをりようした作せん。
「ねらってアタック作せん」→コートのおくのほうをねらったり、人がいないところにうちかえしたりする作せん。

「フワッと作せん」→ボールをフワッと高く上げて、つなぎやすくする作せん。
「△作せん」→△や▽など、ポジションをかんがえて、工ふうする作せん。

器械・器具を使っての運動遊び

18 跳び箱を使った運動遊び

5時間

【単元計画】

1時
［第一段階］学習の進め方を知る
学習の進め方を知り、今もっている自分の力を確かめる。
1　今もっている自分の力を確かめよう POINT：安全に運動遊びができるための約束を確認する。2学期に行った運動遊びに取り組み、今後の学習の見通しやめあてをもつことができるようにする。 **［主な学習活動］** ○集合・あいさつ ○学習の進め方や約束の確認 ○準備運動 ○基礎となる感覚を身に付ける時間 ○2学期に行った運動遊びに取り組む ○運動で使った部位をほぐす ○まとめ ・クラス全体で今日の学習について振り返る。 ・次時の学習内容を知る。

授業改善のポイント

主体的・対話的で深い学びの実践に向けて

器械・器具を使っての運動遊びでは、様々な動きに楽しく取り組み、基本的な動きや知識を身に付けたときにさらに強く喜びに触れることができるようにする。

楽しく運動遊びに取り組むために、子供たちが「やってみたい」「おもしろそう」と思えるような魅力的な場の設定を行う。夢中になって運動遊びに取り組みながら自然に動きが身に付き、工夫していろいろな動きができたという達成感を味わえるようにする。

また、グループをつくってそれぞれの場での運動遊びに取り組むことで、お互いの動きを見合えるようにする。創意工夫している動きを教師が見付け、価値付けることで、友達の動きを真似したり、試したりしたいという気持ちを高める。さらに、低学年の子供なりの感覚をお互いに伝え合う手段として、オノマトペを活用することで子供たち同士の学び合いへと広げていく。

学習のまとめでは、「学習カード」を生かし、発見したことやできるようになったことを記入することで、次時への意欲を高めたり、課題をもたせたりすることにつなげていく。

単元の目標

◯知識及び技能

・跳び箱を使った運動遊びの行い方を知り、跳び乗りや跳び下りをしたり、馬跳びやタイヤ跳びをしたりすることができる。

◯思考力、判断力、表現力等

・いろいろな着地の仕方を選んだり友達のよい動きを見付けたりしながら、考えたことを友達に伝えることができる。

◯学びに向かう力、人間性等

・運動遊びに進んで取り組み、順番やきまりを守り誰とでも仲よく運動をしたり、場や器械・器具の安全に気を付けたりすることができる。

<table>
<tr><th>2時</th><th>3時</th><th>4時</th><th>5時</th></tr>
<tr><td colspan="4">［第二段階］遊び方を工夫して運動遊びに取り組む</td></tr>
<tr><td colspan="4">遊び方を工夫したり、友達のよい動きを見付けたり、場を選んだり、場を自分たちで考えたりして運動遊びを楽しむ。</td></tr>
<tr><td colspan="2">2・3　遊び方を工夫して楽しもう①②
POINT：跳び方や下り方を工夫したり、用具を活用したりするなど、遊び方を工夫して運動遊びに取り組む。

［主な学習活動］
◯集合・あいさつ
◯学習内容やめあての確認
◯準備運動
◯基礎となる感覚を身に付ける時間
◯跳び方や下り方を工夫したり、ケンステップや紅白玉などを活用したりして、遊び方を工夫して運動遊びに取り組む
◯運動で使った部位をほぐす
◯まとめ</td><td colspan="2">4・5　自分たちで場を考えて楽しもう①②
POINT：自分たちで場を考えたり、友達が考えた場を選んだりして運動遊びに取り組む。

［主な学習活動］
◯集合・あいさつ
◯学習内容やめあての確認
◯準備運動
◯基礎となる感覚を身に付ける時間
◯グループで話し合って場を工夫したり、友達が考えた場を選んだりして運動遊びに取り組む
◯運動で使った部位をほぐす
◯まとめ</td></tr>
</table>

子供への配慮の例

①運動が苦手な子供

踏み越し跳びや手をついてのまたぎ乗りやまたぎ下り、手をついての跳び乗りや跳び下りが苦手な子供には、高さを低くしたり、跳び箱の手前に台を置いて跳び乗りやすくしたりする。

馬跳びやタイヤ跳びが苦手な子供には、床でうさぎ跳びやかえるの足打ち、かえる逆立ちなどを行う。いずれも、手で体を支えたり、跳んだりする動きが身に付くように配慮する。

強く踏み切ることができるように、踏み切りのときに、「ドン」という音が出ているか意識させる。

②意欲的でない子供

跳び箱が怖くて運動遊びに取り組めない子供には、跳び箱の高さを低くしたり、痛くないような跳び箱を活用したりして、条件を変えた場を複数設定して、子供自身が選択できるようにする。

自信がもてない子供には、成功回数が多くなる簡単な運動遊びを取り入れたり、できたことを称賛したりして、肯定的な働きかけができるようにする。

本時案

今もっている自分の力を確かめよう 1/5

本時の目標

跳び箱を使った運動遊びに取り組み、今後の学習の見通しやめあてをもっていろいろな跳び方ができるようにする。

評価のポイント

学習の見通しやめあてをもって取り組むことができたか。

週案記入例

[目標]
跳び箱を使った運動遊びに取り組み、学習の見通しやめあてをもつ。

[活動]
2 学期に行った運動遊びを楽しむ。きまりや約束を思い出す。

[評価]
学習の見通しやめあてをもつことができたか。

[指導上の留意点]
跳び箱を運ぶときと運動遊びをするときの約束について改めて確認し、安全に運動できるようにする。

本時の展開

	時	子供の活動
はじめ	15分	**集合・整列・あいさつ** ○本単元の学習内容や進め方を知る。 ○学習カードの使い方を振り返る。 ○安全な跳び箱の運び方について確かめ、場の準備をする。
準備運動	8分	**(1)部位の運動** ○本時でよく使う部分である手首や肩、足を曲げたり伸ばしたりする。 **(2)基礎となる感覚を身に付ける動きに取り組む** ○かえるの足うち、かえる逆立ち、うさぎ跳び、馬跳びをする。 →手を開いて、手のひらまでしっかりつけることや体を支えるポイントなどについて助言する。
跳び箱を使った運動遊び	15分	**(1)安全に運動遊びに取り組むための約束を確かめる** →跳び始めるとき、跳び終わったとき、見ているときなどの約束。 **(2)跳び箱を使った運動遊びに取り組む** 1 →「遠くの場」「長い場」「でこぼこの場」「回転の場」などの場を用意し、それぞれの場をグループでローテーションする。
整理運動	2分	**手・足の主に使った部分を軽く動かして体をほぐす**
まとめ	5分	**(1)クラス全体で本時の学習について振り返る** ○安全に気を付けながら、いろいろな遊び方ができたかを振り返る。 ○自分ががんばったことや友達のよかったことを発表し合う。 **(2)次時の学習内容を確認する**

1 場づくりについて

①遠くの場

○着地するマットに線を引いておく。
○踏み越し跳びに取り組む。
○着地する場所が遠くなるように、目指す線を決めて跳ぶ。
○ピタッと着地を止めることを意識させる。
○２つ並べておくと、友達と動きを合わせて楽しむことができる。

②長い場

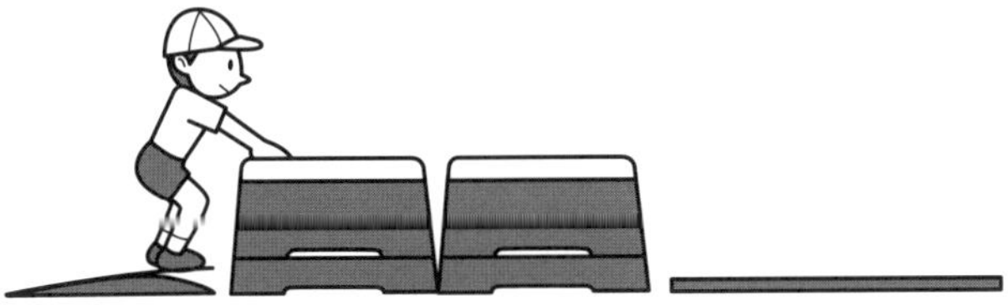

○同じ高さの跳び箱を２個つなげた場。
○支持でまたぎ乗り・またぎ下りや支持で跳び乗り・跳び下りに取り組む。
○手をつく回数が何回か？
○着地の位置はどこか？
○２つ並べておくと、友達と動きを合わせて楽しむことができる。

③でこぼこの場

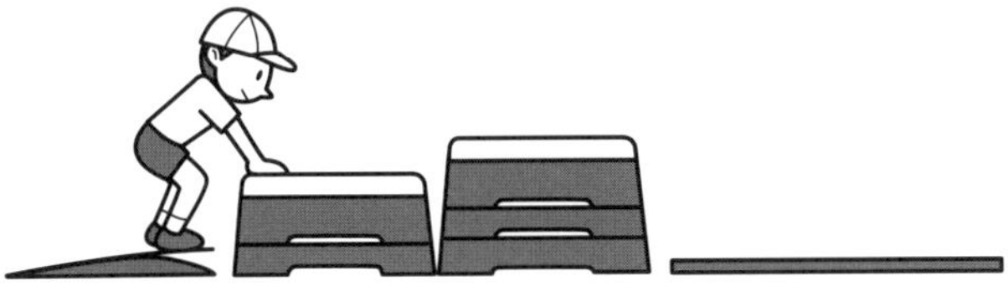

○高さの違う跳び箱をつなげた場。
○支持でまたぎ乗り・またぎ下りや支持で跳び乗り・跳び下りに取り組む。
○手をつく回数が何回か？
○着地の位置はどこか？
○２つ並べておくと、友達と動きを合わせて楽しむことができる。

④回転の場

○エバーマットの上にマットを置いた場。
○マットの上で回転する運動遊びに取り組む。
○助走をつけたり、マットの幅を変えたり、跳び箱の１段目を置いたりして場を発展させる。
○２つ並べておくと、友達と動きを合わせて楽しむことができる。

本時案

遊び方を工夫して楽しもう①

2/5

本時の目標

跳び方や下り方を工夫したり、用具を活用したりするなど、遊び方を工夫して運動遊びに取り組むことができるようにする。

評価のポイント

遊び方を工夫して運動遊びを楽しむことができたか。

週案記入例

[目標]
遊び方を工夫して運動遊びに取り組むことができる。

[活動]
跳び方や下り方を工夫したり、用具を活用したりして運動遊びに取り組む。

[評価]
遊び方を工夫することができたか。

[指導上の留意点]
工夫の方向性が、跳び箱運動遊びの特性からそれないように留意する。

本時の展開

	時	子供の活動
はじめ	5分	**集合・整列・あいさつ** ○本時の学習内容を知る。
準備運動	8分	**(1)部位の運動** ○本時でよく使う部分である手首や肩、足を曲げたり伸ばしたりする。 **(2)基礎となる感覚を身に付ける動きに取り組む** ○かえるの足うち、かえる逆立ち、うさぎ跳び、馬跳びをする。 →手を開いて、手のひらまでしっかりつけることや体を支えるポイントなどについて助言する。 **(3)場の準備をする** 1
跳び箱を使った運動遊び①	15分	**(1)跳び箱を使った運動遊びに取り組む** →「遠くの場」「長い場」「でこぼこの場」「回転の場」などを用意し、それぞれの場をグループでローテーションする。 ○遠くの位置に着地をしよう。 ○ピタッと着地を止めよう。下り方を工夫しよう。 ○何回跳び箱に手をついて向こうまで行けるかな。 ○友達と一緒にやってみよう。 **(2)友達のよい動きや遊び方を紹介し合う**
跳び箱を使った運動遊び②	10分	**やってみたい場を選んで運動遊びに取り組む**
整理運動	2分	**手・足の主に使った部分を軽く動かして体をほぐす**
まとめ	5分	**(1)クラス全体で本時の学習について振り返る** ○安全に気を付けながら、いろいろな遊び方ができたかを振り返る。 ○自分ががんばったことや友達のよかったことを発表し合う。 **(2)次時の学習内容を確認する**

1 全体の場の例

○子供たちのわくわく感を高めるとともに、安全には十分配慮する。
○跳び箱を置く位置に目印を付けておくと、準備がしやすくなる。
○教師はできるだけ全体が見える場所に立つようにする。

①一方通行型の場

一方通行になるように場を設定する。動きの向きが一定なので、安全に取り組むことができる。

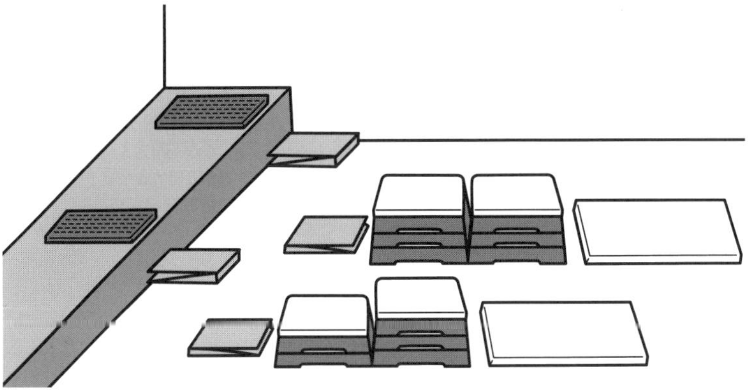

②円形型の場

体育館をぐるっと１週するように場を設定する。ぐるっと１週、サーキットのようにしてそれぞれの場を経験することができる。

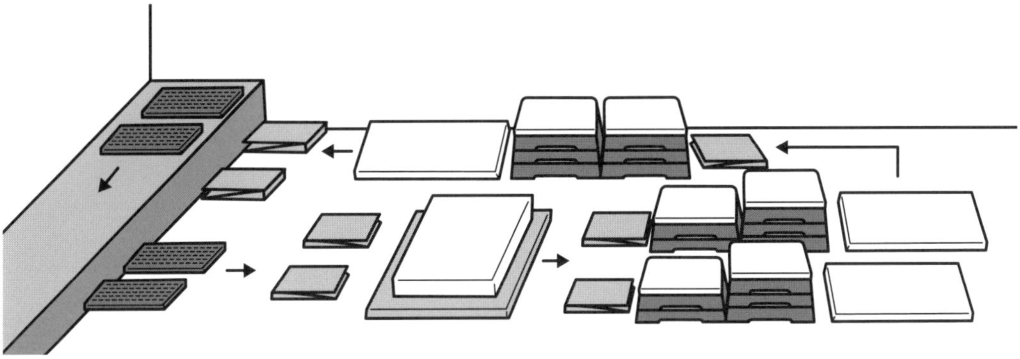

※低学年でもたくさんの場を素早く準備することができる。各学校によって体育館の広さや用具の大きさ・数は様々であるが、できるだけたくさんの場を用意し、子供たちの運動量を確保したい。
※跳び箱やマットの安全点検を定期的に実施し、体育主任が中心となって用具の管理・整理を行っていく。

本時案

遊び方を工夫して楽しもう② 3/5

本時の目標

跳び方や下り方を工夫したり、用具を活用したりするなど、遊び方を工夫して運動遊びに取り組むことができるようにする。

評価のポイント

遊び方を工夫して運動遊びを楽しむことができたか。

週案記入例

[目標]
遊び方を工夫して運動遊びに取り組むことができる。

[活動]
跳び方や下り方を工夫したり、用具を活用したりして運動遊びに取り組む。

[評価]
遊び方を工夫することができたか。

[指導上の留意点]
工夫の方向性が、跳び箱運動遊びの特性からそれないように留意する。

本時の展開

	時	子供の活動
はじめ	5分	**集合・整列・あいさつ** ○本時の学習内容を知る。
準備運動	8分	**(1)部位の運動** ○本時でよく使う部分である手首や肩、足を曲げたり伸ばしたりする。 **(2)基礎となる感覚を身に付ける動きに取り組む** ○かえるの足うち、かえる逆立ち、うさぎ跳び、馬跳びをする。 →手を開いて、手のひらまでしっかりつけることや体を支えるポイントなどについて助言する。 **(3)場の準備をする**
跳び箱を使った運動遊び①	15分	**(1)跳び箱を使った運動遊びに取り組む** ◀1 →「遠くの場」「長い場」「でこぼこの場」「回転の場」などを用意し、それぞれの場をグループでローテーションする。 ○遠くの位置に着地をしよう。 ○ピタッと着地を止めよう。下り方を工夫しよう。 ○何回跳び箱に手をついて向こうまで行けるかな。 ○友達と一緒にやってみよう。 **(2)友達のよい動きや遊び方を紹介し合う**
跳び箱を使った運動遊び②	10分	**やってみたい場を選んで運動遊びに取り組む**
整理運動	2分	**手・足の主に使った部分を軽く動かして体をほぐす**
まとめ	5分	**(1)クラス全体で本時の学習について振り返る** ○安全に気を付けながら、いろいろな遊び方ができたかを振り返る。 ○自分ががんばったことや友達のよかったことを発表し合う。 **(2)次時の学習内容を確認する**

1 用具の活用の例

①ケンステップ

○着地をするマットに置いておき、着地でどこまで跳べたか分かるような目安とする。
○ケンステップの中で着地をピタッと止める。

②紅白玉

○跳び箱の手前に紅白玉を置いておく。
○またぎ乗ったり、跳び乗ったりするときに踏まないようにする。
○腰の高さを上げることにつながる。

③目印となる線

○マットの上や跳び箱の上にテープを使って線を引いておく。
○マットは着地の位置の目印にする。
○跳び箱は、手をつく位置の目印にする。

④高跳びのバーとゴムや鈴

○ゴムを跳び箱の着地の位置に設置して、着地をするときにゴムを跳び越える。
○高いところに鈴の付いた紐を設置して、それを触るようにして着地する。

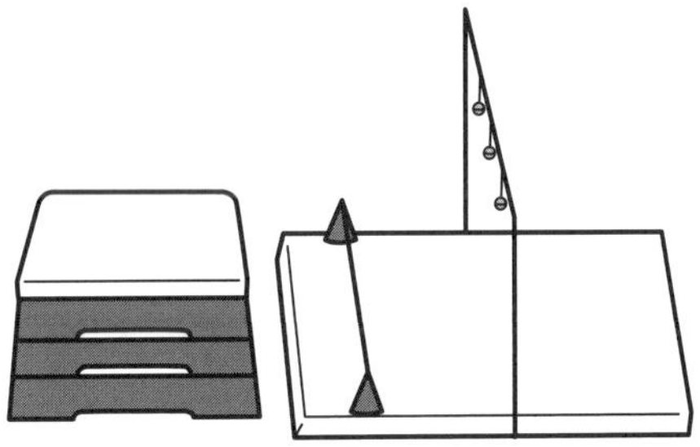

本時案

自分たちで場を考えて楽しもう①

4/5

本時の目標

自分たちで場を考えたり、友達が考えた場を選んだりして運動遊びに取り組むことができるようにする。

評価のポイント

場を工夫して運動遊びを楽しむことができたか。

週案記入例

[目標]
場を工夫して運動遊びに取り組むことができる。

[活動]
場を工夫したり、友達が考えた場を選んだりして運動遊びに取り組む。

[評価]
遊ぶ場を工夫することができたか。

[指導上の留意点]
用具の扱い方や動きの方向に気を付け、安全に運動遊びができるように留意する。

本時の展開

	時	子供の活動
はじめ	5分	**集合・整列・あいさつ** ○本時の学習内容を知る。
準備運動	8分	**(1)部位の運動** ○本時でよく使う部分である手首や肩、足を曲げたり伸ばしたりする。 **(2)基礎となる感覚を身に付ける動きに取り組む** ○かえるの足うち、かえる逆立ち、うさぎ跳び、馬跳びをする。 →手を開いて、手のひらまでしっかりつけることや体を支えるポイントなどについて助言する。
跳び箱を使った運動遊び①	15分	**跳び箱を使った運動遊びに取り組む** ○自分たちの場づくりをする。 ○自分たちがつくった場で楽しむ。 ○場や遊び方を紹介し合う。
跳び箱を使った運動遊び②	10分	**友達がつくった場で運動遊びを楽しむ** 1
整理運動	2分	**手・足の主に使った部分を軽く動かして体をほぐす**
まとめ	5分	**(1)クラス全体で本時の学習について振り返る** ○安全に気を付けながら、いろいろな遊び方ができたかを振り返る。 ○自分ががんばったことや友達のよかったことを発表し合う。 **(2)次時の学習内容を確認する**

1 自分たちの場づくりについて

○４つのグループ。
○各グループに跳び箱を 1～2 セット（跳び箱・踏み切り板・マット）用意する。
○「おまけのアイテム」（跳び箱セット・エバーマット・踏み切り板・ステージなど）を各グループに１種類用意する。

①跳び箱グループ

例）・跳び箱を３つ縦につなげる。
・跳び箱を３つ横に並べる。
・３つの跳び箱を調子よく跳べるように置く。

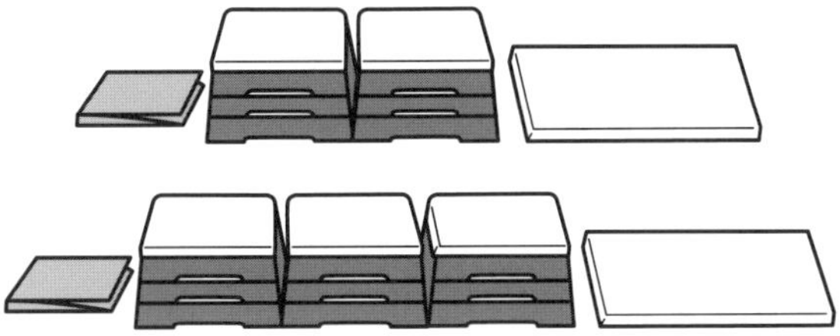

②エバーマットグループ

例）・跳び箱と、回転の場を縦に並べ、跳び箱を跳んだ後に回転ができるようにする。
・エバーマットの上に跳び箱を置いて、その上を回転する。

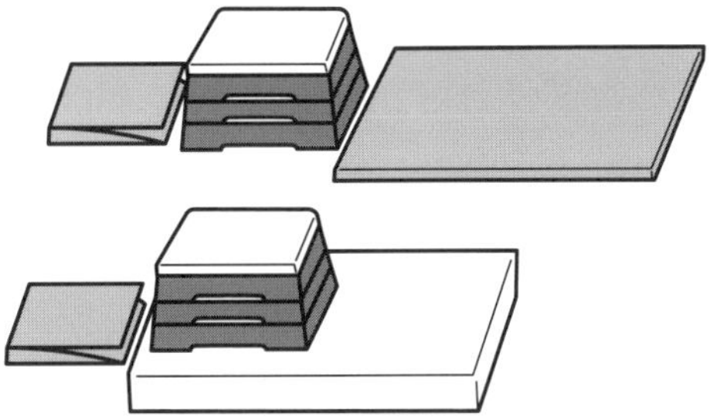

③踏み切り板グループ

例）・跳び箱１つに踏み切り板を２つ（縦と横が跳べるように）置き、２人でタイミングを合わせて連続して跳ぶ。

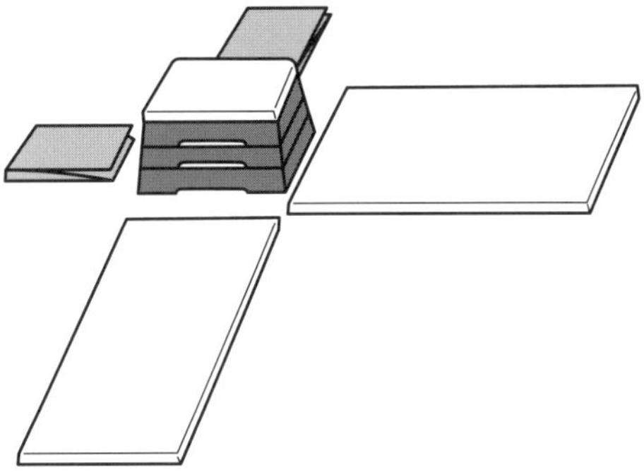

④ステージグループ

例）・跳び箱を跳んでからステージに上がれるように置く。
・ステージを下りてから跳び箱を跳ぶように置く。

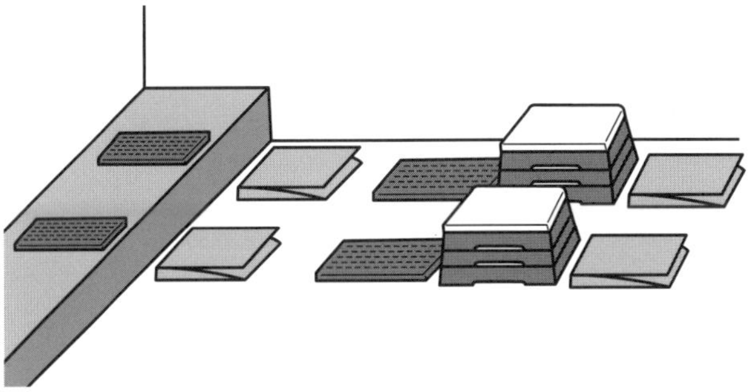

本時案

自分たちで場を考えて楽しもう② 5/5

本時の目標

自分たちで場を考えたり、友達が考えた場を選んだりして運動遊びに取り組むことができるようにする。

評価のポイント

場を工夫して運動遊びを楽しむことができたか。

週案記入例

[目標]
場を工夫して運動遊びに取り組むことができる。

[活動]
場を工夫したり、友達が考えた場を選んだりして運動遊びに取り組む。

[評価]
遊ぶ場を工夫することができたか。

[指導上の留意点]
用具の扱い方や動きの方向に気を付け、安全に運動遊びができるように留意する。

本時の展開

	時	子供の活動
はじめ	5分	**集合・整列・あいさつ** ○本時の学習内容を知る。
準備運動	8分	**(1)部位の運動** ○本時でよく使う部分である手首や肩、足を曲げたり伸ばしたりする。 **(2)基礎となる感覚を身に付ける動きに取り組む** ○かえるの足うち、かえる逆立ち、うさぎ跳び、馬跳びをする。 →手を開いて、手のひらまでしっかりつけることや体を支えるポイントなどについて助言する。
跳び箱を使った運動遊び①	15分	**跳び箱を使った運動遊びに取り組む** 1 ○自分たちの場づくりをする。 ○自分たちがつくった場で楽しむ。 ○場や遊び方を紹介し合う。
跳び箱を使った運動遊び②	10分	**友達がつくった場で運動遊びを楽しむ**
整理運動	2分	**手・足の主に使った部分を軽く動かして体をほぐす**
まとめ	5分	**(1)クラス全体で本時の学習について振り返る** ○安全に気を付けながら、いろいろな遊び方ができたかを振り返る。 ○自分ががんばったことや友達のよかったことを発表し合う。 **(2)本単元の学習のまとめをする**

1 技の系統表

跳び箱を使った運動遊び

馬跳び、タイヤ跳び
うさぎ跳び
ゆりかご　前転がり
背支持倒立（首倒立）
かえるの逆立ち
かえるの足打ち
壁上り下り倒立
支持でまたぎ乗り、またぎ下り
支持で跳び乗り、跳び下り
踏み越し跳び

運動遊びから器械運動へ

低学年では、楽しみながら運動遊びを行う中で、器械運動に関連の深い動きに意図的に取り組ませるようにする。

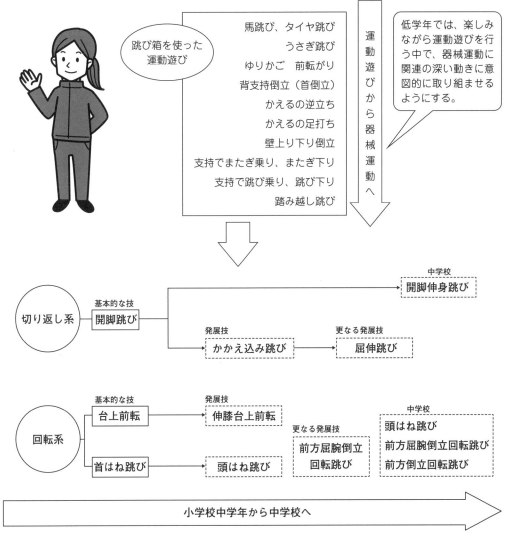

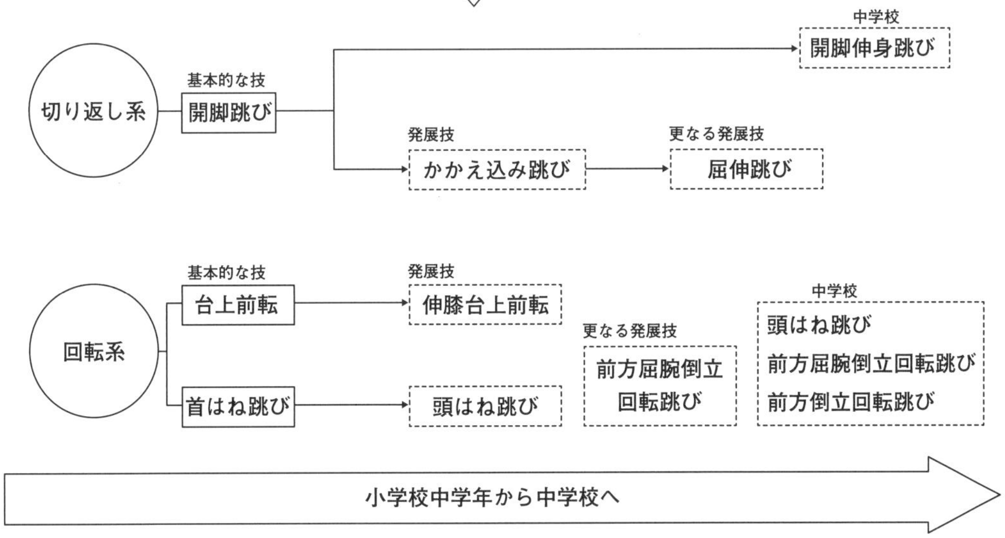

○低学年の跳び箱を使った運動遊びが、中学年からの跳び箱運動にどのように系統的につながっているかを理解し、指導に生かす。
○低学年の運動遊びでは、様々な動きに楽しく取り組み、基本的な動きや知識を身に付けたときの喜びに触れさせていく。
○運動遊びを通して、支持・回転などの基本的な動きを身に付け、中学年へとつなげていく。

DVD 収録資料　「跳び箱を使った運動遊び」学習カード＆資料

使用時 **第１～５時**

本カードは、第１時から第５時まで、単元全体を通して使用する。２学期に使用した学習カードをもとにしているが、より課題解決的な学習ができるように、その時間のめあてを明記した。１枚目のカードは、２学期の運動遊びを通して、子供たちが見付けたポイントを記入して確認できるようにした。また、資料は、子供たちが遊びや場を工夫するためのヒントとなるようなものとした。

収録資料活用のポイント

①使い方

２学期に使用した学習カードにさらに貼り付けていく。Ｉ枚目のカードは、画用紙の表紙裏に貼り付ける。２枚目のカードは、それぞれの時間のめあてと振り返りのポイントを書いて、５時間分印刷して画用紙の中に貼り付けていく。

②留意点

Ｉ枚目のカードに書くポイントは、２学期に行った学習で子供たちが発見したことを活かしていく。２枚目のカードには、その時間のめあてを記入してあるが、３時間目・５時間目は、空欄にしておいて、子供たち自身にその時間のめあてを書き込ませてもよい。２学期に使用した学習カードをもとにすることで、短時間で振り返りができるようにしていく。

学習カード 2-18-1（1時）

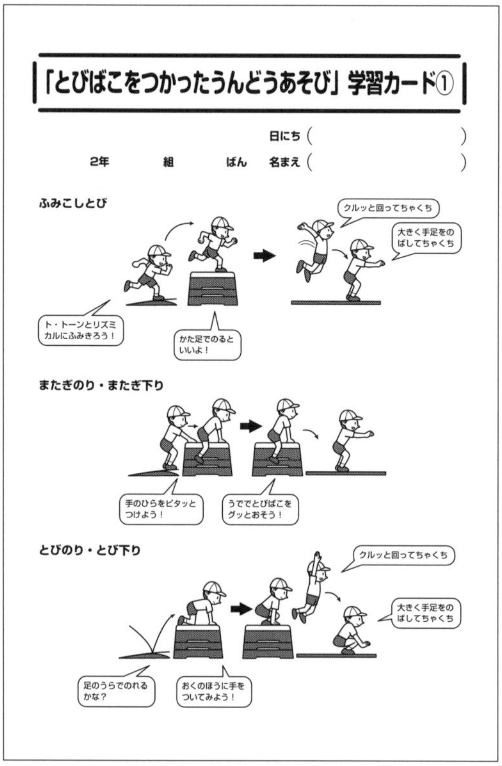

学習カード 2-18-2、2-18-3、2-18-4（1～5時）

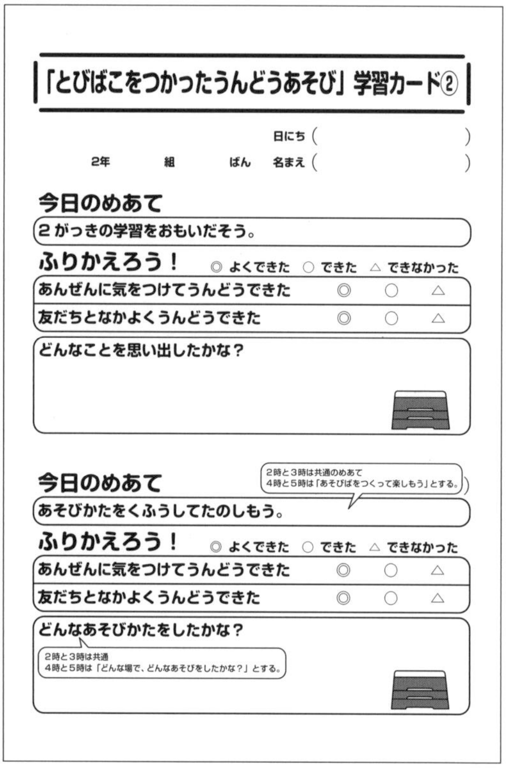

とびばこをつかったうんどうあそび 2

ようぐをつかって、楽しもう！

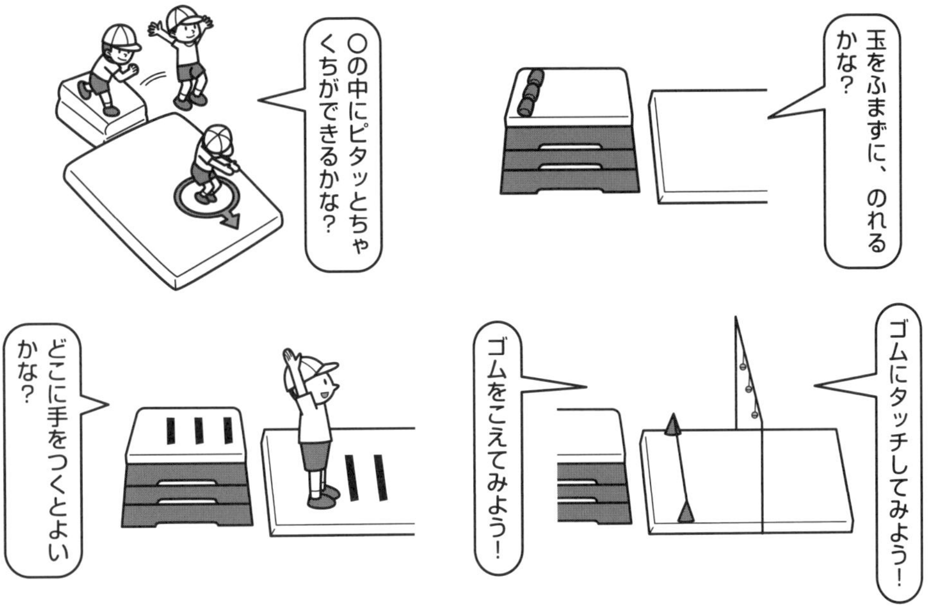

○の中にピタッとちゃくちができるかな？
玉をふまずに、のれるかな？
どこに手をつくとよいかな？
ゴムをこえてみよう！
ゴムにタッチしてみよう！

あそび場をつくって、楽しもう！

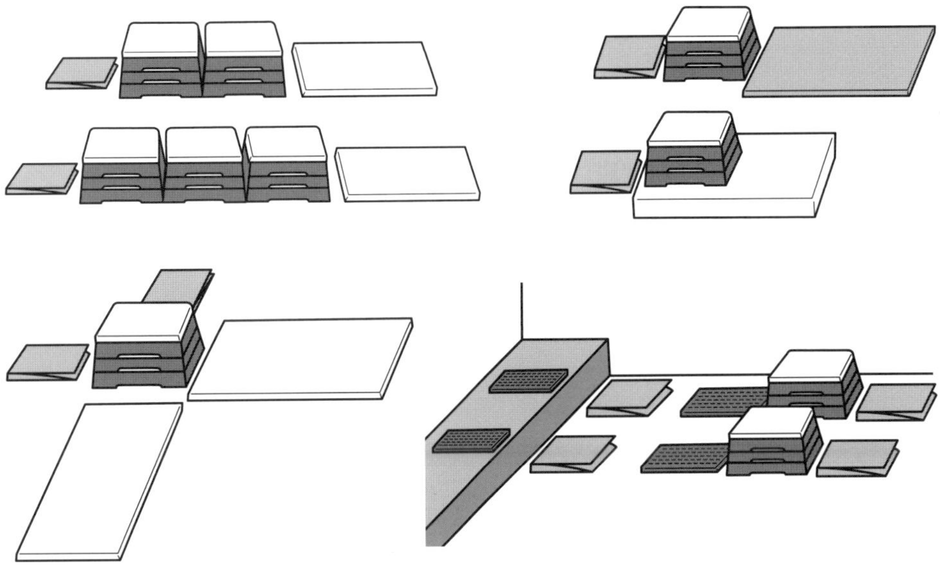

ゲーム

19 ボールゲーム

6時間 ［足を使ったゴール型ゲーム］

【単元計画】

第1時	第2・3時
［知る段階］	［考える段階①］
ゴーゴーシュートゲームのやり方を知る。	規則を工夫してもっと楽しいゴーゴーシュートゲームにする。
1　ゴーゴーシュートゲームのやり方を知ろう POINT：はじめの規則でゲームを行い、ゲームを知る。その後、どんな工夫ができそうか、子供から考えを聞く。 **［主な学習活動］** ○集合・整列・あいさつ・めあて、学習の流れの確認 ○オリエンテーション ○準備運動・補助運動 ○試しのゲーム ○整理運動 ○振り返り ○整列・あいさつ	**2・3　規則を工夫してもっと楽しいゴーゴーシュートゲームにしよう①②** POINT：前時に出た工夫を試していく。振り返りでみんなが楽しめたかを視点に○×を選び、次の課題を共有し、次のゲームで検証する流れを繰り返して規則を工夫していく。 **［主な学習活動］** ○集合・整列・あいさつ・めあて、学習の流れの確認 ○準備運動・補助運動 ○ゲーム① ○振り返り（規則の工夫について） ○ゲーム② ○整理運動 ○振り返り ○整列・あいさつ

授業改善のポイント

主体的・対話的で深い学びの実践に向けて

実際の授業では、子供が思考・判断したことを友達に伝えていく場面を設定することが求められる。友達に伝えていく場面では、子供が思考・判断したことを言葉や文章及び動作などで表したり、友達や教師などに理由を添えて伝えたりすることが求められる。機械的に友達に伝えていく場面を設定するだけで終わるのではなく、子供が主体的に伝えたくなるよう、「できるようになりたい」「もっとシュートを決めたい」「勝つために作戦を考えたい」などの欲求を充足し、楽しくできるように工夫することが大切である。

子供一人一人が攻め方を考えてボールを投げたり、攻め方を理解したりして仲間とゲームを楽しむようにする。そのため、楽しむことができる規則をつくることで、子供一人一人がボールゲームの特性を味わい、夢中に活動する姿を目指す。

低学年では、ボールゲームを仲間と楽しむことができ、進んで学習に参加することが、主体的・対話的で深い学びにつながると考える。

単元の目標

◯知識及び技能

・ボールゲームの行い方を知り、簡単なボール操作と攻めや守りの動きによって、易しいゲームをすることができる。

◯思考力、判断力、表現力等

・簡単な規則を工夫したり、攻め方を選んだりするとともに、考えたことを友達に伝えることができる。

◯学びに向かう力、人間性等

・運動遊びに進んで取り組み、規則を守り誰とでも仲よく運動をしたり、勝敗を受け入れたり、場や用具の安全に気を付けたりすることができる。

第4・5時	第6時
[考える段階②]	[楽しむ段階]
攻め方を見付けてもっと楽しいゴーゴーシュートゲームにする。	ゴーゴーシュートゲームを楽しむ。
4・5　攻め方を見付けてもっと楽しいゴーゴーシュートゲームにしよう①② POINT：勝つための攻め方を選ぶ。振り返りでどんな攻め方ができるのか共有する。自分が行った攻め方にシールを貼って、攻め方への意識を高める。 [主な学習活動] ◯集合・整列・あいさつ・めあて、学習の流れの確認 ◯準備運動・補助運動 ◯ゲーム① ◯振り返り（攻め方について） ◯ゲーム② ◯整理運動 ◯振り返り ◯整列・あいさつ	6　ゴーゴーシュートゲームを楽しもう POINT：勝つための攻め方を選んで楽しむ。有効な攻め方や新しい攻め方を共有する。前時と同様にシールで自分を振り返る。 [主な学習活動] ◯集合・整列・あいさつ・めあて、学習の流れの確認 ◯準備運動・補助運動 ◯ゲーム① ◯ゲーム② ◯ゲーム③ ◯整理運動 ◯振り返り ◯整列・あいさつ

子供への配慮の例

①運動が苦手な子供

運動をすることや体育の学習が好きだという子供は多い。しかし、ボール遊びになると「痛い」「ボールが怖い」などの理由から、苦手としている子供もいる。

そこで、ボールの空気を抜いて柔らかくしたり、ゴールを低めに設定したりすることで恐怖感を軽減するようにする。また、「蹴る」運動の基本的な技能を身に付けさせ、ボール遊びの楽しさを味わわせる必要がある。

②意欲的でない子供

多くの子供が友達と関わったり、教師にほめてもらったりすることに楽しさを感じている。一方で、思考・判断面や技能面の意識が低いことが考えられる。

そこで、運動の特性を十分に味わうことができるように規則を工夫したり、攻め方を見付けたりして、思考・判断する力を育てていく。また、十分に運動する時間や場を確保し、技能の向上を目指していく。

本時案

ゴーゴーシュートゲームのやり方を知ろう 1/6

本時の目標

用具の準備や片付けを友達と一緒にしたり、危険物がないか、ゲームをする場が十分あるかなどの場の安全に気を付けたりすることができるようにする。

評価のポイント

用具の準備や片付けを友達と一緒にしたり、場の安全に気を付けたりすることができたか。

週案記入例

[目標]
用具の準備や片付けを友達と一緒にしたり、場の安全に気を付けたりする。

[活動]
ゴーゴーシュートゲームのやり方を知る。

[評価]
場の安全に気を付けることができたか。

[指導上の留意点]
場の安全や子供の動線に気を付け、指示をする。

本時の展開

	時	子供の活動
はじめ	10分	**集合・整列・あいさつ・学習の流れの確認** ○本時の学習内容を知る。 **オリエンテーション** ○単元の内容を知る。 ○学習の進め方を知る。
準備運動	5分	**準備運動・補助運動：「ストップ・ザ・ボール」** ○膝や足首などよく使う部分を中心に行う。 ○自由にボールを蹴って移動し、合図でボールを止める。◀1
ゴーゴーシュートゲーム	25分	○場の準備をする。◀2 ○ゲームの仕方、規則を知る。◀3 **試しのゲーム** ○ゲームの仕方を理解できたか確認する。 ○どんな規則の工夫をしたら楽しいか子供に挙げさせる。 ○片付けをする。
整理運動	2分	**運動で使った部位をゆったりとほぐす** ○特に膝や足首を中心に動かす。
まとめ	3分	**(1)本時の学習について振り返り、学習カードに記入する** ①めあてができたか。 ②友達と仲よくできたか。 ③楽しくできたか。 **(2)楽しかったこと、できたことを発表し合う**

1 補助運動：「ストップ・ザ・ボール」

コート内で友達とぶつからないように自由にボールを蹴って移動する。教師がリズム太鼓（笛）の合図で手や足、お尻など体のいろいろな部位を指示する。指示された部位を使ってボールを止める。体からボールを離さないで操作できるように、やさしく蹴る感覚を養う。

2 場

○**大きさ**：縦 25m、横 16m
○**ライン**：センターライン 1 本、待機ライン 2 本、シュートライン 2 本

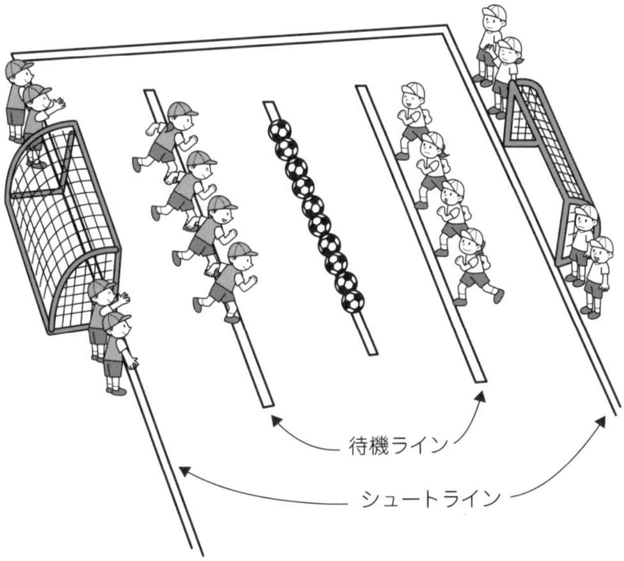

3 はじめの規則

単純で分かりやすくすることで、誰もが思いきりゲームを楽しめるようにする。規則を工夫することで子供の運動への意欲を持続させたり、技能や学び方が身に付くようにしたりしていく。
○ 5 対 5 で勝負。
（1 クラス 30 人⇒ 1 チーム 5 人で前後半勝負…4 人チームには合理的な配慮を話し合っておく）
○ボールの数は 15 個（人数＋ 5 個）。
○中心にボールを置いて、合図とともにボールを取りに行く。シュートラインまで戻り、自分のボール（白色）をゴールに入れたら、色違いの残りのボール（黄色）を取りに行き、再びゴールをねらう。全てのボールがゴールに入るとゲーム終了。ボールは 1 個 1 点。
○シュートラインへボールを運ぶまでシュートはできない。自分が運んだボールがシュートラインを越えたら、シュートできる。
○ゴールが外れたら自分で取りに行き、シュートラインまで手で持っていきスタートする（サイドラインから出たボールも自分で取りに行き、サイドラインまでボールを持っていきスタートする）。

規則を工夫してもっと楽しいゴーゴーシュートゲームにしよう①

2/6

本時の目標

ゴーゴーシュートゲームの行い方を知り、楽しくゲームができる場や得点の方法などの規則を選ぶことができるようにする。

評価のポイント

ゴーゴーシュートゲームの行い方を知り、楽しくゲームができる規則を選ぶことができたか。

週案記入例

[目標]
ゴーゴーシュートゲームの行い方を知り、楽しくゲームができる規則を選ぶ。

[活動]
規則を工夫してもっと楽しいゴーゴーシュートゲームにする。

[評価]
楽しくゲームができる規則を選ぶことができたか。

[指導上の留意点]
規則の工夫に意識が向くように具体的に言葉かけをする。

本時の展開

	時	子供の活動
はじめ	5分	**集合・整列・あいさつ・学習の流れの確認** ○前時の振り返りをする。 ○本時の学習内容を知る。
準備運動	5分	**準備運動・補助運動：「ストップ・ザ・ボール」** ○膝や足首などよく使う部分を中心に行う。 ○自由にボールを蹴って移動し、合図でボールを止める。
ゴーゴーシュートゲーム①	15分	○場の準備をする。 ○どのくらいの広さが自分に合っているか確認する。 1 **ゲーム①（コートを広くしたゲーム）** ○選んだ広さで楽しいか、○か×を選ぶ。
ゴーゴーシュートゲーム②	15分	○ゴールの大きさを変える。 2 **ゲーム②（ゴールを大きくしたゲーム）** ○ゴールを大きくして感じたことを共有する。 ○ゴールが大きいと楽しいか、○か×を選ぶ。 ○片付けをする。
整理運動	2分	**運動で使った部位をゆったりとほぐす** ○特に膝や足首を中心に動かす。
まとめ	3分	**(1)本時の学習について振り返り、学習カードに記入する** ①めあてができたか。 ②友達と仲よくできたか。 ③楽しくできたか。 **(2)楽しかったこと、できたことを発表し合う**

1 規則の工夫の視点

①場（コート）の広さの工夫。
②得点の工夫（ゴールの大きさや数など）。
③その他の工夫は随時、子供の困りを見取った教師から子供に投げかけ工夫を選んでいく。

2 ゴールの開発

規則の工夫として、ゴールの大きさを変化させるために、コーンを３つ使用したゴールを開発した。前２つのコーンを横に移動させれば、ゴールの幅を変化することができる。ネットは、100円ショップで販売している物で、それにスズランテープの輪を付けて、コーンとつないでいる。

【必要な物】３面分
・コーン：18個
・コーンのおもり
・ネット：12枚（90㎝× 180㎝）
・スズランテープ

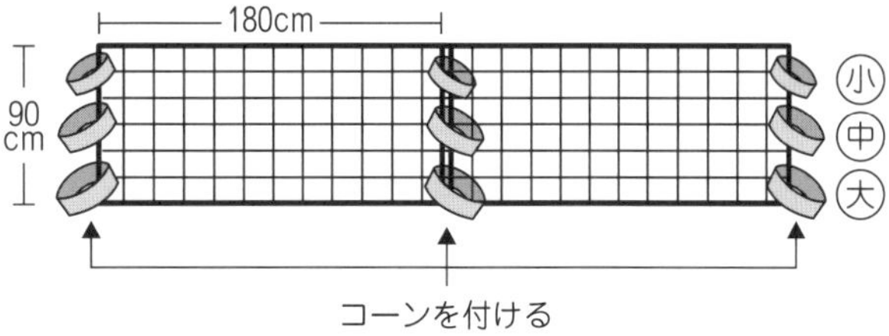

【作り方】
①ネット２枚をつなぐ。
②①にスズランテープの輪をつなぐ。
（輪の大きさは、コーンの太さに合わせる。上に小、中に中、下に大）
③コーンにおもりとネットを付けて出来上がり。

【使い方】

ゴール幅を変化させる

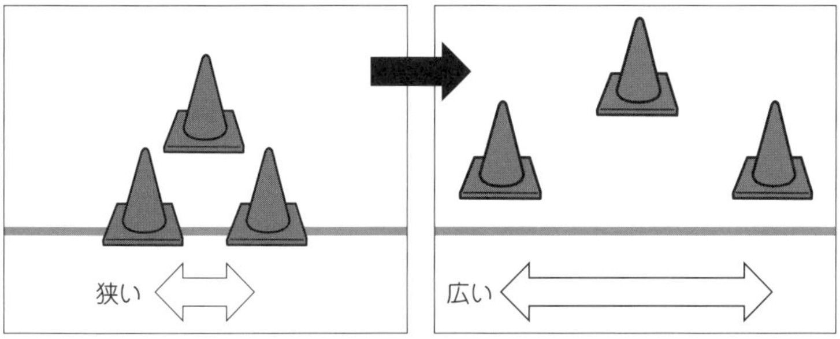

運ぶときは３人

規則を工夫してもっと楽しいゴーゴーシュートゲームにしよう②

3/6

本時の目標

規則や順番を守り、友達と仲よくゲームをすることができるようにする。

評価のポイント

規則や順番を守り、友達と仲よくゲームをすることができたか。

週案記入例

[目標]
規則や順番を守り、友達と仲よくゲームをする。

[活動]
規則を工夫してもっと楽しいゴーゴーシュートゲームにする。

[評価]
規則や順番を守ることができたか。

[指導上の留意点]
規則の工夫を考えている子供を称賛する。

本時の展開

	時	子供の活動
はじめ	5分	**集合・整列・あいさつ・学習の流れの確認** ○前時の振り返りをする。 ○本時の学習内容を知る。
準備運動	5分	**準備運動・補助運動：「ストップ・ザ・ボール」** ○膝や足首などよく使う部分を中心に行う。 ○自由にボールを蹴って移動し、合図でボールを止める。
ゴーゴーシュートゲーム①	15分	○場の準備をする。 ○ゴールの数を変える。 **ゲーム①（ゴールの数を増やしたゲーム）** ○ゴールの数を変えて感じたことを共有する。 ○ゴールの数を変えると楽しいか、○か×を選ぶ。 1
ゴーゴーシュートゲーム②	15分	○得点方法を変える。 **ゲーム②（点数を変えたゲーム）** ○どんな規則の工夫をしたら楽しいか子供に挙げさせる。 2 ○片付けをする。
整理運動	2分	**運動で使った部位をゆったりとほぐす** ○特に膝や足首を中心に動かす。
まとめ	3分	**(1)本時の学習について振り返り、学習カードに記入する** ①めあてができたか。 ②友達と仲よくできたか。 ③楽しくできたか。 **(2)楽しかったこと、できたことを発表し合う**

1 1単位時間における課題解決的な学習のサイクル

○ **ゲーム①をする。**
○ **ゴールが大きいと楽しいかどうか、○か×を選び、感じたことを共有する。**
・○「たくさん点が取れて楽しかった！」。
・×「簡単すぎて面白くないよ」。

○ **みんなが楽しめるルールの工夫を考える。**
・「大きいゴールはそのままがいい」。
・「簡単という人がいるから難しいゴールをつくりたい」。

○ **ゲーム②をする。**

振り返りでは、工夫したルールはみんなが楽しめたかどうか、○か×か選んで分かれて集合する。

※ ゴールを大きくしたらどうだったかを○×で聞き、みんなが楽しむために、さらなる工夫はないか考えさせる。
・「ゴールが大きくなってどこがよかったですか」。
・「困ったことはありましたか」。
・「みんなが楽しむために、どんな工夫がありますか」。

※ 次に変更するルールを決定し、子供に伝え、次の視点をもたせる。
・「では、大きくしたゴールはそのままで、小さいゴールを１つ増やします」。
・「次のゲームは、ゴールが増えて、みんなが楽しいゲームになったかどうか試してみよう」。

2 規則の工夫例

規則の工夫例	メリット	デメリット
コートを広くする	密集せずに余裕をもって運動できる。 ボールに触れている時間が長くなる。 ぶつからない。（安全）	ドリブルが苦手な子供にはゴールまでが遠い。
待機線を斜めに変える	線を斜めに引くことで、子供の技能に応じた位置から始めることができる。 （安全） 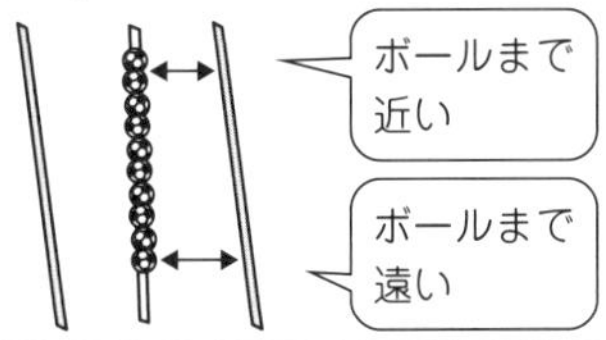	線によってゴールまでの距離が遠くなる。
ボールを斜めに並べる	位置によってはすぐにボールにたどり着くことができる。 衝突を回避できる。	
進入禁止エリアをつくる	シュートをするときにねらってボールを蹴るようになる。	ゴールに入れるのが難しくなる。
ゴールを大きくする	苦手な子供でも点を決めやすくなる。 斜めからでも決めやすくなる。	簡単になり、つまらなくなる。
ゴールの数を増やす	得点のチャンスが増える。 どちらのゴールをねらうのか思考する機会が増える。	準備するのに時間がかかる。 どのゴールに決めようか悩む。
ゴールによって得点を変える	丁寧にねらうようになる。	得点の計算が複雑になる。
ゴールの位置を変える	置く場所によって、ゴールが近くなる。 得点のチャンスが増える。	準備するのに時間がかかる。 どのゴールをねらおうか悩む。
ボールの数を増やす	得点のチャンスが増える。 シュートを打つ回数が増える。	準備や片付けに時間がかかる。
ボールを最初から足元に置いてスタートする	ボールを取りに行ったときにぶつかることがなくなり、安全性が上がる。	ドリブルをする時間が長くなり、子供によっては難しくなりすぎてしまう。

本時案

攻め方を見付けてもっと楽しいゴーゴーシュートゲームにしよう①

4/6

本時の目標

ゴーゴーシュートゲームの動き方を知り、攻め方を見付けることができるようにする。

評価のポイント

ゴーゴーシュートゲームの動き方を知り、攻め方を見付けることができたか。

週案記入例

[目標]
ゴーゴーシュートゲームの動き方を知り、攻め方を見付ける。

[活動]
攻め方を見付けてもっと楽しいゴーゴーシュートゲームにする。

[評価]
攻め方を見付けることができたか。

[指導上の留意点]
攻め方を増やしていけるように、具体的に言葉かけをする。

本時の展開

	時	子供の活動
はじめ	5分	**集合・整列・あいさつ・学習の流れの確認** ○前時の振り返りをする。 ○本時の学習内容を知る。
準備運動	5分	**準備運動・補助運動：「ストップ・ザ・ボール」** ○膝や足首などよく使う部分を中心に行う。 ○自由にボールを蹴って移動し、合図でボールを止める。
ゴーゴーシュートゲーム①	15分	○場の準備をする。 **ゲーム①** ○前時までに決定した規則で行う。 ○攻め方の紹介。 ◀1
ゴーゴーシュートゲーム②	15分	**ゲーム②** ○攻め方の紹介。 ○自分の行った攻め方にシールを貼る。 ◀2 ○片付けをする。
整理運動	2分	**運動で使った部位をゆったりとほぐす** ○特に膝や足首を中心に動かす。
まとめ	3分	**(1)本時の学習について振り返り、学習カードに記入する** ①めあてができたか。 ②友達と仲よくできたか。 ③楽しくできたか。 **(2)楽しかったこと、できたことを発表し合う**

1 攻め方・作戦の捉え方

○「攻め方」及び「作戦」の言葉について下図のように定義した。
攻め方➡個人の「よい動き」を言語化・視覚化したもの。
作戦 ➡攻め方の中から、チームで選び、チームで統一して取り組むもの。
攻め方を組み合わせるものもある。

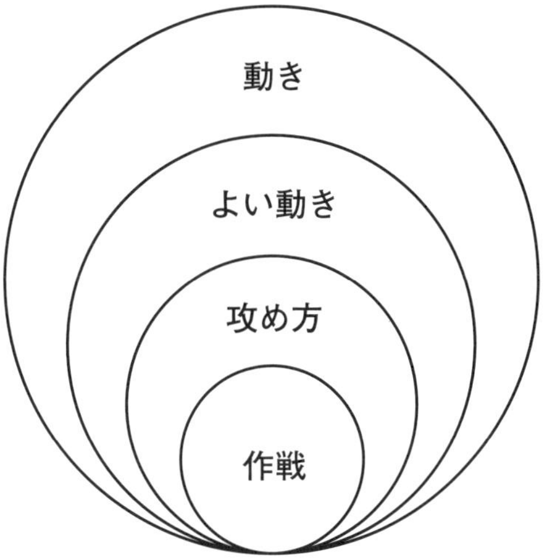

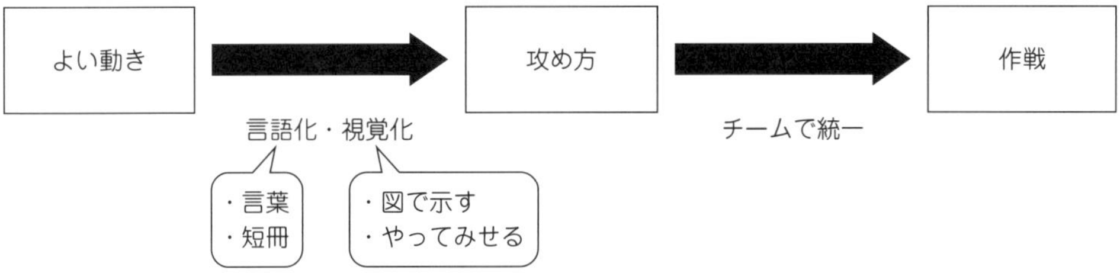

2 攻め方の例

○見付けた攻め方を掲示し、自分の行った攻め方にシールを貼る。

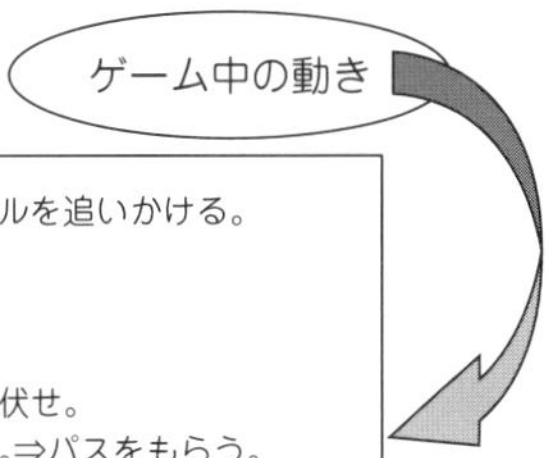

見付けた攻め方

・ゴールを入れたらみんなで残ったボールを追いかける。
・パスとパスをつないで攻める。
・誰もいないところに動く。
・ボールを止めてから蹴る。
・ボールが来たらゴール前に動いて待ち伏せ。
・ボールを持っている味方に近付かない。⇒パスをもらう。
・相手の足が届かないところ・相手がいないところにドリブル。
・ドリブルは小さく。
・シュートはすぐに打つ。
・パスを出したら前に出る（パス＆ゴー）。
・すばやく攻めて、すばやく守る（ラン＆ガン）。
・ボールをもったらゴールを見る。ゴールに向かう。

本時案

攻め方を見付けてもっと楽しいゴーゴーシュートゲームにしよう②

5/6

本時の目標

ボールを操作できる位置に動くことができるようにする。

評価のポイント

ボールを操作できる位置に動くことができたか。

週案記入例

[目標]
ボールを操作できる位置に動く。

[活動]
攻め方を見付けてもっと楽しいゴーゴーシュートゲームにする。

[評価]
ボールを操作できる位置に動くことができたか。

[指導上の留意点]
たくさん出た攻め方をより有効に使えるように、その攻め方を使う状況を説明し、どのような状況でその攻め方を使えばよいか分かるように指導していく。

本時の展開

	時	子供の活動
はじめ	5分	**集合・整列・あいさつ・学習の流れの確認** ○前時の振り返りをする。 ○本時の学習内容を知る。
準備運動	5分	**準備運動・補助運動：「ストップ・ザ・ボール」** ○膝や足首などよく使う部分を中心に行う。 ○自由にボールを蹴って移動し、合図でボールを止める。
ゴーゴーシュートゲーム①	15分	○場の準備をする。 **ゲーム①** ○前時までに決定した規則で行う。 1 2 ○攻め方の紹介。 ○自分の行った攻め方にシールを貼る。
ゴーゴーシュートゲーム②	15分	**ゲーム②** ○攻め方の紹介。 ○自分の行った攻め方にシールを貼る。 ○片付けをする。
整理運動	2分	**運動で使った部位をゆったりとほぐす** ○特に膝や足首を中心に動かす。
まとめ	3分	**(1)本時の学習について振り返り、学習カードに記入する** ①めあてができたか。 ②友達と仲よくできたか。 ③楽しくできたか。 **(2)楽しかったこと、できたことを発表し合う**

1 子供の到達度を明確にした言葉かけ例（知識・技能）

十分満足できる子供の姿
○ボールをねらったところに正確に蹴ることができる。
○向かってくるボールの正面に体を入れることができる。

おおむね満足できる子供の姿
○ボールをねらったところに緩やかに蹴ることができる。
○ボールを止めることができる。
○ボールに向かって走ることができる。

努力を要する子供の姿
○ボールを蹴ることができない。
○ボールを大きく蹴りすぎて運べない。
○ボールを見ているだけで動くことができない。

できる ← 教師の支援・指導 ← 教師の支援・指導 ← できない

【ボールをねらったところに緩やかに蹴ることができる】
○蹴りたい方向に足と体を向けよう。
○蹴りたい方向を見よう。
○ボールの横に踏み込んで蹴ろう。
○足のどこで蹴ったら正確に蹴ることができるかな。
○足の内側でボールを正確に蹴ろう。

【ボールに向かって走ることができる】
○ボールを持っている人より前にいこう。
○ボールをよく見よう。
○ボールを持っている人の正面に入ろう。
○相手のシュートしたボールを止めよう。

【ボールを蹴ることができない】
○ボールをしっかり見よう。
○ボールに近付いて蹴ろう。
○上手に蹴っている人を見てみよう。

【ボールを大きく蹴りすぎて運べない】
○やさしく蹴ってみよう。
○転がすように蹴ってみよう。
○ボールを離さないように進もう。

【ボールを見ているだけで動くことができない】
○ボールに近付こう。
○ボールに向かって走ってみよう。
○ボールに触ってみよう。
○誰も持っていないボールに向かって走ろう。
○自分のボールをシュートしたら、残りのボールを取りに行こう。
○ボールを持っている人に近付こう。

2 子供の到達度を明確にした言葉かけ例（思考・判断・表現）

十分満足できる子供の姿
○ゲームの行い方を正しく理解し、友達に教えている。
○みんなが楽しめることを意識して、規則を選んでいる。
○いろいろな攻め方を見付けている。

おおむね満足できる子供の姿
○ゲームの行い方を理解している。
○楽しく運動できるよう、ゲームの規則を選んでいる。
○簡単な攻め方を見付けている。

努力を要する子供の姿
○ゲームの行い方を理解できていない。
○ゲームの規則を選ぶことができない。
○攻め方を見付けることができない。

できる ← 教師の支援・指導 ← 教師の支援・指導 ← できない

【行い方】
○ルールが分かるとなんで楽しくなるのかな。
○みんなで楽しむために分かりやすく友達に教えてあげよう。

【規則の工夫】
○みんなが楽しくなるには、どんな規則にすればいいかな。
○規則を変えてどんなことがよくなったのかな。

【攻め方】
○友達に教えてあげよう。
○やってみてよかった攻め方を振り返りで発表しよう。
○いろいろな攻め方を見付けられたね。

【行い方】
○はじめのルールをもう一度確認しようか。
○ルールが分かると、楽しくプレーできるよ。

【規則の工夫】
○前のルールと新しいルールを比べて、どっちが楽しかったかな。
○自分がやりやすかったのは、どっちかな。

【攻め方】
○上手な友達を見てみよう。
○上手な友達の動きを真似してみよう。
○振り返りで出た攻め方を試そう。

本時案

ゴーゴーシュートゲームを楽しもう 6/6

本時の目標

ゲームに進んで取り組み、ねらったところに緩やかにボールを蹴ったり、止めたりすることができるようにする。

評価のポイント

ゲームに進んで取り組み、ねらったところに緩やかにボールを蹴ったり、止めたりすることができたか。

週案記入例

[目標]
ゲームに進んで取り組み、ねらったところに緩やかにボールを蹴ったり、止めたりする。

[活動]
ゴーゴーシュートゲームを楽しむ。

[評価]
ねらったところに緩やかにボールを蹴ったり、止めたりすることができたか。

[指導上の留意点]
全体で話し合ったことを実践している子供を称賛する。

本時の展開

	時	子供の活動
はじめ	5分	**集合・整列・あいさつ・学習の流れの確認** ○前時の振り返りをする。 ○本時の学習内容を知る。
準備運動	5分	**準備運動・補助運動：「ストップ・ザ・ボール」** ○膝や足首などよく使う部分を中心に行う。 ○自由にボールを蹴って移動し、合図でボールを止める。
ゴーゴーシュートゲーム①	10分	○場の準備をする。 **ゲーム①** ○前時までに決定した規則で行う。1 ○自分の行った攻め方にシールを貼る。
ゴーゴーシュートゲーム②	10分	**ゲーム②** ○自分の行った攻め方にシールを貼る。
ゴーゴーシュートゲーム③	10分	**ゲーム③** ○自分の行った攻め方にシールを貼る。 ○片付けをする。
整理運動	2分	**運動で使った部位をゆったりとほぐす** ○特に膝や足首を中心に動かす。
まとめ	3分	**(1)本時の学習について振り返り、学習カードに記入する** ①めあてができたか。 ②友達と仲よくできたか。 ③楽しくできたか。 **(2)楽しかったこと、できたことを発表し合う**

1 子供の到達度を明確にした言葉かけ例（主体的に学習に取り組む態度）

十分満足できる子供の姿
○学習に意欲的に取り組んでいる。
○規則を守り、友達と一緒に楽しく取り組んでいる。
○勝敗を受け入れ、友達を励ましている。
○準備や片付けを率先して行っている。
○用具や場の安全に気を付けて、取り組んでいる。

おおむね満足できる子供の姿
○学習に取り組んでいる。
○規則を守っている。
○勝敗を受け入れている。
○準備や片付けを、友達と一緒にしている。
○用具や場の安全に気を付けている。

努力を要する子供の姿
○学習に取り組んでいない。
○規則を守ろうとしない。
○勝敗を受け入れようとしない。
○準備や片付けをしない。
○用具や場の安全に気を付けようとしない。

できる ← 教師の支援・指導 ← 教師の支援・指導 ← できない

今できていることを称賛するなど肯定的な言葉かけをしていく。

【意欲】
○同じチームの友達が、頑張っているところを応援しよう。
○チームの友達に、たくさん声をかけてみよう。

【意欲】
○友達と一緒に運動すると楽しいからやってみよう。
○(少しでも運動している様子を見付けて)ナイスプレー。どんどんやってみよう。

【規則】
○友達と一緒に規則を守ると、もっと楽しくできるよ。
○規則が分かっていない友達には優しく教えてあげよう。

【規則】
○掲示物を見て、一緒に確認しよう。
○みんなで、楽しく運動するためには規則を守ることが大切だよ。

【勝敗】
○友達を励ましてあげよう。
○なんで負けてしまったのか考えてみよう。

【勝敗】
○次、勝つためにどう動いたらよいか考えよう。
○チームのよかったところを見付けよう。

【準備・片付け】
○素早く準備や片付けができたね。終わっていないところを手伝ってあげよう。
○先生に言われる前に、動いているね。

【準備・片付け】
○準備が早くできると、たくさんゲームができるよ。
○協力して準備ができたね。

【安全】
○みんながけがなく、楽しく運動するために、危ないものはないかな。

【安全】
○けがをしてしまったら、つまらないよね。

DVD
収録資料

「ボールゲーム」学習カード＆資料

使用時 **第１～６時**

学習カードを見開き１枚で作成し、全ての時間の振り返りをひと目で見渡せるようにした。本カードでは、見開き１枚で子供の思考・判断をはじめ、学習の変容を見取れる。また、子供自身が自分の変容に気付き、学びを深めることや教師の指導の内容を時系列で見ることができる。教師が思考・判断面を中心にコメントしていくことで、子供に思考・判断の筋道を示すことができる。

収録資料活用のポイント

①使い方

事前に本カードを画用紙に印刷し、チームごとにかご等に入れてまとめておく。授業のまとめの際に本カードを使用し、学習の振り返りをさせる。子供に書かせる内容は、①楽しかったこと・できたこと、②規則や攻め方を選んだ理由の２点である。

②留意点

低学年の発達の段階を考慮すると、記述欄に書くことができない、あるいは時間のかかる子供がいることが想定されるため、書く時間を決めたり、話型を示したりしておくなど柔軟に対応したい。また、教師からのコメントにおいては、できたことを称賛するとともに、規則や攻め方を選んだ理由についてコメントし、次時について目を向けさせたい。見開き１枚になっており、思考の流れが見取りやすく、指導した内容も分かる。

学習カード 2-19-1（1～3 時）

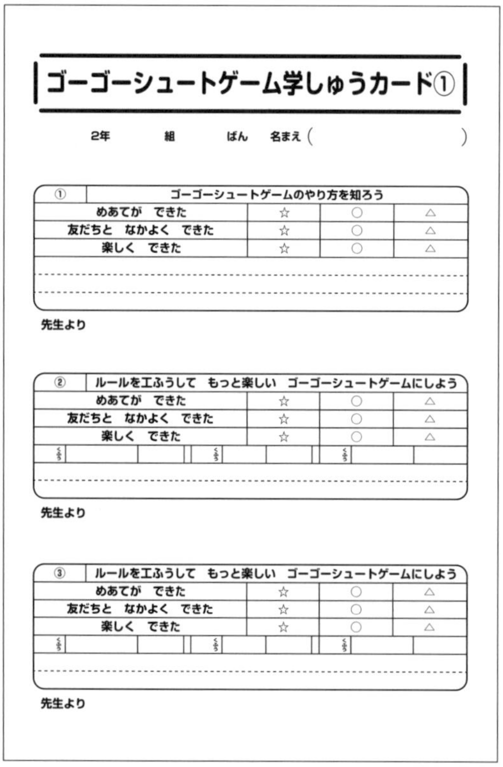

ゴーゴーシュートゲーム学しゅうカード①

2年　組　ばん　名まえ（　）

①	ゴーゴーシュートゲームのやり方を知ろう		
めあてが　できた	☆	○	△
友だちと　なかよく　できた	☆	○	△
楽しく　できた	☆	○	△

先生より

②	ルールを工ふうして　もっと楽しい　ゴーゴーシュートゲームにしよう		
めあてが　できた	☆	○	△
友だちと　なかよく　できた	☆	○	△
楽しく　できた	☆	○	△

先生より

③	ルールを工ふうして　もっと楽しい　ゴーゴーシュートゲームにしよう		
めあてが　できた	☆	○	△
友だちと　なかよく　できた	☆	○	△
楽しく　できた	☆	○	△

先生より

学習カード 2-19-2（4～6 時）

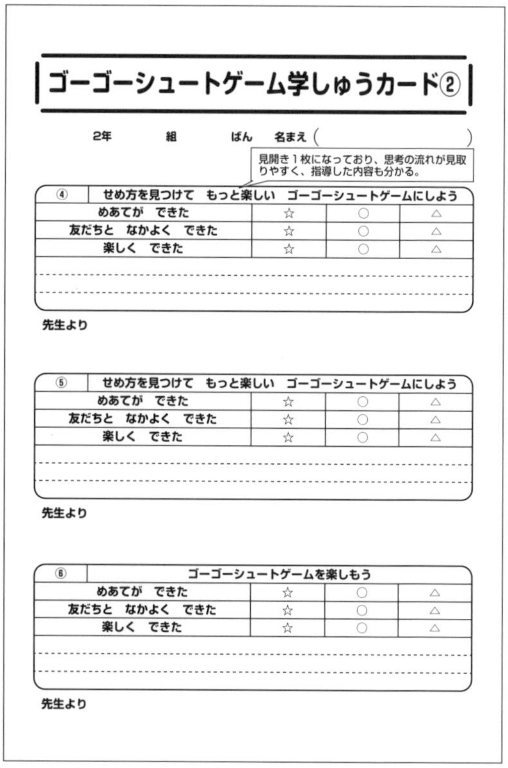

ゴーゴーシュートゲーム学しゅうカード②

2年　組　ばん　名まえ（　）

見開き１枚になっており、思考の流れが見取りやすく、指導した内容も分かる。

④	せめ方を見つけて　もっと楽しい　ゴーゴーシュートゲームにしよう		
めあてが　できた	☆	○	△
友だちと　なかよく　できた	☆	○	△
楽しく　できた	☆	○	△

先生より

⑤	せめ方を見つけて　もっと楽しい　ゴーゴーシュートゲームにしよう		
めあてが　できた	☆	○	△
友だちと　なかよく　できた	☆	○	△
楽しく　できた	☆	○	△

先生より

⑥	ゴーゴーシュートゲームを楽しもう		
めあてが　できた	☆	○	△
友だちと　なかよく　できた	☆	○	△
楽しく　できた	☆	○	△

先生より

ゴーゴーシュートゲーム　運動のポイント

ボールをけるポイント

①足のつま先でける
※足首をしっかり
こていしてける

②足の内がわでける
※けりたい方向に足の内
がわを向けてける

③足のこうでける
※足首をしっかりのばし
てける

◎ボールをけるときのポイント！！
ふんばる足をボールの横にしっかりおく！

ボールを止めるポイント

①足のうらでボールを止める
※足のうらをななめ前に出してしっかり
止める。

②足の内がわでボールを止める
※ボールに対して足の内がわをしっ
かり横に向けてボールを止める

20 マットを使った運動遊び

5時間

【単元計画】

1時	2・3時
[第一段階] 今できるマット遊びを楽しむとともに、新しいマット遊びを知る	
マット遊びを楽しむための約束やきまりを知り、今できるマット遊びを楽しむ。	今できる遊びを楽しみ、新しいマット遊びを知り、楽しむことができるようにする。
1 安全に気を付け、動きを確かめながらマット遊びを楽しもう [主な学習活動] ○集合・あいさつ ○準備運動 ①マット遊びに必要な準備運動をする。 ○いろいろなマット遊びを楽しむ ①前期で学んだマット遊びに取り組む。 ○整理運動 ○まとめ	**2 新しい動きやいろいろな動きを続けてみよう** **3 グループごとに、いろいろな動きを組み合わせてみよう** [主な学習活動] ○集合・あいさつ ○準備運動 ○いろいろなマット遊びを楽しむ ①丸太転がり、前転がり、後ろ転がり。 ②背支持倒立、かえるの足うち、ブリッジの仕方を知る。 ○整理運動 ○まとめ

授業改善のポイント

主体的・対話的で深い学びの実践に向けて

学習指導要領の「指導計画の作成と内容の取扱い」において、単元や題材など内容や時間のまとまりを見通して、その中で育む資質・能力の育成に向けて、主体的・対話的で深い学びの実現に向けた授業改善を進めることが示された。

器械・器具を使っての運動遊びは、様々な動きに楽しく取り組み、基本的な動きや知識を身に付けたときに喜びに触れ、その行い方を知ることのできる運動である。

マットを使った運動遊びでは、「できる」「できない」がはっきりした運動であることから、全ての子供が技を身に付ける楽しさや喜びを味わうことができるよう、自己の学習課題を見付け、その課題の解決の仕方を考えたり、練習の場や段階を工夫したりすることができるようにすることが大切である。

運動を楽しく行うために、一人一人が自己の課題の解決のために積極的に取り組み、約束を守り助け合って運動をしたり、仲間の考えや取組を認めたり、場や器械・器具の安全に気を配ったりすることができるようにすることが求められる。

単元の目標

○知識及び技能

・マットを使った運動遊びの行い方を知り、いろいろな方向への転がり、手で支えての体の保持や回転をすることができる。

○思考力、判断力、表現力等

・器械・器具を用いた簡単な遊び方を工夫するとともに、考えたことを友達に伝えることができる。

○学びに向かう力、人間性等

・順番やきまりを守り誰とでも仲よく進んで運動をしたり、場や器械・器具の安全に気を付けたりすることができる。

4時	5時
［第二段階］ 新しいマット遊びをし、グループでよい動きを見付けて楽しむ	
友達といろいろな遊び方をしたり、友達のよい動きを見付けたりしながら楽しむ。	いろいろな遊び方を楽しみながら、自分ができるようになったことを確かめる。
4 楽しかったマット遊びをグループで考え、発表に向けて準備しよう **［主な学習活動］** ○集合・あいさつ ○準備運動 ○いろいろなマット遊びを楽しむ ①1人で取り組んだり、友達と合わせたりして楽しむ。 ②グループで楽しかったマット遊びを選び、発表の準備をする。 ○整理運動 ○まとめ	**5 楽しかったマット遊びを紹介し、いろいろなグループのマット遊びを楽しもう** **［主な学習活動］** ○集合・あいさつ ○準備運動 ○いろいろなマット遊びを楽しむ ①他のグループのマット遊びを楽しみ、友達のよい動きを見付ける。 ②紹介されたマット遊びを試して楽しむ。 ○整理運動 ○まとめ

子供への配慮の例

①運動が苦手な子供

・前や後ろへ転がることが苦手な子供には、体を丸めて揺れるゆりかごに取り組んだり、傾斜のある場で勢いよく転がるように取り組んだりして、転がるための体の動かし方が身に付くように練習の仕方や場を設定するなどの配慮をする。

・手で体を支えて移動することが苦手な子供には、手や足を移動する場所や目線の先にマークを置くなどして、支持で移動できる体の動かし方が身に付くように教具や場を設定するなどの配慮をする。

②意欲的でない子供

・怖くて運動遊びに取り組めない子供には、器械・器具の高さを変えたり、痛くないように配慮した場を設定したりして、条件を変えた場を複数設置して選択できるようにするなどの配慮をする。

・恥ずかしがる子供には、2人組で手をつないで跳び下りたり、集団で転がったりできる運動遊びを取り入れたりして、友達と一緒に運動する楽しさを味わえるようにするなどの配慮をする。

本時案

安全に気を付け、動きを確かめながらマット遊びを楽しもう

1/5

本時の目標

安全に気を付け、今できる動きを確かめながらマット遊びを楽しむことができるようにする。

評価のポイント

マットの使い方や置き方などの場の安全に気を付け、運動の順番やきまりを守って、マット遊びができたか。

週案記入例

[目標]
安全に気を付け、今できる動きを確かめながらマット遊びをする。

[活動]
学習カードの使い方を知り、今できる動きを確かめる。

[評価]
今できる動きを確かめることができたか。

[指導上の留意点]
マットの使い方や学習のきまりを重点的に指導する。

本時の展開

	時	子供の活動
はじめ	5分	**集合・あいさつ・準備をする** 1 ○班ごとに整列する。 ○本時の学習内容を知る。 ○マット遊びの約束を確かめながら、マットの準備をする。
準備運動	5分	**運動で使う箇所をほぐす運動をする** 2 ○手足の曲げ伸ばし、首や肩を回し、クマ歩き、ウサギ、アザラシ、ゆりかご、かえるの逆立ち、ブリッジ、体の前屈、体の各部位の運動をする。
マット遊び①	15分	**今できるマット遊びで楽しむ** ○学習カードの使い方を確かめる。 ○学習カードを見ながら、自分のできる動きを見付ける。 →丸太転がり、前転がり、後ろ転がりなどできる動きを繰り返し行い、動きを確かめる。
マット遊び②	15分	**⑴新しいマット遊びを楽しむ** 3 ①だるま転がり、かえるの足打ちの仕方を知り、楽しむ。 ②いろいろな場で、いろいろな転がり方を楽しむ。 **⑵マットの片付けをする**
整理運動	2分	**運動で使った部位をゆったりと動かしてほぐす** ○特に手首、足首、首を中心に動かす。
まとめ	3分	**⑴本時の学習について振り返る** ①いろいろな動きをすることができたか。 ②遊び方を工夫することができたか。 **⑵次時の学習内容を予告する** ○子供が頑張っていたことをほめ、次時の予告をする。

1 グループ編成（配慮事項）とマットの準備・約束

①運動量と安全を確保するため、1グループの人数は5〜7人で、6グループまでとする。
②グループは教師が人間関係を考慮し、リーダー性のある子供を入れて編成する。
③準備する場を図で示し、グループごとに準備や片付けを行わせる。

（準備）
①マットのみみを4人で持つ。
②声をかけて動きをそろえる。
③きちんとできたか確かめる。

（約束）
①順番を確認する。
②運動の終わりの合図をする。
③前の人の終わりの合図を確認する。

2 準備運動の動き

「ゆりかご」
体をできるだけ丸くし、前後に体を動かし、起き上がる。

「かえるの逆立ち」
手を足に近い位置につき、肘を曲げる。膝を曲げ、曲げた肘に内ももをのせる。頭を徐々に下げながら足を離す。

「クモ歩き」
仰向けで両手両足をつき、お尻を上げて、前後左右に進む。

3 新しいマット遊び

「だるま転がり」

足の裏を合わせて座り、両手で足を持ち、背中をマットに接触しながら回り、起きる

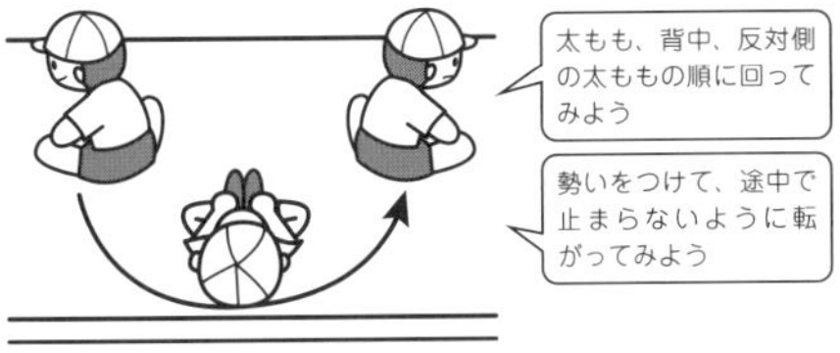

太もも、背中、反対側の太ももの順に回ってみよう
勢いをつけて、途中で止まらないように転がってみよう

回転するときは頭をぶつけないように、顎をひく

「かえるの足打ち」

腰を上げて足の裏をたたく

手を「パー」の形でつこう
手と手の間を見て、腕全体に体重をかけよう
顎を出そう
何回たたけるかやってみよう

・蹴り上げすぎて背中の方向に倒れないようにする
・足の甲で着地しないようにする

「前転がり」：いろいろな前転がり遊びをする

手をつかないで転がる。

ひざの後ろをもって転がる。　頭をかかえて転がる。　両腕を広げて転がる。

片手だけついて転がる。

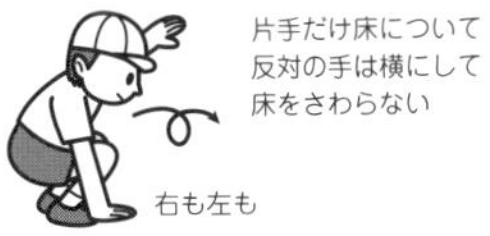

片手だけ床について反対の手は横にして床をさわらない
右も左も

両手のつき方を変えて

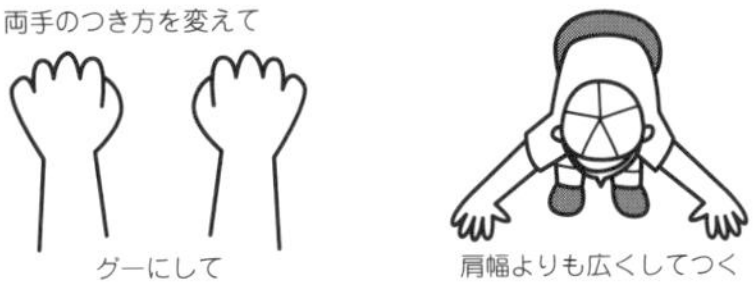

本時案

新しい動きやいろいろな動きを続けてみよう

2/5

本時の目標

今できる動きを繰り返したり、いろいろな場でマット遊びをしたりすることを楽しむことができるようにする。

評価のポイント

友達と協力してマットの準備や片付けをしながら、今できる動きを繰り返し行ったり、いろいろな場でマット遊びができたか。

週案記入例

[目標]
できる動きを繰り返したり、いろいろな場でマット遊びをしたりする。

[活動]
できる動きを繰り返したり、いろいろな場でやったりする。

[評価]
自分のできる動きを、いろいろな場でやることができたか。

[指導上の留意点]
いろいろな工夫した場を、資料を用いて分かりやすく説明する。

本時の展開

	時	子供の活動
はじめ	5分	**集合・あいさつ・準備をする** ○班ごとに整列する。 ○本時の学習内容を知る。 ○マット遊びの約束を確かめながら、マットの準備をする。
準備運動	5分	**運動で使う箇所をほぐす運動をする** ○手足の曲げ伸ばし、首や肩を回し、クマ歩き、ウサギ、アザラシ、ゆりかご、かえるの逆立ち、ブリッジ、体の前屈、体の各部位の運動をする。
マット遊び①	15分	**今できるマット遊びで楽しむ** ◀1 ①丸太転がり、前転がり、後ろ転がりなどできる動きを繰り返し行い、動きを高める。 ②友達と見合う中で、よい動きを見付ける。
マット遊び②	15分	**(1)新しいマット遊びを楽しむ** ◀2 ①かえるの足うち、背支持倒立、ブリッジの仕方を知る。 ②いろいろな場で、いろいろなマット遊びを楽しむ。 **(2)マットの片付けをする**
整理運動	2分	**運動で使った部位をゆったりと動かしてほぐす** ○特に手首、足首、首を中心に動かす。
まとめ	3分	**(1) 本時の学習について振り返る** ①いろいろな動きをすることができたか。 ②遊び方を工夫することができたか。 **(2)次時の学習内容を予告する** ○子供が頑張っていたことをほめ、次時の予告をする。

1 今できるマット遊びで楽しむ

○ **丸太転がり**

3人組で調子を合わせて横転がりをする

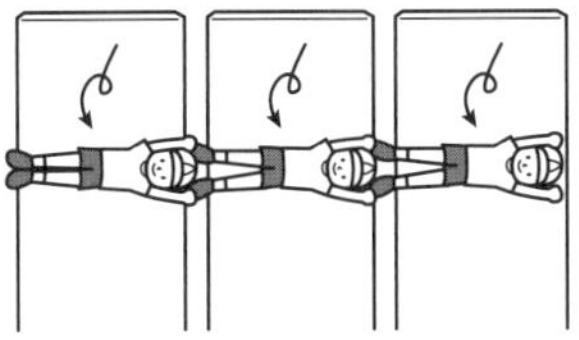

手をつないだり足首をつかんで

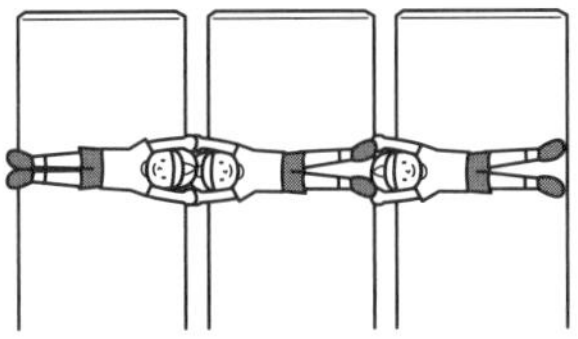

仰臥と伏臥になって

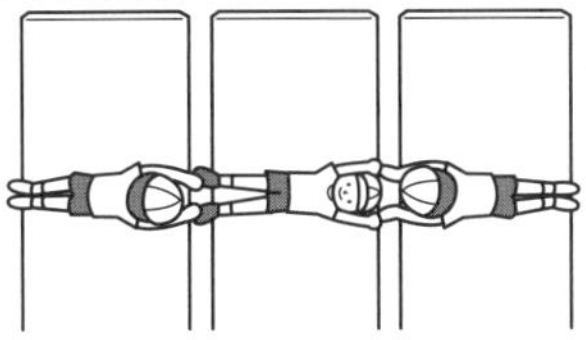

3人で重って

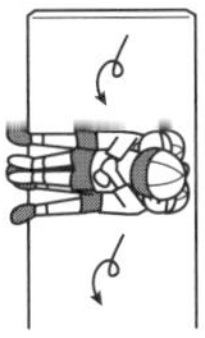

○ **前転がり**
○ **後ろ転がり**

相手と調子を合わせて転がる。

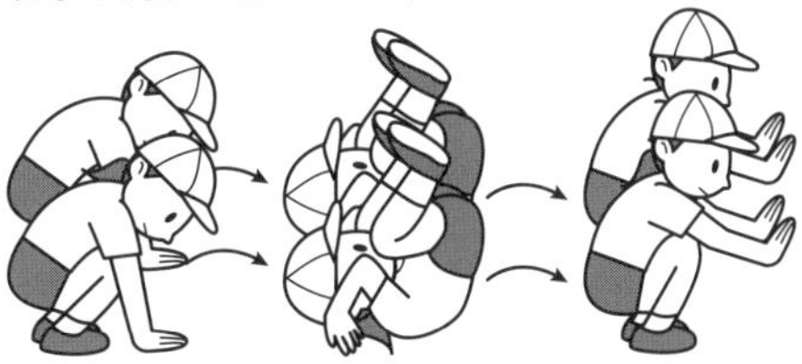

2人で並んで、かけ声を合わせて

相手と調子を合わせて転がる。

かけ声を出して

2 新しいマット遊び

○ **かえるの足うち**

- 指を広げてマットに手をつく。
- 両手の先を見る。
- 足が床から離れるのを感じる。
- 最初は、足先が腰より高くならないようにする。

○ **後出しジャンケン**
（遅く出した方が勝ち）

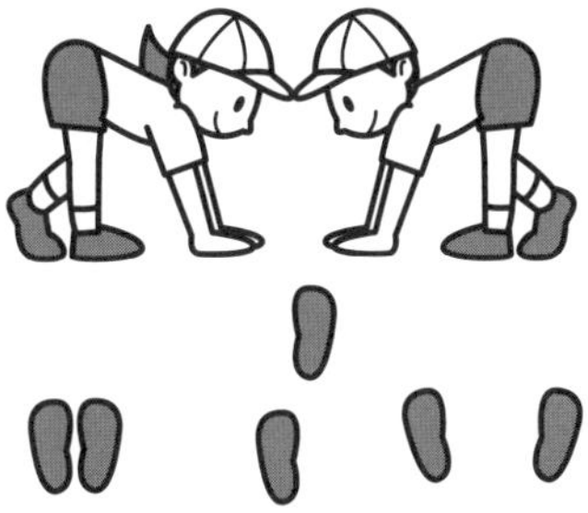

○ **ブリッジ**

○ **背支持倒立**

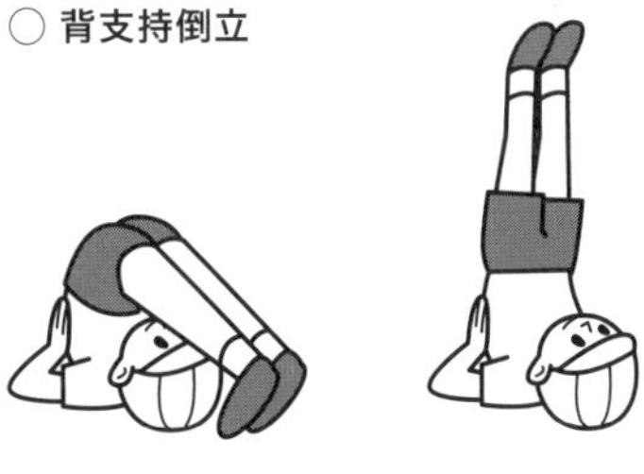

本時案

グループごとに、いろいろな動きを組み合わせてみよう

3/5

本時の目標

グループごとに、いろいろな動きを組み合わせたり、動き方を工夫したりして、マット遊びを楽しむことができるようにする。

評価のポイント

自分の考えたお話マットの動きをさらに工夫したり、グループでお話マットをつくったりして、お話マット遊びを楽しむことができたか。

週案記入例

[目標]
グループごとに、いろいろな動きを工夫して、マット遊びをする。

[活動]
いろいろな場を回りながら、マット遊びのやり方を工夫する。

[評価]
場に合った遊び方を工夫することができたか。

[指導上の留意点]
子供が工夫した遊び方を認め、ほかの子供に紹介する。

本時の展開

	時	子供の活動
はじめ	5分	**集合・あいさつ・準備をする** ○班ごとに整列する。 ○本時の学習内容を知る。 ○マット遊びの約束を確かめながら、マットの準備をする。
準備運動	5分	**運動で使う箇所をほぐす運動をする** ○手足の曲げ伸ばし、首や肩を回しながら、体の各部位をほぐす。
マット遊び①	15分	**今できる遊び方で楽しむ** 1 ①できる動きを繰り返し行い、動きを高める。 ②友達と見合う中で、よい動きを見付ける。
マット遊び②	15分	**(1)新しいマット遊びを楽しむ** 2 ①支持川跳び、腕立て川跳び、かべ登り倒立の仕方を知る。 ②いろいろな場で、いろいろなマット遊びを楽しむ。 **(2)マットの片付けをする**
整理運動	2分	**運動で使った部位をゆったりと動かしてほぐす**
まとめ	3分	**(1)本時の学習について振り返る** ①いろいろな動きをすることができたか。 ②遊び方を工夫することができたか。 **(2)次時の学習内容を予告する** ○子供が頑張っていたことをほめ、次時の予告をする。

1 今できる遊び方で楽しむ

○多様な場をつくることによって学習意欲が高まり、さらに動きが高まる。

○ **川コース**（ロングマットを使ったり、マットをつなげたりする）

①連続転がり

②ジグザグ転がり

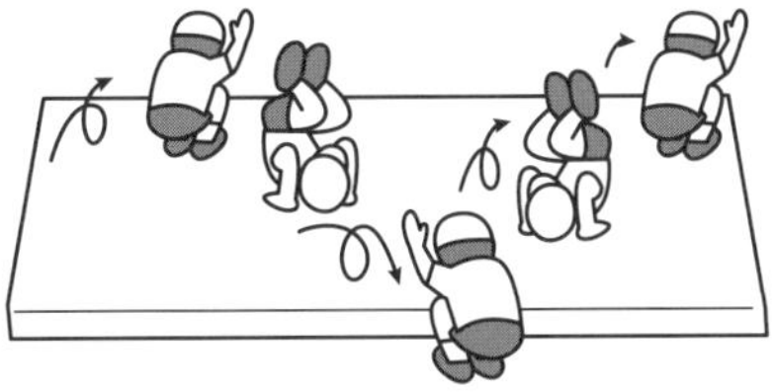

○ **さかみちコース**（踏み切り板を使う）

①丸太転がり

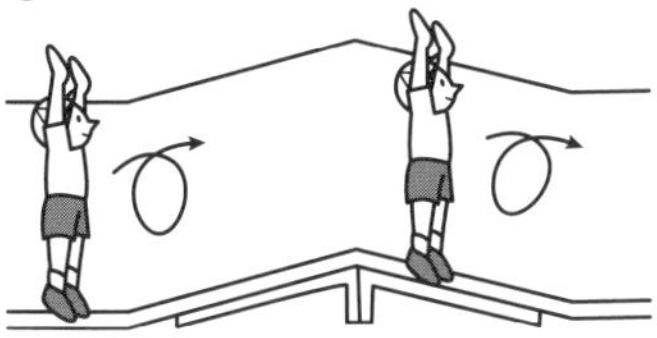

②坂道転がり

2 新しいマット遊びを楽しむ：「支持川跳び」「腕立て川跳び」「かべ登り倒立」

①川跳び越し

〈支持川跳び〉

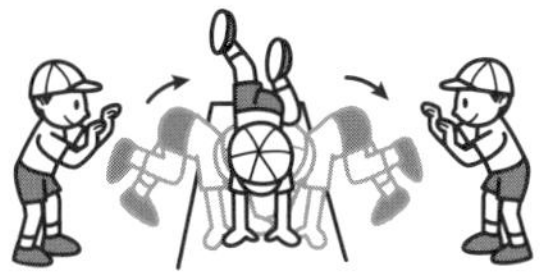

〈腕立て川跳び〉

②高いところで前転がり

○ **かべコース**（肋木や体育館の壁を使う）

①どこまで登れるかな

〈かべ登り倒立〉

②いろいろな取組

※危険な遊び方をしていないか、全体を視野に入れながら子供の活動の様子を観察する。

本時案

楽しかったマット遊びをグループで考え、発表に向けて準備しよう 4/5

本時の目標

友達といろいろな遊び方をしたり、友達のよい動きを見付けたりしながら楽しむことができるようにする。

評価のポイント

友達と競争したり協力したり、表現したりするなどのいろいろな遊び方に取り組む中で、友達のよい動きを見付けることができたか。

週案記入例

[目標]
友達といろいろな遊び方をしたり、友達のよい動きを見付けたりする。

[活動]
友達と競争したり協力したり、表現したりする遊びをする。

[評価]
友達のよい動きを見付けることができたか。

[指導上の留意点]
教師が進んで子供のよい動きを見付け、ほかの子供に紹介する。

本時の展開

	時	子供の活動
はじめ	5分	**集合・あいさつ・準備をする** ○班ごとに整列する。 ○本時の学習内容を知る。 ○マット遊びの約束を確かめながら、マットの準備をする。
準備運動	5分	**運動で使う箇所をほぐす運動をする** ○手足の曲げ伸ばし、首や肩を回しながら、体の各部位をほぐす。
マット遊び①	15分	**(1)今できる遊び方で楽しむ** ①動きを見合って、友達のよい動きを見付ける。 1 ②気が付いたことを友達に話す。
マット遊び②	15分	**(1)いろいろな場で友達と一緒に楽しむ** 2 ①遊び方を工夫する。 ②友達の考えた遊び方をやってみる。 **(2)マットの片付けをする**
整理運動	2分	**運動で使った部位をゆったりと動かしてほぐす**
まとめ	3分	**(1)本時の学習について振り返る** ①いろいろな動きをすることができたか。 ②遊び方を工夫することができたか。 ③友達のよい動きを見付けることができたか。 **(2)次時の学習内容を予告する** ○子供が頑張っていたことをほめ、次時の予告をする。

1 友達と動きを見合う

○見るときのポイントを示す。
→「手をしっかりついているかな」
→「背中が丸くなっているかな」
→「まっすぐ転がっているかな」
○教師が積極的にほめることにより、よさが見付けられるようにする。

2 いろいろな遊び方に挑戦して楽しむ

○友達と関わる遊びに取り組む中で、友達のよい動きにも目を向けさせる。

○挑戦したり競争したりして楽しむ

①かえるの足うち、何回できるかな

②後出し足ジャンケン

足ジャンケン

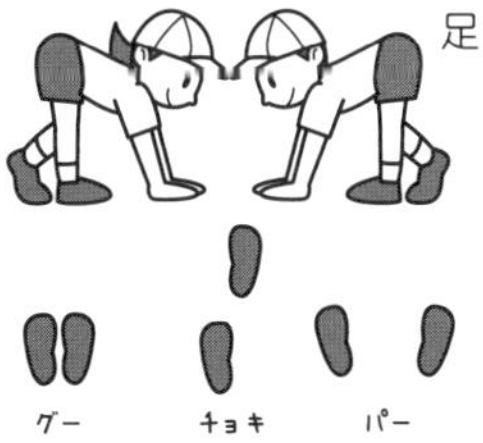

○物や人と関わって楽しむ

①ボールを使って丸太転がり

〈手で持って〉　〈足にはさんで〉

ボールを使って丸太転がり

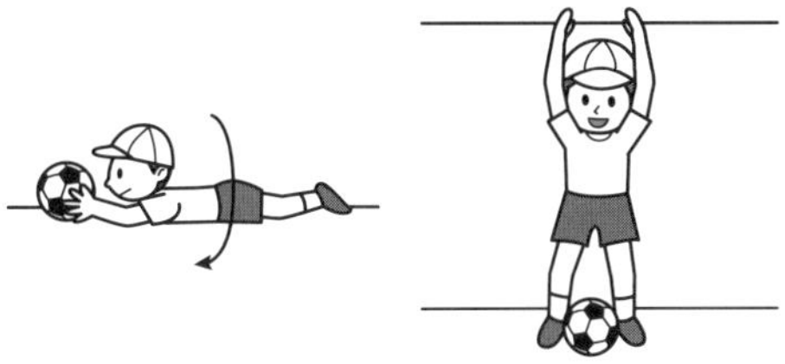

②友達と一緒に丸太転がり

〈手と手で〉　〈手と足で〉

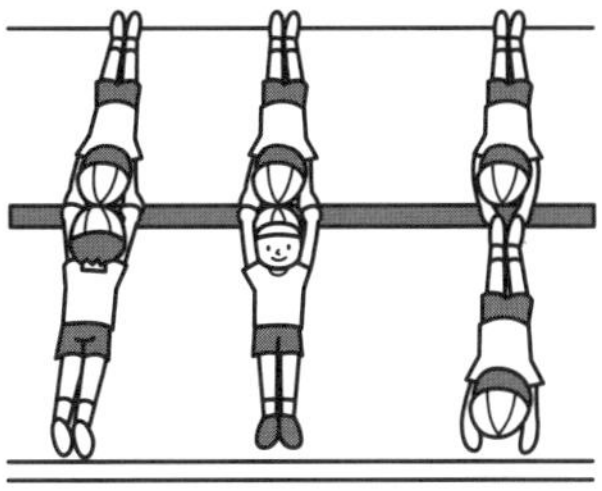

○表現して楽しむ

①友達と２人で並んで一緒に

〈ゆりかご〉　〈前転がり〉　〈後ろ転がり〉

②グループ全員で

〈前転がり〉　〈後ろ転がり〉

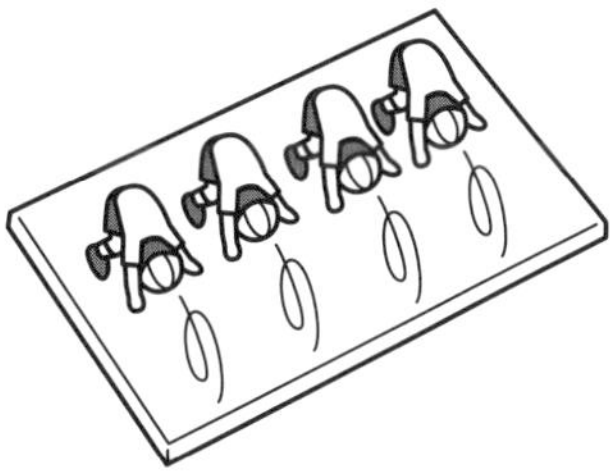

本時案

楽しかったマット遊びを紹介し、いろいろなグループのマット遊びを楽しもう

5/5

本時の目標

いろいろな遊び方を楽しみながら、自分ができるようになったことを確かめることができるようにする。

評価のポイント

グループごとに楽しかった遊びを発表し合い、いろいろな遊び方を楽しむとともに、自分ができるようになったことを確かめることができたか。

週案記入例

[目標]
いろいろな遊び方をしながら、自分ができるようになったことを確かめる。

[活動]
いろいろな遊び方をしながら、できるようになったことを確かめる。

[評価]
マット遊びのいろいろな動きを身に付けることができたか。

[指導上の留意点]
グループごとに、安全に遊んでいるか確かめる。

本時の展開

	時	子供の活動
はじめ	5分	**集合・あいさつ・準備をする** ○班ごとに整列する。 ○本時の学習内容を知る。 ○マット遊びの約束を確かめながら、マットの準備をする。
準備運動	5分	**運動で使う箇所をほぐす運動をする** ○手足の曲げ伸ばし、首や肩を回しながら、体の各部位をほぐす。
マット遊び①	15分	**(1)楽しかった遊びを紹介する** 1 ①グループごとに楽しかった遊び方を紹介する。 ②気が付いたことやよかったことを発表する。
マット遊び②	15分	**(1)いろいろな場で友達と遊び方を工夫して楽しむ** ①遊び方を工夫する。 ②友達の考えた遊び方をやってみる。 **(2)マットの片付けをする**
整理運動	2分	**運動で使った部位をゆったりと動かしてほぐす**
まとめ	3分	**(1)本時の学習について振り返る** 2 ①友達のよい動きを見付けることができたか。 ②どんな動きができるようになったか。 **(2)次学年の学習内容を予告する** ○子供が頑張っていたことをほめ、3年生で学ぶことを予告する。

1 楽しかった遊び方を紹介する

○図を用いて、グループごとに楽しかった遊び方を紹介する。
○友達のよい動きを見付けて発表する。
○遊んでいる様子をビデオカメラで撮影し、後で自分たちの動きが見られるようにする。
〈グループごとに楽しかった遊び方を紹介する〉

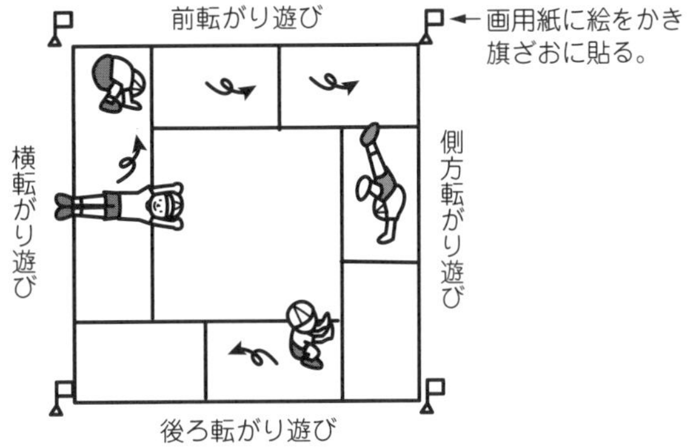

2 学習の振り返りをする

○どの遊び方が楽しかったか。
○友達のよい動きを見付けることができたか。
○単元を通じて、できるようになったことや楽しかったことは何か。
○学習後に、子供に感想を書かせることにより、教師自身が授業を振り返る資料とする。

器械・器具を使っての運動遊び

DVD 収録資料

マットを使った運動遊び

使用時 **第１～５時**

本カードは第１時から第５時まで、単元全体を通して使用する。マットを使った運動遊びでは、「その行い方を知るとともに、マットに背中や腹などをつけていろいろな方向に転がったり、手や背中で支えて逆立ちをしたり、体を反らせたりするなどして遊ぶこと」を行い、器械運動と関連の深い動きを、意図的に取り入れることにより、基礎となる体の動かし方や感覚を身に付けることが大切である。

収録資料活用のポイント

①使い方

５回の学習を通して、毎回取り組んだ運動遊びの学習への取組を３段階で評価する。学習カード②では、各自が自分の動きについて、「よくできた：◎（友達が認めたできばえ）」「できた：○（自分が認めたできばえ）」「やったみた：△（できばえではなく、取り組んだこと自体を評価する）」で記入する。

②留意点

カードについての評価は自己評価が中心ではあるが、学習場面は班での活動が中心である。あらゆる場面で友達と一緒に運動遊びの学習を進めるため、自己評価に合わせて相互評価の場面が設定されている。一つ一つの運動遊びの場面で、器械・器具の準備や運動に際して、安全確保を通して、互いの位置や動きの様子を確認することが相互評価を学ぶ場面である。

学習カード 2-20-1（1～5時）

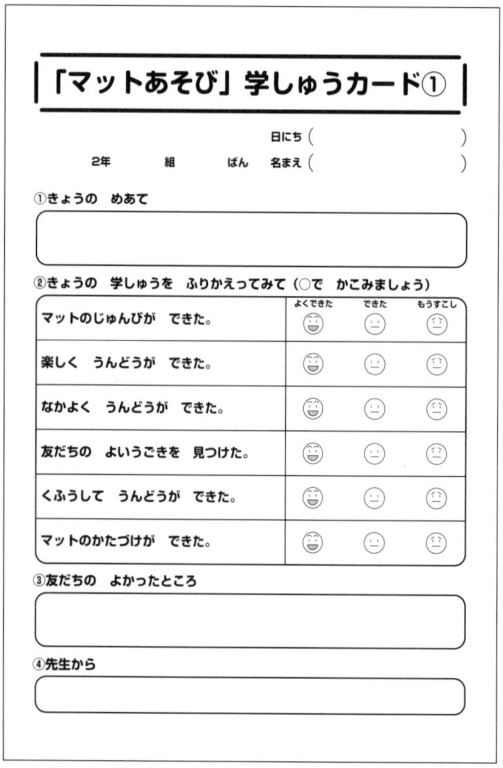

「マットあそび」学しゅうカード①

日にち（　　　）

2年　　組　　ばん　名まえ（　　　）

①きょうの　めあて

②きょうの　学しゅうを　ふりかえってみて（○で　かこみましょう）

	よくできた	できた	もうすこし
マットのじゅんびが　できた。			
楽しく　うんどうが　できた。			
なかよく　うんどうが　できた。			
友だちの　よいうごきを　見つけた。			
くふうして　うんどうが　できた。			
マットのかたづけが　できた。			

③友だちの　よかったところ

④先生から

学習カード 2-20-2（1～5時）

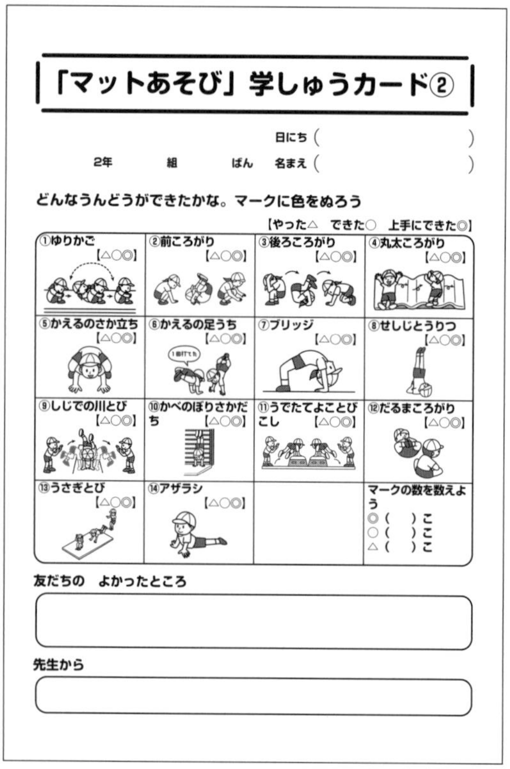

「マットあそび」学しゅうカード②

日にち（　　　）

2年　　組　　ばん　名まえ（　　　）

どんなうんどうができたかな。マークに色をぬろう

【やった△　できた○　上手にできた◎】

①ゆりかご【△○◎】	②前ころがり【△○◎】	③後ろころがり【△○◎】	④丸太ころがり【△○◎】
⑤かえるのさか立ち【△○◎】	⑥かえるの足うち【△○◎】	⑦ブリッジ【△○◎】	⑧せしじとうりつ【△○◎】
⑨しじでの川とび【△○◎】	⑩かべのぼりさかだち【△○◎】	⑪うでたてよことびこし【△○◎】	⑫だるまころがり【△○◎】
⑬うさぎとび【△○◎】	⑭アザラシ【△○◎】		マークの数を数えよう ◎（　）こ ○（　）こ △（　）こ

友だちの　よかったところ

先生から

もっとやってみよう！マットあそび

◆かえるになろう

《かえるのさかだち》

《かえるの足うち》

◆ころがって

《だるまころがり》

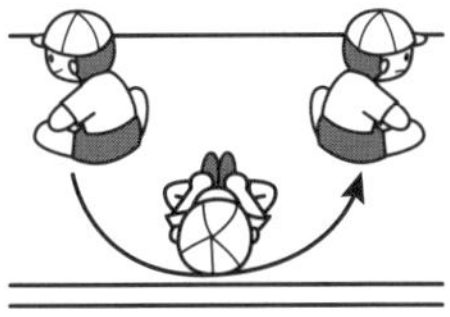

◆いろいろあそび

《川とび》

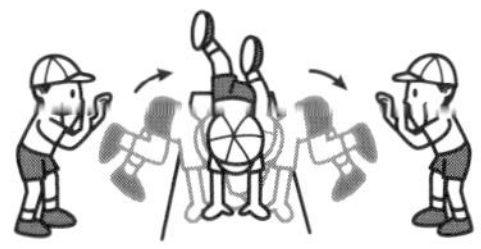

《川とび2》

《ておし車》

《かべのぼりさかだち》だんだん高く

《ゆりかご》

《いろいろなマットあそびをしよう》

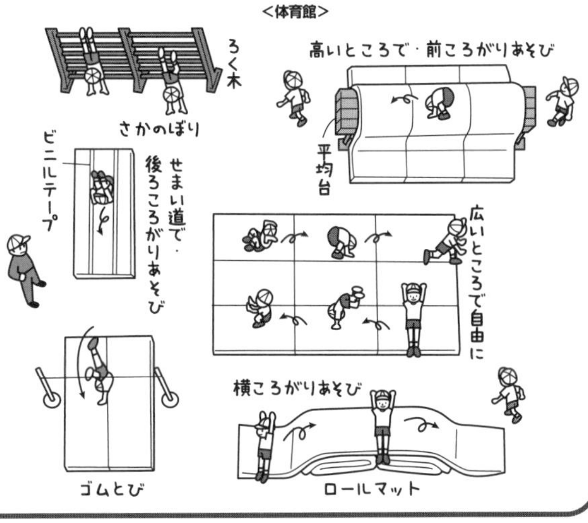

《せしじとうりつ》

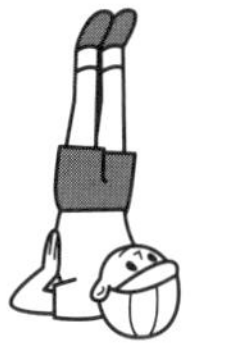

《ブリッジ》

編著者・執筆者一覧

[編著者]

藤﨑　敬（ふじさき・けい）　元・東京都小学校体育研究会会長
NPO 法人　健康・体育活性化センター理事長

北村　幸江（きたむら・ゆきえ）　元・世田谷区立多聞小学校長

[執筆者] ＊執筆順、所属は令和 2 年 3 月 1 日現在

		[執筆箇所]
藤﨑　敬	（前出）	はじめに、第 2 学年年間指導計画
北村　幸江	（前出）	第 2 学年における指導のポイント、単元 3、単元 15
黒澤　義和	江戸川区立船堀第二小学校長	単元 1
杉谷　努	武蔵野市立第四小学校副校長	単元 2、単元 8、単元 16
新井　拓	町田市立南第一小学校主幹教諭	単元 4、単元 10
寺田　尚代	新宿区立早稲田小学校主任教諭	単元 5
伊能　宏仁	文京区立指ヶ谷小学校主任教諭	単元 6
北川　修司	板橋区立緑小学校主任教諭	単元 7
山田　裕民	町田市立南第三小学校主任教諭	単元 9
菊井　道子	元・府中市立府中第六小学校長	単元 11、単元 20
荒木　克之	豊島区立西巣鴨小学校副校長	単元 12
飯野　智人	葛飾区立水元小学校副校長	単元 13
加藤　路恵	杉並区立荻窪小学校副校長	単元 14、単元 18
杉山　貴	足立区立千寿第八小学校主任教諭	単元 17
箕浦　秀一	八王子市立第五小学校主任教諭	単元 19

『イラストで見る全単元・全時間の授業のすべて　体育　小学校２年』付録 DVD について

・各フォルダーには、以下のファイルが収録されています。
　①　板書の書き方の基礎が分かる動画（出演：成家雅史先生）
　②　授業で使える短冊類（PDF ファイル）
　③　児童用の学習カード・資料
　④　付録イラストデータ（Png ファイル）
・DVD に収録されているファイルは、本文中では DVD のアイコンで示しています。
・これらのファイルは、必ず授業で使わなければならないものではありません。あくまで見本として、授業づくりの一助としてご使用ください。また、付録イラストデータは本書と対応はしていませんので、あらかじめご了承ください。

【使用上の注意点】
・この DVD はパソコン専用です。破損のおそれがあるため、DVD プレイヤーでは使用しないでください。
・ディスクを持つときは、再生盤面に触れないようにし、傷や汚れ等を付けないようにしてください。
・使用後は、直射日光が当たる場所等、高温・多湿になる場所を避けて保管してください。
・PDF ファイルを開くためには、Adobe Acrobat もしくは Adobe Reader がパソコンにインストールされている必要があります。
・PDF ファイルを拡大して使用すると、文字やイラスト等が不鮮明になったり、線にゆがみやギザギザが出たりする場合があります。あらかじめご了承ください。

【動作環境　Windows】
・〔CPU〕Intel® Celeron® プロセッサ360J1. 40GHz 以上推奨
・〔空メモリ〕256MB 以上（512MB 以上推奨）
・〔ディスプレイ〕解像度640×480、256色以上の表示が可能なこと
・〔OS〕Microsoft Windows10以降
・〔ドライブ〕DVD ドライブ

【動作環境　Macintosh】
・〔CPU〕Power PC G4 1.33GHz 以上推奨
・〔空メモリ〕256MB 以上（512MB 以上推奨）
・〔ディスプレイ〕解像度640×480、256色以上の表示が可能なこと
・〔OS〕Mac OS 10.12（Sierra）以降
・〔ドライブ〕DVD コンボ

【著作権について】
・DVD に収録されているファイルは、著作権法によって守られています。
・著作権法での例外規定を除き、無断で複製することは法律で禁じられています。
・DVD に収録されているファイルは、営利目的であるか否かにかかわらず、第三者への譲渡、貸与、販売、頒布、インターネット上での公開等を禁じます。
・ただし、購入者が学校での授業において、必要枚数を子供に配付する場合は、この限りではありません。ご使用の際、クレジットの表示や個別の使用許諾申請、使用料のお支払い等の必要はありません。

【免責事項】
・この DVD の使用によって生じた損害、障害、被害、その他いかなる事態についても弊社は一切の責任を負いかねます。

【お問い合わせについて】
・この DVD に関するお問い合わせは、次のメールアドレスでのみ受け付けます。　tyk@toyokan.co.jp
・この DVD の破損や紛失に関わるサポートは行っておりません。
・パソコンやアプリケーションソフトの操作方法については、各製造元にお問い合わせください。

イラストで見る　全単元・全時間の授業のすべて
体育 小学校２年
～令和２年度全面実施学習指導要領対応～

2020(令和２)年３月１日　初版第１刷発行
2024(令和６)年４月１日　初版第４刷発行

編 著 者：藤﨑　敬・北村　幸江
発 行 者：錦織　圭之介
発 行 所：株式会社東洋館出版社
〒101-0054　東京都千代田区神田錦町２丁目９番１号
コンフォール安田ビル２階
代　　表　電話 03-6778-4343　FAX 03-5281-8091
営 業 部　電話 03-6778-7278　FAX 03-5281-8092
振　　替　00180-7-96823
Ｕ　Ｒ　Ｌ　https://www.toyokan.co.jp

印刷・製本：藤原印刷株式会社

装丁デザイン：小口　翔平＋岩永　香穂（tobufune）
本文デザイン：藤原印刷株式会社
イラスト：osuzudesign（田中小百合）
DVD 制作：秋山　広光（ビジュアルツールコンサルティング）
株式会社オセロ／原　恵美子

ISBN978-4-491-04004-2　　Printed in Japan